L. de Blois und R. J. van der Spek

Einführung in die Alte Welt

Mit 106 Abbildungen, 34 Karten,
5 Übersichten und 9 Schemata

Franz Steiner Verlag Stuttgart
1994

Aus dem niederländischen übersetzt von Alexander Vervelde. Durchsicht des Textes: Joh. Hahn, Heidelberg.
Niederländische Originalausgabe: L. de Blois & R.J. van der Spek, Kennismaking met de Oude Wereld, 1. Aufl. 1983, 4. Aufl. 1992; © by Dick Coutinho, Muiderberg/Niederlande.
ISBN 90-6283-599-6.

Die Deutsche Bibliothek - CIP-Einheitsaufnahme
Blois, Lukas de:
Einführung in die alte Welt / L. de Blois und R. J. van der Spek. [Aus dem Niederländ. übers. von Alexander Vervelde]. - Stuttgart : Steiner, 1994
   Einheitssacht.: Een kennismaking met de oude wereld <dt.>
   ISBN 3-515-06313-7
NE: Spek, Robartus J. van der:

Jede Verwertung des Werkes außerhalb der Grenzen des Urheberrechtsgesetzes ist unzulässig und strafbar. Dies gilt insbesondere für Übersetzung, Nachdruck, Mikroverfilmung oder vergleichbare Verfahren sowie für die Speicherung in Datenverarbeitungsanlagen. © der deutschen Ausgabe 1994 by Franz Steiner Verlag Wiesbaden GmbH, Sitz Stuttgart. Druck: Rheinhessische Druckwerkstätte, Alzey.
Printed in Germany

Inhaltsverzeichnis

Vorwort 10

Einführung 11

DER ALTE NAHE OSTEN

1   Die Entstehung der Zivilisationen in Ägypten und Mesopotamien 15

2   Das dritte Jahrtausend vor Christus 19
     Memphis, Sumer und Akkad 19
     Ägypten: das Alte Reich (2600–2150) 19, Mesopotamien: Sumer und Akkad 20

3   Das zweite Jahrtausend 23
     Theben, Assur und Babylon (± 2000–1600) 23
     Ägypten: das Mittlere Reich (± 2000–1800) 23, Mesopotamien 23, Das Altassyrische Reich (± 2000–1760) 24, Das Altbabylonische Reich (± 1800–1600) 24

     Das ‚Konzert der Großmächte' (± 1600–1200) 26
     Ägypten: das Neue Reich (± 1550–1100) 27, Babylonien und Assyrien 28, Mitanni 29, Das Hethiterreich 30, Kreta und Mykene 30, Internationale Beziehungen 31

4   Das erste Jahrtausend 33
     Zerfall und Wiederaufbau (1200–750) 33
     Ägypten: 3. Zwischenzeit (± 1100–715) 33, Syrien und die Phöniker 33, Israel 34

     Die vorderasiatischen Weltreiche (750 v.Chr.–700 n.Chr.) 36
     Das Neuassyrische Reich 36, Das Neubabylonische Reich 39, Das Perserreich 39, Die hellenistischen Reiche 43, Das Partherreich 43, Das Neupersische Reich 43, Das Römische Reich 43, Die Araber 43

5   Religion 44

6   Wirtschaft und Gesellschaft 49
     Agrarwirtschaft, Grundbesitz 49, ‚Redistributionswirtschaft' 49, Zahlungsmittel 50, Handel 51, Soziale Schichtung 51

7   Herrschaftssystem und Verwaltung 54
     Königtum 54, Der Verwaltungsapparat 54, Das Heer 56

GRIECHENLAND

8   Das dunkle Zeitalter 1200–800 v.Chr. 57

9   Die Griechen im archaischen Zeitalter (800–500 v.Chr.) 58
     Einführung 58
     Veränderungen auf demographischem und wirtschaftlichem Gebiet ... 58
     Die Polis 58, Die große griechische Wanderung 59

Veränderungen auf sozialem Gebiet 61

Veränderungen auf militärischem Gebiet 61

Veränderungen auf kulturellem Gebiet 62
Das Alphabet 62, Die Literatur 62, Die bildenden Künste 63, Baukunst 64, Religion 64, Philosophie 66

Veränderungen auf politischem Gebiet 67
Tyrannis 67, Sparta 68, Athen 69

10 Das klassische Zeitalter (ca. 500–336 v.Chr.) 76
Die Perserkriege 76

Sparta und Athen nach 479 v.Chr. 78

Der Delisch-Attische Seebund (477–404) 78
Athenische Führer im fünften Jahrhundert 79, Die athenischen Staatseinnahmen 80

Der Peloponnesische Krieg (431–404 v.Chr.) 81

Die Periode 404–336 v.Chr. 83
Der zweite Attische Seebund (377–355) 85, Soziale und militärische Veränderungen 85, Der Aufstieg Makedoniens 86, Philipp II. (359–336) 86

Die athenische Bevölkerung im fünften und vierten Jahrhundert v.Chr. 86
Die Metöken 88, Die Sklaven 88, Frauen in Athen und Sparta 88

Weitere Entwicklung der athenischen Demokratie 89
Der Rat des Areopags in den Jahren 462/1 89, Perikles 90, Die Demokratie und die Flotte 90, Alte und neue Politiker 90, Stabilität der athenischen Demokratie 91, Kritik an der athenischen Demokratie 91

Athen als Zentrum der griechischen Kultur im klassischen Zeitalter 92
Das attische Drama 93, Die Philosophie 94, Die Sophisten 94, Rhetorikunterricht 94, Sokrates, Platon und Aristoteles 94, Aristoteles (384–322) 96, Die Geschichtsschreibung. Herodot (ca. 485–425) 97, Thukydides (ca. 460–400) 97, Rhetorische Geschichtsschreibung 97

Die Griechen im Westen des Mittelmeergebietes 98

11 Das Zeitalter des Hellenismus (ca. 338–30 v.Chr.) 100
Einführung 100

Alexander der Große 100

Von Alexander dem Großen bis zur römischen Besetzung 101
Griechenland 102, Athen und Sparta 102, Staatenbünde in Griechenland 102, Das Seleukidenreich 102, Das Ptolemäerreich 103

Die Reichsverwaltung und die Städte in den hellenistischen Reichen 104

Wirtschaft und Gesellschaft 106
Griechenland 106, der Nahe Osten 107

Kulturelle Aspekte 108
Allgemeines 108, Die Religion 108, Orientalische Religionen 110, Philosophie und Wissenschaft 110, Die Wissenschaft 111

Die Juden im hellenistischen Zeitalter 111

Fortwirken der hellenistischen Kultur im Parther- und im Römischen Reich....... 112
Schluß 113

DAS ALTE ROM

12 Die frühe römische Geschichte (754–265 v.Chr.)...115
Die Gebiete rund um das westliche Mittelmeerbecken....................................... 115
Die Etrusker 115, Karthago 115

Die Entstehung Roms... 116
Staat und Gesellschaft im frühesten Rom 118, Bemerkungen zu den römischen Namen 120, Das Heer und die *comitia centuriata* 120

Die frühe Republik (509–265 v.Chr.) 120
Staat und Gesellschaft 120, Die römische Expansion in Italien (509–265 v.Chr.) 122, Kolonisation 122, Munizipien 123, Der militärische Charakter der römischen Gesellschaft 125, Der Ständekampf (ca. 500-287 v.Chr.) 125, Der Verlauf des Ständekampfes 126

Die staatlichen Institutionen der römischen Republik am Ende des Ständekampfes. Neue soziale Unterschiede 127
Die Magistrate 127, Der Senat 129, *Nobiles*, Senatoren und *equites* 130, Wachsende Unterschiede in der römischen Oberschicht 130, Die Volksversammlungen 131, Ein oligarchisches Staatssystem 132, Ein neuer Typ *clientes* 132, Einige demographische Angaben S. 133

13 Weitere Expansion und neue soziale Spannungen (264–133 v.Chr.)................... 134
Die römische Expansion von 264–121 v.Chr..134
Die Punischen Kriege 134, Kriege in Spanien, der Poebene und den hellenistischen Gebieten östlich von Italien 137, Zwei Formen der römischen Machtausdehnung 137, Die Verwaltung einer Provinz 139, Nachteile der römischen Vorherrschaft 140

Neue soziale Spannungen 140
Die Folgen der Expansion 140, Die Sklaverei in Italien und Sizilien 142, Sklavenaufstände 144, Seeräuberei 144, Einige demographische Angaben 144, Die Stadt Rom 144, Rückständigkeit der staatlichen Organisation 145, Mentalitätsveränderung 145, Griechischer Einfluß 145, Die Entstehung einer römischen Literatur 146

14 Das Jahrhundert der römischen Bürgerkriege (133–30 v.Chr.) 147
Brennende Probleme und unzufriedene Gruppen 147

Die Gracchen..147
Tiberius Gracchus 147, Gaius Gracchus 148, Politische Folgen der Gracchenzeit 148

Die Heeresreform des Marius 149

Der Bundesgenossenkrieg (91–88 v.Chr.) und der erste Bürgerkrieg 152
Bürgerrecht für die Italiker 152, Degeneration der Volksversammlungen 152, Der erste Bürgerkrieg (88–82 v.Chr.) 152

Die Jahre 79–49 v.Chr. 154
Der Sklavenaufstand von Spartacus (73–71 v.Chr.) 154, Pompeius, Crassus und Cäsar 155, Das erste Triumvirat 157, Chaos in Rom 157

Der zweite Bürgerkrieg (49–45) und seine Folgen (44–30) 159
Kulturelle Blüte während der Bürgerkriege 162

15 Die Prinzipatszeit (27 v.Chr.–193 n.Chr.) 163
Augustus 163
Die verfassungsrechtliche Position des Augustus und die eigentliche Basis seiner Macht 163, Die Regelung von 27 v.Chr. 163, Zwei Arten von Provinzen 163, Die Regelungen von 23 und 19 v.Chr. 165, Veränderungen in der Praxis der Verwaltung 165, Der Senat und die Volksversammlungen 167, Die oberen Stände: Senatoren, Ritter 167, Die *decuriones* 168, Das Heer 168, Ideelle und religiöse Aspekte des Kaisertums. Der Kaiserkult 170, Die lateinische Literatur in der augusteischen Periode 170, Eroberungen unter Augustus 171

Die Zeit des Prinzipats nach Augustus (14–193 n.Chr.) 173
Kriege und Aufstände 173, Das Kaisertum und die Nachfolge 174, Entwicklungen in der Reichsverwaltung nach Augustus 176, Die Verbreitung des römischen Bürgerrechts 177, Veränderungen in den höheren Ständen 177

Das römische Recht 180

Die Provinzen: Vom Kolonialgebiet zum Reichsbestandteil 181
Die westlichen Provinzen. Die Kelten 181, Die östliche Reichshälfte. Die Griechen im Römischen Reich 184

Landwirtschaft, Handel und Handwerk. Die niederen Stände 189
Der Handel 193, Arbeit und Status 193

Frauen in der römischen Gesellschaft 193

Die Religion 194
Römische Götter und Bräuche 195, Die Einführung fremder Götter 197, Die Christen 198

16 Die Krise des dritten Jahrhunderts n.Chr. und die Spätantike 202
Verstärkter Druck auf die Grenzen im Norden und Osten 202

Die Germanen 202

Das Neupersische Reich der Sassaniden 204

Innere Probleme des Römischen Reiches 204
Militärische Probleme 204, Strukturelle Mängel 205

Die Severer (193–235) 205
Septimius Severus (193–211) 205, Verleihung des römischen Bürgerrechts an alle Freien des Reiches 206

Der Tiefpunkt: die Periode der Soldatenkaiser (235–284) 207

Diokletian (284–305) 208
Fortschreitende Bürokratisierung 209, Der Senat und der Ritterstand 211, Das Kaisertum und die Nachfolge 211, Christenverfolgungen 212

Constantin der Große (306–337) 212
Constantins Zuwendung zum Christentum 212, Konstantinopel 213, Das Heer 214, Die Steuerlast und das Währungssystem 214

Das Römische Reich nach Constantin dem Großen 214
Ost und West 214, Das christliche Reich 216, Das Ende des Weströmischen Reiches 219

Appendizes
1   Griechische und römische Namen 221
2   Griechisches und römisches Geld 221
3   Römische Kaiser 221

Weiterführende Literatur
1   Allgemein 225
2   Der alte Nahe Osten 225
     Allgemein 225, Ägypten 226, Vorderasien 226
3   Die Griechen 226
     Allgemein 226, Das frühe Griechenland 226, Das Klassische Zeitalter 227,
     Der Hellenismus 227
4   Rom 227
     Allgemein 227, Das frühe Rom und das Zeitalter der Republik 228, Kaiserzeit 229

Register 231

Zeittafel 236

Vorwort

Heutzutage besteht das Bedürfnis nach einem Buch, das in gedrängter Form eine Einführung in die Geschichte der Alten Welt, d.h. in die Entstehungsgeschichte der europäischen Zivilisation, bietet. Dieses Buch wurde nicht nur für Studienanfänger der Geschichte geschrieben, sondern auch für Jurastudenten, Studenten der klassischen Sprachen, der Kunstgeschichte, der Philosophie und der Theologie, die einige Kenntnisse der Alten Geschichte haben wollen oder müssen, sondern auch für den großen Kreis all derer, die sich für die Kulturen des alten Ägyptens, Vorderasiens, Griechenlands und Roms interessieren und eine kurze Übersicht darüber suchen.

Bei der Auswahl des Stoffes wurden folgende Kriterien berücksichtigt. Erstens haben wir Phänomene besprochen, die von allgemeinhistorischer Bedeutung sind und auch in anderen Epochen wichtig waren, z.B. Gesellschaftsstrukturen, Expansionsdrang, Staatenbildung, politische Theorien, Machtverteilung, soziale Konflikte, Produktionsweisen und Religionen. Ein zweites Kriterium bildete das Fortwirken in der späteren abendländischen Zivilisation. Es wurden soweit wie möglich jene Phänomene behandelt, die später in Europa große Bedeutung erhielten. Ein drittes Kriterium war die Einordnung in einen kontinuierlichen historischen Rahmen. Wir halten es nicht für sinnvoll, in einem Buch, das als eine erste Begegnung mit der Materie konzipiert ist, eine Reihe von Themen gesondert anzubieten, ohne sie in den Rahmen des Entwicklungsprozesses der Geschichte einzuordnen. Deshalb enthält dieses Buch eine Übersicht der ganzen Geschichte des alten Ägyptens, Vorderasiens, Griechenlands und Roms.

Selbstverständlich kann dieses Buch wegen seines geringen Umfangs lediglich eine erste Begegnung mit den angesprochenen Themen sein. Es kann jedoch gut als Grundlage für ein weiteres Studium mittels der Lektüre von Monographien und Zeitschriftartikeln dienen.

L. de Blois hat das Kapitel über die Griechen im klassischen Zeitalter und die Kapitel über die römische Geschichte verfaßt. R.J. van der Spek ist der Autor der Abschnitte über Ägypten, Vorderasien, das archaische Griechenland und den Hellenismus.

Einführung

Die Alte Geschichte ist die Geschichte des Ursprungs der europäischen Zivilisation. Diese Zivilisation, die sich seit den Entdeckungsreisen des sechzehnten Jahrhunderts und stärker noch seit dem kolonialen Imperialismus des zwanzigsten Jahrhunderts in der ganzen Welt verbreitet hat, wurzelt in den Ländern rund um das Mittelmeer, und zwar besonders einerseits in den Kulturzentren des alten Nahen Ostens und andererseits in denen der antiken Griechen und Römer. Vieles, was heute die abendländische Kultur prägt, findet seinen Ursprung in der Periode von 3500 v.Chr. bis 500 n.Chr. Dabei kann man an das Christentum, das in Palästina aus dem Judentum entstand und aus dem Römischen Reich sein philosophisches Rüstzeug und seine organisatorischen Strukturen entlehnt hat, denken, aber auch an die Philosophie, welche ohne die griechische Philosophie undenkbar ist; an das Recht, das größtenteils aus dem römischen hervorgegangen ist; an die Erziehung in der griechischen und römischen literarischen Kultur, die bis in unsere Tage in den Schulen ihren Einfluß ausübt; an die Baukunst und die bildenden Künste, an die Literaturwissenschaft und an die Wissenschaft, die aus griechischen Denkformen entstanden ist.

Es hat im Altertum Erscheinungen gegeben, die es zu jeder Zeit und an jedem Ort gegeben hat und die wir hier zum ersten Mal beobachten können. Als Beispiele sind zu nennen: das Entstehen von Staaten und Städten sowie deren Verwaltung, das Zustandekommen von Beschlüssen, das Entstehen von Expansion und deren Rückwirkung auf die gesellschaftlichen Verhältnisse und das Denken, (gegenseitige) kulturelle Beeinflussung und das Entstehen von Weltreligionen.

Unsere Kenntnisse des Altertums beruhen teils auf einer kontinuierlichen Überlieferung von dieser Zeit an bis hin zum heutigen Tag. Zahlreiche Werke klassischer Geschichtsschreiber, Dichter, Redner, Philosophen und Wissenschaftler wurden durch die Jahrhunderte hindurch immer wieder abgeschrieben und haben sich nach der Erfindung der Buchdruckerkunst überall verbreitet. Selbstverständlich aber ist auch manches Werk des Altertums verlorengegangen.

Wichtiges Material ist durch Ausgrabungen an den Tag gebracht oder auf andere Weise, z.B. durch Inschriften (Aufschriften auf Stein oder anderem dauerhaften Material), Papyri (Briefe, Rechnungen, Gedichte und andere Schriften auf Papier, das aus dem Mark der ägyptischen Papyrusstaude hergestellt wurde), Tontafeln und Münzen (mit Abbildungen und Aufschriften), gefunden worden. Papyri findet man fast ausschließlich in Ägypten, wo sie im trockenen Wüstensand erhalten geblieben sind. Auch Bauwerke, z.B. Häuser, öffentliche Gebäude, Tempel und Verteidigungswerke, sowie Gegenstände wie Schmuck, Waffen und Hausrat geben Aufschluß über das Altertum.

Besonders was die Geschichte des alten Nahen Ostens anbelangt, sind wir auf Funde angewiesen. Für diese Gebiete ist der kontinuierliche Strom der Überlieferung infolge des Verschwindens der betreffenden Sprachen und Schriftarten in den ersten Jahrhunderten unserer Zeitrechnung größtenteils abgerissen. Bis zum letzten Jahrhundert, als unsere Kenntnisse durch große Ausgrabungen und die Entzifferung einiger alter geschriebener Sprachen bereichert wurden, kannten wir den alten Nahen Osten nur aus den Werken griechischer und römischer Schriftsteller und aus der Bibel.

Auch unsere Kenntnisse der griechischen und römischen Geschichte wurden aber durch Funde erweitert. Spezialwissenschaften wie die Epigraphik (die Erforschung von Inschriften), die Numismatik (Münzen), die Papyrologie (Papyri) und die Archäologie (materielle Überreste, Baukunst, Städtebau, Malerei, Bildhauerei, u.dgl.) befassen sich hiermit.

Der Geschichte geht die Vorgeschichte, die Prähistorie, voran. Dies ist die Periode, aus der kein schriftliches Material vorliegt, so daß wir auf materielle Überreste aus dieser Zeit angewiesen sind. Zu deren Einteilung in Perioden bedienen die Archäologen sich des dauerhaften Materials, aus dem die Gegenstände im Laufe der Zeit hergestellt wurden. So unterscheiden wir die Steinzeit, die Bronzezeit und die Eisenzeit. Es versteht sich, daß diese Unterteilung für unterschiedliche Orte auch unterschiedliche Zeitabschnitte angibt, wobei die Einteilung sich übrigens bis in die geschichtliche Zeit erstreckt: Im alten Nahen Osten fängt die Eisenzeit ca. 1200 v.Chr. an, obgleich man die Schrift dann schon seit gut 2000 Jahren kennt. Auch die Geschichte fing nicht überall zur gleichen Zeit an. Die Apenninhalbinsel zum Beispiel trat mehr als 2000 Jahre später in die Geschichte ein als Ägypten. Und wenn auch irgendwo die Schrift eingeführt worden war, so flossen doch die Schriftquellen nicht immer gleich reichlich. Oft ist das Material schlecht lesbar oder sehr spärlich behandelt z.B. lediglich einen Teil einer Palastverwaltung eines bestimmten Jahres.

Im Altertum selbst war die Verbreitung von Informationen über die Stände und Gruppen sehr ungleichmäßig. Massenmedien, wie Zeitungen und andere Nachrichtenmedien, gab es nicht. Das gemeine Volk erfuhr Neuigkeiten von Reisenden und Passanten, auf der Straße und auf dem Dorfplatz, wobei es empfänglich war für Gerüchte. Außerdem hatte es nicht das Bildungsniveau, Nachrichten kritisch wägen zu können. Die Honoratioren und die Reisenden (Kaufleute, Schiffsvolk) waren besser informiert. Sie hatten Beziehungen zu anderen Ländern und Städten, mit denen sie (gast-)freundschaftliche Bande pflegten und mit denen sie korrespondierten. Briefe und Nachrichten wurden von Kaufleuten und anderen Reisenden mitgenommen.

In diesem Buch werden regelmäßig Ausdrücke wie ‚indoeuropäisch' und ‚semitisch' verwendet. Wir machen dies, weil es nun einmal üblich ist, Völker aufgrund ihrer Sprache einzuteilen und zu benennen. Die semitischen Sprachen weisen untereinander eine starke Verwandtschaft auf, und dasselbe gilt für die verschiedenen Unterabteilungen der indoeuropäischen Sprachfamilie. Semitische Sprachen sind zum Beispiel das Hebräische, das Aramäische, das Akkadische und das Arabische. Die indoeuropäischen Sprachen sind das Griechische, das Latein (die Sprache der Römer), das Persische, die keltischen Sprachen und die germanischen Sprachen. Die Ausdrücke ‚semitisch' und ‚indogermanisch' beziehen sich also nicht auf eine Rasse oder Nation.

Zum Schluß einige Bemerkungen zu chronologischen Systemen. Heutzutage sind wir eine einheitliche Zeitrechnung, die auf der ganzen Welt bekannt ist und benutzt wird, gewohnt, aber das war im Altertum ganz anders. Damals hatte jedes Volk eine eigene Zeitrechnung. Man datierte nach den Regierungsjahren von Königen, den Amtsjahren wichtiger Magistrate oder nach wichtigen Ereignissen. In Athen zum Beispiel wurde nach dem Jahr eines der amtierenden Archonten (die zusammen das ausführende Verwaltungsgremium bildeten) und nach Olympiaden, d.h. nach den aufeinanderfolgenden Perioden von vier Jahren zwischen den Spielen in Olympia, die alle vier Jahre abgehalten wurden, datiert. Ein Ereignis fand in Athen in der soundsovielten Olympiade, während des Archontats des X oder des Y statt. In Rom wurde nach den Amtsjahren der beiden Consuln (die beiden höchsten Magistrate in der Römischen Republik) datiert. Die Römer taten dies auch noch in der Kaiserzeit, als die Consuln keine große Bedeutung mehr hatten und Untergebene der Kaiser geworden waren. Ein anderes Problem ist, daß viele Jahreszahlen im dritten und vierten Jahrtausend v.Chr. (und in einem noch viel höheren Maße jene der davorliegenden Zeit) sich nur annähernd bestimmen lassen und daß auch für die letzten 1500 Jahre der Alten Geschichte einige Jahreszahlen nicht genau feststehen. Hier haben wir soweit wie möglich die Jahreszahlen, die bei den jüngsten Untersuchungen ermittelt worden sind, beibehalten.

Übersicht 1 Sprachfamilien

semitische Sprachen

Altakkadisch
Babylonisch } = Akkadisch

Assyrisch

Amoritisch

Aramäisch und Chaldäisch

Kanaanitisch und Phönikisch

Hebräisch

Arabisch

Ägyptisch
halbsemitisch, halbhamitisch = afrikanische Sprachfamilie

Äthiopisch

indoeuropäische Sprachen

Sanskrit

Hethitisch

arische oder iranische Sprachen: Medisch, Persisch und Parthisch

Griechisch

Latein und die davon abgeleiteten Sprachen: Italienisch, Spanisch, Französisch, Rumänisch

slawische Sprachen:
Russisch, Polnisch, Serbisch, Kroatisch, Tschechisch, Slowakisch, Bulgarisch

Keltisch:
Sprachen der Gallier, Galater in Kleinasien, Briten, Keltiberer in Spanien; heute: Bretonisch, Welsch, Irisch

germanische Sprachen:
Sprachen der Friesen, Franken, Sachsen, Bataver, Angeln, Goten

Armenisch

Nicht zu einer uns bekannten Sprachfamilie gehörend:

Sumerisch

Churritisch und Urartäisch

Kassitisch

Elamitisch

DER ALTE NAHE OSTEN
1 Die Entstehung der Zivilisationen in Ägypten und Mesopotamien

An den Flußufern des Euphrat und Tigris in Mesopotamien (dem Irak) sowie des Nils in Ägypten sind Zivilisationen entstanden, die auf die Geschichte der östlichen Hälfte des Mittelmeerraumes einen starken Einfluß ausgeübt haben. Das Entstehen dieser Kulturen, kurz vor 3000 v.Chr., war durch eine zunehmende Verstädterung, die Bildung von Staaten und die Erfindung der Schrift gekennzeichnet. Ehe es jedoch soweit war, hatte der Mensch bereits eine Entwicklung von vielen Hunderttausenden Jahren durchgemacht. Dies war die Periode der Steinzeit, die nach der Entwicklung der Steinwerkzeuge in eine ältere, mittlere und jüngere Steinzeit unterteilt ist. In der älteren und mittleren Steinzeit lebten die Menschen von dem, was sie fanden, von der Jagd und vom Einsammeln pflanzlicher Nahrung. Bei dieser Lebensweise war es notwendig, immer neue Jagdgebiete aufzusuchen, so daß man nie lange am selben Ort lebte. Am Ende der mittleren Steinzeit hatte der Mensch seine Steinwerkzeuge mittlerweile so weit verbessert, daß man die natürlichen Gegebenheiten effektiver nutzen konnte. Dadurch hielten sich manche Gruppen längere Zeit in primitiven Hütten und Höhlen am selben Ort auf.

Danach wurde an verschiedenen Orten auf der Welt, aber wie es scheint am frühesten im Mittleren Osten, ein Schritt zur größeren Beherrschung der Natur getan, indem man Getreidearten, die man bisher in der freien Natur gefunden hatte, selbst anbaute und Tiere, die man vorher gejagt hatte, zähmte und züchtete. Diese Entwicklung kommt am Anfang der jüngeren Steinzeit (des Neolithikums) richtig in Schwung, und weil sie von so großer Bedeutung für den Fortschritt der menschlichen Zivilisation gewesen ist, wird sie auch als die „neolithische Revolution" bezeichnet, wenn auch dieser Prozeß Tausende von Jahren gedauert hat und sich seine ersten Spuren schon vor dem Neolithikum finden.

Beim Ackerbau unterscheidet man zwei Typen, nämlich den Regen- oder Pluvialackerbau und den Bewässerungsackerbau. Bei Bewässerung muß man sowohl an natürliche als an künstliche Bewässerung denken. Natürliche Bewässerung gibt es in Ägypten, wo der Nil vor der Saatzeit (zwischen Juli und September) über seine Ufer tritt, wonach der angefeuchtete Boden eingesät werden kann. In Mesopotamien findet die Überschwemmung zu unregelmäßigeren Zeiten statt und fällt außerdem in die Zeit nach der Saat. Daneben gibt es in beiden Ländern künstliche Bewässerung. Der Bewässerungsackerbau war beträchtlich ergiebiger als der Pluvialackerbau. Die Erträge beliefen sich auf etwa das Zehn- bis Fünfzehnfache des Saatguts, was im Vergleich zur Lage in Griechenland, Italien und dem europäischen Mittelalter, wo ein Verhältnis von 1 : 4 normal und ein Verhältnis von 1 : 7 (z.B. in der Campania in Italien) schon außergewöhnlich war, sehr viel ist.

Die Entdeckung des Ackerbaus ist von größter Bedeutung, denn sie machte es möglich, daß mehr Menschen für längere Zeit am selben Ort leben und daß mehr Menschen ganztags anderen Tätigkeiten als der Nahrungsbeschaffung nachgehen konnten. Es wurde möglich, daß sich Menschen auf allerlei Arten von Handarbeit spezialisierten, wie z.B. Zimmerleute, Gerber, Schreiber

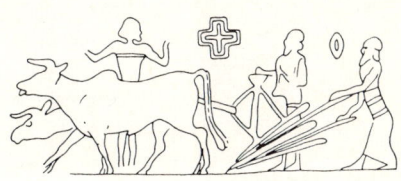

1
Säpflug. Abdruck eines Rollsiegels (2. Jahrtausend). Dieses Gerät ermöglichte ein gleichzeitiges Pflügen und Säen. Der Mann in der Mitte schüttet das Saatgetreide in eine Röhre, wodurch es direkt in die Furche fällt.

(nach der Erfindung der Schrift, zirka 3400 v.Chr.) und Metallarbeiter (nach der Entdeckung der Gewinnung und des Schmelzens von Kupfer und Bronze, einer Legierung von Kupfer und Zinn, zirka 3000 v.Chr.).

Ein Beamtenapparat und eine Priesterkaste (und somit der Staat und der Tempel als Institutionen) konnten entstehen. Am Anfang des Neolithikums gründete man überall Dörfer, die hier und da schon das Ansehen einer ummauerten Stadt bekamen, z.B. Jericho etwa 7000 v.Chr. Die größten und einflußreichsten Städte jedoch entstanden an den Ufern der großen Flüsse, und zwar im 4. Jahrtausend v.Chr. Gerade dort war ja die größte Nahrungsproduktion möglich, dort konnten die meisten Menschen beieinander wohnen.

Zentrum der mesopotamischen Stadt war der Tempel. Dieser war der Wohnsitz der Staatsgottheit, der von der Gemeinschaft instandgehalten werden mußte. Der Tempel entwickelte sich zu einer umfangreichen Organisation mit großem Grundbesitz, befaßte sich mit Ackerbau, Viehzucht, Handwerk und Gewerbe und beschäftigte daher zahlreiche Leute. Aus den Bedürfnissen der Tempelwirtschaft entstand etwa 3400-3200 v.Chr. die Schrift: nach der stilisierten Form, welche die Zeichen später annahmen, Keilschrift genannt. Nicht viel später entstand in Ägypten die sogenannte Hieroglyphenschrift. Beide Schriftarten hatten anfangs ein rein piktographisches (jedes Wort ein Bild) oder rein ideographisches (jedes Wort ein Symbol) System. Später konnten diese Zeichen auch Laute (Silben) darstellen. Die ägyptische Schrift berücksichtigte dabei nur die Konsonanten, nicht die Vokale.

Es blieben aber sehr schwierige Schriftarten, die nur von einer kleinen Gruppe von gebildeten Berufsschreibern beherrscht wurden. Das Vorhandensein von Städten führte im Altertum nicht zu dem aus späterer Zeit bekannten Gegensatz zwischen Stadtbewohnern und der Landbevölkerung. In sehr vielen Städten waren die meisten Einwohner

Karte 1
Regenkarte des Nahen Ostens
Unterhalb der 250-mm-Grenze ist ohne Bewässerung kein Ackerbau möglich. Unterhalb der 100-mm-Grenze wächst zu wenig, um Viehzucht zu treiben.

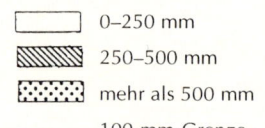

0–250 mm
250–500 mm
mehr als 500 mm
..... 100-mm-Grenze

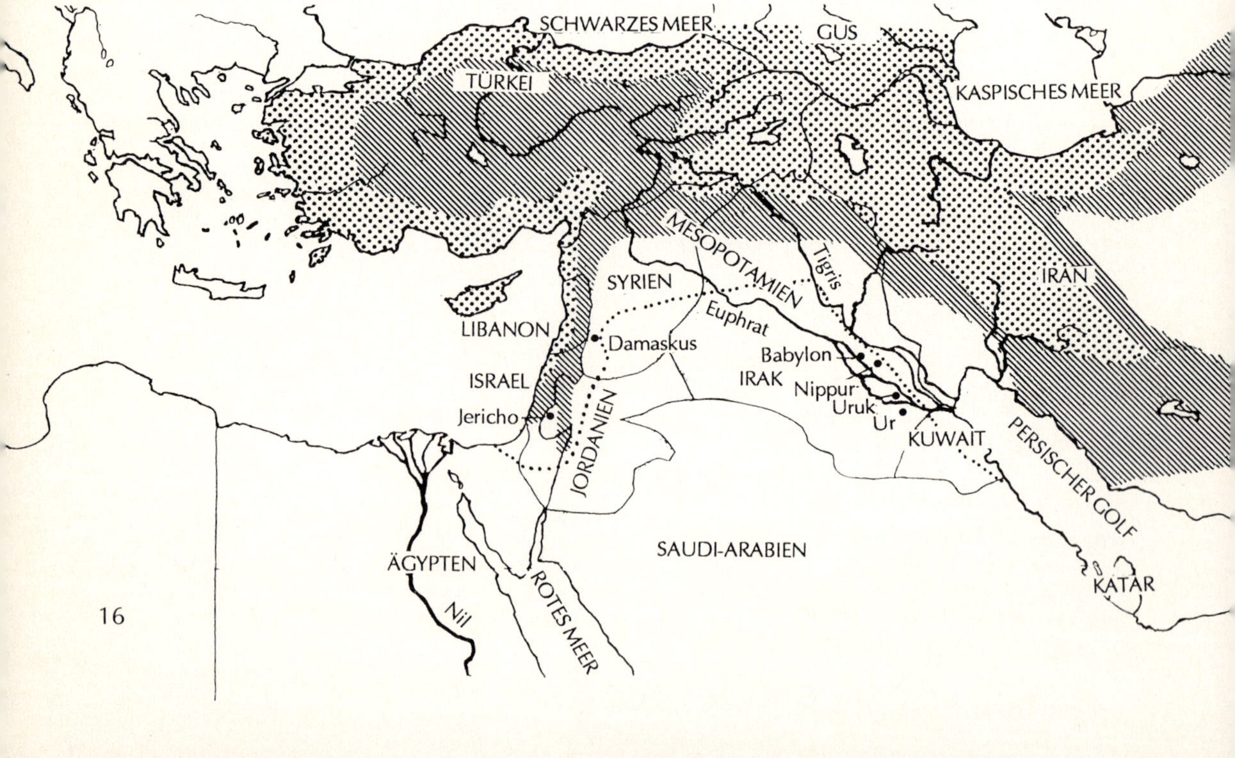

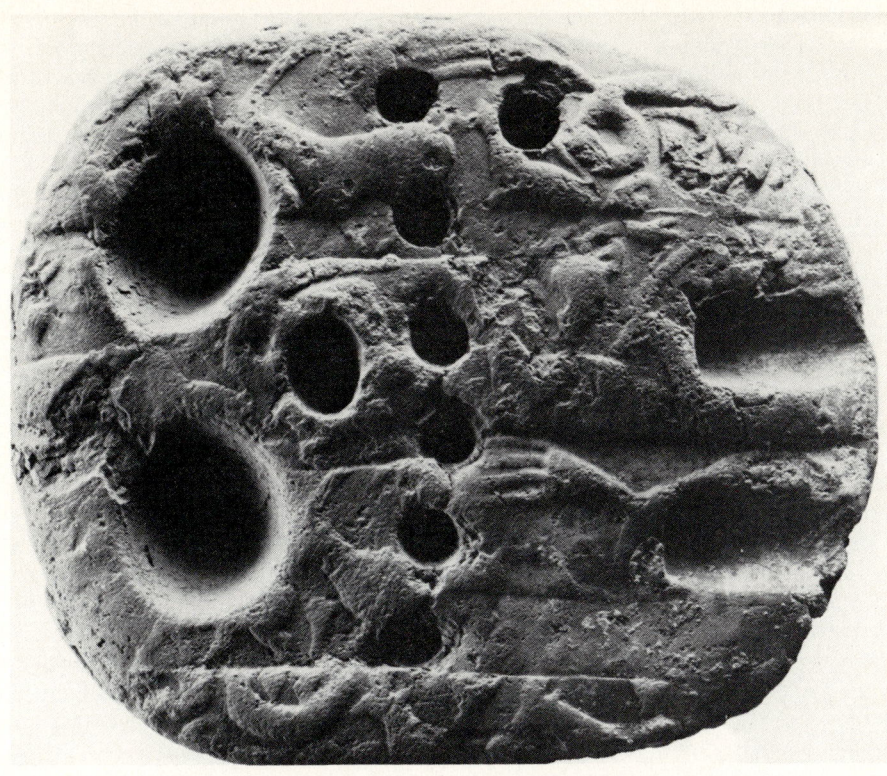

2
Tontafel aus Djebel-Aruda, Syrien. Länge: 9,2 cm. Ca. 3400–3200 v.Chr. Die Tafel enthält Abdrücke eines Rollsiegels und eine Zahl (372 ?). Ein Rollsiegel ist ein Zylinder mit seitenverkehrten Abbildungen, der durch Abrollen in weichem Ton den Siegelabdruck sichtbar werden läßt. Die Siegel bezeichnen Personen oder Institutionen (Tempel, Palast).
Die Tontafel ist aus dem Brauch, Waren oder Vieh mittels des Einschließens kleiner Gegenstände in verschlossenen Tonumschlägen zu registrieren, hervorgegangen. Bei der Überprüfung der Menge mußte man dann den Umschlag aufbrechen. Später wurde auf der Außenseite des Umschlags die Zahl der Gegenstände, welche die Menge der Waren wiedergeben sollte, notiert. In einem nächsten Stadium verwendete man keine Gegenstände mehr: Der Umschlag wurde eine massive Tafel mit einer Zahl. Spätere Tontafeln tragen Zahlen mit Zeichen für die Waren. So entstand die Schrift. In einer späteren Entwicklungsphase wurden Zeichen auch dazu benutzt, einen Laut bzw. eine Silbe zu bezeichnen.
Diese Tafel, die bei einer Leidener Ausgrabung in Syrien gefunden wurde, enthält eine Zahlsystematik, die man auch in Mesopotamien und im Südwesten Irans (Elam) angetroffen hat. Dies deutet auf rege Handelskontakte über ganz Vorderasien, schon im vierten Jahrtausend v.Chr. Dasselbe kann man aus den festen Motiven, die sich überall auf der Töpferware finden, schließen. Foto: Assyriologisch Instituut, Leiden.

Bauern, die jeden Tag die Stadt verließen, um auf ihr Land zu gehen. Ein anderer Gegensatz war im Nahen Osten von größerer Bedeutung, nämlich der zwischen der seßhaften und der nomadischen Lebensweise. Diese Lebensweisen hängen eng mit der Weise, auf die man für seinen Lebensunterhalt sorgte, zusammen.
Ackerbauern waren sedentär, wechselten nicht den Wohnort, da sie ihr Land urbar machen und instandhalten mußten. Viehbauern dagegen waren nomadisch, zogen ständig umher, um immer neues Weideland für das Vieh zu finden. Man muß diese Unterteilung jedoch nicht zu strikt anwenden. Primitive Ackerbauern ließen sich manchmal nur für kurze Zeit irgendwo nieder und zogen nach einigen Jahren, nachdem der Boden erschöpft war, wieder fort. Viehbauern zogen manchmal innerhalb ei-

nes begrenzten Gebietes umher, z.B. von Sommer- zu Winterweiden (wir sprechen dann von ‚Transhumanz') ,und blieben gerne in der Nähe von Siedlungen von Ackerbauern, um Produkte zu tauschen. Manchmal ging eine Gruppe (Halb-)Nomaden ganz oder teilweise zu einem seßhaften Leben über und übernahm dann die Macht in der Stadt. Auch konnten Landbesitzer Viehherden besitzen, die sie dann von Hirten, manchmal über große Entfernungen, weiden ließen.

Während der ganzen altorientalischen Geschichte standen die Vertreter der beiden Lebensweisen in einem Haß-Liebe-Verhältnis zueinander. Haß, weil die Seßhaften Angst vor Plünderungen der (Halb-)Nomaden hatten; Liebe, weil beide Gruppen einander für die Produkte der anderen brauchten. Dieser Gegensatz war ein beliebtes Thema in der Literatur. Er spielt u.a. eine Rolle in der biblischen Geschichte vom Mord des Ackerbauern Kain am Schafhirten Abel.

Obwohl die geographische Beschaffenheit Ägyptens und Mesopotamiens große Ähnlichkeiten aufweist (beide sind von Flußwasser abhängig; es fällt kaum Regen; es gibt einen Mangel an Rohstoffen, wie Metallen und Bauholz), lassen sich doch einige wichtige Unterschiede feststellen.

In Ägypten sind die Bedingungen für Ackerbau günstiger als in Mesopotamien. Wie wir bereits erwähnten, tritt der Nil vor der Saatzeit über seine Ufer, der Euphrat und der Tigris hingegen danach. Der Ägypter säte auf dem fruchtbaren Schlamm, den der Fluß hinterlassen hatte, während der Mesopotamier das Wasser vorsichtig durch Furchen laufen lassen mußte. Das Wasser des Nils ist von besserer Qualität, denn Euphrat und Tigris führen schädliche Salze mit sich; diese bleiben dann im Grundwasser, das sehr hoch steht, weil das Land niedrig liegt und flach ist, zurück. Außerdem kommt das Salz durch Kapillaren im Klei, einer tonigen Schicht des Bodens, hoch. Nach längerer Bewässerung (ohne genügend Drainage) kann der Boden dermaßen versalzen, daß Ackerbau nicht länger möglich ist. Daß es tatsächlich Versalzung gab, kann man aus der Wahl der angebauten Gewächse schließen. In Südmesopotamien wurde immer mehr Gerste und immer weniger Weizen angebaut. Gerste verträgt Salz nämlich besser. In Ägypten wurde das ganze Altertum über möglicherweise sogar mehr Weizen als Gerste angepflanzt.

Ein anderer wichtiger Unterschied zwischen der geographischen Beschaffenheit Ägyptens und Mesopotamiens bezieht sich auf die Landschaft, die diese Gebiete umgibt. In Ägypten ist der Übergang von Kulturboden zu Wüste so jäh, daß man buchstäblich mit einem Bein im Grünen und mit dem anderen in der Wüste stehen kann. Ägypten war also viel schwerer zugänglich als Mesopotamien, da es von unbewohnbaren Wüsten umgeben war. In Mesopotamien verläuft der Übergang zu weniger fruchtbaren Gegenden viel gleichmäßiger, so daß Ägypten viel isolierter war als Mesopotamien. Dieser Unterschied hatte weitreichende politische Konsequenzen. Ägypten hatte einen ziemlich beständigen und statischen Geschichtsverlauf, ohne viel Einmischung von außen her, wohingegen Mesopotamien fortwährend mit Eindringlingen zu schaffen hatte, die dann oft die Macht übernahmen, so daß andauernd neue Reiche entstanden. Dennoch gab es auch in Mesopotamien eine große Kontinuität, da die neuen Machthaber sich weitgehend der bestehenden kulturellen Tradition anpaßten.

2 Das dritte Jahrtausend vor Christus

Memphis, Sumer und Akkad
Ägypten: das Alte Reich (2600–2150)

Die ägyptische Geschichte wird auf zweierlei Weise eingeteilt, nämlich in ‚Dynastien' und in ‚Reiche'. Die Einteilung in Dynastien stammt vom ägyptischen Priester Manetho, der im 3. Jahrhundert v.Chr. auf Griechisch eine Geschichte Ägyptens schrieb und diese in 30 Dynastien oder Königsgeschlechter untergliederte. Daneben gibt es eine moderne Einteilung in drei ‚Reiche'. Dies sind die Perioden, in denen Ägypten eine große Prosperität erlebte und eine politische Einheit bildete. Sie wechselten sich mit ‚Zwischenzeiten', d.h. mit Perioden des Verfalls und der politischen Zersplitterung, ab. In diesen Perioden bestand keine Einheit Ägyptens unter einem einzelnen König, die Häupter der Provinzen hingegen wurden zu selbständigen Gaufürsten. Es regierten dann in Ägypten mehrere Dynastien gleichzeitig (ein Sachverhalt, der Manetho, der alle Dynastien nacheinander anordnete, entgangen ist).

Die Reiche, die wir unterscheiden, sind: das Alte Reich (ca. 2600–2150), das Mittlere Reich (ca. 2000–ca. 1800) und das Neue Reich (ca. 1550–ca. 1100). Schließlich unterscheiden wir noch eine Spätzeit, in der sich Ägypten häufig mit ausländischen Dynastien und seiner Annexion durch andere große Reiche konfrontiert sah (ca. 750 v.Chr. und eigentlich bis 1922 n.Chr.).

Wie man dem Obenstehenden entnehmen kann, fällt das Alte Reich in das 3. Jahrtausend v.Chr. Die Periode, die diesem vorangeht, nennt man die Frühzeit (ca. 3000–2600), die Periode, in der die Einheit zustande gekommen ist (1. und 2. Dynastie). Dies war auch die Periode, in der die Schrift, die ‚Hieroglyphenschrift', erfunden wurde. Obwohl Ägypten eine Einheit geworden war, blieb dennoch während der ganzen Geschichte ein Unterschied zwischen Unterägypten (dem Nildelta) und Oberägypten (dem Gebiet südlich davon, bis zum ersten Katarakt [= Stromschnelle] bei Assuan) bestehen. Der Herrscher hieß ‚König der beiden Länder'. Er trug eine Doppelkrone, und es gab eine doppelte Verwaltung. Dies paßte zur ägyptischen Vorstellung, daß etwas erst vollständig sei, wenn es aus zwei Elementen bestehe.

Das Alte Reich ist weltberühmt geworden wegen der enorm großen Grabstätten, welche die Herrscher bauen ließen: die Pyrami-

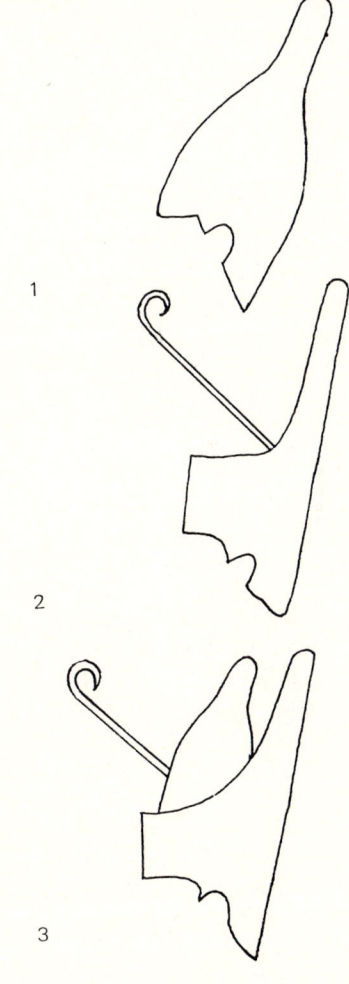

1 Die weiße Krone Oberägyptens
2 Die rote Krone Unterägyptens
3 Die Doppelkrone

4
Die Pyramiden der Könige Cheops, Chefren und Mykerinos (4. Dyn.) bei Gizeh.
Im Vordergrund ist das fruchtbare ägyptische Land zu sehen. Die Pyramiden stehen in der Wüste. Der Übergang von fruchtbarem Boden zu Wüste ist heutzutage, wie im Altertum, ziemlich abrupt.
Foto: E.A. Hemelrijk, Haarlem.

den. Diese zeigen, daß zu dieser Zeit die Macht des Herrschers groß war und daß er sowohl Menschen als auch Material souverän beherrschte. Die Pyramiden lagen in der Nähe der Hauptstadt Memphis.

Während der Zeit, in der Ägypten überschwemmt war, wurden die Bauern zur Arbeit an den großen Bauwerken aufgerufen. Die Bereitschaft, diese gewaltige Kraftanstrengung auf sich zu nehmen, läßt sich verstehen, wenn man bedenkt, daß die Herrscher als göttliche Wesen betrachtet wurden. Der Bau der Pyramiden war ein Werk, an dem Zehntausende von Menschen mitgearbeitet haben, was zeigt, wozu der frühe ägyptische Staat organisatorisch imstande war. Vor allem die aus Naturstein errichteten Pyramiden der vierten Dynastie (ca. 2500) sind enorm groß. Die jüngeren Pyramiden sind kleiner und aus Ziegeln gebaut.

Das Alte Reich währte fünf Jahrhunderte, verfiel dann aber, weil die Gau-, also die Regionalfürsten, zuungunsten des Königs zu mächtig wurden. Das Land, das sie als Bezahlung erhielten, ging vom Vater auf den Sohn über und damit auch das Amt, wodurch der König die Gewalt über seine Beamten verlor. Außerdem hat man festgestellt, daß zu dieser Zeit das Ausmaß der Überschwemmungen durch den Nil abnahm. Dies geht Hand in Hand mit Berichten über Hungersnöte. Vermutlich veranlaßte dies die Ägypter, die künstliche Bewässerung zu verbessern, um das knappe Wasser so gut wie möglich zu nutzen.

Mesopotamien: Sumer und Akkad

Obwohl bereits im 4. Jahrtausend die Grundlagen geschaffen worden waren, nahm die mesopotamische Zivilisation erst im 3. Jahrtausend richtig Gestalt an. Zwei Völker waren dafür verantwortlich: die **Sumerer** und die **Akkader**. Von diesen beiden Völkern waren die Sumerer das wichtigere. Obgleich wir nicht wissen, wann sie nach Mesopotamien gelangt sind und ob sie es waren, welche die Schrift erfunden und den Städtebau begonnen haben, steht auf jeden Fall fest, daß sie diejenigen waren, welche die Städte in Südmesopotamien groß gemacht und die Schrift in großem Umfang für die Tempel- und Palastverwaltung sowie für religiöse und literarische Texte verwendet haben. Sie waren es, welche die Bildhauerei, die Baukunst, religiöse Vorstellungen, literarische Stile und Anschauungen über das Königtum, das Recht und die Gesellschaft geprägt haben. Die Sumerer haben die Wissenschaft begründet, z.B. die Arithmetik, die Astronomie, die Botanik und die Medizin. In sumerischen Schulen lernten die Schüler die komplizierte Schrift, indem sie zahlreiche Texte aller Art auswendig lernten.

Es sind uns Wortregister mit technischen Ausdrücken aus vielen Gebieten überliefert worden. So vermitteln Berufsverzeichnisse heute einen guten Einblick in den Arbeitsteilungsprozeß, der dank der großen Erfolge des Bewässerungsackerbaus möglich war (siehe S. 15 und 16).

Das Sexagesimalsystem der sumerischen Arithmetik hat bis heute in unserer Unterteilung der Stunde in 60 Minuten und des Kreises in 360 Grade seine Spuren hinterlas-

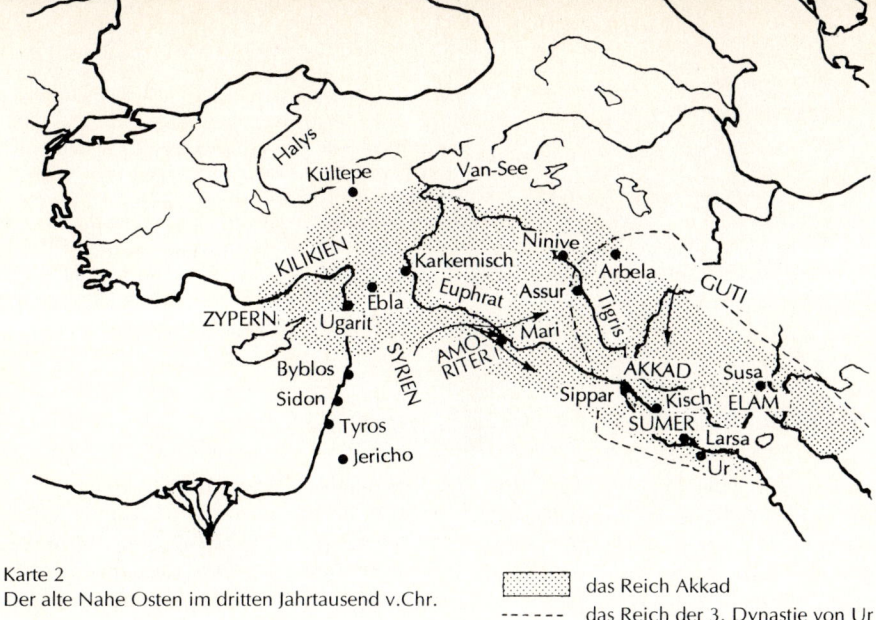

Karte 2
Der alte Nahe Osten im dritten Jahrtausend v.Chr.

░░░░ das Reich Akkad
------ das Reich der 3. Dynastie von Ur

sen. Die sumerische Schule war der Kulturträger schlechthin, und das nicht nur jahrhundertelang, sondern auch für die ganze übrige Welt des alten Nahen Ostens. Auch im Südwesten des Iran (Elam) und sogar in Syrien (Ebla) wurde die Keilschrift übernommen. In diesen Gegenden wurde ebenfalls Sumerisch gelernt und wurden in Schulen nach sumerischem Modell sumerische Texte studiert. So verbreitete sich diese Zivilisation in ganz Vorderasien und hat die Kulturgeschichte dieser Region geprägt.

Dennoch haben die Sumerer kaum große Reiche, die große Gebiete Vorderasiens umfaßten, gekannt. Sie lebten denn auch in Stadtstaaten. In diesen Stadtstaaten stand anfangs der Tempel, unter der Leitung eines Hohepriesters oder einer Hohepriesterin, im Mittelpunkt, aber man kann beobachten, wie nach und nach der weltliche Führer, für den die Leitung des Heeres eine wichtige Aufgabe war, immer selbständiger hervortrat. So entstanden das Königtum und, neben dem Tempel, der Palast mit einem eigenen Beamtenapparat, eigenem Grundbesitz und eigenen Werkstätten. Hin und wieder gelang es dem König einer Stadt, einige andere Städte zu unterwerfen. Für die Sumerer späterer Zeiten war das Königtum eine Selbstverständlichkeit und ‚am Anfang' vom Himmel auf die Erde herabgekommen.

Palast und Tempel blieben 3000 Jahre lang die wichtigsten Organisationen, wobei sich beide andauernd um des anderen Angelegenheiten kümmerten, sowohl in negativem als auch in positivem Sinne. Einerseits gab es Auseinandersetzungen über Landbesitz und die Selbständigkeit der Tempel, andererseits präsentierten die Könige sich gerne als die Vertreter der Götter und als Gründer von Tempeln.

Die **Akkader** verdanken ihren Namen der Stadt Akkad, die etwa 2300 v.Chr. das Zentrum eines ‚Weltreiches' wurde. König Sargon der Große war der Begründer dieses Reiches, das ganz Mesopotamien umfaßte und sich bis nach Kleinasien hinein erstreckte (siehe Karte 2).

Die Akkader waren Semiten, was heißt, daß sie eine semitische Sprache sprachen. Zu dieser Sprachgruppe gehören heutzutage das Arabische und das Hebräische. Obwohl die ‚Akkader' schon Anfang des dritten Jahrtausends in Mesopotamien lebten (ihre größte Bevölkerungskonzentration lag ein wenig nördlicher als das sumerische Gebiet), sind sie jedoch erst seit dem akkadischen Reich richtig erkennbar. Zu dieser Zeit begannen sie die Keilschrift für ihre eigene Sprache (das sogenannte Altakkadische) zu verwenden. Die Akkader haben vieles aus der

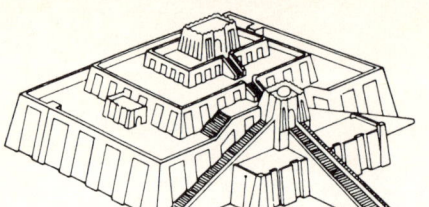

5
‚Zikkurat' in Ur (III. Dyn., ca. 2100 v.Chr.) Tempeltürme in der Form von gestuft aufeinandergebauten Terrassen gibt es ab dem Ende des dritten Jahrtausends bis zum sechsten Jahrhundert. Diese haben sich aus den terrassenförmigen Tempelanlagen der spätvorgeschichtlichen Zeit entwickelt. Der Tempel von Ur war dem sumerischen Mondgott Nanna, auf akkadisch Sin genannt, geweiht. Rekonstruktionszeichnung: L. Wooley (1880–1960).

sumerischen Kultur, wie die Schrift, religiöse Vorstellungen, Wissenschaft und Literatur, übernommen. Dennoch haben sie auch einen eigenen Teil beigetragen: Sie hielten an den eigenen Göttern (die aber wohl mit sumerischen Göttern identifiziert wurden) fest und sprachen auch weiterhin ihre eigene Sprache.

Nachfolger Sargons beanspruchten sogar die Weltherrschaft, indem sie den Titel ‚König der vier Weltteile' führten, und ließen sich göttliche Ehren erweisen.

Infolge lokaler Aufstände und fremder Einfälle aus dem Osten ging das Reich Akkad zugrunde.

Im dritten Jahrtausend folgte das Wiederaufblühen einer Anzahl von sumerischen Städten, was man als die ‚Sumerische Renaissance' (ca. 2100–2000) bezeichnet. Die Könige von Ur, die sogenannte III. Dynastie von Ur, schufen erneut ein großes Reich in Mesopotamien, das wir dank des Fundes von ca. 100.000 Tontafeln, die aus der Palastverwaltung stammen, ziemlich gut erforschen können. Hierbei zeigt sich, daß der Palast die ganze Wirtschaft lenkte und den Tempel überflügelte.

Das Reich von Ur ging jedoch durch eine Infiltrierung von außen her, nun aus dem Westen, nämlich durch die **Amoriter**, wieder zugrunde. Diese Amoriter waren westsemitische Sprachen sprechende Nomaden, die von den fruchtbaren Flußtälern in Mesopotamien angezogen wurden. Sie waren eine Plage für die einheimische Bevölkerung, die mit ansehen mußte, wie ihre Felder gebrandschatzt wurden.

Die Anfuhrwege der Städte für Getreide wurden versperrt, und örtliche Statthalter nutzten die Gelegenheit, indem sie die Beziehungen zu Ur abbrachen und eigene Dynastien gründeten.

Epilog

Das Ende des dritten Jahrtausends bedeutete für die zwei wichtigsten Kulturzentren, Ägypten und Mesopotamien, eine Zeit der Wirren und des Stillstands. Dennoch war eine dermaßen solide Grundlage geschaffen worden, daß spätere Generationen wieder darauf zurückgreifen und weiterbauen konnten. Der Stil der ägyptischen Malerei, Reliefkunst und Bildhauerei hat sich in späteren Jahrhunderten nicht wesentlich verändert.

Zwar hörte das Sumerische auf, eine gesprochene Sprache zu sein, aber es behielt seine Funktion als Sprache der Religion und der Gelehrten, während das Akkadische sich zu einer Umgangssprache in Mesopotamien und zur internationalen Schriftsprache für Korrespondenz und Verwaltung entwickelte und auch immer mehr für literarische Texte verwendet wurde. Die sumerisch-akkadische Kultur konnte auf diese Weise fortbestehen und hat die Geschichte Vorderasiens bis in die hellenistische Zeit geprägt.

3 Das zweite Jahrtausend

Theben, Assur und Babylon (± 2000–1600)
Ägypten: das Mittlere Reich (± 2000–1800)
Mesopotamien

Kurz vor 2000 v.Chr. wurde die Einheit Ägyptens von einer Gaufürstendynastie (der XI.), die in Theben regierte, wiederhergestellt. Dadurch wurde Theben die neue Hauptstadt des vereinigten Ägyptens. Die mächtigsten Könige waren die der zwölften Dynastie. Diese unternahmen Eroberungszüge nach Vorderasien, ohne daß sie das Gebiet übrigens auf Dauer besetzen konnten. In den Berichten über diese Züge tauchen zum ersten Mal die Namen Jerusalem und Sichem auf. Im Süden konnten die Ägypter ihre Vorherrschaft wohl dauerhaft etablieren: Nubien (der Sudan) wurde bis zum dritten Katarakt annektiert.

Die Könige der zwölften Dynastie sind auch für ihre Werke in Ägypten berühmt. Sie nahmen die Faijum-Oase in Kultur und verlegten ihr Regierungszentrum dorthin. Hier wurden Totentempel und Pyramiden erbaut. Die Thronfolge wurde reibungsloser geregelt, indem der König zu Lebzeiten einen Sohn zum Mitregenten bestimmte, welcher ihm nach seinem Tode nachfolgen sollte.

Am Ende des Mittleren Reiches bröckelte die Macht der Herrscher wieder ab, und die Gaufürsten wurden wieder bestimmender. Die Eroberungszüge hörten auf, und es wurde auch weniger gebaut. Dies bedeutete den Anfang der ‚zweiten Zwischenzeit' (ca. 1800–1600). In dieser Periode kannte Ägypten vorerst fremde Herrscher, die **Hyksos**. Diese waren möglicherweise von amoritischer Abstammung und ließen sich, ähnlich wie die Amoriter in Mesopotamien, im Nildelta nieder, wonach es ihnen sogar gelang, die Macht zu übernehmen und eigene Dynastien zu gründen. Die anderen Gaufürsten mußten die Oberhoheit der Hyksosdynastie anerkennen.

Am Anfang des zweiten Jahrtausends entstanden in Mesopotamien zwei Staaten, die in den nächsten 1500 Jahren eine Hauptrolle spielen sollten, nämlich **Assyrien** und **Babylonien**. Das Bemerkenswerte dabei ist, daß ein fremdes Volk, und zwar die Amoriter, die sich seit dem Ende des dritten Jahrtausends in Mesopotamien angesiedelt hatten (siehe S. 22), sehr viel dazu beigetragen hat. Es ist ein Beispiel einer Infiltration in ein Kulturland von einer halbnomadischen Bevölkerungsgruppe, wobei es dieser gelingt, hier die Macht zu übernehmen. In Assur, Babylon und Mari (siehe Karte 4) kamen Amoriter an die Macht, ohne daß diese übrigens ihre nomadische Lebensweise ganz aufgaben. Die einigermaßen hybride Position eines Amoriters auf dem Königsthron kommt ziemlich gut zum Ausdruck in den Titeln einiger ihrer Herrscher. Sie nannten sich: ‚König der Stadt X, Häuptling des Stammes Y'. Es ist den

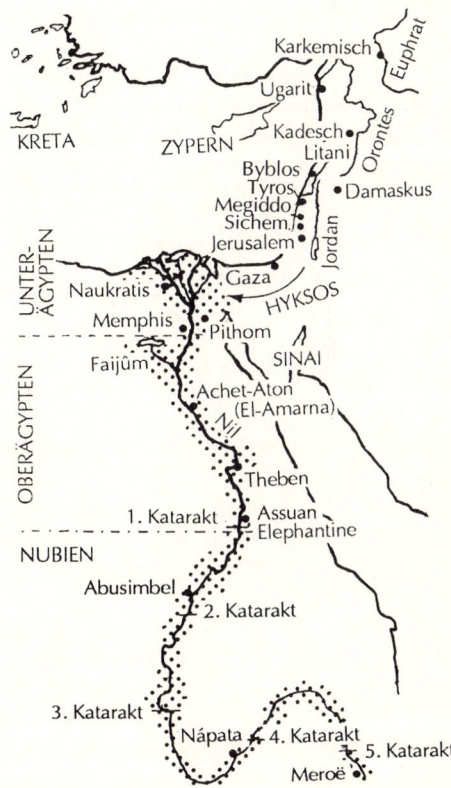

Karte 3
Das alte Ägypten in der Zeit 3000–525 v.Chr.

bewässertes Gebiet

Amoritern jedoch nirgends gelungen, den Menschen ihre Kultur ganz aufzunötigen. Sumerisch und Akkadisch blieben nach wie vor die geschriebenen Sprachen (das Akkadische nun in zwei Varianten, dem Assyrischen und dem Babylonischen), wie auch die Keilschrift die weiterhin verwendete Schrift blieb. Auch als Umgangssprache verschwand das Amoritische nach einiger Zeit.

Das Altassyrische Reich (± 2000–1760)

Die Stadt Assur existierte bereits in der Frühzeit, gehörte zu den Reichen von Akkad und Ur und wurde etwa 2000 v.Chr. selbständig. Daraufhin begann eine Periode der hohen Blüte, die sich vor allem auf die wichtige Rolle Assurs im Handelsverkehr mit u.a. kleinasiatischen Städten gründete (siehe S. 51). Nach einer Zeit des Verfalls, ca. 1840, erlebte Assur am Ende des 19. Jahrhunderts, nach der Machtergreifung des Amoriters Schamschi-Adad I., der seinen Machtbereich bis zum Norden Mesopotamiens ausdehnte und seinen Sohn in Mari auf den Thron erhob, erneut eine Blütezeit. Das Königtum nahm seitdem immer mehr einen absoluten Charakter an.

Das Altbabylonische Reich (± 1800–1600)

Babylon war bisher eine unbedeutende Stadt gewesen, wurde aber im achtzehnten Jahrhundert eine politische Großmacht und spielte nach dieser Periode, auch in Zeiten politischer Schwäche, noch eine zentrale Rolle in der mesopotamischen Kultur. Viele Könige, die später Babylon erobert haben, respektierten die babylonischen Götter und Traditionen und räumten Babylon eine Sonderstellung ein. Die Grundlage der babylonischen Zivilisation wurde vom Amoriterkönig **Hammurabi** (1792–1750), der gegen Ende seiner Regierungszeit fast ganz Mesopotamien erobert und auch Assyrien abhängig gemacht hatte, geschaffen. Hammurabi ist am bekanntesten geworden wegen des wiederentdeckten Gesetzbuches, das man auf ihn zurückführt und das eine wichtige Quelle für die Sozialgeschichte bildet. Dieses Gesetzbuch (darüber mehr auf S. 25 und 54) blieb ein Standardwerk der babylonischen Schulen und übte als solches einen großen und nachhaltigen Einfluß aus.

Das Altbabylonische Reich hat sich nicht lange halten können. Bereits unter Hammurabis Nachfolgern zerfiel es; seine militärische Kraft und die Macht der Könige nahm ab. Ca.

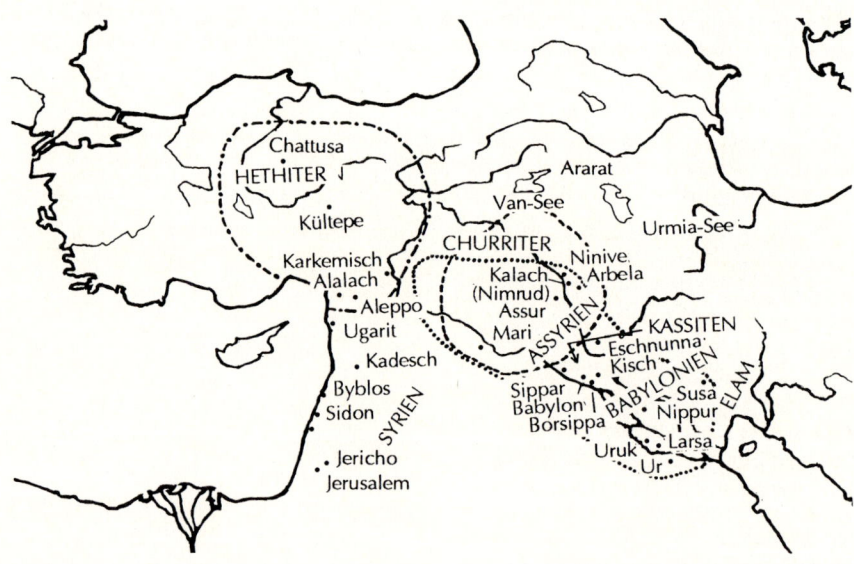

Karte 4
Das Altassyrische und das Altbabylonische Reich

- - - - - das Altassyrische Reich (± 1800)
.... das Altbabylonische Reich (± 1750)
--·--·-- das Althethitische Reich

6
'Gesetzbuch' des Hammurabi von Babylon (ca. 1750 v.Chr.). Höhe: 2,25 m.
Stele aus Basalt, gefunden in der elamitischen Hauptstadt Susa. Die Stele ist offensichtlich bei einem Raubzug von den Elamitern mitgeführt worden. Auf dem Thron sitzt der Sonnengott Schamasch, der zugleich der Gott des Rechtes war, da das Sonnenlicht üble Machenschaften, die das Licht scheuten, erhelle. Als Sonnengott ist er an den Strahlen auf den Schultern erkennbar. Hammurabi steht vor dem Thron. Der Text enthält einen Prolog, Artikel des Gesetzes und einen Epilog. Im Prolog präsentiert Hammurabi sich als der von den Göttern eingesetzte König, der für die Wahrung des Gesetzes sorgen solle; im Epilog sagt er, daß er die Gesetze erlassen habe, um ‚die Schwachen nicht von den Starken entrechten zu lassen und der Witwe und den Waisen Recht zu verschaffen'. Weiter wird dem ‚Entrechteten' geraten, sich auf das Gesetzbuch zu berufen. Schließlich wird zukünftigen Königen mit dem Fluch der Götter gedroht, falls sie diese Rechtsbestimmungen nicht einhalten sollten. Foto: Louvre, Paris.

Karte 5
der alte Nahe Osten in der Periode 1600–1200 v.Chr.

.... Einflußbereiche Ägyptens, des Hethiterreiches, Babyloniens und Assyriens ca. 1250 (nach der Schlacht bei Kadesch)
- - - - - Einflußbereich von Mitanni ca. 1370

1600 wurde Babylon sogar von einem König des im östlichen Kleinasien entstandenen Althethitischen Reiches (siehe Karte 4 und S. 30), der einen Raubzug durch Mesopotamien machte, eingenommen.
Nachdem er Babylon geplündert hatte, zog er sich wieder in das eigene Land zurück. Das Altbabylonische Reich erholte sich nicht wieder von diesem Schlag und konnte sich nicht gegen neue Eindringlinge aus dem iranischen Bergland, die Kassiten, wehren. Abermals mußte Mesopotamien fremde Herrscher erdulden. Auch diese sollten sich aber den lokalen Traditionen anpassen (siehe S. 28).

Das ‚Konzert der Großmächte' (± 1600–1200)

Die Periode, die in diesem Paragraphen beschrieben wird, ist eine Zeit, in der es im alten Nahen Osten einige Großmächte gab, die einander mehr oder weniger im Gleichgewicht hielten. Diese Großmächte waren Ägypten (das Neue Reich), Mitanni, das Hethiterreich, Assyrien und Babylonien. In diese Zeit fällt auch die Blütezeit der sogenannten minoischen Zivilisation auf Kreta und der mykenischen Zivilisation in Griechenland (siehe S. 30 und S. 31).
Daneben gab es in Syrien und Palästina, ebenso wie vorher, einige hochentwickelte Stadtstaaten, zum Beispiel Byblos, Tyros und Sidon. Besondere Erwähnung verdient das etwas nördlicher gelegene Ugarit, wo Ausgrabungen interessante Funde, wie sumerische und akkadische Tontafeln, aber auch Tafeln mit einer phonetischen Keilschrift von 30 Zeichen in der eigenen ugaritischen Sprache, zutage gebracht haben.
Zwischen diesen Staaten bewegten sich nach wie vor allerlei (halb-)nomadische Stämme (siehe Karte 5).
Die Macht dieser Staaten, sowohl der kleinen als der großen, gründete auf einer neuen Erfindung, die sich etwa 1600 v.Chr. blitzschnell im Nahen Osten verbreitet hatte: dem **Streitwagen**, einem schnellen, zweirädrigen, mit Pferden bespannten Wagen. Die Besitzer dieser Streitwagen bildeten eine aristokratische Elite, die eine privilegierte

Stellung einnahm und im Tausch für ihre Dienste Land zugewiesen erhielt. Die einzelnen Mächte vermochten ihre Macht nur dann zu behaupten, wenn sie große Verbände von Streitwagen aufbieten konnten. Die kleinen Staaten konnten ihre Selbständigkeit meistens nicht erhalten und wurden zu Satellitenstaaten der Großmächte (siehe Kapitel 7).

Ägypten: das Neue Reich (± 1550–1100)

Es war wiederum eine Dynastie thebanischer Gaufürsten, welche die ägyptische Einheit wiederherstellte. Der letzte König dieser Dynastie, der 17. laut Manetho, schüttelte die Oberhoheit des letzten Königs der Hyksosdynastie, der 15.(!) laut Manetho, ab und begann mit der Vertreibung der Hyksos. Dieses Werk wurde von seinem Bruder, der als der Begründer der 18. Dynastie gilt, vollendet. (Diese Ereignisse lassen deutlich die Unvollkommenheiten von Manethos System erkennen.) Die 18. Dynastie (ca. 1550 – ca. 1300 v.Chr.) ist vielleicht die bekannteste der ägyptischen Geschichte. Deren Könige – heute mit dem Titel Pharao (eigentlich: großes Haus = Palast) bezeichnet – begannen sofort mit der Gründung eines Imperiums. Ihre Eroberungen erstreckten sich bis zum Euphrat in Syrien und bis tief hinein nach Nubien. Der bekannteste von ihnen war wohl Thutmosis III. (ca. 1450).

Nubien war vor allem begehrt wegen seines Goldes (Nubien = Goldland). Es wurde von einem Unterkönig ('Königssohn') verwaltet, und die Beaufsichtigung von Ägypten aus war ziemlich direkt. Die ägyptische Kultur faßte festen Fuß in Nubien. Es wurden dort ägyptische Tempel erbaut, und man übernahm die ägyptische Kunst, Religion und Schriftkultur. In Palästina und Syrien war die ägyptische Herrschaft weniger unmittelbar.

Dort durften die Könige der Stadtstaaten weiter auf ihrem Thron bleiben. Allerdings mußten sie ägyptische Truppen und ägyptische Kontrolleure auf ihrem Gebiet zulassen. Der kulturelle Einfluß der Ägypter in

7
Krönung der Königin Hatschepsut durch den Himmelgott Horus (mit Falkenkopf) und den Schreibergott Thot (mit Ibiskopf).
Hatschepsut war einer der wenigen weiblichen Pharaonen. Sie war die Stiefmutter und Tante des Thutmosis III. und außerdem dessen Regentin, weil dieser Sohn einer Nebenfrau ihres jungverstorbenen Gatten (und Halbbruders) Thutmosis II. minderjährig war. Thutmosis III. war mit einer Tochter der Hatschepsut verheiratet, die dadurch auch noch seine Schwiegermutter wurde. Seit dem Neuen Reich erlangten die ägyptischen Thronprätendenten ihre Legitimität, indem sie die Tochter der Hauptgemahlin des regierenden Pharaos heirateten, infolgedessen es viele Ehen zwischen Brüdern und (Halb-)Schwestern gab. Hatschepsut begnügte sich nicht mit der Position einer Regentin und ließ sich offiziell zum Pharao krönen. Aus ihrer Regierungszeit ist eine friedliche Expedition in das Land Punt (Ostküste Afrikas am Roten Meer), von woher sie allerlei exotische Pflanzen und Tiere mit nach Ägypten zurückbrachte, bekannt.
Als sie starb, übernahm Thutmosis alleine die Macht. Er wandte sich scharf von seiner ehemaligen Regentin ab, erkannte ihr Königtum nicht an und ließ überall ihre Bildnisse abmeißeln, wie es auch bei diesem Wandrelief geschehen ist. Thutmosis hat viele Kriegszüge nach Palästina und Syrien, bis über den Euphrat hinaus, sowie in den Süden, nach Nubien, unternommen. Foto: E.A. Hemelrijk, Haarlem.

8
Echnaton, Nofretete und ihre Töchter.
In der Mitte die Sonnenscheibe Aton mit den segnenden Händen. Die Strahlen äußerst links und rechts tragen das Lebenssymbol ('anch'). Die Ungezwungenheit dieser Szene ist ungewöhnlich in der ägyptischen Reliefkunst. Foto: Ägyptisches Museum, Berlin.

diesen Gegenden blieb gering und war noch am größten in den Küstenstädten, wie Byblos, Tyros und Ugarit, die jedoch durch den Handel schon länger mit Ägypten in Verbindung standen.

Der außergewöhnlichste Pharao war zweifellos **Echnaton** (ca. 1350). Dieser hat versucht, die ägyptische Vielgötterei zu einer Religion, in der man nur einen einzigen Gott, den Sonnengott **Aton**, verehrte, umzuwandeln. Insbesondere Thebens Gott Amun war das Opfer dieser Politik. Sein Name wurde überall ausgetilgt. Echnaton verließ sogar Theben, um in eine neue Hauptstadt, Achet-Aton, das heutige El-Amarna, überzusiedeln. Mit der Religion änderte auch die ägyptische Kunst ihren Charakter. Während sie vorher recht schablonenhaft gewesen war, mit sehr strengen Formgebungsregeln, wurde sie nun viel freier. Man legte mehr Persönlichkeit in die Figuren, und Szenen wurden ungekünstelter dargestellt. Die typisch ägyptische Darstellungsweise (Gesicht, Hüften und Beine im Profil, Augen und Schultern frontal) blieb jedoch erhalten.

Indessen vernachlässigte Echnaton das Imperium. Die Stadtstaaten in Syrien und Palästina gingen zunehmend ihre eigenen Wege, wobei sie mehr und mehr von (halb-)nomadischen Stämmen belästigt wurden.

Echnaton sandte keine oder nur wenige Truppen zur Behauptung seiner Vorherrschaft. Echnatons Nachfolger, der bekannte, aber schwache und jungverstorbene **Tutanchamun**, kehrte wieder zu den alten ägyptischen Traditionen zurück und machte Memphis zur Hauptstadt. Die 18. Dynastie endete dadurch, daß es drei Generälen gelang, den Königsthron an sich zu bringen.
Im 13. Jahrhundert, unter der 19. Dynastie, hat sich Ägypten noch einmal erholt. Das war u.a. das Werk des Ramses II. (1279–1212), der auch einer der bedeutendsten Gründer von Bauwerken war. Der Tempel in Abusimbel, der vor mehreren Jahren von der UNESCO vor dem steigenden Wasser des Stausees beim Assuandamm gerettet wurde, wurde während seiner Regierung erbaut.

Babylonien und Assyrien

Nach dem Untergang des Altbabylonischen Reiches (ca. 1600) übernahmen schon bald Eindringlinge aus dem Osten, die **Kassiten**, die Macht in Babylon, die sie dann gut vier Jahrhunderte zu behaupten wußten. Die Kassiten haben den Streitwagen in Babylonien eingeführt. Der König stützte sich auf seine Getreuen, denen Land, das nicht mit Steuern belegt wurde, zur Verfügung

9
Ramses II. auf seinem Streitwagen in der Schlacht bei Kadesch gegen die Hethiter (1274 v.Chr.). Der König steht als einziger *alleine* auf dem Streitwagen und lenkt mit Zügeln an den Hüften den Wagen. Dies muß in der Praxis unmöglich gewesen sein. Man brauchte immer einen speziellen Wagenlenker, wie die anderen Wagen zeigen. Die Darstellung betont die übermenschlichen Fähigkeiten des Königs (vgl. S. 46).

gestellt wurde. Die Kassiten paßten sich der vorhandenen babylonischen Kultur, in der sich die sumerischen und akkadischen Zivilisationen allmählich vereinigt hatten, an. Tempel und künstlerische Stile waren babylonisch, und Sumerisch und Akkadisch blieben weiterhin geschriebene Sprachen. Die Kontinuität blieb also erhalten.
Assyrien war anfangs schwach; seine Könige unterstanden eigentlich den Königen des nordwestlichen Nachbarlandes Mitanni. Als jedoch dieses Land etwa 1350 v.Chr. von den Hethitern zu Fall gebracht wurde, konnte Assyrien wieder eine selbständige Rolle spielen.

Dies bedeutete, daß Mesopotamien nun von zwei mittelgroßen Staaten, Assyrien und Babylonien, die einander mehr oder weniger im Gleichgewicht hielten, beherrscht wurde. Dieser Zustand sollte bis zum 8. Jahrhundert andauern.

Mitanni

Mitanni war ein Staat, der zwischen den Oberläufen des Euphrat und Tigris lag. Seine Einwohner waren die Churri (Churriter), die hier bereits im dritten Jahrtausend lebten und ihr Wohngebiet im Laufe der Zeit in Richtung Kleinasiens und Syrien-Palästinas ausdehnten. Es lebten also auch Churri außerhalb von Mitanni (z.B. im Hethiterreich). Obwohl das Churritische die gebräuchliche Kanzleisprache in Mitanni war (als Schriftart benutzte man die Keilschrift) und man churritische Götter kannte, gibt es dennoch auch indoiranische Elemente in Mitanni. In Verträgen wurden indische Götter erwähnt und einige Könige trugen indoiranische Namen.

Das Hethiterreich

In Kleinasien lebten von alters her einige Völker, deren Herkunft wir nicht kennen, aber die schon sehr lange eine städtische Zivilisation kannten. Am Anfang des zweiten Jahrtausends ließ sich in Zentralanatolien ein Volk nieder, das wir als ‚die Hethiter' bezeichnen. Es gibt in ihrer Sprache starke indoeuropäische Elemente. Ca. 1700 v.Chr. entstand ein Reich von einiger Bedeutung, nämlich das Althethitische Reich, das seinen Machtbereich über Syrien ausdehnte. Ca. 1600 drang ein hethitischer König sogar bis nach Babylon vor (siehe S. 26). Danach wurde das Reich infolge eines Erbfolgestreits schwächer und das eroberte Gebiet ging wieder verloren. Ca. 1350 erholte sich das Reich durch das Auftreten des Königs Suppiluliumas, des Gründers des neuhethitischen Imperiums. Er unterwarf große Städte in Syrien und Kleinasien und rechnete mit dem Nachbarstaat Mitanni, wo eine Marionette auf den Thron erhoben worden war, ab. Die Unterwerfung wurde dadurch vollzogen, daß man mit dem besiegten König, der meistens wohl auf dem Thron bleiben durfte ('Vasallenfürsten' oder ‚Klientelkönige'), einen Vertrag schloß. In der hethitischen Hauptstadt wurden viele derartige Verträge ausgegraben.

Das Hethiterreich hat unter starkem Einfluß der mesopotamischen Kultur gestanden. Die Keilschrift wurde übernommen, wie auch für manche Texte (z.B. Verträge) das Akkadische. In Verträgen wurden mesopotamische Götter angerufen, und mesopotamische Literatur (u.a. das Gilgameschepos) wurde ins Hethitische übersetzt. Überdies sind auch noch andere Einflüsse erkennbar. Religiöse Texte wurden in alten, nichthethitischen Sprachen aufgezeichnet. Besonders nach Suppiluliumas wurde der churritische Einfluß stärker. Der churritische Gewittergott Teschup gehörte mit der Zeit zu den wichtigsten Göttern.

Kreta und Mykene

Zu dieser Zeit kamen auch die Kulturen Kretas und Mykenes, die übrigens schon bis ins dritte Jahrtausend v.Chr. zurückreichen, zu ihrer größten Blüte. Erstere wird in der modernen Literatur als die ‚minoische' (nach König Minos aus der griechischen Mythologie) und letztere, jene Griechenlands, als die ‚helladische' (nach Hellas = Griechenland) bezeichnet. Die wichtigste Stadt auf Kreta war Knossos. Auffallend an dieser Stadt ist, daß sie nicht von Mauern umgeben war und daß ihre Bildwerke, im Vergleich zu den altorientalischen, ganz unkriegerisch sind. Es gibt Darstellungen von Flora und Fauna und von religiösen Zeremonien unter freiem Himmel, aber nicht von kriegerischen Handlungen (Abb. 10).

Der Palast bildete den Mittelpunkt des Wirtschaftssystems, ähnlich wie bei der dritten Dynastie von Ur oder dem ägyptischen Neuen Reich. Ein derartiges Wirtschaftssystem wird auf S. 49 ausführlicher beschrieben. Für die Palastverwaltung wurde ein syllabischer Schrifttyp entwickelt, das sogenannte Linear A, das bisher jedoch noch nicht entziffert worden ist, so daß wir über Sprache und Charakter dieses Volkes wenig sagen können. Die Blüte Kretas wurde auch durch einen florierenden Handel ermöglicht. Kretische Schiffe hielten den Kontakt mit verschiedenen Städten im Mittelmeer, u.a. in Ägypten, Syrien-Palästina und Griechenland, sowie mit den Inseln in der Ägäis aufrecht. Ca. 1450 wurde Knossos auch in politischer Hinsicht die wichtigste Stadt. Sie eroberte das übrige Kreta, wo zahlreiche Paläste zerstört wurden. Ca. 1375 eroberte jedoch eine mykenische Expedition Knossos und beherrschte damit ganz Kreta.

In Griechenland hatte sich seit ca. 3000 v.Chr. eine ähnliche Zivilisation wie auf Kreta entwickelt. Vermutlich ca. 2100 ließen sich in Griechenland Menschen nieder, die eine griechische (also indoeuropäische) Sprache sprachen. Kurz nach 1600 begann dann eine auffällige Blütezeit verschiedener städtischer Zentren (Mykene, Pylos, Tiryns). Anfangs fehlten auch hier die Mauern, aber zwischen 1400 und 1300 entstanden dann starke Palastburgen.

Unbestreitbar wurde zu dieser Zeit die ganze Zivilisation militaristischer. In den Palastburgen herrschten Könige zusammen mit einer Elite von Wagenkämpfern, denen dafür Land zugewiesen wurde und deren Pferde vom Staat bezahlt wurden. Es hat den Anschein, als habe keine der Städte ganz

10
Thronsaal im Palast von Knossos (teilweise rekonstruiert).

Griechenland oder auch nur die Peloponnes beherrscht. Spuren von Verwüstungen deuten wohl auf Kriege untereinander hin.
Die Kunst spiegelte diesen kriegerischen Charakter kaum wider. Sie wird, ähnlich wie die kretische, durch abstrakte Formen und Blumenmuster gekennzeichnet und war ebenso unpersönlich. Wir finden diesen Stil ebenfalls auf den Inseln in der Ägäis, wie z.B. auf Thera.
Noch etwas wurde in Griechenland von Kreta übernommen: die Schrift. Diese wurde freilich angepaßt, um sie für die andere Sprache, das Griechische, geeignet zu machen. Man nennt diesen Schrifttyp das Linear B. Ca. 1375 sind Griechen nach Kreta hinübergefahren und haben Knossos eingenommen. Daraufhin wurde auch auf Kreta (in Knossos) das griechische Linear B eingeführt.

Internationale Beziehungen

Über die internationalen Beziehungen dieser Zeit wissen wir dank des Fundes eines Archives in Achet-Aton (= El-Amarna) in Ägypten ziemlich gut Bescheid. In diesem Archiv befinden sich einige Briefe von den Königen der Großmächte an Ägypten, aber der größte Teil der Briefe stammt von den Königen der Stadtstaaten in Palästina und Syrien, die unter ägyptischer Oberhoheit standen. Diese Briefe bestehen aus Tontafeln, die mit babylonischer Keilschrift beschrieben sind. Babylonisch war zu dieser Zeit die Weltsprache. Außer diesem Archiv sind uns noch einige weitere Briefe überliefert worden.
Eine zweite wichtige Quelle bilden die hethitischen Verträge, die in großer Zahl erhalten geblieben sind. Wir unterscheiden hier Verträge auf der Grundlage von Ungleichheit, nämlich zwischen dem Hethiterkönig und seinen Vasallenfürsten, den Königen der hethitischen Satellitenstaaten (siehe S. 30 und 54–56), und Verträge auf der Grundlage von Gleichberechtigung, welche

11
Unten: Festungswerke in Tiryns (unweit von Mykene). Oben: Festungswerke in Chattusa, der Hauptstadt des Hethiterreiches. Die Ähnlichkeit der Bauweisen ist auffällig. Große Blöcke aus Naturstein wurden ohne Mörtel wie ein Puzzle ineinandergefügt. Die Bögen sind nicht echt, überspannen den Raum nicht wirklich.
Griechen in späteren Zeiten waren von der Größe der verwendeten Steine dermaßen beeindruckt, daß sie von ‚Zyklopenmauern' sprachen. Zyklopen waren in den griechischen Sagen Riesen mit einem einzigen Auge über der Nase. Foto: R.J. van der Spek.

zwischen den Königen der Großmächte geschlossen wurden. In letzteren wird genau darauf geachtet, daß die Bestimmungen beiderseitig Geltung haben.

Eine dritte Quelle bilden die Annalen auf Tempelmauern, Tontafeln und dgl., auf denen die Könige ihre tapferen Taten haben verewigen lassen.

Aus diesen Quellen ergibt sich ein recht gutes Bild vom diplomatischen Verkehr jener Tage. Freundschaftliche Beziehungen wurden durch den regelmäßigen Austausch von Boten, Briefen und Geschenken sowie durch die Schließung von politischen Ehen aufrechterhalten. Gute Beziehungen wurden oft aus Furcht vor einem gemeinsamen Feind angeknüpft und weil man einsah, daß man aus einem weiteren Kampf keine Vorteile ziehen konnte. So geriet Ägypten bei der Ausdehnung seines Imperiums in Konflikt mit Mitanni, schloß aber ca. 1400 Frieden mit diesem Staat, als dann das Hethiterreich aufstieg. Mitanni hat dies jedoch nichts mehr genützt: Suppiluliumas ließ es ca. 1350 vom Erdboden verschwinden. Lange Zeit haben die Ägypter und Hethiter einander Syrien streitig gemacht. Unter dem Reformer-Pharao Echnaton nahm die ägyptische Gewalt über die vorderasiatischen Besitzungen ab. Einige Vasallenfürsten liefen zum Hethiterkönig über, andere wurden selbständig (siehe auch S. 28).

Pharao Ramses II. (1279–1212) der 19. Dynastie eroberte vieles wieder zurück, wurde aber in der Schlacht bei Kadesch (1274) von den Hethitern zum Stehen gebracht. Hiernach entstand ein Status quo, aus dem sich ein Vertrag (1259) zwischen Ramses II. und Chattusilis III. ergab, der uns sowohl in einer ägyptischen (auf Tempelmauern in der Nähe von Theben) als auch in einer babylonischen Fassung (auf einer Tontafel in Chattusa) überliefert ist.

4 Das erste Jahrtausend

Zerfall und Wiederaufbau (1200–750)

Ca. 1200 wurde das Gleichgewicht der Mächte gestört. Assyrien und Babylonien wurden mit dem Vordringen der Aramäer und Chaldäer aus dem zwischen Palästina und Mesopotamien gelegenen Steppen- und Wüstengebiet konfrontiert. Nur mit größter Mühe konnten sich Assyrien und Babylonien gegen die beiden Völker zur Wehr setzen. Diese ließen sich in großen Teilen Syriens und im Süden Mesopotamiens nieder, wobei sich die Chaldäer vor allem am Persischen Golf ansiedelten.

Noch viel erdrückender war das Vordringen der sogenannten ‚Seevölker'. Diese kamen wahrscheinlich vom Balkan, zogen durch Griechenland und Kleinasien und bedrohten Ägypten. Der Name ‚Seevölker' verdankt sich einer ägyptischen Quelle. Sie haben direkt oder indirekt dazu beigetragen, daß eine Anzahl von bedeutenden Staaten völlig zugrunde ging und nicht wieder auferstand: nämlich Mykene, das Hethiterreich und auch die syrische Handelsstadt Ugarit. Ägypten ging zwar nicht unter, aber es konnte den Angriffen der Seevölker im Nildelta nur mit knapper Not widerstehen und verlor seine syro-palästinischen Besitzungen. Eines der bekanntesten Seevölker waren die Philister, die sich im Südwesten des nach ihnen benannten Palästina ansiedelten. Die Seevölker verursachten einen Bruch in der Geschichte des östlichen Mittelmeerbeckens. Großmächte, die in den Jahrhunderten vor 1200 eine wichtige Rolle gespielt hatten, verschwanden vom Erdboden oder wurden erheblich geschwächt. Es dauerte ein bis zwei Jahrhunderte, ehe die ‚zivilisierte' Welt den Schaden wieder behoben hatte und die neuen Völker sich angepaßt und ihren Platz gefunden hatten.

Auch in einer anderen Hinsicht leitete das 12. Jahrhundert eine neue Periode, nämlich die Eisenzeit, ein. Man kannte das Eisen zwar bereits vorher, namentlich in Kleinasien, aber eiserne Messer galten zu dieser Zeit noch als Luxusprodukt. Ab 1200 fand Eisen immer mehr Anwendung, und deswegen lassen die Historiker und Archäologen ca. 1200 in diesem Raum die Bronzezeit enden und die Eisenzeit anfangen.

Ägypten: 3. Zwischenzeit (± 1100–715)

Wie gesagt, verlor Ägypten seine eroberten Gebiete, sowohl Syrien-Palästina als auch Nubien. Auch die innere Einheit konnte es sich nicht erhalten. So wurde der Oberpriester des Amun in Theben praktisch ein selbständiger Fürst. Libyer infiltrierten das Delta und das Faijum und siedelten sich dort an. Zwischen 950 und 730 regierten sogar Dynastien von libyschen Pharaonen.

Wohl versuchte man noch, Palästina zu erobern, und der König einer libyschen Dynastie gelangte bis nach Jerusalem, der Hauptstadt des gerade entstandenen Reiches Juda (ca. 935 v.Chr.). Er plünderte den Tempel aus, konnte aber die ägyptische Vorherrschaft nicht dauerhaft etablieren.

Während der sogenannten Spätzeit (715–332) wurde Ägypten fast ständig von ausländischen Mächten beherrscht und war nur selten selbständig. Zuerst übernahm das nubische Reich von Napata (siehe Karte 3), das sich ca. 1100 von Ägypten abgetrennt hatte (ohne sich übrigens der ägyptischen Kultur zu entfremden [siehe S. 27 und Karte 3]), die Herrschaft in Ägypten (ca. 730), danach wurde Ägypten einigen vorderasiatischen ‚Weltreichen', die wir später in diesem Buch noch besprechen werden, einverleibt, nämlich dem Assyrischen (zwischen 671 und 655) und dem Persischen (525–404 und 343–332).

Syrien und die Phöniker

Die kleineren Staaten konnten von der Schwächung der Großmächte profitieren. Die Stadtstaaten in Syrien wurden wieder selbständig, wenngleich sich dort auch manchmal neue Bewohner angesiedelt hatten. In einigen herrschten Fürstenhäuser hethitischen Ursprungs (z.B. in Karkemisch). Man nennt diese kleinen Reiche die neuhethitischen Fürstentümer.

In anderen Städten, wie z.B. Damaskus, gelangten aramäische Dynastien an die Macht. Damaskus wurde das Zentrum eines größeren aramäischen Terriorialreiches, in der Bibel Aram genannt. Die ursprüngliche Bevölkerung der Hafenstädte westlich des Libanongebirges, wie Byblos, Tyr0s und Sidon, durfte hier auch weiterhin bleiben. Mit einer Bezeichnung aus dem Griechischen nennt man dieses Gebiet meist Phönikien. Die phönikischen Städte konnten sich von den Schlägen, welche die Seevölker ihnen zugefügt hatten, ziemlich schnell erholen. Sie waren nun selbständige Stadtstaaten unter der Führung eines Königs und eines Ältestenrates und brauchten vorläufig keine Vorherrschaft einer Großmacht anzuerkennen. Jetzt, da es die Konkurrenz von Kreta und Mykene nicht mehr gab, konnten sie sich zu den wichtigsten Handelsstädten des alten Nahen Ostens aufschwingen.

Die Phöniker sind für die abendländische Zivilisation von großer Bedeutung gewesen, da über sie die altorientalische Kultur nach Europa gelangte. Durch sie kamen die Griechen mit dem Orient in Berührung.

Zu dieser Zeit, als die Griechen noch kaum Überseehandel kannten, brachten die Phöniker orientalische Produkte nach Griechenland und in andere Länder im Westen. Auch in noch anderer Weise dehnte sich der phönikische Einfluß über das Mittelmeer aus: Ab dem 10. Jahrhundert v.Chr. begann die phönikische Kolonisation. Auf Sizilien und in Nordafrika und Südspanien wurden phönikische (Handels-)Siedlungen gegründet, die sich zu selbständigen, unabhängigen Städten entwickelten. Das bekannteste Beispiel einer phönikischen Kolonie ist wohl Karthago in Nordafrika, das ca. 800 v.Chr. von der Stadt Tyros aus gegründet wurde. Karthago sollte zu einer großen, selbständigen Macht heranwachsen (siehe S. 98 und S. 116).

Der bedeutendste Beitrag der Phöniker zur Zivilisation ist wahrscheinlich die Erfindung des Alphabets. Das phönikische Alphabet unterscheidet sich dadurch von den anderen bisher verwendeten Schriftsystemen, daß nicht mehr für jede Silbe ein Zeichen benutzt wurde, sondern lediglich für die Konsonanten. Es brauchte somit nur 22 Zeichen (die Keilschrift hat über 600), wodurch es für viel mehr Menschen zugänglich wurde. In Mesopotamien und Ägypten waren fast ausschließlich Berufsschreiber der Schrift mächtig gewesen. Ein weiterer wichtiger Unterschied zur Keilschrift war, daß als Schreibmaterial Papyrus oder Leder benutzt wurde. Da dieses Material sehr vergänglich ist, gibt es nicht sehr viele Quellen zur phönikischen Geschichte. Dies gilt auch für die Völker, welche die Schrift von den Phönikern übernommen haben, die Aramäer und die Israeliten.

Israel

Trotzdem weiß man ziemlich viel von den Israeliten. Das kommt daher, daß die Israeliten mit der Zeit eine sehr vielfältige Literatur, die Poesie, historische Erzählungen, Gesetze und Weisheitsliteratur umfaßte, hervorgebracht haben. Diese Texte wurden immer wieder abgeschrieben und ständig aufbewahrt und bilden miteinander die Bücher des Alten Testaments, das die Grundlage des jüdischen und, zusammen mit dem Neuen Testament, auch die Grundlage des christlichen Glaubens bildet (siehe S.198). Man hat sie so gewissenhaft verwahrt, weil diese Religionen, im Gegensatz zu den anderen altorientalischen Religionen, nicht zugrunde gegangen sind, sondern bis heute fortbestehen. Für den Historiker ergibt sich das Problem, daß die Texte in ihrer heutigen Fassung erst verhältnismäßig spät zustande gekommen sind, nämlich zur Zeit des Babylonischen Exils, ca. 550 v.Chr. (siehe S. 39), und außerdem eine deutliche Botschaft in sich tragen: Das Volk Israel solle nur seinen Gott Jahwe verehren und keinen anderen Göttern nachfolgen, anderenfalls werde Gott sein Volk, mit dem Er einen Bund geschlossen hat, strafen. In einer Welt, in der es alle Völker gewohnt waren, viele Götter zu verehren, war dies eine schwierige Botschaft.

Besonders die älteste Geschichte Israels läßt sich schwer rekonstruieren. Den Israeliten zufolge war ihr Stammvater Abraham, der sich von Mesopotamien aus in Kanaan (Palästina) angesiedelt hatte und hier das Leben eines viehtreibenden Nomaden führte. Sein Enkel Jakob wanderte wegen einer Hungers-

Karte 6
——— Die Königreiche Israel und Juda, ca. 850.
–·–·– Das Reich des David, ca. 1000

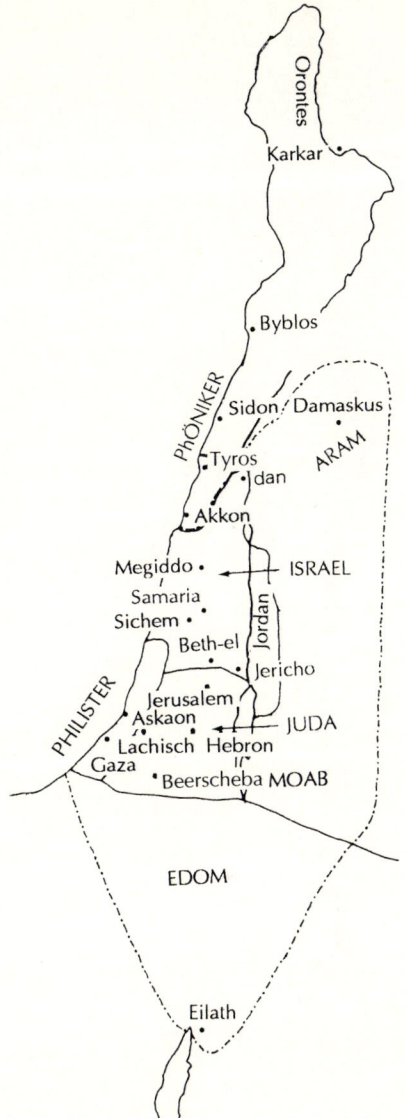

not mit seinen zwölf Söhnen nach Ägypten aus, wo das Volk enorm an Umfang zunahm. Der Pharao erlegte ihnen aber Frondienste auf; sie mußten im Delta zwei neue Städte bauen: Pithom und Ramses. Das Buch Exodus erzählt weiter, daß es den Israeliten unter der Führung von Moses gelang, aus Ägypten zu entkommen, und daß sie nach einer langen Reise durch die Wüste in Palästina eindrangen, Städte eroberten und sich dort ansiedelten. Theologen und Historiker haben begierig nach einer Erwähnung dieser Ereignisse in außerbiblischen Quellen gesucht, aber viel mehr als die Tatsache, daß Ramses II. Pithom und Ramses gegründet hat und sein Nachfolger bei einem Überraschungsangriff auf Palästina auf ‚das Volk Israel' gestoßen ist, hat man nicht gefunden. Auch von der Archäologie erhoffte man sich Einsicht, aber eine einmalige Invasion konnte nicht nachgewiesen werden. Ganze Ströme von Tinte wurden schon von den verschiedensten Gelehrten über die Frage, wie das Volk Israel sich zwischen die kanaanitischen Stadtstaaten hineingezwängt und in vielen davon die Macht übernommen habe, vergossen. Möglicherweise muß man dabei an einen Prozeß allmählicher Infiltration, ähnlich wie die Ansiedlung der Amoriter in Babylonien und der Hyksos in Ägypten, denken. Jedenfalls stand den Israeliten in ihrem Kampf gegen die kanaanitischen Städte und die anderen Völker, die sich dort niederließen, noch ein wechselhaftes Schicksal bevor.

Besonders die Philister waren gefürchtete Gegner, da sie Waffen aus Eisen besaßen, während die der Israeliten noch aus Bronze hergestellt wurden. Die Israeliten lebten ziemlich unorganisiert und weiträumig auf Palästina verteilt, wobei sie sich in Kriegszeiten machmal unter der Führung von ‚Richtern' (vgl. das Buch der Richter) zusammenschlossen. Nach einiger Zeit entstand bei ihnen, vor allem durch den Kampf gegen die Philister, das Bedürfnis nach einem König. Der erste König war Saul. Es gelang diesem nicht, eine Dynastie zu gründen, denn nach seinem Tode verstand es David, der sowohl in den Diensten der Philister als auch in Sauls Diensten gestanden hatte, Sauls Erben zur Seite zu schieben, um danach selber König zu werden (ca. 1000 v.Chr.). David eroberte Jerusalem für die Israeliten und erhob diese Stadt zur Hauptstadt. Anschließend machte er Israel zu einem ziemlich mächtigen Territorialstaat (Karte 6). Dies war möglich, weil es im Nahen Osten zu dieser Zeit keine Großmacht gab, die Israel die Oberherrschaft hätte streitig machen können.

12
Das assyrische Heer greift eine Stadt an. Man beachte die Vielfalt in der assyrischen Kriegsmacht: Lanzen- und Schwertkämpfer, Bogenschützen, Belagerungsgeräte. Auf einem der Belagerungsgeräte verliest jemand etwas (vermutlich auf aramäisch, denn er hat ein Blatt aus Papyrus oder Leder in der Hand, keine Tontafel). Es handelt sich dabei vermutlich um Propaganda oder um Verhandlungsbedingungen bei der Übergabe.

Davids Nachfolger war sein Sohn Salomon, der in Jerusalem für den Gott von Israel einen Tempel erbauen ließ.

Israel selbst erlebte eine Periode der Prosperität, aber dennoch begann das Reich schon unter Salomon wieder zu zerfallen. Nach dessen Tod fiel es sogar in zwei Teile auseinander. Das Einheitsgefühl war nicht stark genug entwickelt, da es von alters her einen Gegensatz zwischen dem Norden und dem Süden gab. Außerdem waren viele (noch) nicht dazu bereit, die Kosten eines gut organisierten Reiches zu tragen. Deshalb konnte Salomons Sohn nur den Süden erhalten; hier entstand das Reich Juda, mit Jerusalem, wo sich die Dynastie Davids noch jahrhundertelang behaupten konnte, als Hauptstadt. Der Norden wählte einen anderen König. Dort entstand ein separates Reich, Israel genannt. Die Führung Israels war etwas weniger stabil; Dynastien kamen und gingen wieder. Auch hat Israel manchen Grenzkrieg mit Aram (Damaskus) führen müssen. Im 9. Jahrhundert bekam es eine neue Hauptstadt: Samaria.

Israel und Juda haben nach Salomon keine große politische Rolle mehr gespielt und beide Königreiche wurden Vasallenfürstentümer einer aufstrebenden neuen Macht: Assyrien.

Die vorderasiatischen Weltreiche (750 v.Chr.–700 n.Chr.)
Das Neuassyrische Reich

Assyrien hatte sich in den Wirren nach 1200 einigermaßen behaupten können. Das Königtum blieb erhalten, und im Kampf gegen die Aramäer wurde das Heer immer effizienter organisiert. Durch militärische Neuerungen (Einsatz von Kavallerie, Perfektionierung der Belagerungsgeräte) wurde das Heer dermaßen stark, daß es Raubzüge nach weit entfernten Gebieten (bis zur Mittelmeerküste) unternehmen konnte. Vorerst aber waren die Assyrer noch nicht dazu imstande, große Gebiete permanent zu kontrollieren.

Dies war wohl der Fall ab **Tiglatpilesar III**. (745–727), weshalb man mit ihm das Neuassyrische Imperium anfangen läßt. Die assyrischen Könige wußten sich in zunehmendem Maße Vasallenfürsten zu verpflichten und machten Vasallenstaaten zu von assyrischen Statthaltern geführten Provinzen (siehe S. 54–56). Sargon II. machte dies mit Samaria, der Hauptstadt Israels, nachdem sein Vorgänger es 722 eingenommen hatte. Wie in solchen Fällen üblich, wurde dabei die Bevölkerung deportiert und wurden fremde Völker angesiedelt. Juda konnte den Vasallenstatus noch behalten.

Die Assyrer sind berüchtigt für ihre Deportationspolitik. Aufsässigkeit wurde häufig mit der Aussiedlung eines großen Teils der Bevölkerung bestraft. Die Assyrer überführten viele Deportierte in die Hauptstädte, die sie gründeten oder ausbauen ließen. Assyrien war nämlich ein dünnbesiedeltes Land und brauchte dringend spezialisierte Fachleute. Auch wurden viele Verschleppte in das stehende Heer, worüber die assyrischen Könige seit dem Ende des 8. Jahrhunderts verfügten, aufgenommen. Die meisten und umfangreichsten Deportationen wurden von Tiglatpilesar III. und seinen direkten Nachfolgern vorgenommen. Es ist von Hunderttausenden Verschleppte die Rede. Hierdurch kamen derart viele, meist aramäischsprachige Fremde nach Assyrien, daß das Kernland Assyrien anfing, seinen assyrischen Charakter zu verlieren. Infolgedessen begann ein Prozeß der allmählichen Verdrängung der babylonisch-assyrischen Sprache durch das Aramäische, welches außerdem noch den Vorteil hatte, ein viel einfacheres Schriftsystem, nämlich das Alphabet, zu haben.

Auch Babylonien verlor seine Selbständigkeit. Aus Achtung vor den babylonischen Traditionen hatten die Assyrer dieses Land bisher immer mehr oder weniger verschont und sich lieber als die Beschützer Babyloniens aufgeworfen, und zwar gegen die unzivilisierten Chaldäer, die am Persischen Golf lebten und die Babylonier des öfteren bedrängten. Als jedoch ein Chaldäerkönig den babylonischen Thron usurpierte, schritt Tiglatpilesar ein. Er verleibte Babylonien seinem Reich ein (729), machte es aber nicht zu einem Vasallenstaat oder zu einer Provinz. Er ließ sich selbst zum babylonischen König krönen und nahm an den dazugehörigen babylonischen Ritualen teil. Die Achtung vor der babylonischen Kultur läßt sich da-

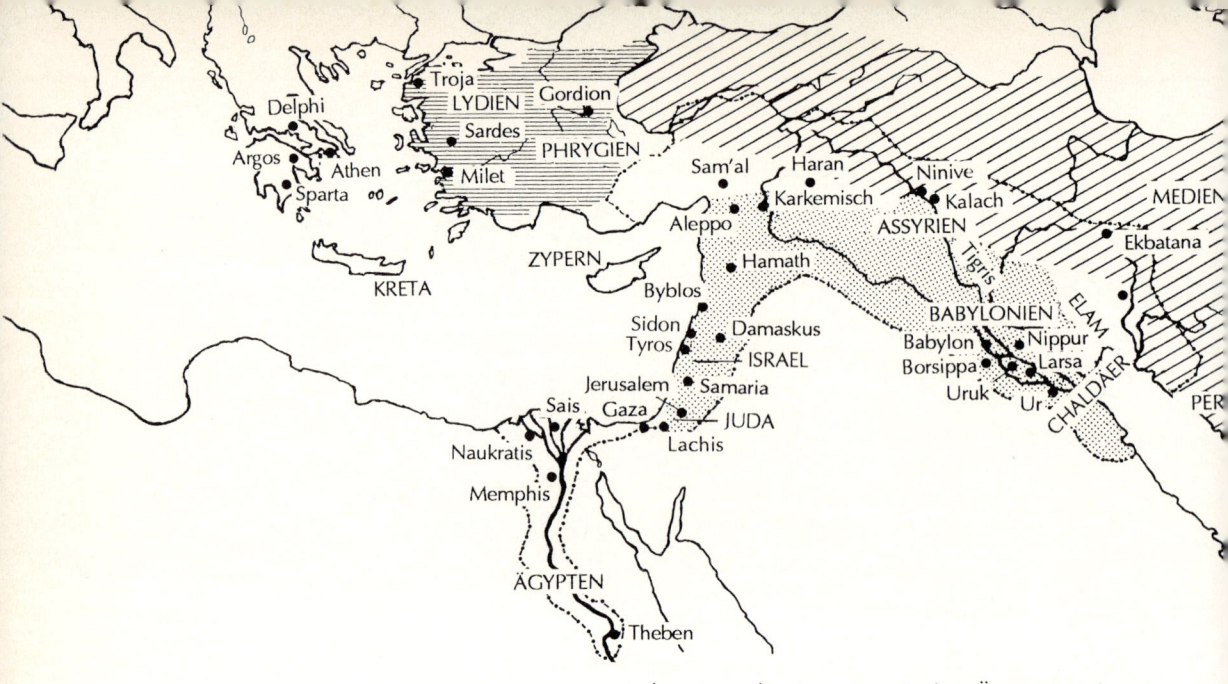

Karte 7
Die territoriale Lage im 7. und 6. Jahrhundert.

.... Assyrisches Reich ca. 660
▨▨▨ Medereich ca. 560
░░░ Neubabylonisches chaldäisches Reich ca. 560
▤▤▤ Lyderreich ca. 560

durch erklären, daß die Assyrer schon seit uralten Zeiten durch Sprache, Schrift, Religion, Literatur und Handelsbeziehungen mit den Babyloniern verbunden waren.
Assurbanipal (669–627), der letzte große Assyrerkönig, zeigte sein Interesse für die babylonische Kultur, indem er seinen Beamten den Auftrag gab, nach alten Texten zu suchen und diese mit in die Hauptstadt Ninive zu bringen. Dort wurden sie abgeschrieben und aufbewahrt. Die bekannteste Fassung des Gilgameschepos wurde denn auch in Ninive gefunden. Diesen Respekt teilten aber nicht alle assyrischen Könige. Im Jahre 688 wurde Babylon nach einer Periode von schlechten Beziehungen und Aufsässigkeit, weil die babylonischen Privilegien nicht respektiert wurden, weitgehend zerstört.
Zur Zeit seiner größten Ausdehnung umfaßte das Assyrische Reich auch Ägypten (671–655). Ägypten hatte unter der nubischen Dynastie unablässig den Aufstand gegen die Assyrer in Palästina angezettelt, und nun konnten die Assyrer mit den Ägyptern abrechnen.
Es ist den Assyrern nicht gelungen, Ägypten zu einer Provinz zu machen, aber örtliche Gaufürsten wurden zu Vasallenfürsten Assyriens. Einer von ihnen, Psammetich I. (664–610), wußte ca. 658 die assyrische Vorherrschaft wieder abzuschütteln und ein Jahrhundert des ägyptischen Wiederaufblühens einzuleiten. Nach der neuen Hauptstadt Sais spricht man von der saitischen Dynastie (die 26., 664–525). Deren Könige haben versucht, die alte ägyptische Kultur wiederzubeleben, wobei sie sich besonders nach dem Alten Reich richteten und dieses nachzuahmen versuchten. Man spricht deshalb auch von der ‚Saitischen Renaissance'. Es war ebenfalls das Jahrhundert, in dem die Griechen engere Beziehungen zu Ägypten pflegten. Griechische Söldner dienten im ägyptischen Heer, und Psammetich gab den Griechen die Gelegenheit, in Naukratis eine Handelssiedlung zu gründen (siehe S. 60).
Der Verlust Ägyptens läutete den Untergang Assyriens ein. Nach und nach verlor es die Kontrolle über seine Vasallen in Palästina, wie z.B. Juda. Nach dem Tode Assurbanipals (627) folgte der Zusammenbruch. Die innere Stabilität des Assyrischen Reiches war nämlich in hohem Maße von den Fähigkeiten des Königs abhängig; infolge dessen gab es bei vielen Thronwechseln Erhebungen. Das Reich ging denn auch zugrunde, als drei

Prätendenten um den Thron kämpften, während sich gleichzeitig die Chaldäer auflehnten und eine starke Bedrohung von außen hinzukam, nämlich von den Medern im Osten. Die Chaldäer und Meder machten gemeinsame Sache und brachten zusammen Assyrien zu Fall. Zwischen 614 und 609 wurden sämtliche assyrischen Hauptstädte erobert und größtenteils zerstört. Assyrien war dem Zerfall preisgegeben, aber es entstanden zwei neue Reiche: das Mederreich, östlich des Tigris, mit Ekbatana als Hauptstadt, und das Chaldäische oder Neubabylonische Reich, mit Babylon als Hauptstadt (siehe Karte 7). Unterdessen hielt Ägypten zeitweilig Palästina besetzt.

Das Neubabylonische Reich

Die Chaldäer hatten sich nun also endlich gegen die Assyrer durchgesetzt. Sie hatten das Assyrische Reich zu Fall gebracht und ein neues Reich gegründet, das Neubabylonische. Mit Recht wird vom ‚Neubabylonischen' Reich gesprochen; nicht nur weil Babylon die neue Hauptstadt wurde, sondern auch weil die Chaldäer schon seit geraumer Zeit weitgehend babylonisiert waren. Sie hatten ihre nomadische Lebensweise längst aufgegeben, verehrten babylonische Götter und trugen babylonische Namen.
Als sie das Königtum an sich rissen, übernahmen sie sofort die babylonische Keilschrifttradition.
Offizielle Inschriften, religiöse Texte, Briefe und Verträge wurden in babylonischer Keilschrift konzipiert. Mit der Zeit überschnitten sich, besonders für Außenstehende, die Begriffe chaldäisch und babylonisch immer mehr und wurden auch durcheinander verwendet. Juden, Griechen und Römer bezeichneten babylonische Priester, Wahrsager und Astrologen sogar mit dem Wort ‚Chaldäer', als ob es ein Fachausdruck wäre. Wohl setzte sich das Aramäische (nahe verwandt mit dem Chaldäischen), sowohl als Umgangs- wie als Schriftsprache, immer mehr durch; ein Prozeß, der schon in assyrischer Zeit begonnen hatte, aber schwer zu verfolgen ist, da aramäische Texte oft auf vergänglichem Papyrus oder Pergament geschrieben wurden, so daß nur wenig davon erhalten geblieben ist.

Der eigentliche Begründer des Reiches war der aus dem Alten Testament bekannte **Nebukadnezar II.** (605–562), der im Laufe der Jahre Syrien und Palästina eroberte. Juda wurde durch die Erfolge Nebukadnezars zunächst ein babylonischer Vasallenstaat, als aber der judäische König rebellierte, wurde das Königreich Juda sogar aufgelöst und zu einer Provinz umgewandelt. Wie üblich, wurde dabei die Bevölkerung nach Babylonien umgesiedelt ('die Babylonische Gefangenschaft der Juden', 586 v.Chr.).
Dennoch ist diese Zeit für die Geschichte der Juden von großer Bedeutung gewesen. Sie durften in Babylonien nämlich auch weiterhin in ihren eigenen Gemeinschaften und ihrem eigenen Familienverband leben und haben während dieser Zeit einen wichtigen Teil ihrer Tradition aufgezeichnet. Indem sie auf ihrer Religion beharrten, haben die Juden sich ihre Identität bewahrt.
Der letzte babylonische König, Nabonid, war ein merkwürdiger Mann. Er war ein leidenschaftlicher Anhänger des Mondgottes Sin von Haran und vernachlässigte den Kult des Marduk, des Hauptgottes von Babylon. Er ließ sich in der arabischen Wüste nieder und überließ seinem Sohn Belsazar die Regierung. All dies erregte größere Unzufriedenheit in Babylon. Die Stadt war 539 denn auch eine leichte Beute für die neue Macht aus dem Osten: Persien.

Das Perserreich

Das Perserreich ging aus dem Mederreich hervor. Die Meder und Perser waren Völker, die sich im 9. Jahrhundert im iranischen Hochland niedergelassen hatten und nahverwandte ‚arische', das heißt indoeuropäische, Sprachen sprachen. Die Meder hatten im sechsten Jahrhundert ein großes Reich aufgebaut, das sich vom Iran bis nach Kleinasien erstreckte (siehe Karte 7). Über dessen Organisation weiß man mangels Quellen nur äußerst wenig, wahrscheinlich aber handelte es sich dabei wohl kaum um ein gut organisiertes Imperium. Um 560 v.Chr. empörte sich der Perser **Kyros**, ein Vasallenfürst innerhalb des Mederreiches. Er eroberte die Hauptstadt der Meder, Ekbatana, und riß die Herrschaft des Mederreiches an sich. Seitdem spricht man vom Perserreich, obwohl

13
Ischtar-Tor zu Babylon, erbaut von Nebukadnezar II. (605–562), wiederaufgebaut im sog. ‚Pergamon Museum' in Berlin.
Das Tor und die Mauern entlang der Zugangsstraße waren aus blau glasierten Ziegeln erbaut. Über diese Straße wurde während des Neujahrsfests (Anfang April) Babylons Gott Marduk zum Neujahrsfesthaus, das außerhalb der Stadt stand, geführt. (Vgl. S. 46). Foto: Staatliche Museen, Berlin.

14a
Flügelstier mit Menschenkopf. Palast des assyrischen Königs Sargon II. in Dur-Scharrukin (± 707 v.Chr.). Stierkolosse wie diese wurden an den Toren assyrischer Paläste aufgestellt. Diese göttlichen Wesen schützten den Eingang vor bösen Mächten. British Museum, London.

14b
Flügelstier mit Menschenkopf. Palast des Xerxes in Persepolis. Ein deutliches Beispiel für die Nachahmung der assyrischen Kunst durch die Perser.

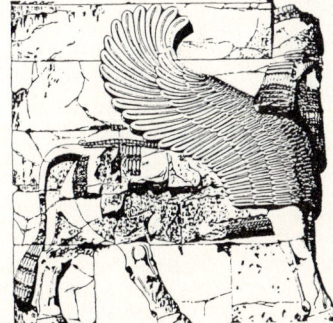

die Meder auch weiterhin eine große Rolle spielten. Dieses Reich wurde auch das Reich der Meder und Perser genannt, und Juden und Griechen verwendeten oft die Bezeichnung ‚Meder', wenn sie Perser meinten.

Kyros hat das Perserreich zu einem Weltreich gemacht. Als erstes eroberte er Kleinasien, wobei er dem Reich Lydien (Hauptstadt: Sardes) im westlichen Kleinasien ein Ende machte. Lydien war ein Reich, das besonders den Griechen wohl bekannt war, da es sich im 6. Jahrhundert die griechischen Städte an der Westküste Kleinasiens einverleibt hatte. Berühmt war vor allem der lydische König Kroisos wegen seines Reichtums. Dem Kyros war Kroisos jedoch nicht gewachsen (547 v.Chr.).

Danach richtete Kyros sein Augenmerk auf Babylonien, wo große Unzufriedenheit über die Regierung Nabonids und Belsazars herrschte und viele hofften, daß eine Machtübernahme des Kyros zu einer Verbesserung führen würde. Folglich konnte Babylon im Jahre 539 v.Chr. ohne viel Widerstand erobert werden.

Tatsächlich bezeugte Kyros Babylon und dessen Traditionen seinen Respekt. Marduk wurde wieder die ihm gebührende Ehrfurcht entgegengebracht. Kyros handelte in dieser Hinsicht genauso wie die meisten assyrischen Könige und wurde in Babylon deshalb positiv empfangen. Den sehr guten Ruf eines von Gott gesandten Königs bekam Kyros auch bei den Juden, die in Babylon im Exil lebten. Nach der Eroberung Babylons gewährte er ihnen die Rückkehr nach Juda und den Wiederaufbau des Tempels in Jerusalem.

Viele nutzten diese Gelegenheit, und es entstand in Juda ein mehr oder weniger autonomer Tempelstaat unter der Führung eines Hohepriesters und eines von den Persern eingesetzten, meist jüdischen Statthalters.

Trotzdem blieben noch sehr viele Juden in Babylon, wobei diese auch hier an ihren religiösen Bräuchen festhielten. Diese Gemeinschaft blieb bis ins 20. Jahrhundert n. Chr. intakt.

Wegen seiner Politik gegenüber Babylon und den Juden hat Kyros bis in unsere Zeit den Ruf eines sehr milden und toleranten Königs.

Wenn man jedoch seine ganze Politik betrachtet und dann bedenkt, was in dieser Hinsicht im alten Nahen Osten allgemein

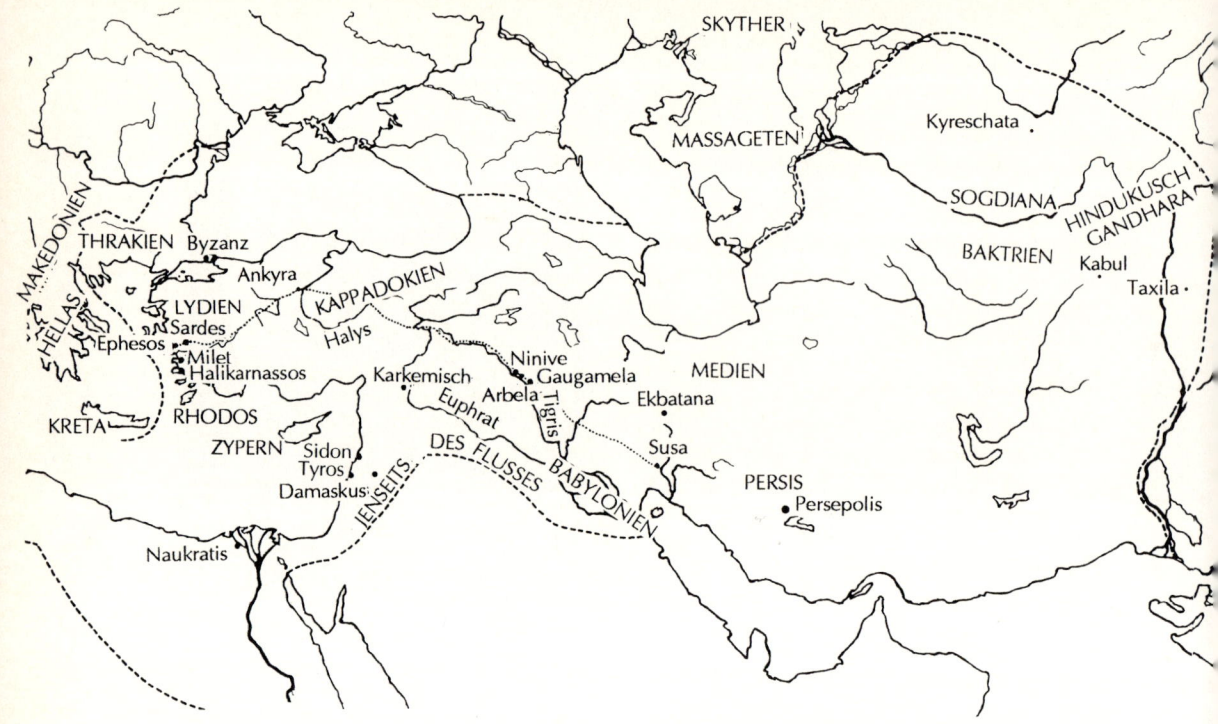

Karte 8
Das Perserreich (539–331)

- - - - -   Grenzen zur Zeit des Dareios I. (ca. 490)
....   Poststraße des Dareios I.

üblich war, so stellt man fest, daß seine Politik nicht wirklich neu war und daß er in der gleichen Art und Weise handelte wie die anderen altorientalischen Könige auch: hart und mild, wie es ihm gerade paßte.

Kyros dehnte sein Reich nach Osten, bis zum Indusfluß, aus. Hier fiel er im Kampf. Kambyses, der Sohn des Kyros, führte auch Ägypten dem Reich zu (525) und brachte die saitische Dynastie zu Fall (siehe S. 38).

Dareios I. (520–485) war der große Organisator des Reiches. Vor seiner Zeit war das Reich in eine Anzahl von Riesenprovinzen ('Satrapien') unterteilt gewesen, wobei z.B. das ehemalige Neubabylonische Reich eine einzige Satrapie bildete. Dareios reorganisierte diese Unterteilung und schuf zwanzig kleinere Satrapien (siehe Karte 8). Jede Satrapie mußte eine festgelegte Summe Steuern aufbringen und wurde von einem Statthalter (einem ‚Satrapen') verwaltet. Diese Satrapen konnten in Zeiten einer schwachen Zentralgewalt zu nahezu selbständigen Fürsten werden. Die Könige versuchten dieser Entwicklung entgegenzutreten, indem sie die Satrapen von geheimen Informanten, den ‚Augen und Ohren' des Königs, bespitzeln ließen. Auch unterstanden die Heeresverbände in einer Satrapie im Prinzip einem Befehlshaber, der direkt dem König Rechenschaft schuldig war.

Unter Dareios' Nachfolger Xerxes (485–464) brach in Babylonien, wo babylonische Könige sich einige Zeit behaupten konnten, ein heftiger Aufstand aus. Bei der Unterdrückung dieser Rebellion wurden die Stadt Babylon und besonders ihre Tempel und Mauern schwer beschädigt. Erst unter Alexander dem Großen wurde mit der Wiederherstellung begonnen (ca. 330 v.Chr.).

Wir werden Dareios und Xerxes noch einmal begegnen bei der Besprechung der griechischen Geschichte, denn diese beiden Könige wollten Griechenland unterwerfen, was ihnen übrigens nicht gelungen ist. Im fünften Jahrhundert haben die Perser versucht, die Griechen mittels einer Teile-und-herrsche-Politik zu schwächen. In diesem Jahrhundert kamen viele Griechen, vor allem als Söldner, nach Persien.

Das Perserreich war in erster Linie eine Fortsetzung der früheren mesopotamischen Weltreiche. In der Reichsorganisation, aber auch in der Kunst, wurde viel aus mesopotamischen Traditionen entlehnt, wobei sich in der persischen Kunst jedoch auch Einflüsse anderer unterworfener Kulturen sowie der Griechen feststellen lassen. Auf religiösem Gebiet wurde die jeweils vorhandene religiöse Praxis aufrechterhalten, wie das auch die früheren Herrscher getan hatten. Dennoch assimilierten die Perser sich nicht ganz der mesopotamischen Kultur. **Persis**, wo die neue Hauptstadt Persepolis erbaut wurde, blieb auch weiterhin das eigentliche persische Reichszentrum, und die Perser hielten auch eigene persische Götter in Ehren. Großen Einfluß hatte der persische Prophet **Zarathustra**, über den wir im Kapitel über die Religion noch weiteres erzählen werden. Daß auch die Perserkönige Anhänger Zarathustras wurden, steht keineswegs fest. Zwei Jahrhunderte lang haben die Perser den ganzen alten Nahen Osten beherrscht. Ca. 330 übernahm eine neue Großmacht aus dem Westen die Hauptrolle in Vorderasien und Ägypten: Makedonien, unter der Führung **Alexanders des Großen**.

Die hellenistischen Reiche

Infolge der Eroberung des Perserreiches durch Alexander den Großen geriet der Nahe Osten zum ersten Mal unter die Vorherrschaft eines fremden Volkes aus einer anderen Welt, mit einer eigenen hohen Zivilisation. Nach dem Tode Alexanders löste sich sein Reich in einige kleinere Reiche auf, die beherrscht wurden von Dynastien, welche von seinen Generälen gegründet worden waren. Der größte Teil Vorderasiens fiel in die Hände der ‚Seleukiden‘, während Ägypten das Reich der ‚Ptolemäer‘ wurde. Südsyrien und Palästina (einschließlich Judas) wurden zum Zankapfel der beiden Reiche (siehe Karte 16 auf S. 106).

Wir werden erst näher auf diese Reiche eingehen, wenn wir die griechische Geschichte bis Alexander behandelt haben, da ab Alexander die griechische und orientalische Geschichte unlösbar miteinander verbunden sind. Wir wollen nur jetzt schon vorwegnehmen, daß die Reiche, die nach Alexander entstanden sind, den vorherigen Reichen strukturmäßig sehr ähnlich sahen und daß die Kulturen Vorderasiens und Ägyptens auch unter griechisch-makedonischer Vorherrschaft fortlebten, obwohl die neuen Herrscher diese nicht übernommen hatten, wie das bei früheren fremden Herrschern wohl der Fall gewesen war.

Das Partherreich

Diese Zivilisationen gingen erst zugrunde, nachdem die hellenistischen Reiche untergegangen waren. 129 v.Chr. wurde Mesopotamien nach langem Kampf vom iranischen Volk der Parther besetzt. Dieses Partherreich hat bis 226 n.Chr. standgehalten.

Das Neupersische Reich

Danach fiel Mesopotamien in die Hände des Neupersischen Reiches. Beide Reiche schöpften ihre Inspiration aus dem Perserreich, und es wurden überwiegend iranische Traditionen gepflegt. Wir werden auf S. 112 und 204 näher auf diese Reiche eingehen.

Das Römische Reich

Auch das Römische Reich erschien auf der orientalischen Bildfläche. In den Jahren 64–63 v.Chr. wurde Syrien, der letzte Teil des Seleukidenreiches, eingenommen und dem Römischen Reich einverleibt. 30 v.Chr. ereilte das Ptolemäerreich (Ägypten) das gleiche Schicksal. Die ägyptische Zivilisation (Schrifttradition, Tempelbau, Ausdrucksformen der Kunst, Kult) konnte sich jedoch auch unter den Römern noch einige Jahrhunderte behaupten. Wir werden auf S. 113 noch näher darauf eingehen. Vergleiche auch S. 138 und 184.

Die Araber

Das Neupersische und das Römische (ab 395 n.Chr. das Oströmische oder Byzantinische) Reich (siehe S. 220) beherrschten bis ins siebte Jahrhundert den alten Nahen Osten (siehe Karte 25). Nach dem Auftreten des Propheten Mohammed führten hier dann die Araber große Veränderungen herbei.

5 Religion

Die meisten Religionen im alten Nahen Osten waren polytheistisch, das heißt, daß man viele Götter zugleich verehrte. Der Glaube an viele Götter hing mit dem Weltbild zusammen. Jede Naturkraft repräsentierte eine göttliche Macht. Der Kosmos sei dadurch entstanden, daß aus einem göttlichen Urmeer die Urgötter erstanden seien, die ihrerseits viele Generationen von neuen Göttern gezeugt hätten. Diese Götter waren Personifikationen von kosmischen Erscheinungen wie Himmel, Luft, Erde, Sonne, Mond, Sterne usw. Besonders in Mesopotamien galt dieser Kosmos als nicht stabil. Grauenhafte Mächte versuchten die Götter zu vernichten. Ein junger, starker Gott mußte diese Mächte besiegen und erhielt dafür die Oberherrschaft über die Götter und Menschen. Dieses Thema treffen wir u.a. in der babylonischen Schöpfungsgeschichte um Marduk und in der churritischen um den Gott des Donners Teschup an. Die Erklärung der Naturerscheinungen und der Entstehung der Welt durch Mythen (Göttersagen) ist kennzeichnend für den alten Nahen Osten.
Auch das jährliche Sterben und Wiederaufblühen der Pflanzenwelt wurde mythisch erklärt. Das Sterben des Getreidekorns, aus

15
Darstellung des Kosmos. Mythologischer Papyrus von *Paser* (21. Dyn., ca. 1000 v.Chr.) mit ägyptischen Göttern.
Dargestellt sind die Himmelgöttin *Nut*, auf Händen und Füßen; *Geb*, der Gott der Erde, der liegend abgebildet ist; und *Schu*, der Gott der Luft, der den Himmel (die Himmelgöttin) hochhält. Die Vögel neben **Schu** bezeichnen die Seele des Verstorbenen oder des Sonnengottes. Die Sonne fährt in einem Schiff über den Himmel. Oben sind die Tätigkeiten des Toten im Jenseits abgebildet. Foto: Rijksmuseum van Oudheden, Leiden.

Der ägyptische Gott Osiris, ‚Herr der Ewigkeit'. Osiris war während der Urzeit König von Ägypten, wurde aber getötet von Seth. Seiner Frau und Schwester Isis gelang es, durch Vereinigung mit dem toten Körper noch schwanger zu werden, und sie gebar einen Sohn: Horus. Horus rächte sich an Seth und wurde König von Ägypten. Osiris wurde König der Unterwelt. Der Pharao war zu Lebzeiten die Reinkarnation des Horus und wurde nach seinem Tod Osiris.
Seit der 5. Dynastie galt der König auch als der Sohn des Sonnengottes Re. Es gibt in der ägyptischen Religion zwei Horuskonzeptionen: den Falkengott-Himmelsgott und Horus den Jüngeren, den Sohn des Osiris, abgebildet als Kind mit einem Finger am Mund, um seine Jugend zu zeigen.
Osiris wurde auch mit einem Getreidekorn verglichen, das sterben muß, damit es keimen kann.

dem der Getreidehalm wächst, wurde mit dem Sterben einer Gottheit (in Ägypten: Osiris) in Verbindung gebracht. Die Tatsache, daß während der heißen trockenen Jahreszeit fast nichts wuchs, wurde dadurch erklärt, daß eine Gottheit (Tammuz in Mesopotamien, Alijan Ba'al in Phönikien) einen Teil des Jahres in der Unterwelt verweilte. Diese Götter wurden heftig beweint und gesucht von ihren Frauen/Schwestern, Isis, Ischtar bzw. Anat mit Namen.
Jede Stadt und meistens auch jeder Staat hatte einen eigenen Hauptgott, der besonders verehrt wurde. In der sumerischen Hauptstadt Nippur war dies Enlil, der zugleich als Herr der Welt galt (imperialistische Könige eroberten denn auch gerne Nippur, um von Enlil die Weltherrschaft zu erhalten) (s. Karte 1). In Babylon war dies Marduk, in Assyrien Assur, in Ägypten, während des Alten Reiches, der Sonnengott Re und, während des Mittleren Reiches und des Neuen Reiches, der thebanische Gott Amun, der auch mit Re – zu Amun-Re – identifiziert wurde. Der Stadtgott einer Hauptstadt wurde meistens auch Reichsgott oder Hauptgott der Götterwelt. Diese Götter wurden dann in ein theologisches System, in dem die Verwandtschaftsbeziehungen zu den Göttern anderer Städte festgelegt wurden, eingeordnet. Dabei gab es jedoch keine Dogmen, die von einer religiösen oder staatlichen Obrigkeit auferlegt wurden, und nur selten eine feste Ordnung.

Polytheistische Religionen sind flexibel und können leicht neue Götter in das Pantheon aufnehmen, entweder als neuen Gott oder durch Identifizierung mit einem bereits existierenden Gott.
Die Götter wurden schon sehr früh anthropomorph, das heißt als Menschen abgebildet, auch wurden ihnen menschliche Charakterzüge zugeschrieben. Daneben wurden in Ägypten die Götter auch manchmal als Tiere oder als eine Kombination von Mensch und Tier dargestellt, was besonders die Griechen und Römer in höchstem Maße verwunderte.
Die Verehrung der Götter hatte zum Ziel, die Götter günstig zu stimmen, damit die Weltordnung aufrechterhalten blieb und die Fruchtbarkeit des Bodens gesichert war. Dieses Günstigstimmen geschah dadurch, daß man die Götter speiste (ihnen Opfer darbrachte) und anbetete sowie allerlei Rituale zelebrierte, wobei Mythen rezitiert wurden. Die Götterverehrung war eine Staatsangelegenheit.
Der König spielte eine große Rolle in der Religion. Manchmal war er selber Hohepriester (wie im frühdynastischen Uruk, in Assyrien und in Ägypten), aber auch wenn er dies nicht war, so betrachtete er sich doch als der erste Diener des Hauptgottes, als Vollstrecker des Willens der Götter. Es war vor allem seine Aufgabe, die Gunst der Götter zu gewinnen. Deshalb erbaute er Tempel

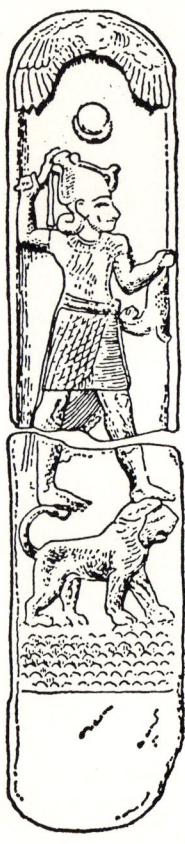

17
Der phönikische Gott Ba'al auf einem Löwen. Relief aus dem 9. Jahrhundert v.Chr.
Der Brauch, Götter auf Tieren stehend darzustellen, ist in Vorderasien weitverbreitet. Die Krone, die Ba'al trägt, ist von der des Osiris abgeleitet. Über seinem Kopf die Symbole des Mondes (Sichel) und der Flügelsonne.

für die Götter und deshalb auch spielte er eine wichtige Rolle in allerlei Ritualen. So wird in einigen sumerischen Texten von einer heiligen Heirat berichtet, wobei der König und die Hohepriesterin des Stadtgottes geschlechtlich verkehrten, um die Fruchtbarkeit des Bodens und eine gute Ernte sicherzustellen.

In Babylon mußte der König am Neujahrsfest teilnehmen. Bei dieser Gelegenheit wurde ihm vorübergehend die Gewalt entzogen und er mußte versichern, keine Verbrechen gegen die Babylonier begangen zu haben, und auch geloben, die babylonischen Privilegien zu respektieren. Danach wurde er wieder für ein Jahr in seine Gewalt eingesetzt. Während dieses Festes, das mehrere Tage dauerte, wurde auch das babylonische Schöpfungsepos rezitiert, gleichsam zur erneuten Bestätigung des Sieges von Marduk über die Mächte des Chaos.

Trotz ihrer wichtigen Rolle in der Religion wurden die Könige in Vorderasien dennoch fast nie als göttlich betrachtet. Nur die Könige Akkads, der dritten Dynastie von Ur, sowie der griechisch-makedonischen Seleukidendynastie ließen sich göttliche Ehre erweisen. Von den Hethiterkönigen wurde behauptet, daß sie nach ihrem Tod ‚Gott wurden'. In Ägypten hingegen betrachtete man den König als einen Gott. Er wurde als die Inkarnation des Himmelgottes Horus und als Sohn des Sonnengottes Re angesehen. Man erwartete von ihm, daß er die Fruchtbarkeit des Bodens und die regelmäßige Überschwemmung des Landes durch den Nil garantiere. Es ist verständlich, daß auch in Ägypten die Religion eine Staatsangelegenheit war und daß der König dabei eine Hauptrolle spielte, sowohl im Ritual als in der Tempelorganisation.

Auch Privatpersonen beteten zu den Göttern, aber darüber ist viel weniger bekannt. Meistens hatten sie einen eigenen Schutzgott, der bei den anderen, mitunter größeren Göttern Fürsprecher war.

Es war den Menschen möglich, die Schicksalsfügungen, welche die Götter vorbestimmt hatten, in Erfahrung zu bringen, zum Beispiel dadurch, daß man den Sternenhimmel, die Leber von Tieren oder den Flug der Vögel studierte. Spezialisierte Priester befaßten sich damit, und Könige zogen diese zu Rate, bevor sie wichtige Unternehmen in Angriff nahmen. Die ‚chaldäischen' Astrologen (siehe S. 110) haben sich in der griechisch-römischen Welt einigen Ruhm erworben.

Die Ägypter und Mesopotamier hatten völlig unterschiedliche Vorstellungen vom Leben nach dem Tode. Die Ägypter glaubten, daß sich das Leben nach dem Tode angenehm und ähnlich wie auf Erden fortsetzen werde, vorausgesetzt daß der Körper erhalten blieb. Zu diesem Zweck schenkten sie der Erhaltung des Körpers (der Mumifizierung) viel Aufmerksamkeit. Für die Mesopotamier war das Leben nach dem Tode unerfreulich. Man erwartete, in einen düstern Raum in der

Erde zu kommen, wo es sich schlecht ‚leben' lassen würde. Dies zeigt das Gilgameschepos, in dem Gilgamesch, der legendäre König von Uruk (ca. 2700 v.Chr.), auch versucht, das ewige Leben zu erlangen, was jedoch nicht einmal ihm gelingt. Er konnte sich nur (als König) einen Namen machen, indem er ‚unsterbliche' Taten vollbrachte.

Polytheismus ist nicht die einzige Form der Religion. Es kommt auch vor, daß man in einer Vielgötterwelt einem einzigen Gott so viel Vertrauen schenkt, daß man die anderen Götter für weniger wichtig hält, obgleich man nicht an deren Existenz zweifelt. Man spricht dann von Henotheismus, welchen wir im frühen Israel und in manchen assyrischen und ägyptischen Texten antreffen. Einen Schritt weiter geht der Monotheismus. Ein Monotheist lehnt die Existenz anderer Götter ab und wird im allgemeinen die Verehrung anderer Götter nicht dulden.

Dies heißt zugleich, daß das Weltbild eines Monotheisten anders ist als das eines Polytheisten. Der Kosmos wird nicht von einer Vielheit von göttlichen Mächten bestimmt. Himmel, Erde, Sonne und Mond sind keine Götter, sondern es existiert nur ein einziger Gott, der alles geschaffen hat, und dieses Geschaffene ist lediglich stofflich. Monotheismus kam im Altertum nur sehr selten vor.

Es ist eine vielbesprochene Frage, ob es sich bei der Religion des ägyptischen Pharaos **Echnaton** (siehe S. 28) (ca. 1350 v.Chr.) um Monotheismus handelte.

Dieser Pharao machte den Sonnengott **Aton** zu seinem Gott und versuchte die Verehrung des früheren Hauptgottes Amun auszutilgen, weshalb er auch seinen Namen Amenophis oder Amenhotep (Amun ist gnädig) in Echnaton (dem Aton wohlgefällig) veränderte. Die anderen Götter vernachlässigte er, und das Wort ‚Götter' wurde manchmal ausgetilgt.

18

Das ägyptische Totengericht. Abbildung im Totenbuch von Tahurit (21. Dyn., ca. 1000 v.Chr.) V.r.n.l.: Osiris, König und Oberrichter der Unterwelt, mit den Amtszeichen eines Königs in den Händen; Ma'at, die Göttin der kosmischen Ordnung, Wahrheit und Gerechtigkeit, erkennbar an der Feder auf dem Kopf; Thoth, mit Ibiskopf, Gott der Schreibkunst und Mondgott, betreut die Toten vor dem Osirisgericht; Horus, mit Falkenkopf, achtet auf das Lot der Waage; die verstorbene Frau Tahurit. Die Waage, auf der linken Schale eine Urne mit dem Herzen der Frau, auf der rechten eine kleine Figur der Ma'at, muß im Gleichgewicht sein. Wenn das Ergebnis negativ ausfällt, wird die Tote vom Monster unter der Waage verschlungen und stirbt einen zweiten Tod: die endgültige Vernichtung. Diese Abbildung, mit der Waage im Gleichgewicht, sollte dies auf magische Weise verhindern. Man beachte die Art und Weise, in der Menschen auf ägyptischen Abbildungen dargestellt sind: Gesicht, Hüften und Füße im Profil, Augen und Schultern frontal. Foto: Rijksmuseum van Oudheden, Leiden.

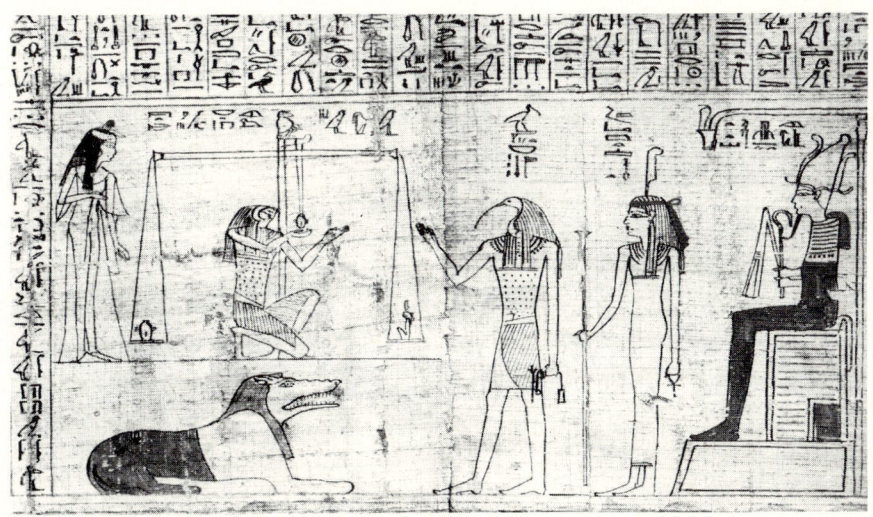

Aton wurde als eine Sonnenscheibe mit Strahlen, die in segnenden Händen endeten, dargestellt. Diese Gottesdarstellung wich also sehr stark von den üblichen, in denen Götter als Mensch, Tier oder als eine Kombination von Mensch und Tier abgebildet wurden, ab. Aton war ein Aspekt des Sonnengottes Re, der als Mensch mit einer Sonnenscheibe auf dem Kopf abgebildet wurde. Re wurde deshalb noch akzeptiert, und auch der König selbst blieb ein Gott. Aton bildete jedoch den Mittelpunkt der Verehrung Echnatons, er war der Schöpfer und Instandhalter der Welt. Ob Echnaton der Auffassung war, daß es keine anderen Götter gab, weiß man nicht, und deshalb ist es schwer zu entscheiden, ob man von Monotheismus oder von Henotheismus sprechen sollte.

Für die meisten Ägypter waren Echnatons Ideen zu revolutionär. Ihr ganzes Weltbild, das traditionell durch das Wirken einer Vielzahl von Göttern erklärt wurde, brach zusammen. Die Reformen Echnatons hatten daher keinen großen Erfolg, und nach seinem Tode kehrte man bald wieder zu den alten Traditionen zurück.

Mit größerem Erfolg hat sich das Volk Israel zu einer monotheistischen Religion bekannt. Oder vielmehr: Ein kleiner fanatischer Kern hat jahrhundertelang hartnäckig für eine exklusive Verehrung Jahwes, des Gottes von Israel, gekämpft, während die Mehrheit ihres Volkes und die meisten Könige Israels und Judas neben Ihm auch andere Götter verehrten. Es geschah zu diesem Zweck, dem exklusiven Glauben an einen einzigen Gott, daß die Bücher des Alten Testaments geschrieben wurden (siehe S. 34). Indem sie an dieser Tradition festhielten, haben die Juden, die aus dem Exil zurückkehrten, wie auch diejenigen, die später noch über die Welt zerstreut wurden, sich ihre Identität erhalten, obwohl sie (abgesehen von einer kurzen Unterbrechung) seit der Babylonischen Gefangenschaft und bis 1948 ihre nationale Selbständigkeit entbehren mußten.

Annähernd monotheistisch war auch die persische Religion, wie sie vom Propheten Zarathustra, der wahrscheinlich am Anfang des ersten Jahrtausends v. Chr. gelebt hat, gepredigt wurde. Er lehrte, daß die Welt von zwei Grundprinzipien, dem Guten und dem Bösen, regiert werde. Ersteres wurde vom persischen Hauptgott Ahuramazda und letzteres vom bösen Dämon Ahriman vertreten. Beiden standen göttliche Helfer ('Engel und Teufel') zur Seite. Der Mensch nahm an diesem Kampf teil, indem er einem der beiden folgte.

Die Lehre des Zarathustra ('Zoroastrismus') fand keineswegs eine sofortige allgemeine Akzeptanz bei den Persern. Außer an ihren Hauptgott Ahuramazda glaubten die Perser von alters her auch noch an viele andere Götter, von denen Anahita (die Göttin des Fruchtbarkeit bringenden Wassers) und Mithras (der Gott des Lichtes und der Wahrheit) die wichtigsten waren. Der Zoroastrismus gewann vermutlich erst im Neupersischen Reich an Bedeutung (vgl. S. 204). Auch hier also wurde der Polytheismus nur zögernd aufgegeben. Durch den Siegeszug des Islams in Persien im 7. Jahrhundert verlor der Zoroastrismus schnell an Boden. Dennoch gibt es im Iran heute noch einige zehntausend Anhänger dieser Religion. Auch die ‚Parsen' in Indien gehören dieser Gruppe an.

6 Wirtschaft und Gesellschaft

Agrarwirtschaft, Grundbesitz

Während des Altertums fußte die Wirtschaft auf einer agrarischen Grundlage. Ackerbau und Viehzucht waren die Haupterwerbsmittel, und Landbesitz war die wichtigste Form des Reichtums. Auch Kaufleute investierten ihre Gewinne gerne in Land. Im alten Nahen Osten waren der Tempel und der Palast die Hauptgrundbesitzer, aber es hat daneben auch immer privaten Grundbesitz gegeben. In Sumer war von alters her der Tempel der größte Grundbesitzer und zugleich auch das Verwaltungszentrum der Stadt, aber im Laufe der Zeit trennte sich ein einzelner Führer (der König) mit einem eigenen Palast und eigenem Grundbesitz von der Tempelverwaltung ab. König und Tempel waren jedoch niemals ganz und gar unabhängig voneinander. Der König ließ Tempel bauen und nahm an wichtigen Ritualen teil (siehe S. 45f.).

Konflikte zwischen Tempel und Palast kamen ebenfalls vor. Der König beschlagnahmte hin und wieder Tempelbesitz oder übernahm die Verwaltung des Tempelbesitzes. In Ägypten gab es ebenfalls Tempel- und Palasteigentum, jedoch lassen sich diese nicht immer so leicht unterscheiden, da formell das ganze Land dem (göttlichen) König gehörte und der Tempel eigentlich ein staatlicher Betrieb unter königlicher Führung war. In Zeiten einer schwachen Zentralgewalt konnten Tempel eine selbständige Rolle spielen.

'Redistributionswirtschaft'

Im ganzen alten Nahen Osten (einschließlich Kretas und Mykenes) waren diese großen Palast- und Tempelhaushalte die treibende Kraft der Wirtschaft. In dieser Hinsicht unterscheidet sich die altorientalische völlig von der klassischen griechischen und römischen Wirtschaft. In Ägypten gab es eine sogenannte **Redistributionswirtschaft**, die vom Palast gelenkt wurde. Der Staat zog mittels der Erhebung von Steuern die Agrarüberschüsse der Bevölkerung ein und redistribuierte sie in Form von Zulagen für Priester und Beamte, Lohn für die Arbeiter an den Königsgräbern, Schenkungen an Tempel und Mitglieder der Hofhaltung und des Harems, usw. An der Basis dieses Systems lebte der ägyptische Bauer, der für den täglichen Lebensunterhalt von seinem Grundstück abhängig war und den Eigenbedarf durch Tauschhandel ergänzte.

Auch in den mesopotamischen Tempel- und Palastdomänen kannte man ein Redistributionssystem. Im frühdynastischen Sumer war der Tempel der Hauptgrundbesitzer, wobei ein Teil des Landes unter eigener Verwaltung bewirtschaftet, ein anderer Leuten im Dienste des Tempels zugewiesen und ein weiterer Teil verpachtet wurde. Darüber hinaus belohnte man Leute im Dienste des Tempels mit Nahrungszuteilungen. Die Tempeldomänen waren nicht nur landwirtschaftliche Betriebe, denn es gab hier auch Werkstätten, die spezialisierte Fachleute beschäftigten. Nach und nach gewann der Palast immer mehr an Bedeutung. Während der III. Dynastie von Ur beherrschte der Staat das ganze Wirtschaftsleben, einschließlich das des Tempels.

Schema 1 vermittelt ein Bild vom Funktionieren einer Palastwirtschaft, wenn auch die Verhältnisse natürlich nicht in allen Staaten die gleichen waren. Zum einen war das Verhältnis zwischen Tempel und Staat immer eine delikate Angelegenheit. Manchmal war der Tempel völlig selbständig, wie am Anfang der frühdynastischen Periode in Sumer, manchmal auch wurde der Tempelbetrieb ganz vom Palast geleitet, wie im Reich der III. Dynastie von Ur und in der neubabylonischen und persischen Zeit. In Ägypten war der Pharao Hohepriester und Oberhaupt aller Tempel. Der Tempel war hier faktisch ein Staatsbetrieb. Auch was den Besitz von Ackerland an-

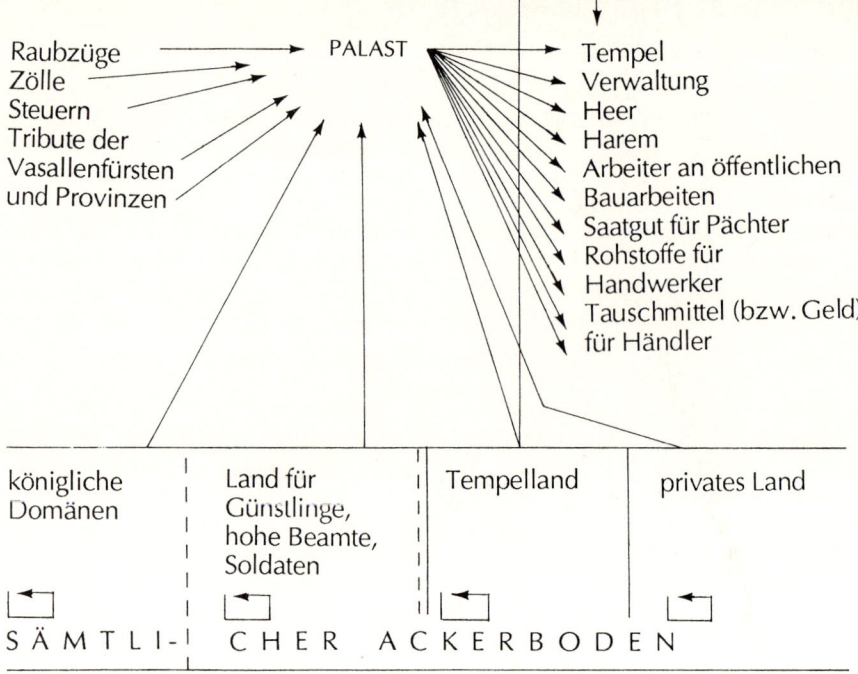

Schema 1   Modell einer Palastwirtschaft (⌐ = Konsum der Arbeiter und Bauern)

betrifft, waren die Verhältnisse nicht immer die gleichen. So scheint während der frühdynastischen Zeit in Sumer der größte Teil des Areals Tempelland gewesen zu sein, während im Reich von Akkad und dem von Ur der Staat seinen Zugriff auf den Ackerboden offenbar festigte und zu altbabylonischen Zeiten viel Land in private Hände übergegangen ist. Exakte Informationen über diese Verhältnisse liegen jedoch nicht vor. Auch die Zahlungen bzw. Lieferungen des Palastes variieren von Zeit zu Zeit. Bald liegt das Hauptgewicht auf der Zuweisung von Grundstücken, von deren Ertrag der Begünstigte sich ernähren konnte, bald werden vielmehr Nahrungsmittel verteilt.

Schließlich sollte noch erwähnt werden, daß die Domänen der einzelnen Könige, Tempel und Privatpersonen eigentlich um Selbstversorgung bestrebte Redistributionswirtschaften im Kleinformat waren.

NB: Man war nicht immer zu Abgaben an den Palast verpflichtet. Es konnte vorkommen, daß bestimmte Tempel, Beamte oder Privatpersonen (z.B. Einwohner privilegierter Städte) durch königliche Gunst von der Zahlung von Steuern befreit waren.

Die Buchhaltungen auf Tontafeln der zahlreichen lokalen Ämter und Depots zeigen, daß der Staat sich um alle Bereiche der Wirtschaft kümmerte.

Nach dem Zusammenbruch des Reiches konnte in späteren Zeiten der private Grundbesitz zunehmen, aber Palast und Tempel blieben bis zur Partherzeit (etwa Anfang unserer Zeitrechnung) die größten Grundbesitzer.

Zahlungsmittel

In einer geldlosen Gesellschaft wie der altorientalischen spielten Land und Nahrungsrationen eine große Rolle als Belohnung. Hohe Beamte erhielten für ihren Lebensunterhalt oft ausgedehnte Ländereien, und auch Soldaten wurden in dieser Weise bezahlt. Im Tausch für ihren Dienst im Heer überließ im Altbabylonischen Reich der Palast den Soldaten Land. Nahm ein Soldat an einem Feldzug teil, so verpachtete er sein Land, das übrigens wohl besteuert wurde. Ein derartiges System ist uns ebenfalls aus dem Assyrischen, Persischen und Seleukidischen Reich wie auch aus dem pharaonischen und ptolemäischen Ägypten bekannt. Seit der Einführung des Streitwagens (ca. 1600) wurden Wagenkämpfer mit besonders viel Land belohnt; darüber hinaus wurden auch noch ihre Pferde und Wagen vom Staat gestellt, eine Praxis, die wir ebenfalls im mykenischen Griechenland (siehe S. 30) und in Rom (siehe S. 120) antreffen.

Für den Handel ist der Gebrauch von festen Zahlungsmitteln und Rechnungseinheiten von größter Wichtigkeit. Reiner Tauschhandel stößt auf viele praktische Schwierigkeiten. Als Zahlungsmittel sind Getreide, Silber, Gold, Zinn und Kupfer im Gebrauch gewesen, wofür es feste Gewichtseinheiten gab. Außer als Zahlungsmittel wurden diese auch als Rechnungseinheit zur Angabe des Wertes von Waren verwendet. Mit der Zeit wurden Gewichtseinheiten in Silber (in Mesopotamien) und Kupfer (in Ägypten) immer häufiger das übliche Zahlungsmittel. Der Schritt zum Münzgeld ist dann schon nicht mehr groß, aber dennoch wurde er erst im 7. Jahrhundert in Lydien getan, weiter östlich erst im Perserreich, namentlich ab Dareios I. Aber auch dann spielten noch der Silbergehalt und das Gewicht der Münze die Hauptrolle bei der Feststellung des Geldwertes.

Handel

Wenn auch die Wirtschaft agrarisch war, so war Handel doch notwendig, denn Ägypten und Mesopotamien z.B. fehlte es an wichtigen Rohstoffen wie Bauholz, Kupfer und Zinn. Bei Ausgrabungen hat sich herausgestellt, daß bereits in der Vor- und Frühgeschichte über große Gebiete hinweg, von Kleinasien bis zum Iran, Handelsbeziehungen bestanden.

Handeltreiben war jedoch während des ganzen Altertums, besonders auf dem Landweg, wegen der dürftigen und trägen Transportmittel und der Gefahr von Raubüberfällen ein riskantes Unternehmen. Womit gehandelt wurde, mußte deshalb von relativ geringem Gewicht, nicht verderblich und kostbar sein, wenn Aussicht auf Gewinn bestehen sollte. Der Transport großer Mengen (z.B. Getreide) konnte sinnvoll nur per Schiff geschehen. Wegen der Trägheit des Transports (durch Esel) und der Fütterung der Zug- und Lasttiere war über Land eine Entfernung von mehr als 40 km ohne überhöhte Kosten nicht überbrückbar.

Weil der Handel ein riskantes Unternehmen war, das große Investitionen verlangte, und weil außerdem hauptsächlich kostbare Produkte befördert wurden, liegt es auf der Hand, daß die größten Vermögensbesitzer, Tempel und Palast, die wichtigsten Auftrag- und ‚Geldgeber' waren. Dies heißt übrigens nicht, daß die Händler ohne weiteres im Dienste des Tempels oder Palastes standen. Aus der altbabylonischen Zeit ist bekannt, daß die Händler und der Palast eine gemeinsame Kasse führten, worin sie beide als Anfangskapital Silber deponierten. Bestens bekannt ist auch der altassyrische Handel, dank eines Archivs von etwa 18.000 Tafeln aus Kültepe (s. Karte 2) in Kleinasien, wo die Assyrer zwar keine politische Macht hatten, wohl aber über ein Handelsviertel von assyrischen Kaufleuten verfügten. Der Handel wurde durch Verträge zwischen der assyrischen Obrigkeit und den Stadtfürsten von Kültepe geregelt. Zu dieser Zeit (ca. 1900 v.Chr.) waren bereits Handelsbräuche bekannt, die an das moderne Bankwesen erinnern, z.B. die Verwendung von übertragbaren Inhaberschuldscheinen. Aus neubabylonischer und persischer Zeit sind Archive privater Unternehmen, die sich mit Geldanleihe, Handel, Pacht und der Bewirtschaftung von Land befaßten, erhalten geblieben. Die phönikischen Städte hielten die Handelsverbindungen zu den Ländern rund um das Mittelmeer aufrecht und verbreiteten hier auf diese Weise die kulturellen Errungenschaften des Vorderen Orients.

Soziale Schichtung

Überall im Alten Osten gab es ‚geschichtete Gesellschaften', das heißt, daß man die Menschen aufgrund ihrer Herkunft, ihres Reichtums und ihres Status unterschied. Fast überall stand der König an der Spitze. Unter ihm waltete eine Gruppe höherer und niederer Amtsträger, welche die dazugehörigen Nebeneinkünfte genoß. Mitunter spielte in dieser Gruppe die Herkunft eine große Rolle, aber in Zeiten einer starken königlichen Gewalt konnten auch Menschen von außerhalb in diese Verwaltungselite aufgenommen werden.

Bei der Bevölkerung wurde nach Reichtum und Beschäftigung unterschieden. Schon in

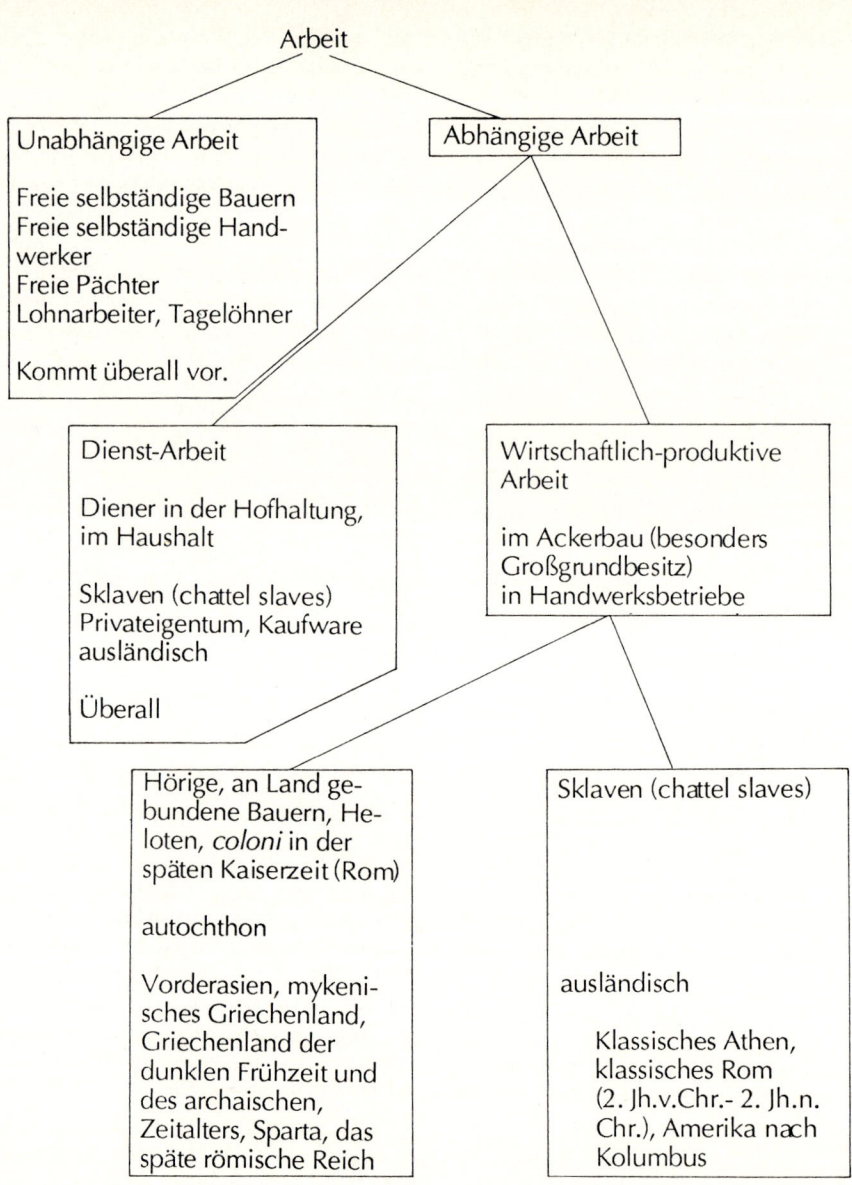

Schema 2 Arbeitskraft

den schriftlichen Quellen der frühesten Zeit zeigt sich, daß sich handelbares Land im Besitz von Familien und Privatpersonen befand. Auch zeigt sich, daß es damals bereits eine Arbeitsteilung in sehr unterschiedliche Gewerbe gegeben hat. Es ist nicht eben leicht, sich eine Übersicht der gesellschaftlichen Stellung dieser Leute zu verschaffen. So kam es öfter vor, daß eine einzelne Person gleichzeitig privates Land besaß, vom Palast für Wehrdienst mit einem Landstück belehnt war und sie auch privat noch ein Stück Land von einer anderen Privatperson gepachtet hatte. Die Tatsache, daß jemand Grundbesitzer war oder Land von jemand anderem pachtete, sagt wenig über seinen Status aus.

Schließlich gab es noch den Unterschied zwischen Freien und Sklaven, wobei jedoch im Orient Freiheit ein relativer Begriff ist, da jeder als Sklave des Königs galt. Dennoch gab es eine Gruppe von Menschen, die eindeutig als Sklaven betrachtet werden konnten, wobei es mehrere Sklaventypen gab. Am unfreiesten waren diejenigen, die als Kaufware behandelt wurden. Diese Menschen waren in diese Lage geraten, weil sie in Kriegszeiten gefangengenommen oder auf Raubzügen erbeutet worden waren. Solche Sklaven waren also meistens Ausländer.

Daneben konnte man auch durch Schulden in die Knechtschaft geraten. Ein Schuldner, der seine Schulden nicht bezahlen konnte, wurde vorübergehend oder für immer Eigentum seines Gläubigers.

Sklaven dieses Typs hatten in der Regel etwas mehr Rechte und ihr Status war durch Gesetzgebung geregelt. Das Gesetzbuch des Hammurabi begrenzte die Schuldknechtschaft auf drei Jahre, die israelitischen Gesetze auf sechs. Man nahm es mit diesen Gesetzen jedoch nicht immer so genau (siehe auch Griechenland S. 71 und Rom S. 125). Manchmal verkauften auch Eltern ihre Kinder in die Sklaverei, besonders an Tempel. Dies machten vor allem arme Leute, um ihren Kindern einen Lebensunterhalt zu verschaffen.

Sklaven machten jede Arbeit, von der Verwaltung von Landgütern bis zur Arbeit in den Minen. Viele hatten Aufgaben im Haushalt. Dennoch hat die Sklaverei im Alten Orient nie eine so große Rolle gespielt wie im klassischen Griechenland und Rom.

Kriegsgefangene wurden häufig getötet oder Tempeln bzw. Palästen zugeteilt. Ihr Status konnte je nachdem vom Sklaven im Haushaltsdienst bis zum hörigen Bauern oder Handwerker, der durch Landzuweisung und/oder Nahrungszuteilung am Leben erhalten wurde, variieren. Großgrundbesitzer, Tempel und Paläste, ließen ihr Land vorzugsweise von freien Pächtern bewirtschaften. Selbst wenn sie Sklaven besaßen, ließ man diese dennoch oft auf der Basis eines Pachtvertrages das Land bearbeiten. Große Domänen umfaßten mitunter ganze Dörfer. Deren Einwohner waren zwar keine Sklaven, kein verkäufliches Handelsgut, sie waren aber auch nicht frei, nach Belieben zu kommen und zu gehen. Bei Landverkäufen wurden die Bewohner mitverkauft, wie aus assyrischen und seleukidischen Quellen überliefert wird. Kleingrundbesitzer benutzten nur ihre eigene Arbeitskraft und die ihrer Familienangehörigen. Sklaven waren für sie zu teuer.

Daß vor dem Gesetz nicht alle gleich waren, zeigt sich auch im berühmten Gesetzbuch des Hammurabi (ca. 1750 v.Chr.). Hierin variierte das Strafmaß von schwer bis leicht, je nachdem ob das Verbrechen gegen einen Hoffunktionär, einen einfachen Untertan oder einen Sklaven begangen worden war.

7 Herrschaftssystem und Verwaltung

Königtum

Das Königtum bildete fast während der ganzen altorientalischen Geschichte das normale Führungssystem. Völker, die es nicht kannten, galten als barbarisch. Der mesopotamischen Tradition zufolge war das Königtum einst aus dem Himmel auf die Erde herabgekommen, genauso übrigens wie die anderen Ausdrucksformen menschlicher Zivilisation.

Die Hauptaufgaben des Königs waren die des Heerführers, des Oberrichters und des Hohepriesters. Die meisten Könige zogen persönlich mit ihren Armeen in den Kampf. Manche glauben, daß mit der Bestimmung eines Anführers für das Heer das Königtum angefangen habe.

Der König sprach auch Recht, entweder persönlich oder durch Richter in seinem Namen. Von den Königen im Alten Orient ist auch manches Gesetzbuch überliefert worden. Das berühmteste ist jenes von Hammurabi, aber wir kennen auch die Gesetze von Ur (ca. 2100 v.Chr.), Assyrien und dem Hethiterreich. Die alttestamentlichen Gesetze Israels dagegen sind priesterlichen Ursprungs.

Die meisten dieser Gesetze sind kasuistisch formuliert: In einem Vordersatz mit „wenn" wird ein Fall (ein ‚Kasus'), ein Vergehen, beschrieben, und im Hauptsatz folgt dann die Strafe. Hieraus kann man schließen, daß die Gesetzbücher eigentlich aufgezeichnete Urteile, Jurisprudenz, sind. Man kennt dies auch im römischen Recht.

Über die Aufgaben des Königs in der Religion sprachen wir bereits im betreffenden Kapitel.

Die Gewalt der Könige war in der Regel absolut. Trotzdem gab es Perioden, in denen der König Rücksicht auf einen Rat von Ältesten und/oder Bürgern nehmen mußte. Dies war vermutlich der Fall im frühdynastischen Sumer, in Assyrien vor der amoritischen Machtergreifung, im alten Hethiterreich und in einigen phönikischen Städten. Dabei fällt auf, daß die Einschränkungen der Königsmacht bei der Ausdehnung des Reiches abnahmen. Ein Parallele hierzu bildet die Entstehung des römischen Kaisertums.

Der Verwaltungsapparat

Bei der Staatsverwaltung wurde der König von Beamten unterstützt, die dafür meistens mit Land belohnt wurden. Es kam öfter vor, daß dieses Land Erbeigentum wurde, so daß die Beamtenklasse eine eigenmächtige Haltung einnehmen konnte (wie am Ende des Alten Reiches in Ägypten). Assyrische Könige haben diese Gefahr erfolgreich reduziert, indem sie rigoros hohe Beamte absetzten und ihnen das Land wegnahmen, und auch, indem sie häufig Eunuchen einsetzten.

Spezielle Probleme ergaben sich aus der Verwaltung eines Großimperiums, d.h. eines Staates, der in großem Umfang fremdes Gebiet unter seine Herrschaft gebracht hatte. Bei einem Imperium unterscheiden wir das ursprüngliche Kernland und die Peripherie. Die Peripherie ist das vom Kernland unterworfene Gebiet, welches, grob gerechnet, auf zweierlei Weisen verwaltet wurde, nämlich als Vasallenfürstentum oder als Provinz. In Vasallenfürstentümern durfte der König des eroberten Gebietes weiterhin auf seinem Thron bleiben, vorausgesetzt daß er gelobte, loyal zu sein, keine eigene Außenpolitik zu betreiben und Steuern zu bezahlen. Diese Verfahrensweise ist namentlich vom hethitischen Imperium wohlbekannt (siehe S. 30), aber, in geringerem Maße, auch von Mitanni, Ägypten (hinsichtlich der Besitzungen in Syrien und Palästina) und dem Neuassyrischen Reich. Wenn sich jedoch ein Vasallenfürst auflehnte, aufhörte, Steuern zu bezahlen, und auch neueingesetzte Vasallen unbotmäßig wurden, wurde das Gebiet zu einer Provinz unter der Führung eines Statthalters aus dem vorherrschenden Staat umgebildet.

Dieser Prozeß des Umbildens von Vasallenfürstentümern zu Provinzen nahm seit dem assyrischen König Tiglatpilesar III. (745–727) immer größere Ausmaße an und setzte sich im Neubabylonischen und Persischen Reich sowie in den hellenistischen Reichen

19
Teil des Schwarzen Obelisken von Salmanassar III., der von 869–824 König von Assyrien war. König Jehu von Israel unterwirft sich Salmanassar und bietet Tribut an. Der Text in Keilschrift lautet: ‚Tribut des Jehu (Ja-ú-a), des Sohnes von Omri (Hu-um-ri-i)'.
Omri war der Begründer einer Dynastie in Israel; Jehu gehörte dieser Dynastie jedoch nicht mehr an. Eigentlich bedeutet die obige Bezeichnung ‚Jehu von Omri-Land'. Länder wurden öfter auf diese Weise benannt. Die Darstellung zeigt sehr schön das Verhältnis zwischen einem großen König und einem Vasallenfürsten.
Foto: British Museum, London.

fort. Dieses Verwaltungssystem war übrigens keine späte Erfindung. Auch die Reiche von Akkad (ca. 2300 v.Chr.) und Ur (ca. 2100) verwalteten ihre eroberten Gebiete mit Hilfe von beamteten Statthaltern. Wohlorganisierte Reiche, wie das Neuassyrische und Persische, kontrollierten ihre Verwalter auch ständig durch permanent stationierte oder reisende Inspektoren, die jede Unregelmäßigkeit der Zentralverwaltung melden mußten.

Die Grenze zwischen Kernland und Peripherie konnte sich verwischen, wenn Provinzen stark in das Kernland integriert wurden. Dies konnte dadurch geschehen, daß man die Provinzen in gleicher Weise behandelte wie das Kernland und indem eine gemeinsame Kultur geschaffen wurde. Dieser Prozeß ist sehr stark im Römischen Reich zu beobachten (siehe S. 177 und 182). Im Nahen Osten wurde er durch großangelegte Deportationen, die meistens mit der Gründung einer Provinz einhergingen, gefördert. Bei diesen Deportationen wurden hauptsächlich die Oberschicht und die Fachleute verbannt. Den Deportierten wurde danach Land im Kernland oder in kurz zuvor einverleibten Provinzen zugewiesen. Auch wurden sie in das Heer aufgenommen, wobei sie für ihren Lebensunterhalt ebenfalls Land zugewiesen erhielten. Seltsamerweise waren die Verschleppten verhältnismäßig loyal, da sie ihre neue Stellung der Zentralgewalt verdankten und die einheimische Bevölkerung diese Neulinge nur ungern kommen sah. Manche Deportierten hatten weniger Glück, denn sie wurden bei großen Bauprojekten in den Hauptstädten beschäftigt. Andere wiederum wurden als Sklaven Tempeln oder Günstlingen geschenkt. Die meisten Deportationen wurden vom neuassyrischen König Tiglatpilesar III. und seinen nächsten Nachfolgern durchgeführt.

Unter den späteren assyrischen Königen nahmen Zahl und Umfang der Deportationen ab, obwohl diese Politik bis in die hellenistische Zeit als Beherrschungsinstrument Anwendung fand. Den Deportierten im Neubabylonischen Reich und im Seleukiden-, Perser-, und Partherreich gelang es manchmal doch noch geraume Zeit, sich ihre Identität zu erhalten. Man kennt sich selbstverwaltende Gemeinschaften von Ägyptern, Syrern, Phrygern, Lydern und vor allem Juden. Hin und wieder durften Verbannte wieder in ihr Land zurückkehren. Das am besten dokumentierte Beispiel dafür ist die Rückkehr der Juden aus dem Exil zur Zeit des Perserreiches (538 v.Chr.).

Ein wichtiges Motiv für Expansion war zweifellos die Erlangung von Reichtümern durch Plünderungen und das Auferlegen von Steuern. In Königsinschriften wird ein starker Akzent auf das Aufzählen der Beute und des Tributs gelegt, besonders in denen der assyrischen Könige. Es war ein großes Privileg, wenn Steuerfreiheit gewährt wurde. Dieses Privileg verliehen die assyrischen Könige ihren eigenen Hauptstädten und hin und wieder auch anderen ehrwürdigen Städten im Reich, wie z.B. Babylon. Im Perserreich war das Kerngebiet, Persis, von Steuern befreit. Einige Städte, wie die phönikischen, erhielten ein größeres Maß an Selbstverwaltung, da sie als Handelsstädte wichtig waren und ihr permanenter Wohlstand auch im Interesse der großen imperialistischen Reiche lag, da diese durch ihre Steuererhebung und auch dadurch, daß dort wichtige Waren eingeführt wurden, vom Reichtum dieser Städte mitprofitierten. Seit der persischen Vorherrschaft wurden die phönikischen Städte auch als Stützpunkte der persischen Flotte wichtig. Auch im Seleukidenreich genossen bestimmte Städte, namentlich die griechischen, eine Sonderbehandlung (siehe S. 105 f.). Ein König, der die oft alten Stadtprivilegien verletzte, mußte mit Schwierigkeiten rechnen.

Während des ganzen Altertums war es üblich, daß Imperien ihre Kerngebiete so weit wie möglich von direkten Steuern freihielten. Man kann dies auch in Athen (S. 81) und Rom (S. 140) beobachten.

Das Heer

Die Kriege entwickelten sich von kleinen Scharmützeln um Landgewinn und von Raubzügen für Lebensmittel zu organisierten Expeditionen mit dem Ziel, Länder permanent zu besetzen.

Das Heer war dementsprechend groß. Die Kriegführung war lange Zeit eine Saisonangelegenheit, wobei die einfache Bauernbevölkerung für den Krieg eingezogen wurde, aber vor der Ernte wieder zurück sein mußte. Im Laufe der Zeit wurde das Heer zur Institution. Man denke dabei an die Sonderzuteilung von Land an Soldaten oder die Unterhaltung einer Elite von Wagenkämpfern seit der späten Bronzezeit (1600–1200). Die Assyrer verfügten seit dem Ende des 8. Jahrhunderts über ein stehendes Heer, so daß sie das ganze Jahr über Krieg führen konnten, wenn auch die saisonabhängige Einberufung von Bauernsoldaten nach wie vor bestehen blieb.

Besonders seit der Perserzeit wurde das Söldnerheer immer üblicher, obwohl es daneben auch noch die alten Heeresformen gab. Große Reiche waren nicht in der Lage, das Heer ganz aus dem eigenen Volk zu rekrutieren. Die eroberten Gebiete mußten deshalb auch immer Truppen für das Heer stellen. Auffällig ist, daß bereits im Altertum militärische Neuerungen (z.B. der Streitwagen) sich schnell verbreiteten und überall Anwendung fanden.

GRIECHENLAND
8 Das dunkle Zeitalter 1200–800 v.Chr.

Die Folgen des Zusammenbruchs der mykenischen Zivilisation (ca. 1200, siehe S. 33) waren tiefgreifend. Die straff organisierte Palastwirtschaft brach zusammen und hat sich niemals wieder erholt. Die dafür verwendete Schrift, das Linear B, geriet in Vergessenheit. Die Griechen späterer Jahrhunderte kannten es nicht, und man hat es erst Ende letzten Jahrhunderts durch Ausgrabungen wiederentdeckt und dann erst 1952 entziffert. Die Städte, die in den vorangehenden Jahrhunderten eine so hohe Blüte gekannt hatten, wurden nun zerstört und nicht mehr wiederaufgebaut. Viele ihrer Einwohner flüchteten und siedelten sich an der Westküste Kleinasiens an. Man spricht daher auch von der ionischen Wanderung. Die ionischen Griechen, die sich dort eine Existenz aufbauten, haben später sehr viel zum Wiederaufschwung der griechischen Kultur beigetragen. Griechenland selbst erlebte einen gewaltigen Bevölkerungsschwund und eine starke Verarmung der materiellen Kultur. Zu Anfang des dunklen Zeitalters fand auch die Invasion der Dorer statt, die sich auf der Peloponnes, auf Kreta und im Südwesten Kleinasiens niederließen.

Über die Gliederung der Gesellschaft in dieser Periode weiß man besonders schlecht Bescheid. Das meiste, was darüber bekannt ist, verdankt man der Archäologie und mußte man den großen epischen Dichtungen, der Ilias und der Odyssee, welche man dem Dichter Homer zuschreibt, entnehmen. Die Ilias schildert eine Episode des Kampfes einiger griechischer Könige (u.a. Agamemnon von Mykene) gegen die Stadt Troja oder Ilion im Nordwesten Kleinasiens, während die Odyssee die Rückkehr des Odysseus, des Königs der Insel Ithaka, nach der Einnahme Trojas behandelt. Diese Epen sind eine Bearbeitung von Geschichten, die von Barden an königlichen und adligen Höfen vorgetragen wurden. Früher vermutete man, daß der Trojanische Krieg während der Blütezeit Mykenes stattgefunden habe, jedoch weist die Gesellschaft, die Homer schildert, nur wenig Ähnlichkeit mit derjenigen, die uns durch die Linear-B-Tafeln bekannt ist. Vielmehr dürfte die homerische Gesellschaft Homers zeitgenössische Welt, d.h. die Epoche des 8. bzw. 7. Jahrhunderts und der Jahrhunderte unmittelbar davor widerspiegeln. In dieser Gesellschaft stand der König nicht an der Spitze einer Palastwirtschaft mit einem vielseitigen, städtischen Leben, sondern war ein großer Gutsbesitzer, der zu Kriegszeiten *primus inter pares*, der Erste unter Seinesgleichen war. Diese Herren waren Großgrundbesitzer, hatten die militärische Macht in Händen und konnten sich eine Ausrüstung leisten. Sie ritten auf einem Pferd zum Schlachtfeld und stiegen dort ab, um anschließend Mann gegen Mann zu kämpfen. Der übrige Teil der Bevölkerung spielte in der Kriegführung kaum eine Rolle. Das Wertsystem der aristokratischen Elite hatte großen Einfluß auf die griechische Mentalität. Von den Adligen wurde erwartet, daß sie ihre Haushalte verteidigten, weshalb sie fortwährend zeigen mußten, daß sie starke, gesunde und schöne Männer waren. Hieraus entwickelte sich ein Geist des Wettstreites, der z.B. in den Olympischen (ab 776 v.Chr.) und anderen Spielen zum Ausdruck kam.

9 Die Griechen im archaischen Zeitalter 800–500 v.Chr.

Einführung

Im 8. Jahrhundert begann erneut ein allmählicher Aufstieg der griechischen Zivilisation. Dies war jedoch kein Wiederaufblühen der alten mykenischen Verhältnisse, sondern das Entstehen einer neuen griechischen Kultur mit völlig eigenem Charakter. Das bedeutet natürlich nicht, daß Griechenland völlig von der Umwelt abgeschieden war. In der Nähe Griechenlands lagen florierende Reiche mit alten Kulturen. Die archaische Zeit fiel mit der Ära der vorderasiatischen Weltreiche, dem Neuassyrischen, dem Neubabylonischen und dem Perserreich zusammen. In Ägypten wurde die Handelsniederlassung Naukratis gegründet (± 650 v.Chr.), und in Kleinasien lernte man Lydien und Phrygien kennen. Durch die Eroberungen des Persers Kyros des Großen kamen die dortigen griechischen Städte sogar unter persische Herrschaft (547 v.Chr., siehe S. 41).
Phönikische Händler gaben auf See den Ton an und verkauften ihre Ware auch in Griechenland. Es liegt somit auf der Hand, daß sich in der griechischen Religion, Kunst, Wissenschaft und materiellen Kultur auch orientalische Einflüsse bemerkbar machten. Das archaische Zeitalter war auch eine Zeit großer Veränderungen auf demographischem, wirtschaftlichem, sozialem, militärischem und kulturellem Gebiet. Diese hängen eng miteinander zusammen und haben sich wechselseitig beeinflußt. Letzten Endes haben sie die klassischen griechischen Gesellschaftsstrukturen herbeigeführt.

Veränderungen auf demographischem und wirtschaftlichem Gebiet

Archäologische Untersuchungen haben gezeigt, daß im 8. Jahrhundert ein Bevölkerungswachstum stattgefunden hat. Dies bedeutete, daß man auf irgendeine Weise mehr Münder zu stopfen hatte, was u.a. durch Neuerungen auf agrarischem Gebiet erreicht wurde. Die Bedeutung der Viehzucht nahm ab (dazu brauchte man zuviel Boden), die des Ackerbaus dagegen zu. Neues Ackerland wurde urbar gemacht und eine größere Vielfalt an Nutzpflanzen wurde angebaut. Einige Griechen versuchten sich dadurch zu ernähren, daß sie sich aufs Meer wagten und Seeräuberei und Handel betrieben. Es ist auffällig, daß bei Homer (ca. 750) Seehändler stets Phöniker sind, wohingegen beim etwas jüngeren Hesiod (ca. 700) schon die Rede ist von Griechen, die Seefahrt betreiben. Eine dritte Folge der Bevölkerungszunahme war die Entstehung von Städten. Manche Dörfer dehnten sich so stark aus, daß sie zu einem Ganzen zusammenwuchsen. Für die gesteigerte landwirtschaftliche Produktion suchten die Grundherren hier einen Absatzmarkt. An diesen Orten trafen auch die vielen Luxuswaren aus dem Nahen Osten ein, welche die reiche Elite begehrte. Viele Adlige bezogen ein Haus in der Stadt.

Die Polis

Das achte Jahrhundert ist auch das Jahrhundert des Entstehens der **Polis**. Die Polis war eine politische (‚Politik' ist von ‚Polis' abgeleitet) Organisationsform und eine Gesellschaftseinheit. Das Wort Polis wird meistens mit ‚Stadtstaat' übersetzt, was aber nicht ganz zutrifft, da eine Polis nicht immer eine Stadt als Zentrum hatte. Eine Polis ist gewöhnlich kennzeichnet durch ein verhältnismäßig kleines Territorium mit einem meist städtischen Verwaltungszentrum. Hier befand sich das zentrale Heiligtum und der Versammlungsort (*agora*), wo die Anführer und das Volk zu Beratungen zusammentraten, um Beschlüsse zu fassen. In der Stadt befand sich meistens eine befestigte Erhebung (*akropolis*), in die man sich in Zeiten der Gefahr zurückziehen konnte.
Die Polis war gekennzeichnet durch eine Verwaltung von Beamten, denen spezifische Aufgaben, wie die Heeresführung, die Rechtsprechung oder religiöse Aufgaben, oblagen und die durch irgendeine Form der Wahl bestimmt wurden. Dies hieß nicht, daß es in allen Poleis dieselbe Staatsform gab, wenn auch fast überall das Königtum (außer in Sparta) verschwand. In den meisten Poleis

wußten die adligen Grundbesitzer sich die Ämter vorzubehalten. Man nennt sie Adlige, weil sie ihre Privilegien auf ihre Abstammung gründeten: Eine solche Staatsform heißt **Aristokratie** (siehe Übersicht 2). Der starke Nachdruck auf der hohen Geburt hängt vielleicht mit der zunehmenden Bedeutung von Grundbesitz zusammen. Grundbesitz wurde im Altertum häufig durch Familienanspruch auf vorväterliches Land gerechtfertigt. Dies förderte die Prägung des Denkens durch den **oikos** (= Haushalt, bestehend aus Vater, Mutter, Kindern, Enkeln, und evtl. abhängigen Bauern und Sklaven), der möglichst zu einem ansehnlichen **genos** (Clan, Geschlecht) gehören sollte, welche wiederum von einem vorzugsweise berühmten Vorfahren abstammen sollte.

Die Polis war für ihre Einwohner von zentraler Bedeutung. Sie wurden nach und nach zu Polisbürgern (= griechisch: *politai*), und dieser Status wurde wichtiger als die Zugehörigkeit zu einem Clan.

Ein wichtiges Bestreben der Polis war ‚Freiheit und Autonomie',Freiheit von der Vorherrschaft einer Großmacht oder einer anderen Polis, was Autonomie, die Möglichkeit, seine eigenen Gesetze zu machen, implizierte.

Das Leben in einer Polis wurde von den Griechen als die vorbildlichste, die menschlichste Existenzweise betrachtet. Die Eingliederung in einen großen Territorialstaat hielten sie für schmählich, und versuchten sie nach Möglichkeit zu verhindern. Als sie dann später aber doch von Makedonen und Römern unterworfen wurden, waren sie bestrebt, ihre lokale Autonomie möglichst weitgehend zu behaupten.

Die Polis nahm nicht in ganz Griechenland eine vorherrschende Stellung ein. In weniger entwickelten Gebieten behielten die Stammesstrukturen die Oberhand. Dort finden wir die sogenannten **ethne** (Plural von *ethnos*; wörtlich bedeutet dies Volk). Ein *ethnos* war ein Zusammenschluß einiger kleinerer Gemeinschaften, die vor allem auf militärischem Gebiet zusammenarbeiteten. Innerhalb eines *ethnos* konnten Städte entstehen, die sich zu Poleis entwickelten. Griechenland bildete also niemals eine politische Einheit, wenn sich auch die Griechen durch ihre gemeinsame Sprache (trotz deren Aufsplitterung in Dialekte, wie das Dorische in Sparta und im Südwesten Kleinasiens und das Ionische in Athen und dem westlichen Kleinasien), den Glauben an dieselben Götter und gemeinsame Traditionen, wie die Olympischen Spiele, die zu Ehren des griechischen Hauptgottes Zeus in Olympia (siehe S. 12) veranstaltet wurden, miteinander verbunden fühlten.

Wenn man die griechische Welt betrachtet, so fällt eine Ähnlichkeit mit der phönikischen ins Auge. Auch die phönikischen Städte waren selbständige, autonome Stadtstaaten und die Phöniker besaßen auch eine gemeinsame Sprache und Religion. Die Griechen haben so manches von den Phönikern übernommen, wie z.B. das Alphabet und künstlerische Motive. Das Zusammenleben in einer Polis könnte ebenfalls durch phönikischen Einfluß gefördert worden sein.

Zum Schluß wollen wir noch auf die phönikische Kolonisation, die Gründung phönikischer Niederlassungen im Westen des Mittelmeergebietes, hinweisen (siehe S. 34). Auch in dieser Hinsicht waren es die Phöniker, die für die Griechen bei ihrer Suche nach Lösungen für Probleme des Bevölkerungswachstums richtungweisend gewesen sind.

Die große griechische Wanderung

Für eine primitive Wirtschaft wie die griechische reichten die bereits beschriebenen Neuerungen nicht aus, um genügend Nahrung für die wachsende Bevölkerung zu produzieren: Griechenland wurde ‚übervölkert'.Deswegen suchten viele ihr Heil in einer neuen Welt, und so entstand die berühmte griechische Wanderung. Diese Wanderung setzte bis zu einem gewissen Grad Handel und Schiffahrt der Griechen sowie griechische Kenntnisse bezüglich der Geographie des Mittelmeergebiets voraus. Die ältesten griechischen Niederlassungen wurden denn auch vermutlich aus Handelserwägungen gegründet (Al-Mina in Syrien, Kyme in Süditalien, Naukratis in Ägypten). Der weitaus größte Teil der Emigration war jedoch durch Landhunger begründet. Die meisten Kolonien wurden in fruchtbaren Gegenden gegründet, wo die Auswanderer Bau-

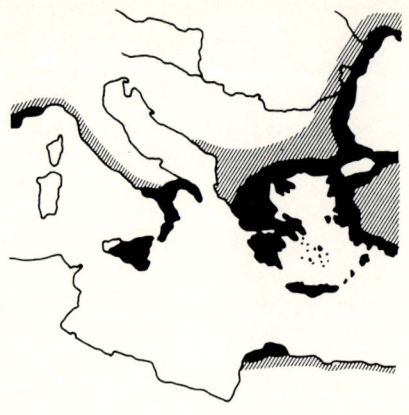

Karte 9a
Die Verbreitung der griechischen Kultur während des archaischen und klassischen Zeitalters (ca. 600–330 v.Chr.). Infolge der griechischen Kolonisation hatten sich die Griechen über ein großes Gebiet verbreitet, und es lernten viele Völker die griechische Zivilisation kennen.
Schwarz: direkter Einflußbereich der griechischen Kultur
Schraffierung: auch noch von den Griechen beeinflußt
(Aus: Rottier, H.: Stedelijke Structuren, S. 35. Muiderberg: Coutinho 1980.)

ern wurden. Dies erklärt auch, weshalb viele Kolonien an den Küsten des Schwarzen Meeres, in Sizilien und in Süditalien gegründet wurden. In beiden letzteren Gebieten lebten schließlich soviele Griechen, daß sie im Altertum Großgriechenland genannt wurden. Es entstanden dort große und blühende Städte, von denen einige auch heute noch groß sind und wo man eindrucksvolle Reste griechischer Baukunst bewundern kann. Man denke an Syrakus, Neapel, Tarent und Paestum (= Poseidonia, siehe Karte 9b).
Eigentlich ist das Wort ‚Kolonisation' hier irreführend. Die griechische Kolonie, die ‚apoikia', stellte keine Eroberung der Stadt dar, die sie gegründet hatte, sondern war eine neue, unabhängige Polis, die lediglich moralische und religiöse Bindungen an die Mutterstadt aufwies. Es ist verständlich, daß man diese selbständigen Poleis in Gebieten gründete, wo stark organisierte Staaten, wie man sie in Vorderasien, Ägypten und dem etruskischen Italien (siehe S. 115) vorfand, fehlten. Naukratis in Ägypten und Al-Mina in Syrien waren denn auch keine selbständigen Poleis, sondern eher Handelsniederlassungen.
Wenn auch die meisten Kolonien nicht aus Handelserwägungen gegründet wurden, so haben sie doch den Handel gefördert.
Der Handel sorgte dafür, daß Getreide, das in Griechenland Mangelware war, aus Gebieten, wo es in großen Mengen zu Verfügung stand, eingeführt werden konnte. Korinth beschaffte sich seinen Bedarf vor allem aus seinen Kolonien auf Sizilien, Athen (das sich kaum an der Kolonisation beteiligt hat) namentlich aus der Gegend des Schwarzen Meeres.
Das hatte zur Folge, daß das Bedürfnis nach weiterer Kolonisierung abnahm, da jetzt Nahrung aus Übersee eingeführt werden konnte. Weil die Kolonisation außerdem noch auf ziemlich starken Widerstand der Perser, Karthager und Etrusker stieß, hörte man ca. 550 v.Chr. nahezu ganz damit auf. In Griechenland wurde die Ausdehnung der Ackerfläche dazu genutzt, andere Nutzpflanzen, wie Oliven, anzubauen. Die daraus hergestellten Produkte konnten in Tongefäßen aufbewahrt und exportiert werden. Es läßt sich in dieser Periode denn auch eine Zunahme der Keramik feststellen. Der Handel hat das Gewerbe in den Städten gefördert; Schiffe mußten gebaut, Keramik hergestellt werden. Ferner waren die jungen Poleis stolz darauf, immer größere Tempel zu bauen. Dies alles beschäftigte eine wachsende Anzahl von Menschen außerhalb der Landwirtschaft, was jedoch nicht hieß, daß ein Stadt/Land-Gegensatz entstand. Die meisten Stadtbewohner waren Bauern, deren Land außerhalb der Stadt lag, wohin sie täglich zur Arbeit gingen oder wo sie ein Familienmitglied, einen Sklaven oder einen Pächter arbeiten ließen. Nur einige sehr große Städte, wie Athen im 5. Jahrhundert, Alexandrien in Ägypten, Antiocheia in Syrien während der hellenistischen Zeit (siehe S. 81, 100, 105) und Rom am Anfang unserer Zeitrechnung wurden überwiegend von nichtagrarischen Einwohnern, die von Einfuhren aus Gebieten mit Agrarüberschüssen abhängig waren, bewohnt.

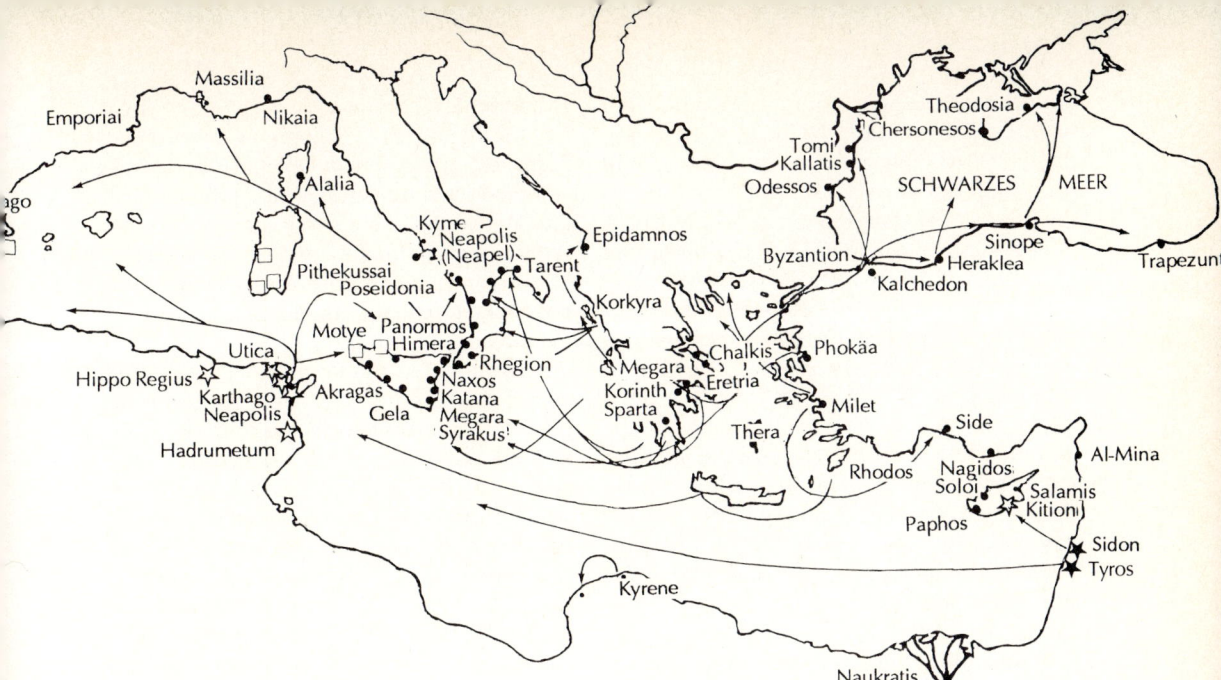

Karte 9b
Die griechische und phönikische Kolonisation

- griechische Mutterstädte
- griechische Kolonien
- ★ phönikische Mutterstädte
- ☆ phönikische Kolonien
- ☐ karthagische Kolonien

Veränderungen auf sozialem Gebiet

Die geschilderten wirtschaftlichen und demographischen Entwicklungen hatten auch soziale Veränderungen zur Folge. Zunächst bildete sich eine Gruppe von Neureichen, die auf irgendeine Weise Reichtum erworben hatten; manche von ihnen durch Erfolge im Handel (die so erzielten Gewinne wurden jedoch oft in Land angelegt), andere, indem sie rechtzeitig auf neue Nutzpflanzen umgestiegen waren und auf ihren vorher ziemlich ertragsarmen Böden Oliven anpflanzten. Mit diesen neuen Kulturen erzielte man einen größeren Ertrag pro Bodeneinheit.

Für die kleinen und altmodischen, auf Selbstversorgung bedachten Bauern wurde die Lage immer schwieriger. Bei einer Zunahme der Bevölkerung wurde der Landbesitz durch Erbteilungen immer kleiner und letztendlich zu klein zum Leben. Kleine Bauern waren außerdem nicht in der Lage, auf andere Kulturen überzuwechseln, da z.B. Olivenbäume die ersten Jahre keine Früchte tragen. Sie konnten sich keine ertraglosen Jahre leisten und hatten kein Land übrig, auf dem sie neben Getreide noch etwas anderes anbauen konnten. Viele mußten sich Geld leihen, weil sie nicht genügend Saatgut für die nächste Aussaat übrigbehielten. Da der Ernteertrag nicht zunahm und sie auch die Anleihe zurückzahlen mußten, war die fast unvermeidliche Folge, daß sie in Schuldknechtschaft gerieten, weil bei Anleihen der eigene Körper zum Pfand gegeben wurde.

Veränderungen auf militärischem Gebiet

Während der ‚dunklen Frühzeit' war die Kriegführung ausschließlich eine Angelegenheit der adligen Elite (siehe S. 57). Im archaischen Zeitalter kamen einige wenige Neureiche und mittelgroße Bauern, die sich auch eine Waffenrüstung leisten konnten, dazu. Eine solche Rüstung bestand aus Helm, Schild, Brustpanzer, Beinschienen und Speer. Besonders der Schild, der an zwei Stellen, am Handgelenk und am Ellbogen, am Arm befestigt war, war wichtig (griechisch: *hoplon*). Nach diesem Schild nannte man die Soldaten Hopliten. Ein Pferd besaßen die meisten von ihnen nicht. Die Hopliten kämpften nicht, wie in homerischen Zeiten, im Einzelkampf, sondern im geschlossenen Verband, der ‚Phalanx' genannt wurde. Dabei war es von größter Wichtigkeit, daß die Schlachtordnung geschlossen blieb, damit die ungedeckte rechte Körperseite des Hopliten durch den Schild seines Nebenmannes geschützt war. Dies setzte eine große Solidarität und ein starkes Zusammengehörigkeitsgefühl voraus. Vgl. Abb. 28a, S. 83.

Im archaischen Zeitalter waren Kriege Konflikte von begrenztem Ausmaß; es ging in erster Linie um Beute, nach ein oder zwei Gefechten trennte man sich wieder. Poleis konnten sich im Kriegszustand miteinander befinden, ohne daß es über längere Zeit hinweg zu einem Gefecht kam. Erst seit dem Ende des 6. Jahrhunderts gab es größere Heere, welche die meisten erwachsenen Polisbürger mobilisierten.

Veränderungen auf kulturellem Gebiet

Im archaischen Zeitalter wurde die Grundlage für die griechische Malerei, Bau- und Bildhauerkunst, die literarischen Gattungen, die religiösen Vorstellungen und Bräuche und nicht zuletzt die griechische Philosophie geschaffen. Namentlich auf diesen Gebieten war der Nahe Osten von großem Einfluß.

Das Alphabet

Dies gilt an erster Stelle für die Einführung der Schrift. Bereits im 8. Jahrhundert haben die Griechen von den Phönikern das Alphabet übernommen (siehe S. 34). Eine äußerst wichtige griechische Neuerung war die Verwendung einiger Buchstaben der phönikischen Schrift, die ausschließlich aus Konsonanten bestand, zur Bezeichnung von Vokalen. Außerdem wurden dem Alphabet einige Zeichen hinzugefügt. Diese Schriftreform war offenbar so erfolgreich, daß das griechische Alphabet mit Vokalzeichen in leicht abgeänderter Form ebenfalls von den Etruskern und Römern übernommen wurde und infolgedessen bis heute für zahllose Sprachen benutzt wird. Zu welchem Zweck das Alphabet ursprünglich eingeführt wurde, ist nicht ganz klar. Es ist nicht undenkbar, daß zuerst griechische Kaufleute mit Phönikern in Kontakt kamen und es von ihnen zu Handelszwecken übernahmen.

Die Literatur

Die ältesten uns bekannten Schriftzeugnisse sind jedoch literarischer Art. Obwohl die Literatur niedergeschrieben wurde, sollte man daraus nicht schließen, daß es eine Literatur zum Lesen war; es handelte sich vielmehr um eine Literatur für Zuhörer, die auswendig gelernt und vorgetragen wurde. Deshalb sind die ältesten Texte allesamt in gebundener Rede verfaßt worden. Das gilt nicht nur für die Epen **Homers** (ca. 750–650 v.Chr.) und **Hesiods** (ca. 700–650 v.Chr.), sondern auch für politische Pamphlete (z.B. von Solon, siehe S. 70) und die Werke der frühesten Philosophen (siehe S. 66).

Die Bedeutung Homers für die Griechen war ganz außergewöhnlich. Seine Epen, die Ilias und die Odyssee (darüber mehr auf S. 57), waren eine Art von Bibel für sie und gehörten bis in die Spätantike zum Pflichtstoff im Unterricht. Homer beschreibt die Welt des Adels in der dunklen Frühzeit und dem frühen archaischen Zeitalter. Seine Darstellung der adligen Mentalität des ständigen Wetteiferns, wie auch seine Schilderung der Götter als höhere, anthropomorphe Wesen, die sich ebenfalls durch eine aristokratische Mentalität auszeichnen, haben Glauben und Denken der Griechen stark geprägt.

Hesiod gewährt uns einigen Einblick in eine niedrigere Klasse der Gesellschaft. In seinem Epos ‚Werke und Tage' gibt er einen Leitfaden der Landwirtschaft, beschreibt die Härte des bäuerlichen Daseins und prangert die Ausbeutung durch die Adligen, die durch Bestechung das Recht vergewaltigten, an. Seine ‚Theogonie' ist für die Systematik der griechischen Götter von Bedeutung(dazu weiter unten S. 66). In der Literatur ist eine Tendenz zur größeren Individualität feststellbar. Von Homer weiß man nichts. Hesiod dagegen erzählt schon etwas über seine eigenen Lebensverhältnisse. Viel persönlicher war dann die nach ca. 700 aufkommende Lyrik. Hier findet man in kurzen Gedichten eindeutig private Äußerungen von Dichtern über ihre eigene Gemütsverfassung (u.a. in der Liebeslyrik). Daneben gibt es Betrachtungen über die Gesellschaft, variierend von Kritik an der Lebensweise der Adligen bis zu Befürchtungen, daß die Macht der Aristokratie verschwinden könnte.

Die bildenden Künste

Die Malerei kennt man eigentlich nur von Vasen. In der dunklen Frühzeit war die mykenische Keramikkunst schon bald verlorengegangen. Im 9. Jahrhundert entwickelte sich in Athen ein neuer Stil mit Zickzacklinien und Swastiken und später auch mit stilisierten Menschenfiguren (siehe Abb. 20a). Unter dem Einfluß des Orients entwickelte sich ca. 725 v.Chr. in Korinth der sogenannte orientalisierende Stil, der gekennzeichnet ist durch allerlei Fabelwesen und Pflanzen sowie durch Gelb als dominierende Farbe (siehe Abb. 20d). Im 6. Jahrhundert entstand in Athen der schwarzfigurige und später der rotfigurige Stil. Die attischen Vasen mit Darstellungen aus der griechischen Mythologie und dem täglichen Leben fanden enorme Verbreitung und sind noch heute zu Tausenden in verschiedenen Museen erhalten (siehe Abb. 20b und c).

Die Haltung der frei stehenden Statuen, die erhalten geblieben sind, läßt auf einen starken ägyptischen Einfluß auf die Bildhauerei schließen (siehe Abb. 21a und b). Auch hier aber ist es dem griechischen Genius schon bald gelungen, einen ganz eigenen Stil zu schaffen.

20a
Trinkbecher in geometrischem Stil, gefunden auf dem ‚Kerameikos‘, dem athenischen Friedhof. 8. Jahrhundert v.Chr. Foto: Allard Pierson Museum, Amsterdam.

20b
Panathenäische Amphora von ca. 510 v.Chr. Schwarzfiguriger Stil. Dargestellt ist ein Wettlauf. Diese Amphora, gefüllt mit Olivenöl, war ein Preis, der auf den panathenäischen Spielen gewonnen werden konnte. Foto: Allard Pierson Museum, Amsterdam.

Baukunst

Auch der griechische Baustil entwickelte sich in dieser Zeit, wobei die wohl imposantesten Bauten die Tempel waren. Diese Tempel dienten als Wohnhäuser für die Götter(statuen) und wurden denn auch nach dem Vorbild eines Wohnhauses gebaut. Kennzeichnend war die vielfache Verwendung von Säulen in dorischem, ionischem und, seit dem 4. Jahrhundert, auch korinthischem Stil (siehe Abb. 22). Die meisten gut erhaltenen Tempel findet man heute in Süditalien und auf Sizilien (Abb. 36).

Religion

Die griechische Religion weist einige Merkmale auf, denen wir auch in der altorientalischen Religion (S. 44) schon begegnet sind. Die Religion war polytheistisch; die Götter waren, besonders seit Homer, anthropomorph; es gab kein offizielles Dogma; Riten spielten eine große Rolle bei der Schaffung eines guten Verhältnisses zu den Göttern; jede Stadt (Polis) hatte ihren eigenen Schutzgott, der seinen (und sehr oft ihren) eigenen Tempel auf der Akropolis hatte; dort fanden die religiösen Feierlichkeiten der Polis statt.

20c
Ölflasche aus Athen, ca. 465 v.Chr. Rotfiguriger Stil. Foto: Allard Pierson Museum, Amsterdam.

20d
Korinthische Ölflasche von ca. 615 v.Chr. Orientalisierender Stil. Man beachte die darauf abgebildete Sphinx. Geflügelte Mensch-Tier-Figuren kommen überall im alten Nahen Osten vor. Man denke z.B. an die große Sphinx bei den großen Pyramiden von Gizeh in Ägypten. Auch in Phönikien wurde die Sphinx dargestellt. Vgl. ebenfalls die Flügeltierkolosse in Assyrien und Persien (S. 41). Foto: Allard Pierson Museum, Amsterdam.

Die Jenseitsvorstellungen weisen viele Parallelen zur mesopotamischen Vorstellung eines schattenhaften und düsteren Totenreiches, wo jedem ein fast gleich trauriges Schicksal beschieden war, auf. Einigermaßen abweichend davon war in der griechischen Religion die Strömung der **Orphik**. Die Orphik ging von einem Getrenntsein des Körpers und des Geistes aus, wobei der Körper als der Kerker des Geistes galt und dieser sich durch den Tod, mittels Reinkarnation, Askese und Reinigungsritualen, aus jenem befreien konnte. Diese Trennung von Geist und Körper (mit der Verwerfung des Körpers) hat die Philosophen Pythagoras und Platon beeinflußt und findet sich schließlich auch im Christentum wieder.

Auch der Mysterienkult der Göttin des Getreides Demeter ging von der Auffassung aus, daß ein glückseliges Fortleben nach dem Tode, wenigstens für die in die Mysterien Eingeweihten, möglich sei. Diese Mysterien konzentrierten sich auf den Mythus der Persephone, der Tochter von Demeter (der Mutter Erde, sie wurde schon zur mykenischen Zeit verehrt), die ein Drittel des Jahres im Hades (Unterwelt) festgehalten wurde, aber alljährlich doch wieder freikam.

Ihre Auferstehung aus dem Tode symbolisierte das Aufkeimen des Getreidehalms aus dem sterbenden Getreidekorn. Dieser Vorstellung begegnen wir auch in Ägypten in bezug auf den Tod des Osiris (siehe S. 45). Eine andere Naturerscheinung, der Tod der Natur in der trockenen Jahreszeit, wurde durch den Adoniskult, der aus Phönikien stammte, symbolisiert (siehe S. 45). ‚Adon', ‚Herr', ‚Meister',war der phönikische Anredetitel des Ba'al.

Die griechische Götterwelt, wie sie in der offiziellen Polisreligion in den großen Tempeln verehrt und in der griechischen Mythologie und Bildhauerei dargestellt wurde, war vor allem eine Schöpfung Homers. Die Götterwelt war ihm zufolge eine sublimierte aristokratische Gesellschaft, und die Götter waren große, schöne, starke, unsterbliche Männer und Frauen mit den guten und schlechten Eigenschaften der Menschen. Im Trojanischen Krieg kämpften sie auf beiden Seiten. Die bekanntesten Götter waren der Hauptgott **Zeus**, ein Gott des Donners, der mit den anderen Göttern auf einem Berg,

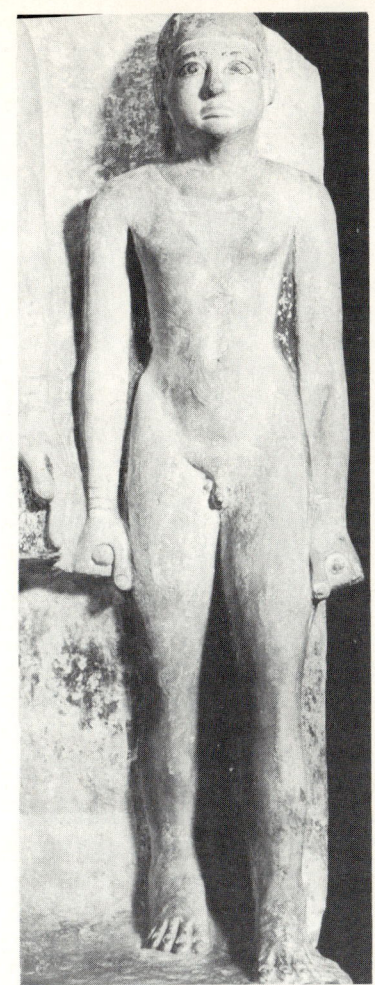

21a
Ägyptische Figur eines Nackten (Altes Reich, 5. Dyn., ca. 2400 v.Chr.). Gefunden zu Saqqara in einem Privatgrab. Foto: Rijksmuseum van Oudheden, Leiden.

Die griechische archaische Bildhauerkunst hat sich bei ihrer Entstehung eindeutig die ägyptische zum Vorbild genommen. Während sich jedoch die ägyptische Bildhauerkunst vom Alten Reich bis zur Spätzeit kaum verändert hat, durchlief die griechische Bildhauerei eine Entwicklung hin zu größerer Freiheit in der Wiedergabe von Haltungen. Vgl. zur Bildhauerei des klassischen Zeitalters S. 82/92 und des hellenistischen Zeitalters S. 107

dem Olymp (in Nordgriechenland), thronte und dessen wichtigstes Heiligtum sich in Olympia (Peloponnes) befand, wo zu seinen Ehren alle vier Jahre die Olympischen Spiele gefeiert wurden; seine Frau **Hera**, die Beschützerin der Ehe; seine Tochter **Athena**, die Göttin des verschlagenen Kampfes und des Handwerks, die besonders von der Stadt Athen verehrt wurde; **Apollon** der Gott des Lichtes, der Musik, der Medizin und der Ordnung schlechthin, und **Dionysos**, der ungestüme Gott des Weines, des Rausches und der ungebändigten Lebenskraft in der Natur. Die Götter konnten auch mit Menschen geschlechtlich verkehren. **Herakles** (Herkules) war der Abkömmling einer solchen Verbindung zwischen Zeus und einer Sterblichen. Er wurde speziell wegen seiner Kraft und der zwölf tapferen Arbeiten, die er vollbracht hat, verehrt als ein Vorkämpfer gegen das Chaos und das Böse.

Hesiod verdanken wir die Entstehungsgeschichte der griechischen Götter in seiner ‚Theogonie'. Hierin zeigen sich deutliche Parallelen zu den mesopotamischen, phönikischen und churritisch-hethitischen Sukzessionsmodellen, in denen dargelegt wird, wie der jeweilige Hauptgott (je nachdem Marduk, Ba'al, Teschup, Zeus) im Kampf mit den Urgöttern (siehe S. 44) seine Oberherrschaft errungen hat. Bemerkenswert dabei ist, daß diese Systematik bei Homer fehlt, und deshalb ist es wahrscheinlich, daß erst Hesiod, z.B. durch die griechische Niederlassung in Al-Mina in Syrien, davon Kenntnis bekommen und sie dann auf die griechische Götterwelt angewendet hat.

In mancher Hinsicht unterschied sich das griechische religiöse Leben wesentlich vom altorientalischen. Der griechische Tempel hat nie eine dermaßen zentrale Rolle in der Wirtschaft, Kultur und Verwaltung gespielt wie z.B. der sumerische. Die griechischen Tempel besaßen keine Tempeldomänen von Bedeutung und auch keine Priesterkaste, welche die Politik hätte manipulieren können. Sogar die bekannten Göttersagen stammen nicht aus der Tempelsphäre. Homer und Hesiod waren Laien, die ohne Berufung auf theologische Autoritäten ihre Vorstellungen zum besten gegeben haben, wenn sie auch hinzufügten, daß sie von ‚Musen' (Töchter Apollons, Beschützerinnen der Kunst und Literatur) inspiriert worden seien.

Philosophie

In Ionien in Kleinasien (an der Peripherie der orientalischen Welt) und bei den Einwanderern in den griechischen Kolonien im Westen (Süditalien, Sizilien) entstanden im 7. Jahrhundert v.Chr. die griechische Naturphilosophie und Wissenschaft. Einige originelle Denker dort begnügten sich nicht länger mit den Erklärungen der Naturerscheinungen in den Mythen (vgl. S. 44) und versuchten, durch folgerichtiges Denken herauszufinden, was der Urstoff war, aus dem alles hervorging, und wie sich Veränderungen und Entwicklungen in der Natur vollzogen. Von ihren Schriften ist nicht viel erhalten geblieben; wahrscheinlich würde man heute ihre Gedanken für ziemlich naiv halten. Wichtig jedoch ist, daß sich eine neue rationale Weise des Analysierens und Denkens über die Natur entwickelte.

Diese Denker lehnten die Götter übrigens nicht ab. Sie ordneten ihre Befunde einfach neben die alten religiösen Bräuche ein oder versuchten, ihre Gedanken mit den alten Mythen zu kombinieren. Auf diese Weise kam der Philosoph Xenophanes (6. Jahrhundert) zu einer monotheistischen (siehe S. 47), logisch begründeten Religion. Er glaubte, daß die Götter der Sagen lediglich Helfer und Ausdrucksformen eines einzigen großen Gottes seien und kritisierte die ‚trivialen' Göttergeschichten bei Homer. Diese Auffassung sollte später bei den Griechen und Römern, besonders in der Elite, immer mehr Eingang finden. Erst im 5. Jahrhundert kamen einige Philosophen einer Gottesauffassung, welche die existierenden Götter ablehnte, nahe. Anaxagoras (ca. 500–ca. 428) und Demokrit (ca. 460–ca. 370) glaubten, daß alles letztendlich aus unteilbaren Teilen (Demokrit nannte sie Atome) bestehe, wobei Anaxagoras meinte, daß deren Bewegung von einem göttlichen Geist, dem Lenker des Kosmos, geleitet werde; ob auch Demokrit dieser Meinung war, weiß man nicht mit Sicherheit. Er kam dem mechanischen, materialistischen Weltbild schon sehr nahe.

Der bekannteste Philosoph im Westen war **Pythagoras**, der aus Samos stammte, aber ca. 531 nach Kroton in Süditalien emigrierte. Er war der Auffassung, daß der Kosmos logisch aufgebaut sei, nämlich aus sieben Sphären (die niedrigste sei die der Erde) und nach bestimmten Zahlenverhältnissen. Durch Kenntnis dieser Zahlen und Maße (Mathematik) könne man den Kosmos und die Natur ergründen. Pythagoras glaubte an eine separate Seele, die bei der Geburt an einen Körper gebunden werde und nach dem Tode in einen anderen Körper wandere; darin war er von der Orphik beeinflußt.

Pythagoras wollte nicht nur die Ordnung in der Natur erforschen, sondern auch in den griechischen Städten in Süditalien Ordnung schaffen. Seine Anhänger, die Pythagoreer, haben versucht, eine politische Philosophie zu entwickeln und auch anzuwenden. In einigen griechischen Städten in Süditalien (z.B. Tarent im 4. Jahrhundert v.Chr.) sind sie tatsächlich an der Macht gewesen, wobei sie als ein ‚Orden von Weisen' regierten; sie befürworteten eine Regierung von weisen, philosophisch gebildeten Sachverständigen. Der berühmte athenische Philosoph Platon (S. 95) hatte Freunde unter ihnen.

Veränderungen auf politischem Gebiet

Die wirtschaftlichen, sozialen und militärischen Neuerungen hatten schließlich auch politische Veränderungen zur Folge. Während des archaischen Zeitalters entstanden neue Staatsformen und nahm das griechische politische Denken, eine der wichtigsten Hinterlassenschaften des Altertums, seinen Anfang.

Da die wirtschaftliche und militärische Machtgrundlage des Adels zerbröckelte, kam die Aristokratie nach einiger Zeit in den meisten Poleis zu Fall. Die Forderungen, die vielerorts gestellt wurden, waren:
1. Festlegung des Rechtes, der adligen Willkür ein Ende zu machen;
2. Zulassung zu den Ämtern (eine Forderung, die von den nichtadligen Reichen gestellt wurde; diese konnten Forderungen stellen, weil sie als Hopliten militärische Macht hatten);
3. Schuldentilgung, Abschaffung der Schuldknechtschaft und Bodenreform (von verarmten Bauern und Schuldsklaven gefordert).

Tyrannis

Merkwürdigerweise ging nahezu überall der Fall der Aristokratie mit dem Aufkommen der **Tyrannis** einher. Das griechische Wort

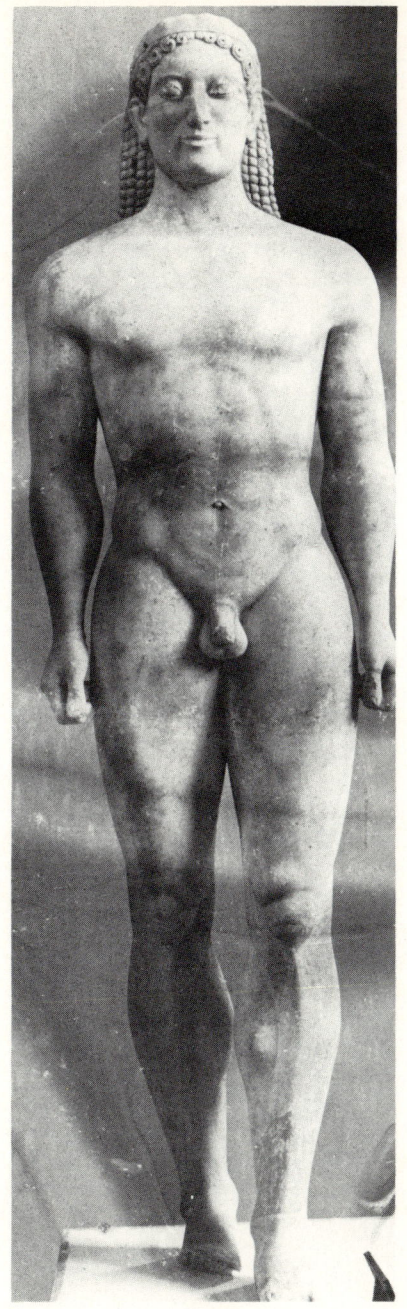

21b
Archaischer ‚Kuros' = ‚Jüngling'. Vermutlich 6. Jahrhundert v.Chr. (ca. 530). Foto: Nationalmuseum, Athen.

‚tyrannos' ist ein Lehnwort aus einer kleinasiatischen Sprache und wurde ursprünglich für einen Alleinherrscher, der die absolute Macht an sich gerissen hatte, obwohl diese ihm nicht zustand, benutzt. Auch ein König konnte ‚Tyrann' werden, wenn er sich eine Macht anmaßte, welche die eines Königs, der doch ‚primus inter pares' war, überstieg. Dies geschah in Argos. Die griechischen Tyrannen waren fast immer selber Angehörige aristokratischer Geschlechter, gerieten aber häufig mit anderen Angehörigen des Adels in Konflikt und wußten oftmals mit Hilfe der ärmeren Bürger zur Macht zu gelangen. Dies geschah z.B. in Korinth, wo Kypselos (ca. 657-625) die Macht, die nur durch eine einzige adlige Familie ausgeübt wurde, mit Hilfe des niederen Adels und der ärmeren Anhänger brach. ‚Tyrannis' war anfangs ein verhältnismäßig neutrales Wort, da jedoch die Nachfolger keine guten Gründe für ihre besondere Machtstellung vorbringen konnten, wurde ihre Regierung schnell unbeliebt und gewalttätig. ‚Tyrannisch' erhielt somit eine pejorative Bedeutung. In fast allen Stadtstaaten währte die Tyrannis nur zwei Generationen. Danach kam dann eine oligarchische oder demokratische Staatsform zustande. Tyrannis konnte dort aufkommen, wo noch keine großen Hoplitenarmeen von Polisbürgern entstanden waren, die effektiv gegen die Machthaber kämpfen konnten.

Sparta

In Sparta waren es die Hopliten, die der aristokratischen Vorherrschaft Einhalt geboten. Sparta war bereits im 7. Jh. ein Hoplitenstaat und hat die Tyrannis vermieden und das Königtum beibehalten. Um dies alles verstehen zu können, ist es notwendig, zuerst etwas über die Zusammensetzung der Bevölkerung in der Polis Sparta zu sagen. Sparta wurde von einer Gruppe von Dorern, die im dunklen Zeitalter die autochthone Bevölkerung unterworfen hatte, dominiert. Von diesen Dorern, die mit dem homerischen Begriff ‚Lakedaimonier' bezeichnet wurden, besaßen die Spartaner, die **Spartiaten**, die Vollbürgerschaft; die Einwohner der Städte um Sparta, die **Periöken**, hingegen hatten diesen Rang nicht. Sie besaßen nur lokale Autonomie in ihren Städten. Völlig rechtlos war die unterworfene Bevölkerung, die man die **Heloten** nannte. Sie waren Staatseigentum (und werden deshalb auch ‚Staatssklaven' genannt); ihr Land wurde einzelnen Spartiaten zugewiesen, für welche sie dann auf diesem Land arbeiten mußten. Die Spartiaten selbst arbeiteten nicht, sondern verbrachten ihr ganzes Leben mit militärischer Übung.

Sparta hat, genauso wie Athen, kaum kolonisiert, jedoch zur Stillung seines Landhungers in zwei Kriegen zwischen 700 und 600 v.Chr. Messenien erobert. Die Einwohner Messeniens, auch Dorer, wurden dabei zum Status von Heloten degradiert. Die Spartiaten standen demnach vor der schweren Aufgabe, eine zahlenmäßig überlegene Bevölkerung unter dem Joch zu halten. Dies, zusammen mit der Existenz des ziemlich starken dorschen Nachbarstaates Argos, mit dem sie regelmäßig Krieg um die Hegemonie auf der Peloponnes führten, hat sie ihre ganze Aufmerksamkeit der militärischen Ausbildung zuwenden lassen. Die spartanischen Jungen wurden schon im Alter von 7 Jahren der Mutter weggenommen, um weiter vom Staat erzogen zu werden. Härte, Ausdauer und Kraft wurden ihnen beigebracht. Wenn sie erwachsen wurden, wurden sie Mitglied einer Zeltgemeinschaft (Syskenie) von Spartiaten, die gemeinsam aßen, exerzierten, schliefen und kämpften. Jeder Spartiat mußte einen eigenen Beitrag an die Zeltgemeinschaft leisten. Die Spartiaten waren für die Aufrechterhaltung ihrer Vorzugsstellung also völlig von einem starken Bürgeraufgebot abhängig. Weil die Aristokratie in den Kriegen gegen Messenien und Argos nicht sehr erfolgreich operierte, konnten die Hopliten in Sparta schon sehr früh ihren Willen durchsetzen. Die Reformen in Sparta werden dem Gesetzgeber Lykurgos, von dem man eigentlich nichts mit Sicherheit weiß, zugeschrieben. Sein Auftreten wird heute meistens nach 700 v.Chr. datiert. Infolge der Reformen bekam Sparta eine verhältnismäßig große Anzahl von Hopliten, welche sich aus allen Vollbürgern und nicht nur aus den Adligen und wenigen Neureichen rekrutierten. Diese zahlenmäßige Überlegenheit verringerte sich, als am Ende des 6. Jahrhunderts auch andere Poleis, z.B. Athen, mehr Hopliten aufbieten konnten.

Seit Lykurgos wurden die Spartiaten als ‚homoioi', ‚Gleiche' bezeichnet. Diese Gleichheit bezieht sich auf ihre gleiche Stellung in der Hoplitenphalanx und ihre gleiche Stimme in der **Apella**, der Volksversammlung, zu der nur sie Zugang hatten. Möglicherweise erhielten auch alle *homoioi* ein gleich großes Stück Land mit Heloten in Lakonien und Messenien zugewiesen. Neben diesen Landstücken besaßen die Spartiaten auch noch privates Land, das nicht für jeden gleich groß war. Außerdem vernachlässigten manche Spartiaten ihre Landwirtschaft, indem sie die Heloten ungenügend beaufsichtigten, während andere Spartiaten sich durch Bestechungsgelder, Steuern und Beute aus dem Ausland bereicherten. Auch die Einheirat in eine spartanische Familie, in der es keine Söhne gab, war eine beliebte Form der Bereicherung. Die reicheren Spartiaten trieben die Beiträge an die Zeltgemeinschaften immer weiter in die Höhe, so daß die ärmeren ausscheiden mußten. Diese wurden Bürger zweiten Ranges.

Die Volksversammlung hat sich in Sparta nie richtig zu einer demokratischen Körperschaft entwickelt. Die eigentliche Macht war anfangs in Händen der **Gerusia**, eines Rates von 30 Männern, die von der Apella auf Lebenszeit aus einem Kreis von Kandidaten gewählt wurden, die mindestens 60 Jahre alt sein mußten. Daß die Versammlung sich mit der Macht der Gerusia abgefunden hat, ist begreiflich angesichts der Tatsache, daß in diesem Staat militärische Disziplin höher geschätzt wurde als ein kritischer Geist. Auch zwei Könige (die natürlich nicht 60 Jahre alt zu sein brauchten) waren Mitglieder der Gerusia. Sparta hat also am Königtum festgehalten, was möglich war, weil das Königtum nie sehr mächtig werden konnte, da es immer zwei Könige gab, die einander das Gleichgewicht hielten. Deren Aufgabe war lediglich die Befehlsführung zu Kriegszeiten. Später wurde auch noch das Amt der fünf ‚**Ephoren**' (= Aufseher), die jedes Jahr von der Apella gewählt wurden, geschaffen. Diese bildeten die Verwaltung. Die Schaffung des Ephorats hat vielleicht dazu beigetragen, daß der Wunsch nach weiteren demokratischen Reformen nicht aufkam. Es gehörte nämlich zu den Aufgaben der Ephoren, die Interessen der Bürger gegenüber den Königen zu wahren. Die Ephoren waren bald die wichtigste Behörde in Sparta.

Die Konstitution Spartas wurde im Altertum für vorbildlich gehalten als eine sogenannte ‚gemischte Verfassung' von Monarchie (zwei Königen), Oligarchie (Gerusia) und Demokratie (Apella und Ephoren). Diese Bewunderung galt auch der strengen spartanischen Lebensweise, die so erfolgreich schien. Sparta war im 6. und am Anfang des 5. Jahrhunderts unumstritten der stärkste Stadtstaat Griechenlands.

Sparta scheute sich, durch Eroberungen noch mehr Heloten an sich zu binden, wollte aber seiner Hegemonie auf der Peloponnes doch Ausdruck verleihen, wozu im 6. Jahrhundert der Peloponnesische Bund, ein Bund einiger Stadtstaaten auf der Peloponnes, darunter Korinth, errichtet wurde. Argos war nicht Mitglied. Außerhalb Griechenlands knüpfte Sparta Beziehungen an zu Lydien und Ägypten, die beide mit Persien (siehe S. 41f.) in Konflikt geraten waren. Deshalb ergriff auch Sparta Partei gegen die Tyrannen. Persien liebte es, griechische Stadtstaaten zu beherrschen, indem es propersischen Tyrannen zur Macht verhalf, z.B. in Kleinasien (Ionien). Schon damals wie auch in späteren Jahrhunderten wurde Sparta, trotz der Tatsache, daß es in kultureller Hinsicht kaum etwas bedeutet hat, von vielen als Beispiel hingestellt, weil es all seine Aufmerksamkeit der militärischen Ausbildung widmete und Kontakte zur Außenwelt mied. Sparta behielt bis zum hellenistischen Zeitalter das Erscheinungsbild eines Dorfes und hatte kaum imponierende Steinbauten.

Athen

Athen durchlief eine besondere Entwicklung, welche in die berühmte athenische Demokratie mündete und die Stadt wie keine andere zur Trägerin der griechischen Kultur machte. Athen blieb auch nach der mykenischen Periode bewohnt und wurde nicht von der dorischen Invasion bedrängt. Ca. 900 v.Chr. erlebte es dann eine Blütezeit. Die geometrische Keramik entwickelte sich, und bereits ca. 850 gab es Handelsbeziehungen zu Al-Mina in Syrien. Ca. 700 geriet der athenische Wohlstand jedoch ins Stocken, während andere Stadtstaaten, wie

Übersicht 2 Staatsformen

Monarchie
‚Alleinherrschaft'. Regierung eines (meistens erblichen) Königs, die als legitim empfunden wird.

Tyrannis
‚Herrschaft eines Tyrannen'. Ein Tyrann ist jemand, der die Macht an sich gerissen hat und dessen Gewalt nicht ohne weiteres legitimiert ist.

Aristokratie
‚Regierung der Besten (*aristoi*)'. Unter den ‚Besten' versteht man im allgemeinen die Angehörigen adliger Geschlechter. Die Geburt ist also das Kriterium.

Oligarchie
‚Regierung von Wenigen (*oligoi*)'. Regierung einer kleinen, reichen Gruppe von Machthabern, die nicht von adliger Herkunft zu sein brauchen.

Timokratie
Regierungsform, bei der für das Bekleiden von Regierungsämtern *Vermögens*kriterien aufgestellt werden.

Demokratie
Regierung des *demos* = (männliche) Bevölkerung mit Vollbürgerschaft.

Korinth, einen Aufschwung nahmen. Die Bevölkerungsexplosion veranlaßte Athen nicht zu einer Kolonisation. Offenbar war Attika groß genug, die vielen Menschen aufzunehmen, obwohl doch einige Bauern durch Erbteilung des Landes in Schwierigkeiten geraten sein dürften.

Athen hatte eine aristokratische Führung. Das Königtum war irgendwann in der dunklen Frühzeit ziemlich geräuschlos abgeschafft worden, und stattdessen war ein Kollegium von drei, später neun **Archonten** eingerichtet worden, welche die königlichen Aufgaben des Heerführers, Hohepriesters und Oberrichters übernahmen. Nur Angehörige adliger Familien (‚Eupatriden' = Leute mit guten Vätern) kamen für diese Ämter in Betracht. Nach ihrer einjährigen Amtszeit kamen sie in einen Adelsrat, den **Areopag** (= Areshügel, nach dem Ort, wo sie ihre Versammlungen abhielten), der in der Praxis viel Einfluß hatte.

Aber auch in Athen wurde die Position der Aristokratie durch die oben beschriebenen wirtschaftlichen, sozialen und militärischen Veränderungen untergraben. Ca. 630 v. Chr. versuchte ein gewisser Kylon eine Tyrannis zu begründen, aber der Versuch scheiterte. Die Aristokratie konnte noch mit einer hinreichend großen Anhängerschaft rechnen. Dennoch wurde etwa zehn Jahre später der adligen Willkür zum ersten Mal Einhalt geboten.

Es kam zu einer Kodifizierung des bestehenden Gewohnheitsrechtes durch Drakon, wobei dieser die Blutrache abschaffte. Diese Festlegung bedeutete ansonsten noch keine Reform, und die Unzufriedenheit blieb. Unter diesen Umständen drohte ein neuer Coup eines Tyrannen; dem wurde jedoch fürs erste vorgebeugt, indem man einem Archonten, Solon, im Jahre 594 zur Schlichtung der Konflikte zwischen dem Adel und der übrigen Bevölkerung besondere Vollmachten erteilte. Solon mußte das Problem der Unzufriedenheit zweier Gruppen, der nichtadligen Reichen, die das politische Mitbestimmungsrecht anstrebten, einerseits und der verschuldeten Bauern, die Schuldentilgung und Bodenreform forderten, andererseits, einer Lösung zuführen. Solon war Angehöriger einer nicht sehr vermögenden adligen Familie, hatte aber auch Seehandel getrieben. Außerdem war er ca. 600 an der Eroberung der Insel Salamis, die in den Händen der Nachbarstadt Megara gewesen war, beteiligt gewesen. All diesem zufolge galt er für alle Parteien als eine Autorität.

Als erstes ordnete Solon die athenischen Bürger in vier Vermögensklassen ein. Die ersten beiden Klassen umfaßten den reichen und etwas weniger reichen Adel sowie die Neureichen. Die dritte Klasse bestand aus den Mitgliedern des Bauernstandes, den ‚**Zeugiten**', und die vierte Klasse, die ‚**Theten**', bildeten diejenigen, die nur ganz wenig oder nichts besaßen. Man muß sich allerdings darüber im Klaren sein, daß sich diese Einteilung auf die athenischen Bürger bezog. Es lebten in Athen auch **Metöken**, Fremde, die mitunter schon seit Generationen in Athen wohnten, zwar frei waren, aber keine Bürgerrechte hatten. Daneben gab es in Athen auch noch Sklaven. Solon entschied, daß die beiden höchsten Klassen Zugang zum Amt des Archonten hatten. Die drei höchsten Klassen erhielten Zugang zum neugeschaffenen Rat der 400 (welcher eine Einschränkung der Macht des Areopags bedeutete), und alle vier durften an den Volksversammlungen teilnehmen (es war in Griechenland an sich nicht üblich, daß Leute ohne Grundbesitz in der Volksversammlung sitzen durften). Dies hieß also, daß anstatt der Herkunft jetzt der Reichtum eine Hauptrolle beim Gewinnen politischen Einflusses spielte.

Die Macht der Aristokratie war dadurch zwar eingeschränkt, aber noch nicht gebrochen. Die meisten Reichen stammten immer noch aus adligem Hause. Die Verbände des *oikos* und des *genos*, die sich in Bruderschaften (,Phratrien') zusammengeschlossen hatten, blieben erhalten und genossen auf lokaler Ebene nach wie vor großes Ansehen. Auch spielten diese Verbände noch eine Rolle in der Rechtsprechung.

Für die verarmten Bauern und Schuldsklaven proklamierte Solon die ,**seisachtheia**', die Lastenabschüttelung, was bedeutete, daß er alle Schulden erließ, die Schuldsklaven befreite, ins Ausland verkaufte Schuldsklaven zurückkaufte und den athenischen Bürgern Anleihen auf den eigenen Körper verbot. Ferner lebten in Athen Bürger, die als ,**hektemoroi**' (= Sechstler) bezeichnet wurden und irgendeinem adligen Herrn den sechsten Teil ihres Bodenertrages überlassen mußten. Wie sie zu dieser Verpflichtung gekommen waren, weiß man nicht. Manche halten es für eine Kompensation von Schulden, andere meinen, es sei die Bezahlung für einen vom Herrn gebotenen Schutz. Auch der Status des *hektemoros* wurde von Solon abgeschafft.

Die Bedeutung von Solons Maßnahmen war groß. Sie beinhalteten, daß Athener jetzt nicht länger Sklaven von anderen Athenern werden konnten, was jedoch nicht hieß, daß die Sklaverei abgeschafft wurde, ganz im Gegenteil. Athenische Grundbesitzer und Inhaber von Handwerksbetrieben, die Bedarf an Arbeitskräften hatten, nahmen jetzt ihre Zuflucht zu ausländischen Sklaven. Da die Athener (genauso wie viele andere Griechen) Lohnarbeit als eine Art von Sklaverei betrachteten (ihrer Meinung nach gab es keinen wesentlichen Unterschied zwischen dem Verkaufen seiner Arbeit und dem Verkaufen seines Körpers) und diese daher so weit wie möglich zu vermeiden suchten, mußte diesem Bedarf an Arbeitskräften zum größten Teil mittels Sklaven abgeholfen werden.

Weiter hat Solon noch Maßnahmen zur Aufrechterhaltung der Nahrungsversorgung getroffen. Er verbot die Ausfuhr von Getreide und förderte den Anbau von Oliven (Olivenöl durfte ausgeführt werden). Man kann während der Regierungszeit Solons ein Aufblühen der Keramik (schwarzfigurig, siehe S. 63) beobachten.

Schließlich hat Solon anstelle der Gesetze Drakons das Volksgericht, die **Heliaia**, ein Geschworenengericht, ins Leben gerufen. Jährlich wurden 6.000 Bürger in eine Liste aufgenommen, aus der dann für einen konkreten Fall durch das Los ein Gericht, das ein Urteil sprechen mußte, bestimmt wurde (z.B. 501 Bürger).

Eine wichtige Forderung hat Solon nicht erfüllt: die Bodenreform. Das ging ihm zu weit. Eigentlich bekämpfte Solon nur die Symptome der Probleme, nicht aber die Ursachen. Zwar waren für manche Bauern diese Maßnahmen hinreichend (*hektemoroi* brauchten nicht unbedingt kleine Bauern zu sein), für Bauern mit zu wenig Land jedoch waren sie unzulänglich. Überdies konnten die kleinen Bauern nun kaum mehr Kredit aufnehmen, da sie jetzt selbst und ihre Familie nicht mehr als Pfand dienen durften. Viele von ihnen mußten aufgeben und zogen in die Stadt Athen.

Indem er die Unzufriedenheit der Armen in der Stadt und der kleinen Bauern in Attika ausnutzte, ergriff Peisistratos, ein Sproß eines nicht sehr vermögenden Adelsgeschlechts, die Macht und wurde Tyrann.

Im ersten Anlauf konnte er sich etwa ein Jahr (561) behaupten, wonach es ihm im Jahre 546 dann endgültig gelang, weil er nun über Goldminen in Thrakien verfügte, so daß er eine gute Leibwache bezahlen konnte, mit der er wiederum die Aristokraten und ihre Helfer zu besiegen vermochte. Man sieht hier also, daß die Tyrannis nicht mit genügend Unterstützung der Hopliten rechnen konnte und daß sich Peisistratos auf die niedere Klasse und Söldner stützen mußte. Peisistratos schaffte zwar die Verfassung Solons nicht ab, aber sorgte wohl dafür, daß seinen eigenen Anordnungen Folge geleistet wurde. Die Macht des Adels wurde nochmals ein wenig weiter eingeschränkt. Indem Peisistratos eigene Richter herumschickte und folglich der einfache Mann bei lokalen Strei-

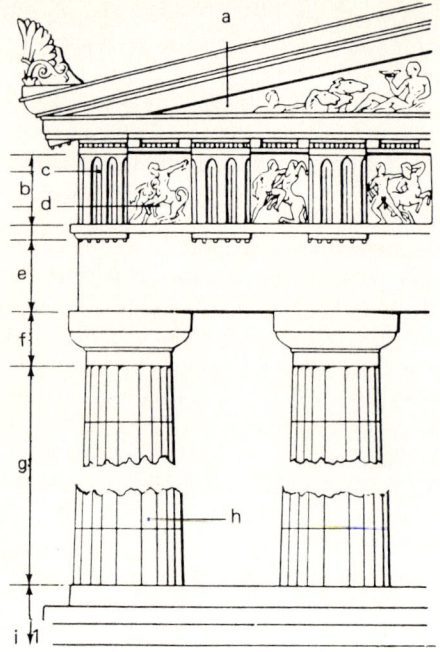
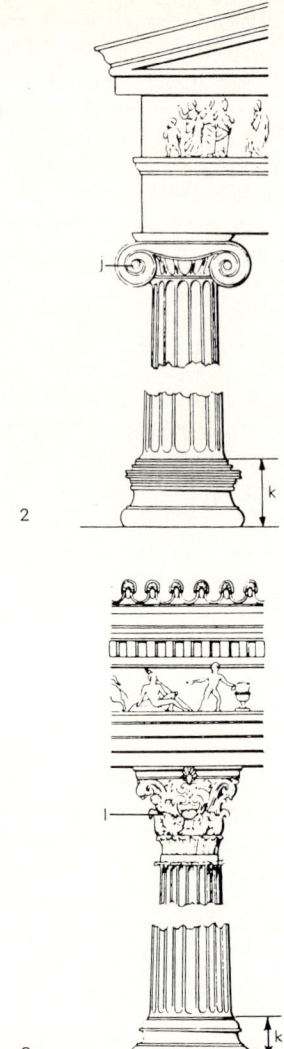

22
1 dorischer Stil; 2 ionischer Stil; 3 korinthischer Stil

a) Tympanon oder Giebelfeld; b) Fries; c) Triglyphen; d) Metope; e) Architrav; f) Kapitell (an ihm kann man die Stilunterschiede am besten erkennen); g) Schaft; h) Kannelur; i) Stylobat; j) Volute; k) Basis; l) Akanthusblätter.

Der dorische Stil entstand in Griechenland wahrscheinlich im 7. Jahrhundert v.Chr. Ein gut erhaltener dorischer Tempel steht in Paestum, Süditalien. Auch das Parthenon in Athen (5. Jahrhundert) ist im dorischen Stil gebaut. Der ionische Stil entstand in Ionien (Kleinasien) und auf den Inseln der Ägäis, wurde aber auch in Griechenland angewandt (u.a. Niketempel auf der Akropolis in Athen). Der korinthische Stil ist etwas jünger, Ende 5. Jahrhundert.
Der griechische Baustil wurde von den Römern nahezu kopiert und hat die europäische Baukunst, vor allem der Renaissance (16. Jahrhundert), des Klassizismus (Ende 18. Jahrhundert) und des Neuklassizismus (Ende 19. Jahrhundert), stark beeinflußt.

tigkeiten nicht länger nur auf die adligen Herren angewiesen war, verringerte er die Macht der adligen Geschlechter. Peisistratos bewies auch, daß der Adel nicht allmächtig war. Viele Adlige wurden verbannt, und mit deren beschlagnahmten Besitztümern half Peisistratos kleinen Bauern, zu rentableren Kulturen (besonders Oliven) überzugehen, und verschönerte er Athen. Auch förderte er nationale religiöse Feste, die ‚Panathenäen' zu Ehren der Polisgöttin Athena und die ‚Dionysien' zu Ehren des Dionysos. Er tat dies zur Festigung der Verbundenheit der Bevölkerung mit der Polis, auf Kosten der lokalen Bindungen und der aristokratischen Traditionen.
Ob Peisistratos eine Bodenreform durchgeführt hat, ist nicht überliefert. Vermutlich nicht, da dann die Schriftsteller, die aus den aristokratischen Familien stammten, eine dermaßen tiefgreifende Maßnahme wohl beschrieben hätten, handelte es sich dabei doch um das Land der Elite. Aber auch so bewirkte seine Regierung doch Verbesse-

rungen für den einfachen Mann. Der Bau neuer Tempel und das Wachstum des Gewerbes verschafften die nötige Arbeit, und durch seine Unterstützungsmaßnahmen wurde der Kleinbauernstand in Attika weiter gestärkt. Solon und Peisistratos haben dafür gesorgt, daß die Mehrheit der athenischen Bürger im klassischen Zeitalter selbständige Bauern sein konnten.

Nach dem Tode des Peisistratos (528) traten seine Söhne, Hippias und Hipparchos, seine Nachfolge an. Ähnlich wie in anderen Staaten waren sie die zweite und zugleich letzte Tyrannengeneration. Im Jahre 514 wurde Hipparchos wegen einer persönlichen Fehde von Harmodios und Aristogeiton ermordet. Obwohl dieser Mord an sich von geringer Bedeutung war, wurden die Mörder in der Literatur und der Bildhauerkunst als Helden, als ‚Tyrannenmörder', verehrt.

Im Jahre 510 wurde die Tyrannis von der vereinten Aristokratie, mit Hilfe von Sparta, das Tyrannen feindlich gesinnt war (siehe S. 69), zu Fall gebracht. Hippias flüchtete ins Perserreich.

Wie immer entbrannte danach ein Kampf zwischen den adligen Parteien untereinander. Kleisthenes, ein Mitglied des Alkmeonidengeschlechts, war hierin im Jahre 508 am erfolgreichsten, indem er das Volk, den *demos*, in seine Gefolgschaft aufnahm. Dies bedeutete wohl, daß er dem *demos* politische Macht einräumen und dazu die Macht der Aristokratie weiter verringern mußte. Kleisthenes wurde damit der Gründer der berühmten athenischen Demokratie und der Hoplitenarmee von Demosbürgern.

Kleisthenes teilte das Gebiet der athenischen Polis (Attika also) in zehn Phylen oder Bezirke ein. Die einzelnen Phylen bestanden alle aus drei Trittyen (eine Küstentrittys, eine Binnenlandtrittys und eine Stadttrittys). Die kleinste Einheit schließlich war der Demos, ein Dorf oder ein Stadtviertel. Davon gab es insgesamt über 100 (siehe Karte 10).

Diese Einteilung bildete die Grundlage des athenischen Staatssystems. Aus jeder Phyle wurden 50 Männer auserwählt, die einen Sitz im Rat der 500 Bürger (Boulé) erhielten. Pro Phyle wurde eine Kandidatenliste aufgestellt, woraus durch das Los die 50 bestimmt wurden. Das Losverfahren galt in Athen als die demokratischste Methode, da Wahlen zu Demagogie und einer zu großen Macht beliebter Kandidaten führen könnten. Die Amtsdauer des Rates der 500 Bürger war ein Jahr, und man durfte nur ein einziges Mal, und das nicht ohne Unterbrechung, wiedergewählt werden. Dies hatte zur Folge, daß viele athenische Bürger einmal in den Rat kamen und so politische Erfahrungen sammelten. Der Rat war für die tägliche Verwaltung zuständig und bereitete die Tagesord-

Karte 10
Trittyeneinteilung des Kleisthenes.
Eine Phyle umfaßt eine Stadt-, eine Küsten- und eine Binnenlandtrittys. Jede Phyle besteht also aus drei Trittyen. Manche sind der Ansicht, daß die Trittyen geschaffen wurden, um die Mobilisierung der Bürger zu ermöglichen. Sie liegen nämlich direkt an den Straßen, die zum Zentrum von Athen führen, so daß die Rekruten sämtlicher Trittyen schnell zur Stelle sein konnten und das Heer sich schnell sammeln konnte.

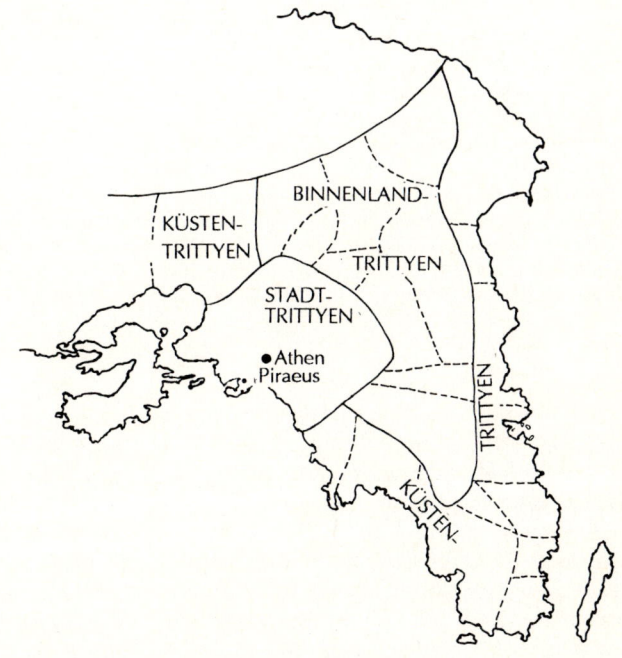

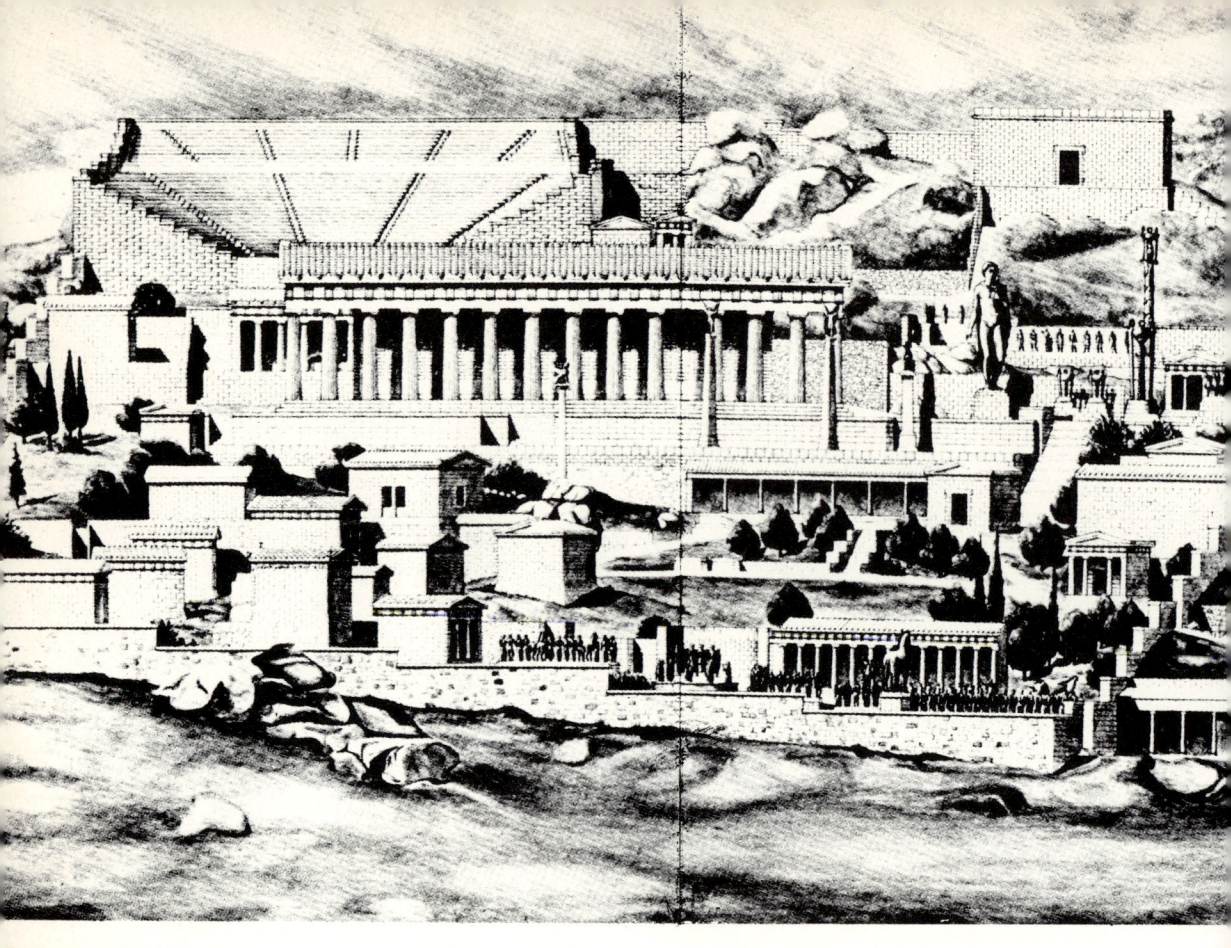

23
Das Heiligtum des Gottes Apollon zu Delphi. Dieser Tempel war ein Heiligtum für alle Griechen, und es gab hier ein berühmtes Orakel dieses Gottes. Wer etwas über den Ausgang eines Unternehmens wissen wollte, suchte diesen Tempel auf, stellte eine Frage und machte ein Geschenk (oder ein Versprechen). Die Priester versetzten die Seherin in Ekstase und versuchten ihr Lallen zu deuten. Darin, so glaubten sie, sei eine Botschaft des Gottes enthalten. Sie setzten diese Botschaften dann in dichterische, meist mehrdeutige Formeln um und überreichten diese dem ‚Kunden'. Das delphische Orakel wurde von vielen griechischen Städten am Vorabend eines wichtigen Unternehmens, wie der Gründung einer Kolonie oder der Reformierung der staatlichen Organisation, herangezogen. Dadurch hatten die delphischen Priester großen politischen Einfluß in der griechischen Welt und sogar in angrenzenden Gebieten, z.B. Kleinasien. Delphi, Museum, Rekonstruktionszeichnung.

nung und die Beschlüsse der Volksversammlung vor. Die Volksversammlung aber hatte das Recht, Gesetzentwürfe abzuändern oder einen ganzen Entwurf zu verwerfen. Die Volksversammlung stimmte nach dem Prinzip der namentlichen Abstimmung und hatte das letzte Wort. Athen war also eine ‚Demokratie', das heißt, das Volk, der demos, bestimmte.

Wohlgemerkt: es handelt sich hier um männliche Bürger; Frauen, Metöken und Sklaven hatten kein Stimmrecht.
Die Einteilung des Kleisthenes schränkte die Macht des Adels, die namentlich auf lokaler Ebene noch ziemlich groß war, weiter ein. Die Grenzen der Phyle, der Trittyen und des Demos verliefen quer durch die Einflußbereiche der Adelshäuser. Überdies war der

Demos eine Demokratie im Kleinformat. Er hatte gewählte Führer, einen Rat und eine Volksversammlung. Auch hier war jeder politisch gleichberechtigt und konnte leicht auf lokaler Ebene Verwaltungserfahrungen sammeln. Trotzdem war das Ansehen der adligen Herren nach wie vor groß, und es gelang ihnen oft, gewählt zu werden, wobei sie sich allerdings an die demokratischen Spielregeln halten mußten. Außerdem behielt bis zum Jahre 461 der Areopag eine gewisse, man weiß nicht genau welche, Kontrollbefugnis. Im Areopag saßen noch viele Aristokraten, denn dieser Rat bestand aus ehemaligen Archonten. Diese Archonten waren nach wie vor die höchsten Verwaltungsfunktionäre, die aus den beiden höchsten Vermögensklassen Solons gewählt wurden. Die Vermögensklasseneinteilung Solons wurde nämlich nicht abgeschafft. Obwohl auch die Neureichen zum Archontat Zugang hatten, wurden trotzdem vorwiegend Mitglieder der alten adligen Familien gewählt. Als 487 v.Chr. beschlossen wurde, die Archonten durch das Los zu bestimmen, nahm das Ansehen dieses Amtes ab und stieg jenes des **Strategen**. Die zehn Strategen waren die gewählten Befehlshaber des Heeres und der Flotte. Ihre Amtszeit dauerte ein Jahr, aber sie waren uneingeschränkt wiederwählbar. Nach 487 stieg die politische Bedeutung dieser Funktion (siehe S. 89).

Die letzte Maßnahme, die dem Kleisthenes zugeschrieben wird, ist die Einführung des ‚Ostrakismos' oder ‚Scherbengerichts'. Einmal im Jahr wurde in der Volksversammlung gefragt, ob das Bedürfnis nach einem Ostrakismos bestehe. Wenn ja, so mußten die Versammelten in der nächsten Sitzung den Namen von jemandem, von dem sie glaubten, er stelle eine Gefahr für den Staat dar, auf eine Scherbe schreiben, und wer die meisten Stimmen erhielt, wurde auf 10 Jahre verbannt. Sein Besitz wurde übrigens nicht beschlagnahmt. Im 5. Jahrhundert wurden mehrere Politiker vom Ostrakismos betroffen. Einige von ihnen wußten ihre führende Stellung nach der Rückkehr aus dem Exil zurückzugewinnen, aber für die meisten der Betroffenen bedeutete dies das Ende ihrer Karriere.

10 Das klassische Zeitalter 500–336 v.Chr.

Die Perserkriege

Mitte des 6. Jahrhunderts v.Chr. erreichte das aufstrebende Perserreich die Westküste Kleinasiens. Der Perserkönig Kyros (reg. 560–530) eroberte 547 Lydien und gewann damit gleichzeitig die Herrschaft über die griechischen Städte an der kleinasiatischen Westküste, denn die Lyder hatten diese Städte kurz zuvor erobert (S. 41). In den meisten griechischen Städten setzten die Perser örtliche Aristokraten, die ihnen wohlgesinnt waren, als Tyrannen ein. Diese verwalteten die Städte unter Oberaufsicht persischer Satrapen (S. 42).

Im Jahre 499 v.Chr. versuchten die kleinasiatischen Griechen ihre Tyrannen zu vertreiben und sich von den Persern zu befreien, was jedoch mißlang. In den Jahren 495-494 bezwangen die Perser diesen Aufstand

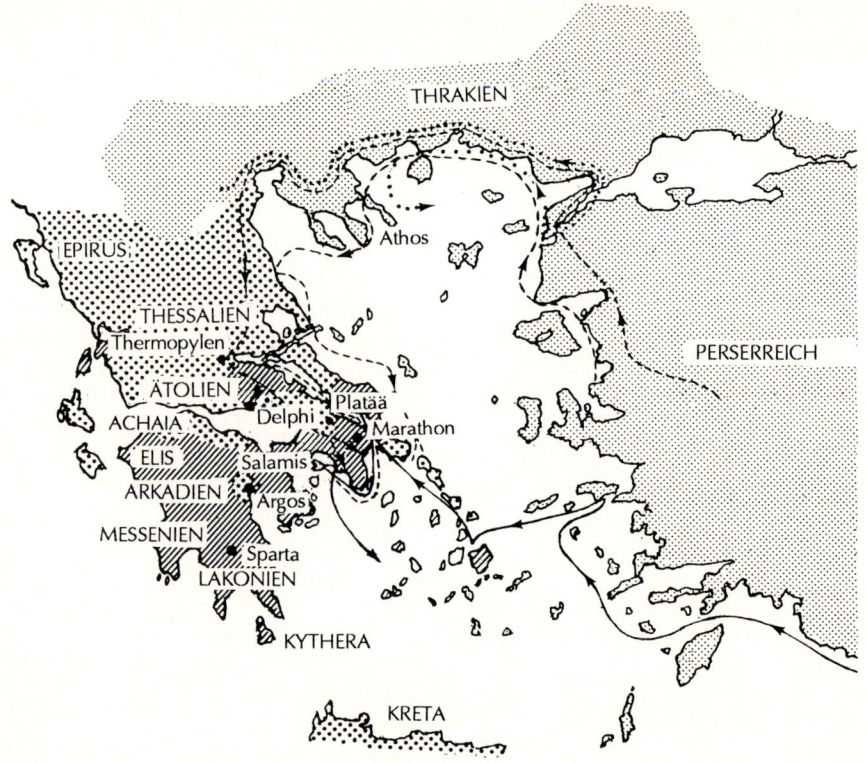

Karte 11
Die Kriegszüge der Perser gegen Griechenland (490–479). Die persische Expedition im Jahre 480 wurde mit einem für diese Zeit großen Heer (nach einer glaubhaften Schätzung ca. 80.000 Mann) unternommen. Ein dermaßen großes Heer konnte sich im relativ armen Griechenland nur aufrechterhalten, wenn es vom Meer aus Nachschub erhielt. Deshalb fuhr die persische Flotte entlang der Küste mit. Nach dem Untergang der persischen Flotte bei Salamis (480) mußte das persische Heer, das in Griechenland zurückblieb, verkleinert werden, worauf die Griechen es 479 leicht besiegen konnten.

- bereits von den Persern erobertes Gebiet (ca. 480)
- Staaten im Krieg mit Persien
- neutrale Staaten
- ···· Fahrt der persischen Flotte und Zug des Landheeres 492
- ⟵ Fahrt der persischen Flotte 490
- ---- Fahrt der persischen Flotte und Zug des Landheeres 480

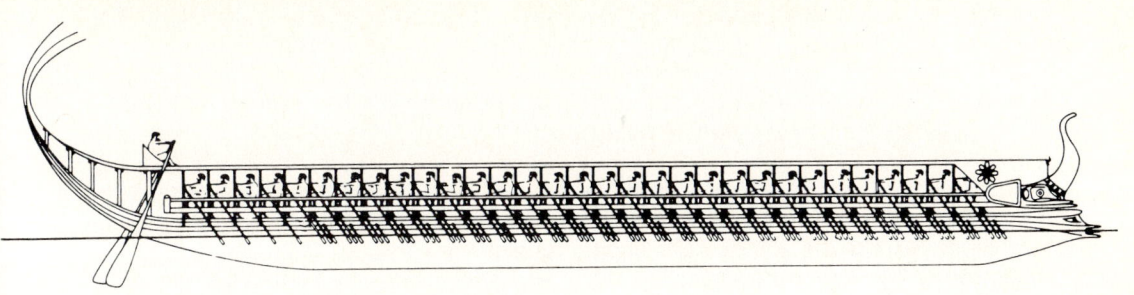

24
Athenisches Kriegsschiff (Triere). Dessen gefährlichste Waffe war der Rammsporn (rechts). Auf einem solchen Kriegsschiff dienten meistens 100 bis 150 Ruderer, 10 bis 20 Seesoldaten (Hopliten) und einige Seeleute (Steuermann, Kapitän, Matrosen).
Athenische Flotten hatten manchmal Transportschiffe mit Soldaten, Waffen und Pferden dabei, so daß sie zu einem Bestimmungsort fahren und dort sowohl zu Lande als zu Wasser kämpfen konnten.

durch Siege zu Wasser und zu Land. Kurz danach, im Jahre 490, organisierte der Perserkönig Dareios I. (reg. 520–485) eine Strafexpedition gegen Athen, das den Aufständischen mit einer kleinen Flotte zu Hilfe gekommen war. Die Perser kamen übers Meer und landeten bei Marathon in Attika (Karte 11), wurden dann jedoch von den athenischen Hopliten unter Führung des **Miltiades** besiegt.

Diese Schlacht trug Athen in der ganzen griechischen Welt hohes Ansehen ein. Sparta hielt sich aus dem ionischen Aufstand und den Kämpfen von 490 heraus, obwohl es bereits seit einem halben Jahrhundert antipersisch war (S. 69) und zu dieser Zeit als die stärkste Militärmacht Griechenlands galt.

Zehn Jahre später (480) nahm Dareios' Nachfolger Xerxes den Faden wieder auf. Er war zu der Schlußfolgerung gelangt, daß seine Herrschaft über den Westen Kleinasiens erst dann gesichert sei, wenn er auch die noch freien Griechen im griechischen Mutterland unterworfen habe, woraufhin er mit einem großen Heer und einer Flotte nach Griechenland zog. Sein Heer marschierte die Küste entlang (Karte 11), so daß die mitfahrende Flotte es mit Nachschub versorgen konnte. Die meisten griechischen Staaten hatten sich zu einem Kampfbund, der unter der Führung Spartas stand, aber in dem auch Athen viel Einfluß hatte, zusammengeschlossen. Athen hatte ca. 483 auf Antrag des Strategen Themistokles eine große Kriegsflotte gebaut. In diesem Jahr hatte man bei Laureion (Südattika, Karte 13) neue reiche Silbervorkommen entdeckt, jedoch deren Ausbeute nicht unter die Bürger verteilt, wie es manche Athener gewünscht hatten, sondern für den Bau von Kriegsschiffen eines neuen und wendigen Typs (Trieren), den auch die Perser bereits hatten, verwendet. Manche Athener, namentlich aus den höheren Schichten, hatten die Notwendigkeit einer starken Flotte nicht eingesehen. Sie waren der Ansicht, die Schlacht bei Marathon habe gelehrt, daß gegen die Perser ein Hoplitenheer völlig ausreiche. Sie befürchteten vielleicht auch, daß die ärmsten Bürger (die Theten), welche die Schiffe rudern sollten, militärisch an Bedeutung gewinnen und somit eine vorherrschende Stellung in der athenischen Demokratie einnehmen würden. Themistokles teilte diese Meinung nicht, und auch im Hinblick auf die große Getreideeinfuhr Athens (S. 81) hielt er starke Seestreitkräfte für eine Lebensnotwendigkeit. Nur auf diese Weise könne die Stadt den Persern und den griechischen Konkurrenten zur See die Stirn bieten.

Vergebens versuchten die Griechen im Jahre 480 am Bergpaß über die Thermopylen (Karte 11) die Perser zu Lande und zu Wasser aufzuhalten. Zur Deckung des Rückzuges der griechischen Land- und Seestreitkräfte opferten sich der spartanische König Leonidas und 300 Spartaner auf. Die Athener evakuierten ihre Leute und das Vieh auf die Insel Salamis, die Athen gegenüber liegt, wonach Xerxes das menschenleere Athen zerstörte.

Unterdessen vernichteten jedoch die Athener und ihre Verbündeten seine Flotte in der Bucht von Salamis. Ein Jahr später (479) besiegten die Griechen unter spartanischer Führung bei Plataä auch die persischen Landstreitkräfte (Karte 11).
Danach wechselte der Kriegsschauplatz an die Westküste Kleinasiens, und die athenische Flotte befreite die dortigen Griechenstädte von den Persern. Erst im Jahre 449, als die Feindseligkeiten eingestellt wurden, nahmen die Perser dies als Tatsache hin. Noch jahrhundertelang haben die See- und Feldschlachten der Perserkriege die Phantasie der Griechen erregt, und später betrachtete man sie in Europa als Triumph der freien Griechen über Asien, wodurch die griechische Kultur, die Wiege der abendländischen Zivilisation, vor der orientalischen Despotie gerettet worden sei.

Sparta und Athen nach 479 v.Chr.

Nach dem Jahr 479 überließ Sparta die Führung des Kampfes gegen die Perser Athen, da es selbst keine Flotte von einiger Bedeutung besaß. Außerdem war ihnen der Kriegsschauplatz, die Westküste Kleinasiens, zu weit entfernt; sie hatten Bedenken gegen einen langen Kampf vieler ihrer Truppen in einem so weit entfernten Gebiet, denn sie befürchteten ständig einen Helotenaufstand. Nach einem großen Erdbeben brach 464 v.Chr. in Messenien tatsächlich ein solcher aus, und die Spartaner konnten diesen Aufstand erst ca. 460 mit Mühe niederschlagen. Im Jahre 462/1 baten die Spartaner in ihrer Verzweiflung die Athener um Hilfe, aber als dann der athenische Stratege Kimon, ein Freund Spartas, mit einer Armee eintraf, schickte man ihn wieder nach Athen zurück. Diese Beleidigung haben die Athener den Spartanern sehr übelgenommen und daraufhin von 461 bis 446 gegen Sparta und seine Bundesgenossen Krieg geführt. Athen hatte zwölf Jahre lang (461–449) sowohl Persien als auch Sparta zum Feind. Sparta jedoch befand sich in einer Phase der Stagnation. Wegen zu niedriger Geburtenzahlen und der Degradierung verarmter Spartiaten zu Bürgern zweiten Ranges (S. 69) nahm die Zahl der Vollbürger (Spartiaten) ab, und diese wurden mehr denn je eine kleine privilegierte Minderheit inmitten der niederen Spartaner, Periöken und Heloten.

Der Delisch-Attische Seebund (477–404)

Im Jahre 477 errichtete Athen einen eigenen Kampfbund gegen Persien, den Delisch-Attischen Seebund. Ihm traten die meisten griechischen Inseln, die Griechen an der kleinasiatischen Westküste sowie einige andere griechische Staaten bei. Nur einige große Inseln stellten Schiffe und Soldaten; die meisten Mitgliedstaaten jedoch leisteten einen finanziellen Beitrag an die Bundeskasse (auf der Insel Delos), woraus Flotte und Truppen des Bundes größtenteils bezahlt wurden. Im Laufe des fünften Jahrhunderts und besonders nach dem Jahre 460, als Perikles die Führung in Athen übernahm, wurde dieser Bund zum Instrument der athenischen Vormachtpolitik. Als im Jahre 449 die Feindseligkeiten gegen Persien eingestellt wurden, blieb der Delisch-Attische Seebund bestehen, obwohl der ursprüngliche Zweck des Bundes – der Kampf gegen die Perser – weggefallen war. Das Gebiet des Bundes (Karte 12) war faktisch ein athenisches Reich geworden. Bundesgenossen, die austreten wollten, wurden mit Gewalt zur bleibenden Mitgliedschaft und zur Fortsetzung der Beitragszahlungen gezwungen. Athen begann sich in innere Angelegenheiten seiner Bundesgenossen, z.B. die Rechtsprechung und Finanzangelegenheiten, einzumischen und verhalf in mehreren Mitgliedstaaten befreundeten demokratischen Regierungen zur Macht. Auch errichteten die Athener überall im Bundesgebiet an strategisch gelegenen Stellen (meistens Inseln) ein Netz von Kolonien (**Kleruchien**). Diese Kolonien waren keine neuen selbständigen Stadtstaaten, wie die im archaischen Zeitalter gegründeten Kolonien, sondern Teile der Polis Athen, so daß auch deren Einwohner athenische Bürger blieben. Eigentlich waren diese Siedlungen Militärstützpunkte Athens. Die Kolonisation erhöhte auch die Zahl der athenischen Hopliten, denn die Siedler waren meist besitzlose Bürger (Theten), denen in den Kolonien Land zugeteilt wurde, wodurch sie in eine höhere Vermögensklasse (die der Zeugiten) aufstiegen; das wiederum war günstig für Athen, denn die Zeugiten stellten

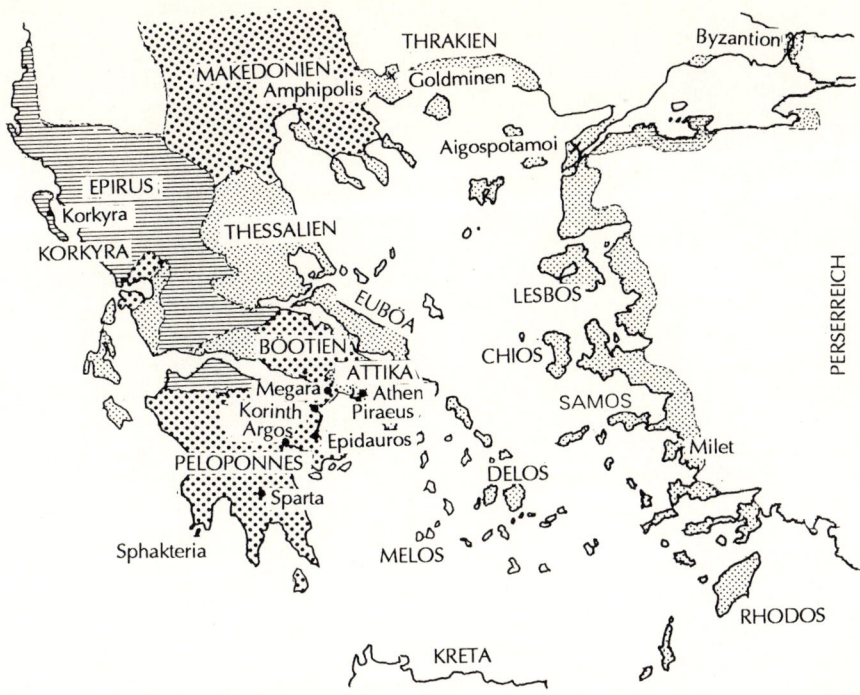

Karte 12
Griechenland am Vorabend des Peloponnesischen Krieges

▦ athenisches Reich und Bundesgenossen
▦ Sparta und Bundesgenossen
▦ neutrale Staaten

nicht nur den weitaus größten Teil der schweren Infanterie, sondern auch die meisten Seesoldaten der Flotte. Die Theten, die Zeugiten wurden, waren nun zwar keine Ruderer mehr, aber Ruderer und Seeleute konnte Athen leicht anwerben unter Freiwilligen des ganzen Bundesgebietes, die entweder wegen des Soldes und der Beute bei der athenischen Flotte dienten oder manchmal vielleicht auch aus ideellen Erwägungen. Die athenische Demokratie hatte nämlich viele Anhänger unter den armen Bürgern der Mitgliedstaaten des Delisch-Attischen Bundes. Die Staaten, die austreten wollten und sich von Athen abwandten, wurden fast ausnahmslos von oligarchischen Regierungen geführt. Generell wurden im Laufe des 5. Jahrhunderts in Griechenland die Demokraten proathenisch und die oligarchisch Gesinnten (meistens die Reicheren) prospartanisch.

Athenische Führer im fünften Jahrhundert

Athen wurde während dieser Zeit von einigen fähigen Staatsmännern, die gut vor der Volksversammlung sprechen konnten und zugleich gute Generäle und Flottenführer waren, geführt: Themistokles (ca. 490–470), Kimon (ca. 470–461) und Perikles (460–429). Diese stammten selber aus der aristokratischen Oberschicht, waren aber loyale Anhänger der Demokratie.
Die athenischen Bürger wählten sie immer wieder zu Strategen. Themistokles und Perikles strebten nach der Vorherrschaft Athens in Griechenland und erkannten, daß dieses Streben Athen auf die Dauer mit Sparta in Konflikt bringen würde. Deshalb bauten sie rings um Athen und seine Hafenstadt Piraeus lange Mauern. Athen konnte somit die spartanischen Landstreitkräfte ruhig vor ihren Mauern liegen lassen und alles Benötigte übers Meer einführen, denn die athenische Flotte beherrschte nach den Perserkriegen

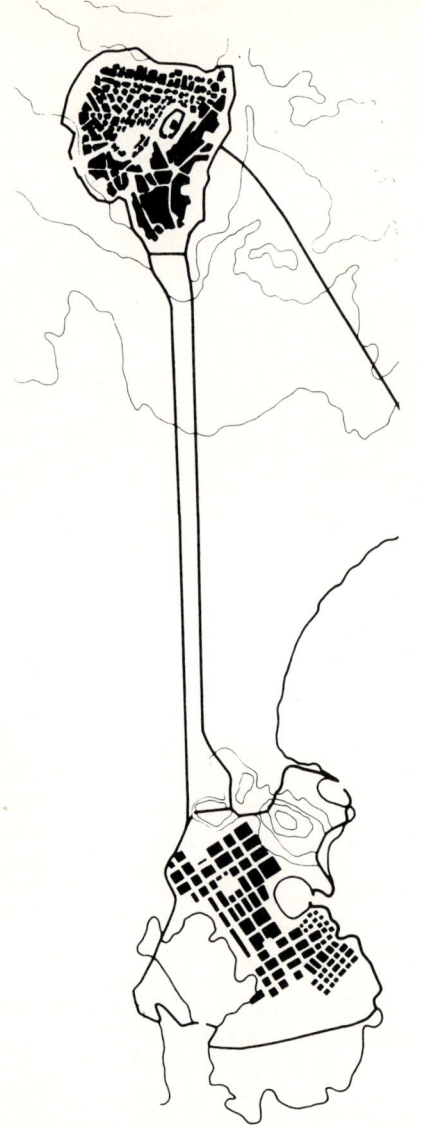

25
Die ‚langen Mauern' zwischen Athen und Piraeus. Auf dieser Zeichnung kann man sehen, daß Piraeus eine neu erbaute Stadt mit einem regelmäßigen Stadtplan war, wohingegen Athen eine ‚organisch' gewachsene Stadt war. Aus: Rottier, H.: *Stedelijke Structuren*, S. 50. Muiderberg: Coutinho 1980.

die Meere rund um Griechenland. Bei Themistokles und Perikles findet man eine Kombination von Expansionismus nach außen hin und demokratischer Gesinnung nach innen (S. 91). Der eher konservative Kimon wollte Sparta schonen, kam dann aber zu Fall, als im Jahre 461 ein Krieg zwischen Athen und Sparta ausbrach (S. 78).

In diesem Krieg versuchte Athen die Herrschaft über Mittelgriechenland und die peloponnesischen Küsten Attika gegenüber an sich zu bringen. Zur gleichen Zeit unterstützten die Athener auch einen ägyptischen Aufstand gegen Persien (ca. 455), womit sie sich aber übernahmen. Im Jahre 454 erlitten die Athener eine schwere Niederlage in Ägypten, und 446 mußten sie einen Kompromißfrieden mit Sparta schließen und auf die Ausdehnung ihres Machtbereiches in Mittelgriechenland verzichten. Im Jahre 449 hatte man bereits mit den Persern Frieden geschlossen.

Nach dem Fehlschlag in Ägypten (454) überführten die Athener die Bundeskasse von Delos nach Athen, angeblich aus Furcht vor einer persischen Expedition nach Delos. Seit diesem Jahr führten die Athener die Finanzverwaltung des Bundes eigenmächtig.

Zwischen 446 und 431 liegt der Höhepunkt der Machtentfaltung, des Wohlstands und der kulturellen Blüte Athens. Die athenische Größe versetzte Sparta, das sich nach 460 wieder einigermaßen erholt hatte und unangefochten die Peloponnes beherrschte, in Schrecken und flößte auch den anderen griechischen Staaten Angst ein. Sie begannen Sparta als den Vorkämpfer der Selbständigkeit der griechischen Stadtstaaten gegenüber einer athenischen Hegemonie zu betrachten. Dazu kam noch, daß weitaus die meisten griechischen Stadtstaaten außerhalb des Delisch-Attischen Bundes aristokratisch oder oligarchisch regiert wurden. Die Oberschichten dieser Städte befürchteten eine weitere Verbreitung der Demokratie.

Die athenischen Staatseinnahmen

Die athenische Machtpolitik und die großartige Blüte der Kunst, Baukunst und Literatur in Athen gründeten sich auf eine solide finanzielle Basis. Athen bezog Einnahmen aus den Beiträgen der Bundesgenossen, die zwar an die Bundeskasse gezahlt wurden, aber vor allem Athen zugute kamen, aus den Silberminen von Laureion und aus Zöllen und Hafengebühren (in der Hafenstadt Piraeus). Außerdem bezahlten Fremde, die in Athen und Piraeus arbeiteten (die Metöken), eine Kopfsteuer und eine Marktsteuer. Die Steuern der Metöken und die Zölle brachten viel ein, denn nach den Perserkriegen war Athen der wichtigste Marktplatz und die bedeutendste Handelsstadt Griechenlands geworden. Zahlreiche Ionier und andere Griechen hatten sich hier als Kaufleute und Handwerker angesiedelt. Athen wurde eigentlich zum Erben des Handels und Gewerbes der ionischen Städte, die schwer unter dem ionischen Aufstand und den Perserkriegen zu leiden gehabt hatten.

Athenische Bürger zahlten keine regelmäßigen direkten Steuern. Nur in Zeiten finanzieller Not wurden die Bürger gelegentlich mit Steuern belegt. Wohl erwartete man von reichen Bürgern, daß sie hin und wieder ein Kriegsschiff ausrüsteten, ein Bauwerk bezahlten oder eine Theatervorstellung finanzierten. Diese finanziellen Leistungen an den Staat hießen **Liturgien**. Im fünften Jahrhundert bezog Athen zusätzliche Einnahmen aus den Goldminen in Thrakien (Karte 12), von wo die Athener auch das Holz für ihre Schiffe bezogen.

Wichtige Vorteile erhielt Athen aus der eigenen Machtposition. Durch seine großen Seestreitkräfte konnte Athen sich nahezu eine Monopolstellung im Handel mit den Getreidegebieten in Südrußland erzwingen und somit die Getreidepreise in Athen niedrig halten. Erst gegen Ende des vierten Jahrhunderts v.Chr., als die athenische Vorherrschaft auf See verloren ging (S. 000), verschwand dieser Vorteil und kamen die Armen in Athen in Schwierigkeiten.

Der Peloponnesische Krieg (431–404 v.Chr.)

Nach einer kurzen Periode des Friedens (446–431) brach im Jahre 431 infolge von Auseinandersetzungen zwischen Athen und Spartas maritimen Verbündeten Korinth und Megara erneut ein Krieg zwischen Athen und Sparta aus. Dieser Krieg war weitaus heftiger als der letzte (461–446), und der griechische Historiker Thukydides, der diesen Krieg beschrieben hat, meinte sogar, daß der Peloponnesische Krieg (431–404) überhaupt der schwerste gewesen sei, der je in der griechischen Geschichte ausgetragen worden war. Die Athener und Spartaner wurden beide von ihren Verbündeten unterstützt, und die meisten ehemals neutralen Staaten kämpften auf der Seite Spartas mit (Karte 12). Frühere Kriege zwischen Griechen untereinander bestanden aus kleineren Scharmützeln, Plünderungen und ein oder zwei größeren Schlachten, wonach wieder Frieden geschlossen wurde. Der Frieden galt dabei lediglich als eine Unterbrechung des Kriegszustands. Im Peloponnesischen Krieg jedoch wurde in der ganzen griechischen Welt, von Ionien im Osten bis nach Sizilien im Westen, ununterbrochen hart gekämpft, unter Einsatz großer Armeen und Flotten. Perikles hatte den Krieg gut vorbereitet. Er hatte mit einer Kriegskasse von 6000 Talenten vorgesorgt (siehe S. 221) und eine langfristige Strategie entwickelt. Er wollte Sparta mittels kurzer Angriffe vom Meer aus zermürben und die Spartaner zu einer teuren, fruchtlosen Belagerung von Athen und Piraeus verführen. Die attische Bevölkerung konzentrierte er innerhalb der langen Mauern rund um diese Städte. Von großen Feldschlachten versprach er sich nichts, da Sparta noch

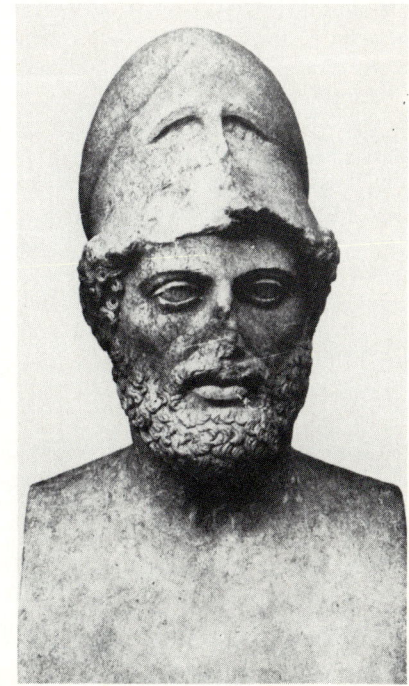

26
Perikles (± 495–429 v.Chr.) mit dem Helm eines Schwerbewaffneten (Hoplit). Foto: Rom, Museo Capitolino.

Karte 13
Attika zur Zeit des Peloponnesischen Krieges (431–404 v.Chr.). Die Bundesgenossen Spartas sind unterstrichen.
Laureion: Silberminen
Dekeleia: Das Lager, das die Spartaner im Jahre 413 auf Anraten des Alkibiades besetzten, um den Bergbau in Laureion und den Ackerbau in Attika zu behindern und Athen permanent zu überwachen.

immer die besten Hopliten Griechenlands besaß und mit seinen vielen Verbündeten zu Lande über eine große Übermacht verfügte. Die Schwachstelle Spartas bildete seine Kriegskasse. Die Spartaner hatten zu wenig Geld für einen langen Krieg. Trotz des Todes von Perikles im Jahre 429 und einer schlimmen Epidemie, die zwischen 429 und 427 etwa ein Drittel der athenischen Bevölkerung dahinraffte, und obwohl Athen Perikles' Kriegsplan nicht ganz befolgte und doch einige riskante Expeditionen unternahm, erzielte die Stadt während der ersten Kriegsperiode (431–421) ein ziemlich gutes Ergebnis. Im Jahre 421 schloß Athen zu relativ günstigen Bedingungen Frieden: seinen Feinden war es nicht gelungen, die athenische Machtstellung in Griechenland zu brechen. In der zweiten Kriegsperiode (413–404) wurde Athen durch folgende Ursachen besiegt.
In den Jahren 415–413 verlor Athen bei einem tollkühnen und völlig fehlgeschlagenen Versuch, die Hegemonie über Sizilien zu erobern, den besten Teil seines Heeres und seiner Flotte. Mit spartanischer Hilfe schlug Syrakus (nach Athen die bevöl-

27
Pallas Athena, die Stadtgöttin von Athen. Römische Kopie einer klassischen griechischen Statue. Athena war die Göttin der handwerklichen und geistigen Tätigkeiten (Handwerk und Wissenschaft) sowie des Krieges. Deshalb wird sie mit Helm und Speer dargestellt. Foto: Rom, Vatikanische Museen.

kerungsreichste Stadt dieser Zeit) die Athener.

Der aristokratische Demagoge Alkibiades hatte die athenische Volksversammlung zu dieser Expedition gedrängt, aber lief dann selber, nach einigen großen Skandalen in seinem Privatleben, wodurch er sich in Athen unmöglich machte, zu Sparta über. Er riet den Spartanern, einen festen Punkt in Attika zu besetzen, Syrakus zu helfen und Kontakt zu Persien aufzunehmen. Sparta ging tatsächlich auf diese Ratschläge ein, und so begann 413 v.Chr. die zweite Phase des Peloponnesischen Krieges.

Die Spartaner besetzten das Lager Dekeleia in Attika (Karte 13) und behinderten von dort aus den Ackerbau in ganz Attika und den Bergbau in den Silberminen von Laureion. Tausende von Sklaven liefen davon, und Athen verlor wichtige Nahrungs- und Einkommensquellen.

Persien wählte die Seite Spartas und stellte den Spartanern die Mittel zum Bau einer starken Flotte zur Verfügung. Dadurch wurden viele Verbündete Athens dazu verleitet, zu Sparta überzulaufen. Anfangs erzielten die Athener unter Anführung von Alkibiades, der nach einigen persönlichen Auseinandersetzungen mit spartanischen Führern und persischen Satrapen wieder ins athenische Lager übergewechselt war, noch einige Siege, aber im Jahre 405 wurde die athenische Flotte von dem Spartaner **Lysander** bei **Aigospotamoi** (in den Dardanellen) (Karte 12) vernichtend geschlagen. Im Jahre 404 mußte sich Athen aus Nahrungsmangel ergeben. Es hatte schwere Verluste erlitten, und man vermutet, daß die Zahl der erwachsenen männlichen Bürger zwischen 432 und 400 von ca. 35.000 auf ca. 21.000 zurückgegangen ist. Der Delisch-Attische Bund wurde aufgelöst, die Langen Mauern geschleift und in Athen eine prospartanische oligarchische Regierung eingesetzt, die jedoch nach einem Jahr des Terrors wieder gestürzt wurde, wonach die Demokratie zurückkehrte. Die Spartaner ließen es dabei bewenden.

28a
ein Hoplit

Die Periode 404–336 v.Chr.

Nach dem Jahre 404 war kein griechischer Staat mächtig genug, ganz Griechenland unter sich zu vereinen. Zwischen 404 und 338 gab es ständig Koalitionskriege um die Vorherrschaft zwischen Sparta, das noch immer den Peloponnesischen Bund anführte, Theben, das einen starken Aufschwung erlebte und einen Bund von Stadtstaaten in Böotien (Karte 14) anführte, und Athen, das sich erstaunlich schnell von der großen Niederlage im Jahre 404 erholte. Athen hatte sein Seereich verloren, stellte aber immer noch den wichtigsten Marktplatz dar und war nach wie vor die bevölkerungsreichste Stadt und das bedeutendste Kulturzentrum Griechenlands.

28b
griechischer Leichtbewaffneter

Karte 14
Griechenland um 360 v.Chr., am Vorabend des Aufstiegs von Makedonien.

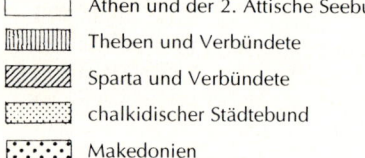
Athen und der 2. Attische Seebund
Theben und Verbündete
Sparta und Verbündete
chalkidischer Städtebund
Makedonien

In Sparta machte sich der Mangel an Spartiaten immer deutlicher bemerkbar. Man nimmt an, daß es gegen 371 v.Chr. nur noch etwa 1500 bis 2000 waren, gegenüber mindestens 20.000 erwachsenen männlichen Heloten. Dabei wurde bei der Helotenzahl noch von niedrigen Schätzungen ausgegangen.

Die Perser spielten durch finanzielle Unterstützungen und Intrigen die griechischen *Poleis* und Bünde gegeneinander aus, um zu verhindern, daß sie sich vereinigen und gemeinsam gegen Persien vorgehen würden. Die Perser fürchteten sich davor, weil sie mit den Kriegstaktiken und der militärischen Erfahrung der Griechen allmählich nicht mehr Schritt halten konnten. Bei der persischen Einmischung in Griechenland können zwei Phasen unterschieden werden: in der ersten Hälfte des fünften Jahrhunderts v.Chr. bekriegten sie die Griechen, während sie ab ca. 413 bis ca. 340 eine Teile-und-herrsche-Taktik verfolgten, indem sie jedesmal andere griechische Staaten finanziell unterstützten. Ein Beispiel. Im sogenannten Korinthischen Krieg (395–386) unterstützten die Perser anfangs Athen und einige abtrünnige Verbündete Spartas (Korinth, Theben), weil Sparta nicht zuließ, daß die Perser nach dem Jahre 404 die kleinasiatische Westküste zurückgewönnen. Ca. 393 bezahlten die Perser den Wiederaufbau der athenischen Seestreitkräfte und der Langen Mauern, aber als dann Athen wieder allzu mächtig zu werden drohte, halfen die Perser wiederum den Spartanern. Im Jahre 386 diktierte der persische König den Frieden. Der Wiederaufbau Athens wurde verzögert, und Sparta blieb der mächtigste Staat in Griechenland. Die Perser aber erlangten die Oberherrschaft über die griechischen Städte an der Westküste Kleinasiens zurück.

Der zweite Attische Seebund (377–355)

Dennoch geriet Sparta schon bald wieder in Schwierigkeiten. Theben wurde militärisch immer stärker und Athen errichtete 377 den zweiten Attischen Bund. Dieser Bund war gegen Sparta gerichtet, und Athen nahm hierin keine so vorherrschende Stellung ein wie im ersten. Die Bundesgenossen zahlten keinen Tribut, waren in inneren Angelegenheiten autonom und hatten in einem Bundesrat Mitbestimmungsrecht über die Außenpolitik des Bundes. Dieser Bund hatte nur kurz Bestand, denn als Athen nach 362 härter aufzutreten begann und im Bundesgebiet athenische Bürgerkolonien (*Kleruchien*) gründete, entfachten die wichtigsten Bundesgenossen einen Aufstand (357–355), und der Bund löste sich auf.

Soziale und militärische Veränderungen

Kriege wurden immer häufiger mit professionellen Söldnern, die in Griechenland und besonders auf der Peloponnes reichlich zu bekommen waren, ausgetragen. Viele kleine Bauern dort verarmten und wurden das Opfer einer Konzentrierung des Grundbesitzes in den Händen der Reichen. Gegen diesen Prozeß ließ sich in den oligarchisch regierten Staaten nicht viel ausrichten, denn die Reichen waren zugleich die Regierenden und nur Bürger, deren Vermögen oberhalb einer bestimmten Grenze lag, konnten sich in der Politik Geltung verschaffen. Die Masse der armen Bürger hatte in solchen Staaten keine Vollbürgerschaft. Darüber hinaus hatte die Ordnung, die Sparta seit ca. 546 v.Chr. in diesem Gebiet aufrechterhalten hatte, womöglich zu einer Übervölkerung geführt. Der Wendepunkt in den Koalitionskriegen zwischen Theben, Sparta und Athen war das Jahr 371. Der Thebaner Epameinondas, ein militärtaktisches Genie, vernichtete in diesem Jahr bei Leuktra (siehe Karte 14) das spartanische Heer, zog zur Peloponnes, befreite die Heloten in Messenien (nicht in Lakonien) und löste den Peloponnesischen Bund auf. Sparta verlor gut die Hälfte seiner Vollbürger, den Bund, der fast zwei Jahrhunderte lang sein wichtigstes Machtmittel gewesen war, sowie sein wichtigstes Helotenland und sank zum Status einer zweitrangigen Macht von lediglich regionaler Bedeutung herab. Daraufhin folgte in der Peloponnes eine Kettenreaktion von Kriegen zwischen Stadtstaaten sowie von Bürgerkriegen in diesen selbst. Die armen Bürger forderten Bodenreformen, Schuldentilgung und eine weniger oligarchische Regierungsform. Die Revolutionen dehnten sich langsam nach Mittelgriechenland aus und hatten einen Strom von Verbannten und Mittellosen zur Folge. Viele von diesen konnten sich nur als Söldner einen Lebensunterhalt verdienen, und Tausende von griechischen Söldnern traten in die Dienste der Perser.

Theben und Athen konnten das Vakuum, das Sparta hinterlassen hatte, nicht ausfüllen. Thebens Macht war zu sehr von einem einzigen Staatsmann und Soldaten, Epameinondas, abhängig und schwand denn auch, als dieser im Jahre 362 in der Schlacht bei Mantineia (Karte 14) gegen die Spartaner und Athener, die aus Furcht vor dem aufstrebenden Theben zur spartanischen Seite übergewechselt waren, fiel.

29
Demosthenes (384–322 v.Chr.) Nachdem er in Athen als Verteidiger bei Gerichtsverhandlungen seinen Aufstieg gemacht hatte, wurde er nach ca. 356 einer der bedeutendsten athenischen Politiker. Seine Reden sind bis in die moderne Zeit berühmt geblieben, besonders die Reden, in denen er vor dem Aufstieg Philipps II. warnte und worin er die Athener dazu aufrief, ihre Freiheit, Autonomie und Machtposition zu verteidigen. Foto: Rom, Musei Capitolini.

Der Aufstieg Makedoniens

Nach dem Jahre 360 war es Makedonien, das aus der Uneinigkeit der griechischen Staaten untereinander seinen Vorteil zog. Bis 360 war Makedonien ein rückständiges Gebiet gewesen, wo noch die sozialen und wirtschaftlichen Verhältnisse der homerischen Zeit (S. 57) geherrscht hatten. Das Land wurde von einem König, der der Erste einer landbesitzenden Aristokratie war, regiert. Die Adligen herrschten auf paternalistische Weise über die untergebene abhängige Bauernbevölkerung. Die Bauern stellten das Fußvolk, die Aristokraten selbst bildeten die Reiterei.

Philipp II. (359–336)
Das Ende des klassischen Zeitalters der griechischen Geschichte

Der makedonische König Philipp II. (reg. 359–336) modernisierte sein Heer nach thebanischem Modell und bemächtigte sich der Goldminen in Thrakien, die im fünften Jahrhundert athenischer Besitz gewesen waren (S. 81). Er war ein Bewunderer der griechischen Kultur und wollte mit Hilfe seines Heeres und seines Goldes die Herrschaft über ganz Griechenland erlangen. Mittels einer Reihe von geschickten Feldzügen und diplomatischen Ränkespielen vermochte er es, indem er sich die Uneinigkeit der griechischen Staaten zunutze machte, sein Ziel zu erreichen. Zwischen 342 und 338 versuchten die Athener und Thebaner ihm entgegenzutreten, aber im Jahre 338 v.Chr. wurden ihre Armeen in der großen Schlacht bei Chaironeia (Karte 14) entscheidend geschlagen. Philipp versuchte seine Herrschaft in eine für die Griechen akzeptable Form zu bringen und errichtete im Jahre 337 den Korinthischen Bund, einen Bund von Makedonien und allen griechischen Staaten bis auf Sparta. Die Mitgliedstaaten brauchten keinen Tribut zu zahlen, sollten Revolutionen und Kriege untereinander unterbinden und waren frei und autonom in inneren Angelegenheiten. Wahrscheinlich beabsichtigte Philipp, an der Spitze des Bundes Persien anzugreifen und Kleinasien zu erobern, aber ehe er damit einen Anfang machen konnte, wurde er im Jahre 336 anläßlich eines privaten Streites ermordet.

Das Jahr 338 hat bis zur heutigen Zeit als ein entscheidender Wendepunkt in der griechischen Geschichte, als das Ende der freien autonomen Stadtstaaten gegolten. Zur damaligen Zeit jedoch waren in Griechenland, und sogar bei den Athenern, Philipps wichtigsten Feinden, die Meinungen geteilt. Der bekannte athenische Redner und Politiker Demosthenes (384–322 v.Chr.) war ein erbitterter Gegner Philipps und wollte die völlige Selbständigkeit und auch die Macht Athens uneingeschränkt erhalten. Der Redner und Publizist Isokrates (436–338) dagegen betrachtete die Vereinigung aller Griechen unter einer starken Führung als ein wirksames Mittel gegen die endlosen Kriege und Revolutionen. Er war der Meinung, daß die Eroberung Kleinasiens und eine anschließende großangelegte Kolonisation dieses Gebietes viele Probleme in Griechenland lösen würden und befürwortete deshalb einen Krieg aller griechischen Staaten gegen Persien. Übrigens hatte die Migration von Griechen nach Asien eigentlich bereits angefangen. Tausende von griechischen Soldaten traten in persische Dienste, und es gab einen zunehmenden Handelsverkehr über die griechischen Städte an der Westküste Kleinasiens, die seit 386 wieder unter persischer Herrschaft standen.

Man erkennt in diesen Erscheinungen bereits Vorformen des hellenistischen Zeitalters, das nach dem klassischen Zeitalter folgen sollte (S. 105).

Die athenische Bevölkerung im fünften und vierten Jahrhundert v.Chr.

Athen wurde im fünften Jahrhundert v.Chr. nicht nur das wirtschaftliche und kulturelle Zentrum Griechenlands, sondern auch die bevölkerungsreichste Stadt der griechischen Welt. Wahrscheinlich gab es 432 etwa 35.000 erwachsene männliche Bürger, zwischen 20.000 und 30.000 erwachsene männliche Sklaven und 10.000 bis 15.000 erwachsene männliche Metöken (freie Nicht-Athener, die in Athen und Piraeus lebten und arbeiteten). Viele Griechen, vor allem aus dem von Persien bedrohten Ionien und dem athenischen Bundesgebiet, ließen sich definitiv in Athen und Piraeus nieder, und ein Strom von Sklaven wurde nach Attika ge-

Die Akropolis oder Zitadelle von Athen, religiöses Zentrum der Stadt. Vorn im Bild die Portiken der Propyläen mit Zugang zum Parthenon (rechts oben) und zum Erechtheion (links oben), resp. Athena-Tempel und das Heiligtum, wo die geweihten Erinnerungen an den Ursprung der Stadt aufbewahrt wurden.

1. Bibliothek Hadrians; 2. römische Agora; 3. Turm der Winde; 4. Erechtheion; 5. mykenischer Aufgang; 6. alter Tempel der Athena?; 7. Parthenon; 8. Tempel der Roma und des Augustus; 9. Standort des Temenos des Zeus Polieus; 10. Mauer des Themistokles; 11. Mauer des Kimon; 12. Akropolis-Museum; 13. Werkstatt des Pheidias?; 14. Gräben der vorparthenonzeitlichen Strebemauern; 15. Chalkothek; 16. Temenos der Athena Ergane; 17. Temenos der Artemis Brauronia; 18. Standort der Athena Promachos; 19. Tempel der Athena Nike; 20. Propyläen; 21. Sokkel des Agrippa; 22. Beulé-Tor, drittes Jahrhundert n.Chr.; 23. Höhle der Rachegöttinnen; 24. Areopag; 25. Standort des Aigeions; 26. Standort der Aphrodite Pandemos; 27. Odeion des Herodes Attikos; 28. Stoa des Eumenes (oder römisch?); 29. Standort des Temenos der Aphrodite; 30. Standort des Temenos der Themis; 31. älteres Asklepieion; 32. jüngeres Asklepieion; 33. Thrasyllos-Denkmal und korinthische Säulen; 34. Odeion des Perikles; 35. Theater des Dionysos; 36. Tempel des Dionysos; 37. Nikias-Denkmal. Aus: Rottier, H.: *Stedelijke Strukturen*, S. 40. Muiderberg: Coutinho 1980.

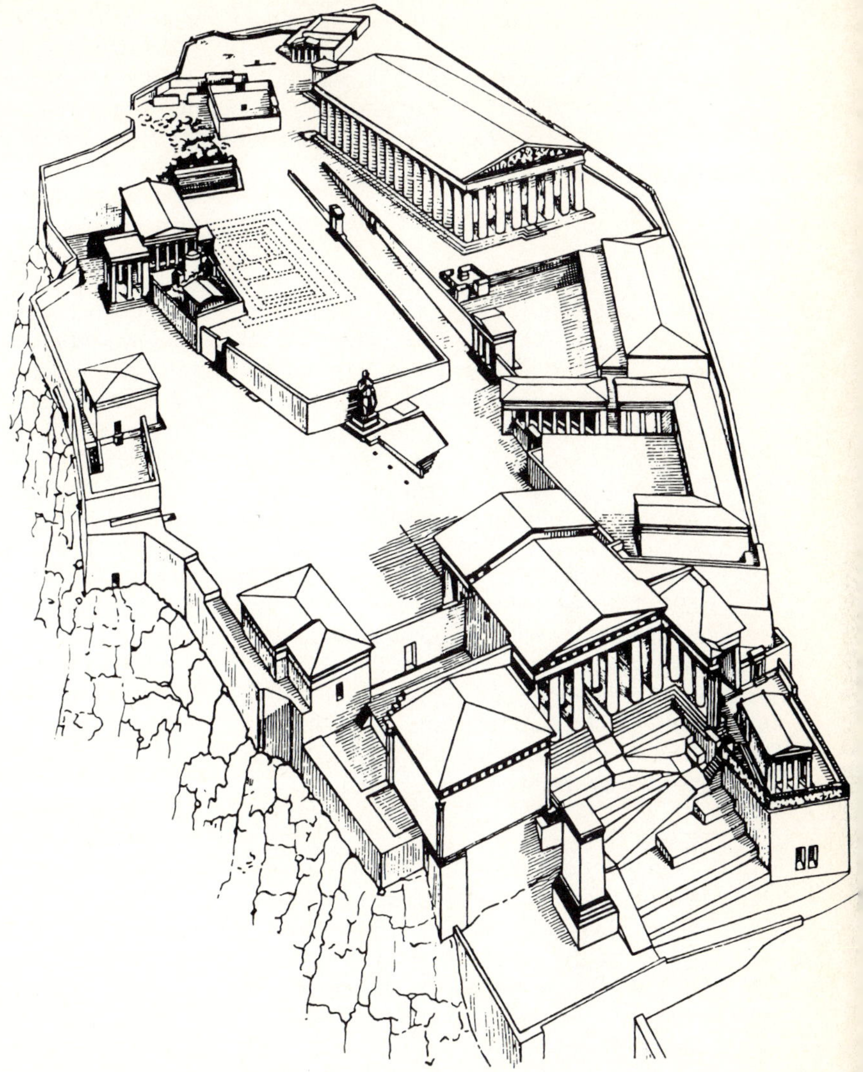

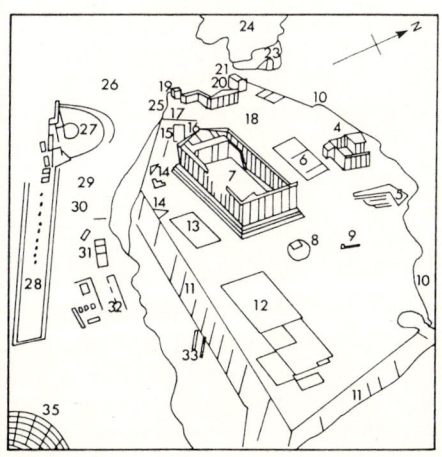
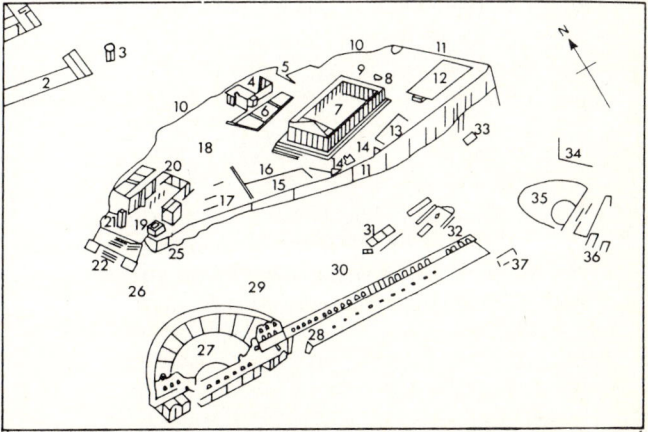

führt: Kriegsgefangene und Deportierte aus feindlichen Gebieten (z.B. Persisch-Kleinasien) sowie Verkaufsware von Sklavenhändlern (Kriminelle, von Sklavenhändlern großgezogene Findelkinder und Opfer von Piraterie, Raub und Krieg in Teilen der umliegenden Welt).

Die Metöken

Die Metöken waren persönlich frei, besaßen aber keine athenische Vollbürgerschaft. Sie nahmen also nicht an der politischen Beschlußfassung teil und konnten, im fünften Jahrhundert jedenfalls, nicht vor einem Gericht auftreten (im vierten Jahrhundert wurde es ihnen gestattet). Die Metöken mußten feste direkte Steuern bezahlen (S. 81) und dienten auch in den athenischen Streitkräften. Sie durften in der Regel kein Land in Attika besitzen; nur hin und wieder wurde dies jemandem, der sich sehr um Athen verdient gemacht hatte, gewährt. Die meisten Metöken waren Handwerker, Matrosen und Tagelöhner, aber es gab auch vermögende Ärzte, Kaufleute und Architekten unter ihnen, die sich voll am wirtschaftlichen und kulturellen Leben beteiligten.

Die Sklaven

Sklaven arbeiteten in Athen überall dort, wo auch Freie arbeiteten: in der Landwirtschaft, im Transport, im Haushalt und im Gewerbe. Große Sklavenkonzentrationen gab es in einigen großen Werkstätten, auf Schiffswerften und in den Minen von Laureion, wo ca. 432 möglicherweise bis zu 10.000 Sklaven arbeiteten. Wenn Sklaven freigekauft wurden, sich selbst freikauften oder freigelassen wurden, bekamen sie einen ähnlichen Status wie die Metöken. In einigen Fällen wurden sie dazu verpflichtet, nach ihrer Freilassung dieselbe Arbeit zu verrichten wie Sklaven. Das Freikaufen konnte durch Freie, die eine Sklavin bzw. einen Sklaven heiraten wollten, geschehen, oder durch einen Wucherer, der den Freigelassenen zur Rückzahlung (mit hohen Zinsen) verpflichtete. Gut ausgebildete Sklaven konnten sich manchmal mit Erlaubnis ihres Herrn die Freikaufsumme selber zusammensparen, indem sie über die Aufgaben, die ihnen von ihrem Herrn erteilt worden waren, hinaus gegen Bezahlung noch zusätzliche Arbeit für andere verrichteten. Die Sklaven in Attika neigten weniger zum Aufstand als die Heloten in Sparta, da sie aus allen Himmelsrichtungen stammten und sich kaum verständigen konnten. Außerdem waren die Unterschiede in der Behandlung und dem Status der Sklaven in Attika groß. Hausklaven, wie Hauslehrer und Sekretäre, sowie Verwalter von Läden und Landwirtschaften hatten es viel besser als viele arme Freie, während Sklaven von kleinen Bauern und Handwerkern fast zur Familie ihres Herrn gehörten. Die Sklaven in den Steinbrüchen und Minen hingegen führten ein elendes Dasein.

Die Heloten in Lakonien und Messenien bildeten homogene nationale Gruppen, wurden alle rücksichtslos unterdrückt und lebten in Dörfern beisammen. Man nimmt an, daß die Heloten in Lakonien von der vordorischen Bevölkerung dieses Gebietes abstammten (S. 68).

Die Anwesenheit vieler Metöken und Sklaven machte es möglich, daß Athen zu Kriegszeiten einen großen Teil der Bürger über Jahre hinweg mobilisieren konnte, während die Arbeit inzwischen wie gewohnt weiterging. Sogar in Friedenszeiten hielt Athen ein Geschwader von sechzig Kriegsschiffen in Bereitschaft. Die Besatzung eines solchen Schiffes bestand aus etwa 150 Mann, von denen etwa 20 Seesoldaten und Seeleute waren. Die restliche Mannschaft bestand aus Ruderern (Theten und Freiwilligen von anderswo). Im Gegensatz zu den Römern in der Späten Republik und der Kaiserzeit (S. 177) waren die Athener nicht freigebig, was die Verleihung der athenischen Vollbürgerschaft und die Einräumung von bürgerlichen Vorrechten (wie der Besitz von Land in der Polis, siehe oben) anbelangte.

Frauen in Athen und Sparta

Die athenische Gesellschaft war eine Männergesellschaft. Die Frauen nahmen nicht an den politischen Entscheidungen teil und konnten nur eine sekundäre Form von Bürgerrecht haben (durch den Vater, Ehemann oder Bruder). Sie konnten nicht selbst vor Gericht auftreten, und ihr Vermögen wurde von ihrem Ehemann, Vater, Bruder oder ei-

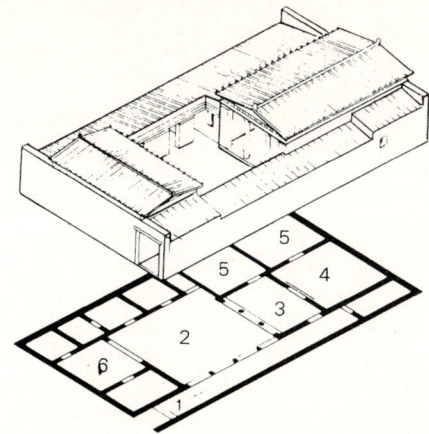

31
Rekonstruktion eines griechischen Hauses.
In einem griechischen Haus unterscheidet man: 1. Eingang; 2. Aulé (Innenhof); 3. Vorhalle; 4. Megaron (Männerhalle); 5. Schlafräume; 6. Exedra (offene Veranda); übrige: Wohnräume und Räume der Dienstboten. Derartige Häuser besaßen nur die Reichen.
Aus: Croon, J.H. & A.R.A. van Aken: *De antieke beschaving in hoofdlijnen*, S. 191. 1981.

nem anderen männlichen Familienmitglied verwaltet. Verheiratete Frauen in Athen lebten im Hause und fanden dort ihre Tagesaufgaben, wobei man bedenken sollte, daß Erziehung und ärztliche Behandlung größtenteils zu Hause stattfanden. Athenische Frauen gingen nicht ohne Begleitung auf die Straße. Das heiratsfähige Alter für Frauen war 14 oder 15 Jahre. Das der Männer variierte stärker, sie heirateten meistens zwischen ihrem 20. und 35. Lebensjahr.
Es gab in Athen einen Frauentyp, der eine größere Bewegungsfreiheit hatte, nämlich die Hetären (diese hielten die Mitte zwischen Callgirls und Gesellschafterinnen). Manche dieser Hetären waren gebildete und literarisch bewanderte Frauen, die in den Kreisen der Führer des athenischen Staates verkehrten.
Wahrscheinlich war in nahezu allen griechischen Staaten die Stellung der Frauen dieselbe wie in Athen, mit Ausnahme von Sparta, wo die Frauen der Spartiaten anders lebten. Da ihre männlichen Familienangehörigen in Zeltgemeinschaften von Männern lebten und dauernd exerzierten, konnten die Frauen der Spartiaten sich freier bewegen. Sie führten ein nur sehr beschränktes Familienleben. Die spartanischen Frauen waren, genauso wie die Männer, körperlich durchtrainiert, denn die Spartaner glaubten, daß sie dadurch bessere Krieger gebären würden.

Weitere Entwicklung der athenischen Demokratie

Im fünften Jahrhundert v.Chr. wurde die athenische Demokratie weiter ausgebaut. Auf Antrag des Themistokles wurde 487 beschlossen, das Amt des Archonten den Mitgliedern der beiden höchsten Vermögensklassen in Zukunft durch Los zuzuweisen (S. 75). Danach fiel das Archontat regelmäßig reichen, aber unbedeutenden Bürgern zu, und die Archonten wurden von den Strategen aus der Staatsführung verdrängt. Die Strategen (und Schatzmeister) wurden nämlich von der Volksversammlung aus den Bestgeeigneten gewählt. Die athenischen Anführer des fünften Jahrhunderts waren fast ausnahmslos Strategen, die ständig wiedergewählt wurden, bis sie starben (Perikles im Jahre 429) oder in Ungnade fielen und mittels des Verfahrens des Ostrakismos (S. 75) verbannt wurden (Themistokles im Jahre 470, Kimon 461).

Der Rat des Areopags in den Jahren 462/1

462/1 wurde die Macht des Rates auf dem Areopag, der konservativsten Hochburg Athens, drastisch eingeschränkt. Als der konservative Stratege Kimon mit seinen Hopliten in der Peloponnes war, um Sparta gegen die Heloten zu helfen (S. 78), bewerkstelligten es die demokratischen Anführer Ephialtes und Perikles, daß der Rat auf dem Areopag jegliche politische Bedeutung verlor. Dieser Rat diente nachher nur noch als Gericht für Kapitalverbrechen. Die Beaufsichtigung und die Kontrolle der Gesetzgebung und der Magistrate oblagen nun dem Rat der 500, der Volksversammlung und den Volksgerichten, vor welchen sich abtretende Magistrate nach ihrer Amtszeit verantworten mußten.
Nach dieser Verschiebung folgten der Fall Kimons und die politische Niederlage der Konservativen, die auf Sparta Rücksicht zu nehmen versuchten und die Demokratie allzu radikal fanden.

Perikles

Nach dem Jahre 460 war Perikles der wichtigste athenische Anführer. Zu seiner Zeit begann man in Athen mit der Schaffung eines Systems von Diäten und Tagegeldern, welches es den armen Bürgern ermöglichte, tatsächlich an Beschlußfassung und Verwaltung teilzunehmen. Bereits in der zweiten Hälfte des fünften Jahrhunderts erhielt ein Bürger eine kleine Entschädigung (etwa einen halben Tageslohn) für Teilnahme am Rat der 500 und in den Jurys der Volksgerichte. Ab 399 erhielt man sogar Diäten, wenn man in die Volksversammlung ging. Einmalige Unterstützungen wurden den Bürgern an religiösen und nationalen Festtagen zugewiesen. Zur Verringerung dieser Kosten wurde man noch sparsamer mit der Verleihung der Vollbürgerschaft; nur wer von zwei Athenern (Vater und Mutter) abstammte, erhielt die athenische Vollbürgerschaft.

Die Volksversammlung, das entscheidende Organ der athenischen Demokratie (S. 74), trat zu Perikles' Zeiten und im nachfolgenden Jahrhundert 40 Mal im Jahr zusammen. Auf dem Versammlungsplatz, einem Hügel mitten in Athen mit dem Namen Pnyx, hatten höchstens 6.000 Mann Platz. Wahrscheinlich aber kamen die Bürger, die einen Bauernhof in Attika besaßen, nicht oft, und man vermutet, daß die Volksversammlung beherrscht wurde von jenen Bürgern der Stadt Athen, die gerade wohlhabend genug waren, regelmäßig einen Arbeitstag opfern zu können. Wie es scheint, haben auch die Tagegelder nach dem Jahre 399 daran nicht viel geändert.

Die Demokratie und die Flotte

Infolge der Diäten und politischen Verschiebungen des Jahres 462/1 erhielt diese Klasse, wie auch die Angehörigen der gerade darunterliegenden Bürgerschicht, mehr Gewicht in der Rechtsprechung, der Beschlußfassung und der täglichen Verwaltung, was auch der zunehmenden militärischen Bedeutung der ärmeren Bürger entsprach: Diese stellten immerhin die meisten Matrosen und Ruderer der Kriegsflotte. Einmal, im Jahre 411, hat die athenische Flotte die Demokratie gerettet. In diesem Jahr verstanden es oligarchisch Gesinnte, die Verzweiflung, die nach der Katastrophe auf Sizilien und der Wiederaufnahme des Peloponnesischen Krieges (S. 82) in Athen herrschte, auszunützen. In breiten Kreisen machte man das demokratische System für das Mißgeschick verantwortlich, und es wurde eine gemäßigt oligarchische Regierung eingesetzt. Die Flotte, die bei Samos lag, drohte jedoch damit, wieder nach Athen zurückzufahren und die Demokratie mit Gewalt wiederherzustellen. Um dies zu vermeiden, kehrten die Anführer in Athen wieder zur demokratischen Regierungsform der vorangehenden Jahrzehnte zurück.

Alte und neue Politiker

Bis zum Jahre 429 waren die athenischen Anführer nach wie vor Aristokraten, weil diese den anderen Bürgern an Besitz (und den daraus entstehenden Einkünften in Form von Erträgen und Zinsen), Freizeit, Bildung und Erfahrung weit überlegen waren und große Namen trugen, die auch in diesem demokratischen System noch Anziehungskraft auf die Wähler ausübten. Sie verfügten über die Unterstützung von Bürgern aus vielen Schichten, die sie sich durch Dienste, Formen des Patronats und der Wohltätigkeit verpflichtet hatten. Die Armenpflege war eine Wohltätigkeitsangelegenheit der Reichen, und kleine Gewerbetreibende hatten Interesse am Patronat der Mächtigen. Überdies genossen die Aristokraten die Unterstützung ihrer politischen Freunde in den oberen Schichten sowie von wichtigen Geldgebern, und sie machten durch ihren Prunk und ihre Liturgien (S. 81) Eindruck auf die Massen.

Während der letzten Jahrzehnte des fünften Jahrhunderts und im vierten Jahrhundert fand in der Führung eine Veränderung statt. Nach dem Tode des Perikles (429) gab es eigentlich keine Anführer mehr, die zugleich gute Generäle und Admiräle waren, gut mit Geld umgehen konnten und die Volksversammlung in ihren Bann zu ziehen vermochten. Nach 429 waren die führenden athenischen Politiker entweder gute Soldaten oder Redner oder Finanzfachleute, die wegen ihrer unterschiedlichen Perspektiven miteinander in Konflikt gerieten. Die meisten von ihnen stammten immer noch aus aristokratischen

Familien, aber es gab auch Unternehmer unter ihnen, wie den Lederwarenfabrikanten Kleon, der sich zwischen 429 und 422 durch sein Redetalent die athenische Volksversammlung gefügig machte. Er war ein erbitterter Gegner eines Kompromißfriedens mit Sparta und ein radikaler Demokrat. Die nichtaristokratischen Politiker dieses Typs wurden von Schriftstellern, die selber aus der Aristokratie stammten oder mit ihr sympatisierten, geringschätzig **Demagogen** (Volksverführer) genannt. Sie verfügten nicht über die traditionellen Machtmittel der Aristokratie (S. 90) und mußten diese durch ihre Redegewandtheit und die Überzeugungskraft ihrer Standpunkte ausgleichen.

Stabilität der athenischen Demokratie

Sowohl die Zeitgenossen als auch spätere Betrachter haben sich über die Stabilität der athenischen Demokratie im klassischen Zeitalter gewundert.
Die demokratische Einrichtung des Staates war fest in der athenischen Bürgerschaft verwurzelt und hatte auch große Erfolge aufzuweisen, die vor dem Jahr 431 erzielt worden waren. Die Kontrolle der Honoratioren, welche die hohen Ämter bekleideten, durch die Volksversammlung und das Volksgericht waren gut organisiert; unter normalen Bedingungen war es den oligarchisch Gesinnten unter ihnen nicht möglich, etwas am System zu ändern.
Bei den athenischen Bürgern aller Schichten bestand infolge der vielen gemeinsam durchgestandenen Kriege und wegen der großen gemeinschaftlichen Interessen, die alle athenischen Bürger gegenüber den Verbündeten, den Metöken und den Sklaven zu wahren suchten, ein starkes Zusammengehörigkeitsgefühl. Außerdem waren alle Athener stolz auf die glänzenden literarischen und künstlerischen Leistungen, die in ihrem Stadtstaat vollbracht wurden. Wir sehen in Reden aus dieser Zeit, daß der Kriegsruhm und der kulturelle Glanz Athens als eine Errungenschaft der ganzen Polis, des ganzen Kollektivs des athenischen Demos, gepriesen wurden. Manche moderne Autoren sehen einen Zusammenhang zwischen der Stabilität der athenischen Demokratie und dem athenischen Imperialismus. Die athenische Machtausdehnung bot den Honoratioren reichlich Gelegenheit, Ruhm zu erwerben, und brachte vielerlei Gruppen materielle Vorteile ein. Die Theten konnten durch den Dienst bei der Flotte Sold und Beute erlangen, Bauern erhielten Land in den athenischen Kolonien und Hunderte von gebildeten Athenern fanden – im fünften Jahrhundert jedenfalls – eine Existenz in der Verwaltung, der Rechtsprechung und dem Finanzwesen im Bundesgebiet. Im übrigen sorgte die starke Position Athens im Handel auf dem Schwarzen Meer für billiges Brotgetreide (S. 81). Diese materiellen Vorteile könnten der Grund dafür gewesen sein, daß die armen Bürger niemals mit Hilfe von Beschlüssen der Volksversammlung eine Umverteilung des (Grund-) Besitzes der Honoratioren vorgenommen und somit die großen Unterschiede in Athen zwischen arm und reich intakt gelassen haben. Die athenische Demokratie kannte ja keine Gleichheit, was Besitz oder Einkommen anbelangte, sondern nur Gleichheit vor dem Gesetz, bei der Anwendung des Gesetzes sowie Gleichheit der politischen Rechte für erwachsene männliche Bürger.
Hierdurch und weil sie faktisch auch weiterhin die höchsten Regierungsämter bekleiden durften, konnten dieser Theorie zufolge die Reichen sich mit der Demokratie abfinden und waren zudem bereit, sich durch ihre Betätigung in der Verwaltung und ihre Liturgien für den ganzen Demos einzusetzen.

Kritik an der athenischen Demokratie

Dies ändert nichts an der Tatsache, daß die Demokratie bereits seit der Mitte des fünften Jahrhunderts von oligarchisch gesinnten Schriftstellern kritisiert wurde als eine Staatsform, die den Armen die Gelegenheit bot, die Reichen und Klugen zu tyrannisieren, und in der die Masse zu bestimmen hatte. Im vierten Jahrhundert wurden die Stimmen der Kritiker immer lauter und zahlreicher. Viele Honoratioren machten die demokratische Staatsordnung für die Rückschläge, die Athen nach 431 erleiden mußte, verantwortlich und waren der Meinung, daß die Volksversammlung unter Einfluß von Demagogen einen abenteuerlichen Zickzackkurs verfolgte, der letztendlich zur Niederlage geführt habe. Sie sahen auch, wie im vierten Jahr-

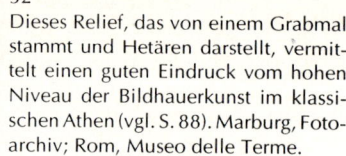

32
Dieses Relief, das von einem Grabmal stammt und Hetären darstellt, vermittelt einen guten Eindruck vom hohen Niveau der Bildhauerkunst im klassischen Athen (vgl. S. 88). Marburg, Fotoarchiv; Rom, Museo delle Terme.

Athen als Zentrum der griechischen Kultur im klassischen Zeitalter

Die Zeit von 480 bis 338 galt späteren griechischen Generationen und dem neuzeitlichen Europa als die klassische Ära, als die Blütezeit der griechischen Kultur. Während dieser anderthalb Jahrhunderte war Athen unangefochten das kulturelle Zentrum und die Bildungsanstalt ganz Griechenlands. Die größten Talente der griechischen Welt und besonders des von Persien bedrohten Ionien, das während des archaischen Zeitalters ein Zentrum griechischer Zivilisation gewesen war, kamen nach Athen. In Athen war jeder frei, zu sagen, zu schreiben und zu schaffen, was er wollte, vorausgesetzt daß er bestimmte religiöse Tabus respektierte. Niemand konnte ungestraft die Existenz der Götter leugnen oder durfte einen Staatsgott der Griechen beleidigen.
Auch stand in Athen verhältnismäßig viel Geld zur Verfügung. Sowohl der athenische Staat als auch Privatpersonen erteilten Künstlern Aufträge und verwendeten große Beträge für die Ausschmückung religiöser Feste (Liturgien).
Überdies fand in Athen ein reger Austausch zwischen fähigen, kreativen Griechen aus aller Herren Länder statt, vor dem Forum eines breiten Publikums, das kritisch war, da es viel sah und hörte. Auffällig viele Griechen konnten auch einigermaßen lesen. Diese fruchtbare Kombination von Faktoren (Talent, Geld, Freiheit und ein interessiertes breites Publikum) ergab eine reiche Ernte in der Baukunst, den bildenden Künsten, der

hundert die unterschiedlichen Auffassungen der Generäle, Finanzfachleute und Redner oftmals eine wenig klare und kaum konsistente Politik zur Folge hatten. Außerdem wurden nach 413 und im vierten Jahrhundert gerade die Reichen und Honoratioren zur Deckung von Defiziten regelmäßig mit Umlagen belegt. Athen hatte zu dieser Zeit ständig mit Haushaltsdefiziten zu kämpfen. Der Tribut der Bundesgenossen fiel aus, der Kriegsschaden, der nach 413 in Attika angerichtet worden war (S. 83), machte sich noch lange bemerkbar, und die Ausgaben wurden nicht gesenkt. Manchmal ließen die Athener im vierten Jahrhundert eine Flotte ausfahren, ohne dieser genügend Geld mit auf die Fahrt zu geben, so daß die Expedition wohl in einem Raubzug enden mußte.

Literatur und der Philosophie. Zu Perikles' Zeiten wurde Athen – zum Teil mit Geld aus der Kasse des Delisch-Attischen Seebundes – prächtig verschönert mit Tempeln, Statuen und Säulengängen, und es entstanden wichtige literarische Gattungen.

Das attische Drama

Das attische Drama (**Tragödie** und **Komödie**) ist wahrscheinlich entstanden aus dem Wechselgesang zwischen Chor und Vorsänger während der Umzüge, die bei den Festen zu Ehren des Gottes **Dionysos**, des Weingottes, gehalten wurden; Ekstase und entfesseltes Verhalten wurden mit seinem Kult in Verbindung gebracht. Die athenischen Tyrannen in der zweiten Hälfte des sechsten Jahrhunderts haben das gefördert, weil keine Bindung zu einem der alten aristokratischen Verbände bestand (S. 72). Er war, genauso wie das große Fest der Athena, die **Panathenäen**, ein Kult des Polis-Kollektivs. Die Demokratie, die auf die Tyrannen folgte, stand solchen Kulten ebenfalls positiv gegenüber.

In den meisten **Tragödien** steht das Verhältnis zwischen Mensch und Göttern im Mittelpunkt, zum Beispiel das Zusammenstoßen des menschlichen Gesetzes und der göttlichen Ordnung oder der Konflikt zwischen menschlichem Streben und göttlicher Fügung. Die Themen entlehnte man in der Regel alten Sagen und Mythen, die auch von den Ependichtern des archaischen Zeitalters herangezogen worden waren (S. 57).

Eine **Komödie** war ein politisches Kabarett, eingekleidet als Schauspiel. Sowohl in Tragödien als auch in Komödien spielte der Chor mit und wurde der Chorgesang von Musik und Tanz begleitet. Die Aufführungen fanden in Theatern, unter freiem Himmel statt und wurden von reichen Bürgern und Metöken (Liturgien) bezahlt. Während der

33
Schematische Darstellung der Entwicklung des Theaters. 1. Orchestra mit Sitzreihen der Zuschauer; 2. der Zuschauerraum (theatron) ist von der Orchestra getrennt; bei der Orchestra wird eine Skene gebaut als festes Bühnenbild; 3. die Skene (auf der und vor der sich die Handlungen mit der Zeit immer mehr abspielten) wird höher und tiefer; 5. das Theater zu Epidauros ist ein gutes Beispiel für diese Entwicklungsstufe; 4. das römische Theater: der Zuschauerraum (cavea) hatte die Form eines Halbkreises, der Schauspielerraum (podium) war fast über die volle Breite des Theaterdurchmessers ausgebaut.
Eines der besterhaltenen altgriechischen Theater ist das von Epidauros. Dieses Theater, das 14.000 Zuschauer faßt, wird jährlich von einem internationalen Publikum besucht, das während des Epidaurosfestivals die antiken Tragödien wiedererstehen sieht.

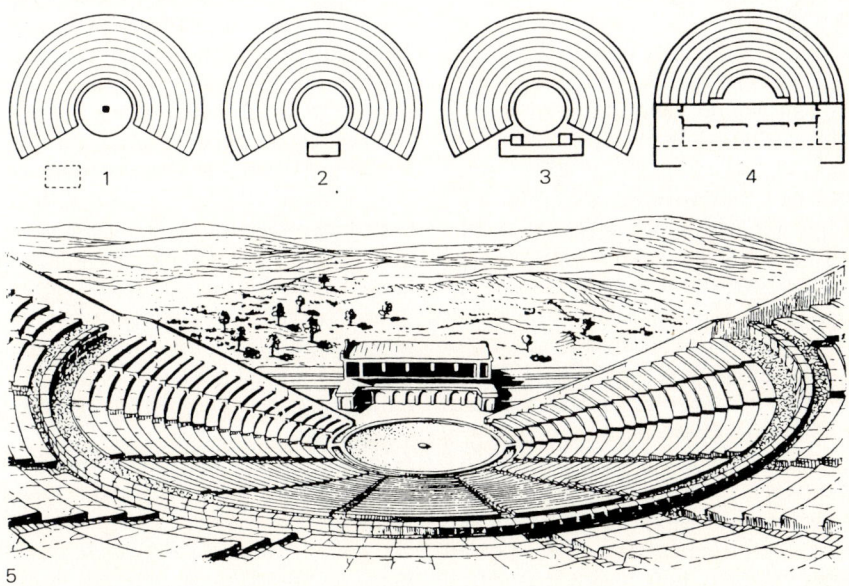

Dionysosfeste gab es einen Wettbewerb; Stücke von mehreren Dichtern wurden aufgeführt und das beste erhielt von der Jury einen Preis. Seit dem späten fünften Jahrhundert wurden beliebte Stücke wiederaufgeführt, und das attische Drama verbreitete sich in der ganzen griechischen Welt.

Die Philosophie

Im klassischen Athen war nicht nur die Natur Objekt philosophischer Studien, sondern auch der Mensch mit seinen kognitiven Fähigkeiten, mit seinem Verhalten sowie in seinem Staat und seiner Gesellschaft.

Die Sophisten

In der zweiten Hälfte des fünften Jahrhunderts begannen herumziehende Lehrer gegen Bezahlung in der **Beredsamkeit** zu unterrichten. Beredsamkeit (in Wort und Schrift) brauchte man in den demokratischen Organen, vor Gericht sowie bei verschiedenen Festen und anderen öffentlichen Angelegenheiten. Diese Lehrer nannte man **Sophisten**. Athen wurde eines der wichtigsten Zentren ihrer Tätigkeit; dort gab es ein kaufkräftiges Publikum, dem die Beredsamkeit sehr zustatten kam. Der Unterricht der Sophisten gab der reichen Jugend, die sich diesen Unterricht leisten konnte, einen zusätzlichen Vorsprung.

Die Sophisten unterrichteten nicht nur in der Beredsamkeit, sondern dachten auch über Staat und Gesellschaft, über die Sprache und über die Normen des menschlichen Verhaltens nach. Sie versuchten, die rationale, logische Denkweise der Naturphilosophie auf diese Gebiete anzuwenden, und einige Sophisten kann man als Pioniere der Grammatik und anderer Gebiete der Sprachwissenschaft betrachten. Nach Auffassung der radikalen Sophisten war in Gesetzen und Regeln nichts Absolutes oder Göttliches, sondern diese waren lediglich menschliche Konventionen oder Vereinbarungen.

Rhetorikunterricht

Der Unterricht in der Beredsamkeit nahm ab dem vierten Jahrhundert v.Chr. feste Gestalt an in einem Schulsystem, das sich nach und nach in der ganzen griechischen Welt verbreitete. Zwischen ihrem achten und zwölften Lebensjahr lernten jugendliche Angehörige der Elite zuhause oder bei einem Schulmeister lesen, schreiben und rechnen. Anschließend erwarben sie bei einem Lehrer Kenntnisse der klassischen Dichter der griechischen Literatur (zwischen ihrem 12. und 15. Lebensjahr), wonach sie sich bei einem **Rhetor** in der Beredsamkeit übten. Ein Rhetor führte eine Schule an einem festen Ort und zog nicht umher wie die Sophisten. Der bekannteste Rhetor im Athen des vierten Jahrhunderts war der oben bereits erwähnte Isokrates (S. 86).

Diese Unterrichtsformen kosteten Geld und kamen also nicht für die Armen in Frage. Durch den Unterricht in den Rhetorenschulen entstand in der griechischen Oberschicht eine zivilisierte Umgangs- und Schriftsprache. Die wohlerzogenen Honoratioren erhielten eine Sprache und ein kulturelles Rüstzeug, die sie von den Armen und den Emporkömmlingen, die zwar reich waren, aber keine gute Erziehung genossen hatten, unterschieden.

Die Rhetorik übte im vierten Jahrhundert allmählich immer größeren Einfluß auf sämtliche prosaischen Gattungen und sogar auf das Drama aus. Gleichzeitig trat in der Literatur eine gewisse **Verbürgerlichung** auf. Im fünften Jahrhundert entlehnten die Dichter viel aus den Themen des Heldenepos, das von den Normen und Werten der alten Aristokratie durchtränkt war, während sich im vierten Jahrhundert die Literatur viel mehr den Fragen der Erziehung, der alltäglichen Verhaltensnormen und anderen Aspekten der bürgerlichen Moral zuzuwenden begann. Zur gleichen Zeit verlor die Aristokratie an politischer Bedeutung. Wie wir bereits sahen, mußte diese in der athenischen Demokratie der militärischen, finanziellen und rhetorischen Kompetenz, die nicht mehr ausschließlich auf die Aristokratie beschränkt war, den Vortritt lassen.

Sokrates, Platon und Aristoteles

Die erbittertsten Widersacher der Sophisten waren die Athener Sokrates (469–399) und Platon (429–347), der wichtigste Schüler des

34
Griechische Schulszene, abgebildet auf einer Vase. Berlin, Antikenmuseum.
Aus: Blanck, H.: *Einführung in das Privatleben der Griechen und Römer*, S. 91. Darmstadt: 1976.

Sokrates. **Sokrates** war der Auffassung, daß die Gesetze in absoluten sittlichen Normen verankert seien und versuchte diese zu ermitteln, indem er nach der Definition und dem genauen Inhalt von Begriffen wie Weisheit, Frömmigkeit, Tapferkeit u.dgl. fragte. Die Athener fanden sein Gefrage unheimlich und betrachteten ihn ironischerweise als den übelsten Sophisten. Im Jahre 399 verurteilte ein Volksgericht ihn zum Tode durch den Giftbecher, weil er die Jugend verderbe. Er selber hat nichts Schriftliches hinterlassen, man kennt ihn aber ein wenig aus den Werken seiner Schüler Platon und Xenophon (ein Aristokrat, der vor allem als Historiker und durch seine Taten im Kriegsdienst berühmt geworden ist).

Auch **Platon** hat versucht, Sokrates' Problem zu lösen. Er glaubte, daß alles auf Erden ein Schattenbild von Prototypen und Grundformen in einer höheren Welt, der Welt der **ideai** (= Grundformen, unglücklicherweise oft mit dem Wort Ideen übersetzt), sei. Seiner Anschauung nach hätten zum Beispiel alle Tische teil an der *idea* Tisch in dieser höheren Welt und könnten deshalb Tische genannt werden. Platon glaubte, daß die menschliche Seele bereits vor der Geburt existiere und die *ideai* kenne, nach der Geburt in einer stofflichen Umhüllung eingekerkert sei und die meisten Kenntnisse der *ideai* dadurch verliere. Nur durch ein gründliches Studium aller Aspekte der Wirklichkeit (angefangen mit einer mathematischen Propä-

35
Sokrates (469–399) war der Sohn eines Bildhauers oder Steinmetzen und war anfangs ein Handwerker aus der Mittelschicht. Bei mehreren Gelegenheiten kämpfte er als Hoplit im athenischen Heer. Später, gegen Ende seines Lebens, scheint er in Armut geraten zu sein. In seinen jungen Jahren interessierte er sich für Naturphilosophie, später aber richtete sein Interesse sich auf Fragen der Begriffsbestimmung und der Ethik. Er glaubte an die absolute Gewalt der Gesetze (im Gegensatz zu manchen Sophisten) und nahm am politischen Leben seiner Stadt teil. Im Jahre 406 präsidierte er der Volksversammlung, die in einer unruhigen Sitzung einige Admiräle zum Tode verurteilte; diese hatten in jenem Jahr zwar eine große Seeschlacht (bei den Arginusen) gegen die Spartaner gewonnen, aber nicht verhindern können, daß zahlreiche Athener infolge eines losbrechenden Sturmes ertranken. Foto: Rom, Museo Capitolino.

deutik) könne der Mensch sich allmählich wieder dessen erinnern, was seine Seele früher schon gewußt und gesehen habe. Die höchste *idea* war für Platon die *idea* des Guten. Manchmal ist diese bei ihm synonym mit Gott. Der ideale Staat war in Platons Augen eine einfache agrarische Polis mit einer beschränkten, stabilen Anzahl von Einwohnern, die in drei Stände unterteilt waren: in Philosophen/Regierende, Wächter und Arbeiter. Die Philosophen sollten mittels einer langen Ausbildung zu Kennern der *ideai* und Sachverständigen der Verwaltung und Rechtsprechung ausgebildet werden. Somit würden sie sowohl die richtige moralische Grundlage als auch die erforderlichen Fähigkeiten besitzen, die beste denkbare Regierung zu bilden. Die Wächter sollten den Staat verteidigen und militärisch und moralisch ausgebildet werden. Die Arbeiter schließlich sollten die beiden höchsten Stände ernähren und für die Gesellschaft das Nötige produzieren. Sie dürften kein politisches Mitbestimmungrecht haben. Um Eigennutz auszuschließen, wollte Platon den Philosophen das Recht auf Eigenbesitz und eigene Familie absprechen. Die beiden höchsten Stände sollten seiner Anschauung nach nicht erblich sein: in jeder Generation sollten immer die am meisten Geeigneten, diejenigen mit der besten Veranlagung, ausgesucht werden.

Platon hat 367 und 361, auf Einladung des syrakusanischen Tyrannen Dionysios II. (367–357), einige Reisen nach Sizilien unternommen. Dionysios wußte jedoch nichts mit Platons Ratschlägen anzufangen und schickte den Philosophen wieder nach Hause.

Um 390 hat Platon die Akademie, eine Schule, wo er mit Schülern und Interessierten über seine Einsichten sprach, gegründet. Diese Schule ist bis 529 n.Chr. ein Zentrum der platonischen Philosophie geblieben. Man nannte Platons Anhänger später auch **Akademiker**.

Aristoteles

Platons bedeutendster Schüler war Aristoteles. Dieser glaubte nicht an die Welt der *ideai*, sondern meinte, daß alles auf Erden logisch in Arten und Kategorien einzuordnen sei, indem man die inhärenten Eigenschaften und Qualitäten analysiere. Aristoteles war ein universaler Gelehrter. Er schrieb über die formale Logik (= die Kunst des logischen und zusammenhängenden Denkens), die Natur, die übernatürlichen Dinge, die Poesie, die Prosa, die menschlichen Verhaltensnormen und die Staatskunde.

Aristoteles' politisches Ideal war ein Staat, in dem Tugend und Fähigkeit in bezug auf die verschiedenen Aspekte des menschlichen Handelns als Normen für die Staatsführung und das Leben der Bürger gelten sollten: Aristo (= beste) -kratie (= Herrrschaft) im höheren Sinne.

Unter den gegebenen Umständen seiner Zeit betrachtete er eine Polis mit einer gemischten staatlichen Organisation (eine Regierung mit einem monarchischen, einem aristokratischen und einem demokratischen Element) als die am meisten wünschenswerte. Diese staatliche Organisation solle auf einer breiten gesellschaftlichen Grundlage ruhen und den Mittelweg zwischen den ungesunden Extremen der Tyrannis und der Willkür der Masse finden. Für die Stabilität des Staates erachtete Aristoteles das Vorhandensein eines starken Mittelstandes als wichtig. Die Volksversammlung solle seiner Meinung nach nicht oft zusammentreten und sich durch Ratschläge von Sachverständigen bestimmen lassen. Wenn es keine gemischte staatliche Organisation geben könne, zog Aristoteles die Demokratie der Tyrannis oder der Oligarchie vor. Er meinte, daß alle Bürger imstande seien, an der Regierung teilzunehmen, und daß die Summe des Sachverstandes aller Menschen ins Gewicht fallen müsse. In einer Demokratie könne man die Fähigkeiten aller Bürger nutzen, und dies sei mehr als die Summe der Fähigkeiten von wenigen oder eines Einzelnen.

Auch Aristoteles eröffnete eine Schule: das Lykeion.

Die Geschichtsschreibung.
Herodot (ca. 485–425)

Im fünften Jahrhundert v.Chr. entstand auch die Geschichtsschreibung. Der 'Vater der Geschichte' war **Herodot**, der aus Halikarnassos, auf dem südwestlichen Zipfel Kleinasiens, stammte, aber einen wichtigen Teil seines Lebens in Athen verbrachte. Er schrieb über die Perserkriege und deren Vorgeschichte und schilderte die Sitten, Bräuche und Geschichten verschiedener Völker und Staaten in Asien und Griechenland. Er erzählte keine Sagen, sondern versuchte die Wahrheit zu finden und wog seine Informationen kritisch ab. Seine Arbeit ging aus der ionischen Tradition der Länder- und Völkerkunde hervor. Bereits im archaischen Zeitalter hatten ionische Kaufleute das Bedürfnis, etwas mehr von den Ländern und Völkern, die sie besuchten, zu wissen.

Thukydides (ca. 460–400)

Der in der modernen Zeit am meisten bewunderte griechische Historiker ist der Athener **Thukydides**. Dieser schrieb eine Geschichte des Peloponnesischen Krieges und machte dies so exakt und objektiv wie möglich. Wenn man ihn jedoch mit Herodot vergleicht, muß man feststellen, daß er Geschichte auf den politischen und militärischen Bereich reduzierte. Thukydides machte als erster einen prinzipiellen Unterschied zwischen Ursachen und Anlässen (z.B. des Ausbruchs des Peloponnesischen Krieges) und versuchte in Reden, die er den wichtigsten handelnden Personen in seinem Werk in den Mund legte, die tieferen Hintergründe und Motive sichtbar zu machen. Er legte das Schwergewicht auf die zeitgenössische Geschichte und fand hierin Nachfolge bei späteren griechischen Historikern.

Rhetorische Geschichtsschreibung

Nach Thukydides geriet die Geschichtsschreibung unter den Einfluß des Rhetorikunterrichts (S. 94). Ab dem vierten Jahrhundert v.Chr. bis zum Ende des Altertums wurden sowohl im griechischen wie im römischen Kulturkreis die Geschichtswerke in der Schriftsprache, welche die gebildete Elite in den Rhetorenschulen lernte, geschrieben; sie enthielten daher vielerlei Stilmittel, dramatische Effekte und moralistische Gemeinplätze, die auch in Prunkreden und anderer rhetorischer Prosa vorkamen. Innerhalb dieser Formen strebten gute Historiker weiterhin nach einer Darstellung der Ereignisse in ihrem wahren Sachverhalt. Sie griffen nicht auf phantasievoll ausgeschmückte, wenig exakte Überlieferungen und Heldensagen zurück, auch wenn es diese während des ganzen Altertums neben der Geschichtsschreibung wohl gegeben hat. Über berühmte Ereignisse existierten nebeneinander Geschichtswerke in gekünstelter rhetorischer Prosa, die von einem kleinen gebildeten Kreis von Eingeweihten gelesen wurden, und märchenhafte Volksgeschichten.

Die Griechen im Westen des Mittelmeergebietes

Im Zeitalter der großen griechischen Wanderung (750–550) waren an den Küsten Süditaliens, Siziliens und Südgalliens (Karte 9a und b) Stadtstaaten gegründet worden und zu großem Wohlstand gekommen. Auch jetzt noch zeugen die imposanten Reste der Tempel und anderer Bauwerke vom materiellen Wohlstand, der in diesen Städten im sechsten und fünften Jahrhundert v.Chr. geherrscht hat. Die wichtigste Ursache dieses Wohlstands war, daß die griechischen Kolonisten sich im siebten und frühen sechsten Jahrhundert in fruchtbaren Küstenebenen mit guten Transportmöglichkeiten hatten festsetzen können, so daß Agrarüberschüsse leicht ausgeführt werden konnten. Im Laufe des sechsten Jahrhunderts endete die griechische Kolonisation im Westen. Die Handelsstadt Karthago, selbst ca. 800 als Kolonie der phönikischen Stadt Tyros gegründet, nahm einen starken Aufschwung und hielt die Griechen aus Nordafrika, Südspanien, Sardinien und dem westlichen Zipfel Siziliens heraus. Die Etrusker, damals das bestorganisierte und höchstentwickelte Volk in Italien, nahmen in Mittelitalien, der Poebene und Campanien eine starke Stellung ein. Gemeinsam mit den Karthagern vereitelten sie ca. 540 einen griechischen Kolonisationsversuch auf Korsika.

Anfang des fünften Jahrhunderts verschärften sich die Gegensätze. 480 (das Jahr von Salamis!) versuchten die Karthager die Herrschaft über ganz Sizilien zu erlangen, aber der syrakusanische Tyrann Gelon (reg. 485–478) fügte ihnen bei Himera eine schwere Niederlage zu. Daraufhin machte er Syrakus zur mächtigsten griechischen Polis im Westen und zur bevölkerungsreichsten nach Athen, indem er aus mehreren griechischen Städten auf Sizilien Teile der Bevölkerung deportierte und in Syrakus konzentrierte. Sein Bruder und Nachfolger Hieron I. vernichtete im Jahre 474 in der großen Seeschlacht bei Kyme (einer griechischen Stadt in der Nähe von Neapel) die etruskischen Seestreitkräfte. Danach nahm die etruskische Macht langsam ab, und die Etrusker stellten keine Bedrohung mehr für die griechischen Stadtstaaten dar. An ihre Stelle traten jedoch schon bald andere Bedrohungen. Im Laufe des fünften und vierten Jahrhunderts stellten sich in Süditalien die Stämme im Hinterland der griechischen Städte immer heftiger und erfolgreicher gegen die Griechen.

Auf Sizilien wütete Mitte des fünften Jahrhunderts ein Kampf zwischen den Syrakusern und den Siziliern aus dem Binnenland. In den Jahren 415–413 versuchte Athen die Hegemonie Siziliens an sich zu reißen (S. 82), und im Jahre 409 begann eine endlose Reihe von Kriegen zwischen den von Syrakus geführten Griechen auf Sizilien und den Karthagern. Diese Kriege dauerten, mit Unterbrechungen, bis ins dritte Jahrhundert v.Chr. und endeten erst, als Rom ganz Sizilien erobert hatte (241 v.Chr., S. 134).

Die ständigen Kriege hatten einen tiefgreifenden Einfluß auf die inneren Verhältnisse der griechischen Städte. Syrakus zum Beispiel kannte nur zwischen 466 und 405 eine Periode der Demokratie, wurde jedoch im übrigen klassischen Zeitalter fast immer von Tyrannen regiert. Immer wieder vermochten erfolgreiche Generäle die Macht zu ergreifen und eine Tyrannis zu errichten. Dabei stützten sie sich auf ihre Söldner und auf die armen Bürger, die von ihnen revolutionäre Maßnahmen wie Bodenreform und Schuldentilgung erwarteten.

Der starke feindliche Druck nötigte die Griechen im vierten Jahrhundert zu einer Organisation in größere Einheiten, um militärisch eine stärkere Position einzunehmen. Es boten sich zwei Möglichkeiten: ein Staatenbund von autonomen Poleis, oder eine territoriale Monarchie mit einer großen griechischen Stadt als befestigtem Zentrum. Letztere Möglichkeit war bereits von den Tyrannen Gelon und Hieron I. (siehe oben) versucht worden, aber ihre Familie kam 466 zu Fall. Diese Lösung wurde nochmals von dem syrakusanischen Tyrannen **Dionysios I.** (405–367) angestrebt. Er eroberte die östliche Hälfte Siziliens und die südwestliche Landzunge der Apenninenhalbinsel, hob alle griechischen Stadtstaaten auf, konzentrierte deren Bevölkerung in Syrakus und siedelte in den geräumten oder neugegründeten Städten, die zu Syrakus gehörten, Söldner an.

Sein Versuch und ähnliche Bestrebungen späterer syrakusanischer Tyrannen scheiterten jedoch am hartnäckigen Widerstand der

36
Tempel der Hera in Poseidonia oder Paestum, 5. Jahrhundert v.Chr. Paestum (an der Westküste Süditaliens, südlich von Neapel) wurde im archaischen Zeitalter (ca. 600 v.Chr.) als eine Kolonie von Sybaris, das wiederum eine Kolonie von Achaia, einem Landstrich im Norden der Peloponnes, war, gegründet. (Sybaris lag in der Nähe von Tarent. Die Stadt wurde ca. 720 v.Chr. gegründet und 510 v.Chr. von der Nachbarstadt Kroton zerstört.) Ca. 390 v.Chr. wurde das griechische Poseidonia von Italikern aus dem Hinterland überwältigt und war seitdem eine italische Stadt. Im Jahre 273 machten die Römer Paestum zur latinischen Kolonie (S. 122). Paestum ist ein lateinischer Name. Foto: Marburg, Fotoarchiv.

Griechen, welche die Autonomie der Stadtstaaten erhalten wollten. Im dritten Jahrhundert v.Chr. war die letzte Chance verspielt: die griechischen Stadtstaaten in Süditalien und auf Sizilien mußten sich der Vorherrschaft Roms beugen.

Die Griechen im westlichen Mittelmeergebiet haben eigenständige und wichtige Beiträge zur griechischen Literatur, Philosophie, Kunst und Baukunst geliefert und als erste die Völker Italiens, Galliens und Spaniens mit der griechischen Zivilisation in Berührung gebracht. Dadurch haben sie die weitgehende Übernahme des griechischen Kulturguts durch die Römer, Gallier und andere Westeuropäer, die später stattfand (S. 60), vorbereitet.

11 Das Zeitalter des Hellenismus (ca. 338–30 v.Chr.)

Einführung

Alexander, seit 336 König von Makedonien, hat die Vorhaben seines ermordeten Vaters Philipp II. übernommen und auch durchgeführt (siehe S. 86). Wie wir sehen werden, hatte dies die Eroberung des ganzen Perserreiches durch Alexander zur Folge. Dadurch trat sowohl die griechische als auch die altorientalische Geschichte in eine neue Phase, die man ‚die hellenistische' nennt. Wir werden uns in diesem Kapitel auf die Periode der griechisch-makedonischen Vorherrschaft in den genannten Gebieten beschränken. Im zweiten und ersten Jahrhundert v.Chr. verloren die griechisch-makedonischen Reiche eines nach dem anderen ihre Selbständigkeit und kamen unter die Herrschaft des Römischen Reiches und des Partherreiches, in denen die sogenannte ‚hellenistische' Kultur übrigens fortdauerte. In den nächsten Abschnitten werden wir versuchen zu beschreiben, was unter ‚Hellenismus' zu verstehen ist.

Alexander der Große

Nachdem Alexander zuerst eine Rebellion griechischer Städte niedergeschlagen hatte, setzte er im Jahre 334 mit seinem erfahrenen makedonischen Heer, ergänzt durch Hilfstruppen des Korinthischen Bundes, nach Kleinasien über. Hier besiegte er ein persisches Satrapenheer, wonach er die griechischen Städte an der Westküste Kleinasiens befreien konnte. Als nächstes wandte er sich dann den phönikischen Städten, den Stützpunkten der persischen Flotte, zu, da er befürchtete, daß diese Flotte in seiner Abwesenheit Griechenland angreifen würde. Zunächst aber mußte er im Jahre 333 bei Issos die persische Hauptmacht unter der Führung des Dareios III. besiegen, wobei der stärkste Widerstand von griechischen (!) Söldnern (siehe S. 86) in persischen Diensten geleistet wurde (Karte 15).
Die Einnahme der phönikischen Städte war, was Tyros anbelangt, sehr zeitraubend. Die Belagerung dauerte 7 Monate. Anschließend zog Alexander entlang der Küste weiter nach Ägypten, wo er mit offenen Armen empfangen wurde, da die Herrschaft der Perser hier verhaßt war. Er wurde bei einem Besuch des Ammon-Orakels als Pharao, also als der Sohn Ammons, der in Griechenland dem Zeus gleichgestellt wurde, begrüßt. Dies machte großen Eindruck auf Alexander, und seitdem benahm er sich immer mehr wie ein Fürst, der von göttlicher Abstammung war. Von großer Bedeutung war seine Gründung der Stadt Alexandrien, die später die Hauptstadt Ägyptens werden sollte.
Dann erst zog er ins Innere des Perserreiches. Bei Gaugamela (Karte 15) schlug er 331 erneut die persische Hauptmacht, wodurch die großen Hauptstädte in seinen Machtbereich kamen. Babylon, Susa und Persepolis fielen ohne jeden Kampf in seine Hand. Schon nach einigen Monaten wurde der Zug wieder fortgesetzt. In schwierigen Feldzügen wurden die östlichen Satrapien unterworfen, wobei Alexander auch guten Willen gegenüber den Unterworfenen zeigte, indem er Rhoxane, eine örtliche Prinzessin aus einem dieser Gebiete, heiratete.
Am Indus besiegte er noch einen indischen Fürsten, Poros, aber dann wurden seine Soldaten des Feldzuges überdrüssig. Sie meuterten und weigerten sich weiterzuziehen. Im Jahre 324 kehrte Alexander nach Babylon zurück und starb ein Jahr später nach kurzer Krankheit im Alter von 32 Jahren.
Alexander betrachtete sich als legitimen Nachfolger der Perserkönige und benahm sich auch dementsprechend. Er führte das persische Hofzeremoniell ein, wozu auch der Kniefall für jemanden, der sich dem König näherte, gehörte. Für die Griechen und Makedonier war dies unerträglich, denn sie waren gewohnt, nur für Götter einen Kniefall zu machen und betrachteten den König als Ersten unter Seinesgleichen. In der Reichsverwaltung ließ Alexander vieles beim alten, und auch die Entrichtung der Steuern geschah in derselben Weise wie vorher. Verschiedene persische Satrapen blieben auf ihren Posten, weil Alexander der Meinung war, daß die persische Verwaltungserfahrung

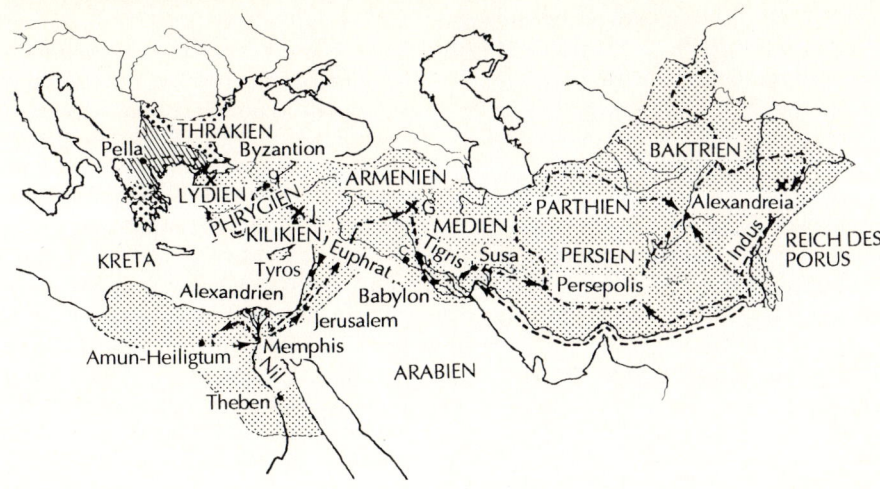

Karte 15
Reich Alexanders des Großen

▨▨▨	Makedonien
▨▨▨	das eroberte Perserreich
▨▨▨	abhängige Gebiete
X	= große Feldschlachten
I	= Issos
G	= Gaugamela
-----	Zug des Alexander

unentbehrlich sei. Seine Offiziere mußten sich damit abfinden und wurden sogar dazu gezwungen, persische Frauen zu heiraten. Alexander wollte Babylon zur Hauptstadt machen und gab den Befehl zur Wiederherstellung der Zerstörungen, die von Xerxes angerichtet worden waren (S. 42). Alexanders Reich sollte ein würdiger Nachfolger der altorientalischen Weltreiche werden. Dies alles erregte das Mißfallen von Alexanders Generälen, was wiederum zu Konflikten führte.

Von Alexander dem Großen bis zur römischen Besetzung

Nach Alexanders Tod fiel sein Reich nahezu sofort auseinander, weil kein Nachfolger seines Formats vorhanden war. Auf einer Heeresversammlung in Babylon wurde Alexanders schwachsinniger Bruder Philipp Arrhidaios zum König ausgerufen, wobei beschlossen wurde, daß, falls Rhoxane, die schwanger war, einen Sohn gebären sollte, dieser Mitkönig werden würde. Die wirkliche Macht jedoch übernahmen die makedonischen Generäle, die diese auf Konferenzen, aber vor allem auf dem Schlachtfeld unter sich verteilten. Manche strebten dabei nach dem Zusammenhalt von Alexanders Reich unter eigener Herrschaft, z.B. Antigonos Monophthalmos (= der Einäugige), andere wiederum versuchten ihre Stellung als Satrap des Gebietes, für das sie eingesetzt worden waren, so weit wie möglich zu festigen, z.B. Ptolemaios, der Satrap von Ägypten. Das Ergebnis dieser sogenannten Diadochen-(= Nachfolger-) Kriege war, daß die separatistische Politik die Oberhand gewann. Es entstand eine Anzahl von Reichen, von denen folgende die wichtigsten waren:
- das ,Ptolemäerreich', gegründet von Ptolemaios I. (323–283)
- das ,Seleukidenreich', gegründet von Seleukos I. (311–281)
- Makedonien, nach 276 unter der Herrschaft eines Nachkommen von Antigonos Monophthalmos, Antigonos Gonatas (276–239).

Daneben entstanden, vor allem auf Kosten des Seleukidenreiches, noch einige kleinere Reiche, wie Pergamon unter der Herrschaft der Attaliden (Anfang des dritten Jahrhunderts); Baktrien, unter einem Regime von griechischen Kolonisten; Parthien unter der Herrschaft von indoiranischen Eindringlingen, die im zweiten Jahrhundert v.Chr. sogar den Seleukiden Mesopotamien wegnahmen (siehe S. 112 und 43), sowie das jüdische Makkabäerreich (siehe S. 111). Für die Lage dieser Reiche siehe Karte 16.

Griechenland

Griechenland gehörte formell nicht zu einem dieser Reiche, lag jedoch eindeutig im makedonischen Einflußbereich. Die Grundlage hierfür war durch die Schlacht bei Chaironeia (338 v.Chr., siehe S. 86) und die Aufnahme der meisten griechischen Stadtstaaten in den Korinthischen Bund (siehe S. 86) gelegt.

Athen und Sparta

Auflehnung gegen Makedonien hatte in der Regel nur wenig Erfolg. Ein vom athenischen Redner Demosthenes angeregter Aufstand nach dem Tode Alexanders wurde niedergeschlagen, Athen bekam eine makedonische Garnison und seine Verfassung wurde abgeändert: Die Vollbürgerschaft war nur noch Leuten mit einem bestimmten Vermögen vorbehalten. Dies bedeutete das Ende der athenischen Demokratie (321 v.Chr.). Athens Rolle in der internationalen Politik war ausgespielt, wenn es auch manchmal das makedonische Joch abzuschütteln vermochte; das geschah jedoch immer mit Hilfe von außen. Im Jahr 307 wurde die Demokratie wiederhergestellt, wonach sie erst 86 v.Chr., durch römische Intervention, wieder aufgehoben wurde.

Auch Sparta war nicht einmal ein Schatten der ehemaligen Großmacht mehr, obwohl es auch kein Mitglied des Korinthischen Bundes hatte werden müssen. Die Zahl der Spartiaten ging auf 700 zurück, von denen 600 mittellos geworden waren. Die Versuche der Könige Agis IV. (244–241) und Kleomenes III. (236–222), die Spartiatenzahl zu steigern, indem sie Bürger zweiten Ranges, Periöken und Heloten zu Spartiaten machten, schlugen fehl, führten aber zu einer Welle von Revolutionen in Süd- und Mittelgriechenland. Die Aufwertung der Periöken ging nämlich mit einer Umverteilung von Land einher, was auch zahlreiche Griechen in anderen Teilen Griechenlands sich erhofften.

Staatenbünde in Griechenland

Mehr Erfolg bei der Behauptung ihrer Selbständigkeit hatten der ätolische und achäische Bund. Diese Bünde waren in den Gebieten entstanden, wo das *ethnos* dominierte (siehe S. 59), und unterschieden sich darin von Staatenbünden wie dem Delisch-Attischen Bund und dem Peloponnesischen Bund, daß nicht ein einziger Staat an ihrer Spitze stand. Es handelte sich bei diesen beiden Bünden also jeweils um einen ‚Bundesstaat'. Dessen Bürger hatten ein doppeltes Bürgerrecht, nämlich das ihrer eigenen Polis und das des Bundes. Auch diese Bünde konnten die Großmächte jedoch nicht ganz ausschließen. Mehr noch: Die Großmächte wurden sogar gebeten, in Auseinandersetzungen zwischen Bundesmitgliedern einzugreifen, und so wurde Griechenland zum Spielball dieser Großmächte, die allesamt in die griechischen Angelegenheiten eingriffen, wobei sie die Verwirklichung der ‚Freiheit und Autonomie' der griechischen Städte als Beweggrund anführten.

So erschien auch Rom auf der Bildfläche, weil es um Hilfe gegen Makedonien gebeten wurde. Nachdem Makedonien besiegt war, wurden die griechischen Städte im Jahre 196 feierlich für ‚frei und autonom' erklärt. Seitdem aber gehörte Griechenland zum römischen Einflußbereich. Griechische Unzufriedenheit mit dieser Lage führte zu erneutem römischen Eingreifen in Griechenland. Das Ergebnis war schließlich, daß Makedonien 148 römische Provinz wurde und daß Griechenland 146 unter die Aufsicht des römischen Statthalters von Makedonien gestellt wurde (S. 137f.).

Das Seleukidenreich

Das Seleukidenreich war das größte der hellenistischen Reiche, jedoch bildete es keineswegs eine Einheit. Es gab hier zahllose Völker und Kulturen, so daß es denn auch bald zerfiel. Antiochos III. (223–187) vereinte noch einmal wieder das ganze Reich und entriß den Ptolemäern im Jahre 200 Südsyrien und Palästina. Ein Konflikt mit Rom (191–188) um Griechenland wurde ihm schließlich zum Verhängnis. Er mußte seine Gebiete in Kleinasien dem römischen Verbünde-

37
Rekonstruktion von Pergamon, einem der wichtigsten griechischen Kulturzentren im hellenistischen Zeitalter. Die Stadt war der Mittelpunkt eines kleinen, aber gut verwalteten Königreichs im Nordwesten Kleinasiens, das sich am Anfang des dritten Jahrhunderts v.Chr. vom Seleukidenreich unabhängig gemacht hatte (ca. 280 v.Chr.). Die Könige von Pergamon haben vor allem gegen die Kelten (Galater), die 279 in die griechische Welt eindrangen und sich anschließend in Zentralanatolien niederließen, kämpfen müssen. Es gab in Pergamon Bibliotheken, Rhetorenschulen und einen berühmten Tempel des heilenden Gottes Asklepios, wo Tausende Genesung suchten. Die Stadt war ca. 300 v.Chr. von einer Burg aus entstanden. In der Periode von 215–133 v.Chr. war Pergamon ein treuer Verbündeter Roms. Die Römer dehnten im Jahre 188, nach ihren Sieg über den Seleukidenkönig Antiochos III. (König von 223–187 v.Chr.), das Pergamenische Reich bis zum Taurosgebirge aus. Der letzte König des pergamenischen Fürstenhauses der Attaliden, Attalos III., vermachte sein Reich 133 v.Chr. testamentarisch an Rom (er hatte keine Kinder), ein deutlicher Beweis dafür, wie sehr die hellenistischen Könige ihre Reiche als Privateigentum betrachteten.
Aus: Rottier, H.: *Stedelijke Structuren*, S. 51. Muiderberg: Coutinho 1980.
Modell: Staatliche Museen, Berlin.

ten Pergamon überlassen und einen Kriegstribut von 15.000 Talenten (Appendix 2) zahlen. Dieser Tribut sollte die Staatskasse des Seleukidenreiches noch lange Zeit belasten, da die Bezahlung nämlich in Raten erfolgte.
Nachdem im Jahre 164 v.Chr. Antiochos IV., der sich u.a. mit dem jüdischen Aufstand (siehe S. 111) konfrontiert sah, gestorben war, wurde das Reich durch dynastische Auseinandersetzungen rasch geschwächt. Im Jahre 129 ging Mesopotamien endgültig an die Parther (siehe S. 112) verloren, wonach das Seleukidenreich nicht viel mehr als das heutige Syrien umfaßte. Im Jahre 64 wurde das Seleukidenreich von den Römern aufgelöst und zur Provinz Syria (S. 155f.) umgebildet.

Das Ptolemäerreich

Das Ptolemäerreich (Ägypten) erlebte unter Ptolemaios I. (323-283) und Ptolemaios II. (283-246) eine hohe Blüte. Im zweiten Jahrhundert wurde es durch dynastische Streitigkeiten, den Verlust von Syrien-Palästina (200) und eine wachsende Unruhe unter der einheimischen ägyptischen Bevölkerung geschwächt. Im zweiten und besonders im ersten Jahrhundert wurde die römische Ein-

38
Der Prunkaltar von Pergamon, errichtet zu Ehren der pergamenischen Erfolge gegen die Galater. Dargestellt ist u.a. ein Kampf zwischen Göttern und anderen Wesen, ein Sinnbild des Kampfes gegen die Galater. Foto: Marburg, Fotoarchiv, Rekonstruktionszeichnung.

mischung in Ägypten immer deutlicher spürbar, woraufhin es im Jahre 30 v.Chr. seine Selbständigkeit verlor. Die letzte Fürstin der ptolemäischen Dynastie, Kleopatra VII., beging nach der Eroberung Ägyptens durch Octavian, der später als Kaiser Augustus bekannt wurde (siehe S. 161f.), Selbstmord.

Die Reichsverwaltung und die Städte in den hellenistischen Reichen

Es wird oft so dargestellt, als seien in den hellenistischen Reichen an die Stelle der kleinen selbständigen Stadtstaaten (Poleis) des klassischen Zeitalters große monarchische Reiche getreten. Dies trifft jedoch nur bedingt zu. Die hellenistischen Monarchien findet man in jenen Gebieten, wo solche Staaten schon seit Jahrhunderten florierten, nämlich in Ägypten, Vorderasien und Makedonien. Im griechischen Gebiet dagegen blieben nach wie vor die Stadtstaaten vorherrschend. Dazu kommt noch, daß auch bereits vor der Zeit Alexanders des Großen große monarchische Reiche sich griechische Stadtstaaten einverleibt oder solche durch eine geschickte Politik dominiert hatten. Die Poleis an der Westküste Kleinasiens gehörten zum Lyder- und Perserreich, und in Griechenland wurde die Politik der Stadtstaaten seit dem Peloponnesischen Krieg durch persische und makedonische Einmischung überschattet: man denke dabei an die Hilfe an Sparta in diesem Krieg, an den ‚Königsfrieden' von 386, der vom Perserkönig diktiert wurde, und an die Einmischung Makedoniens, die den ‚Korinthischen Bund' unter Führung des makedonischen Königs zur Folge hatte.

All dies ändert nichts an der Tatsache, daß sich im hellenistischen Zeitalter sehr wohl einige neue Entwicklungen abzeichneten. Erstens konnten auf internationaler Ebene die Stadtstaaten nicht länger die Rolle einer Großmacht spielen, so wie das einst Sparta und Athen im fünften Jahrhundert getan hatten. Zweitens spielten in Griechenland anstatt der Städte immer mehr die Bünde eine Hauptrolle in der Politik (siehe S. 102). Drittens wurden überall im Orient neue griechische Städte gegründet. Bereits Alexander der Große hatte im Gebiet von Ägypten bis zum heutigen Afghanistan viele Städte mit dem

Namen Alexandrien gegründet, und auch die Seleukiden gründeten viele neue Städte, die makedonische dynastische Namen erhielten, z.B. Seleukeia am Tigris und Antiocheia am Orontes, das schon bald ihre Hauptstadt wurde (Karte 16).

Städte entstanden manchmal auch aus den Soldaten- und Veteranenkolonien, wie sie die Seleukiden hier und dort gründeten. In Ägypten dagegen wies man den Soldaten Grundstücke zu, die viel mehr im ganzen Land zerstreut lagen. Die Zahl der griechischen Städte in Ägypten beschränkte sich, auch deswegen, auf Alexandrien, Naukratis und Ptolemais. In den neuen Städten wurden zahllose Emigranten aus Griechenland, ausgediente griechische Soldaten, aber auch Orientalen angesiedelt. Manche Städte dehnten sich enorm aus, und von allen Seiten strömten die Einwanderer herbei. Alexandrien wurde zu einem Konglomerat vieler Völker; Griechen, Ägypter, Juden und Syrer. Alexandrien, Antiocheia und Seleukeia wuchsen sich zu Städten mit Hunderttausenden von Einwohnern aus.

Die griechischen Städte, sowohl die alten als die neuen, erfreuten sich einer Sonderstellung innerhalb der Reiche. Die Könige warfen sich zu Beschützern der ‚Freiheit und Autonomie' dieser Städte auf, die sich selbst, wie es einer Polis geziemte, mit gewählten Magistraten, einem Rat und einer Volksversammlung verwalten durften. Jede Stadt besaß auch ihr eigenes Gebiet, in dem das Ackerland ihrer Einwohner, das in vielen Fällen von abhängigen einheimischen Bauern bearbeitet wurde, lag. Manche dieser Städte waren von Steuern befreit. Ganz unabhängig waren sie natürlich nicht, und in den meisten Fällen sah ein Gouverneur nach dem Rechten. Im Prinzip stand die Vollbürgerschaft nur Griechen und Makedonen offen, während die Nicht-Griechen in eigenen ethnischen Organisationen (*politeumata*) eine Form von Selbstverwaltung erhielten. Man muß jedoch vorsichtig sein, wenn man die Lage in all diesen Städten über einen Kamm schert. In Kleinasien war die griechische Anwesenheit viel älter und ausgeprägter als in den östlicher gelegenen Gebieten. Die Beziehungen zwischen den Griechen und den Nicht-Griechen ist eine noch weiter zu klärende historische Frage.

Neben den griechischen Städten gab es natürlich immer noch die alten orientalischen Städte, wie Memphis, Theben, Babylon, Uruk, Susa, die phönikischen Städte, Jerusalem, usw. Die Haltung der Könige diesen Städten gegenüber war einigermaßen zwiespältig. Einerseits durften sie ihre eigene Stadtverwaltung behalten (wenn auch häufig wohl ein griechischer oder einheimischer Gouverneur eingesetzt wurde), wurden Tempel wiederaufgebaut oder verschönert, wurde Recht gesprochen und wurden Verträge nach einheimischem Brauch abgefaßt, und sie besaßen, ebenso wie die griechischen Städte, ein eigenes Territorium; andererseits aber wurden diese orientalischen Städte dadurch benachteiligt, daß sie keine deutlich führende Rolle mehr spielen konnten. Keine einzige altorientalische Stadt wurde Hauptstadt; die neuen Hauptstädte lagen oft in der Nähe von alten orientalischen Städten, die dadurch viele Einwohner verloren. Seleukeia am Tigris z.B. wurde mit Deportierten aus Babylon, dem auch Gebiet abgenommen wurde, besiedelt. Nach einiger Zeit bekamen verschiedene orientalische Städte eine griechische Gemeinde, worauf man diesen Städten meistens einen neuen, griechischen Namen gab und die Städte durch die Gründung von Gymnasien, Theatern und Tempeln in griechischem Stil einen griechischen Charakter erhielten. Inwiefern auch die Stadtverwaltung nach griechischem Modell gestaltet wurde, ist nicht immer erkennbar.

Die Verwaltung der großen Reiche war zwar überall monarchisch, aber dennoch nicht identisch. In Makedonien gab es noch die Tradition, daß der König der Erste unter den Adligen war und von der Heeresversammlung zum König bestimmt wurde. In der Praxis jedoch bekam das Königtum hier immer mehr einen absoluten Charakter. In Vorderasien und Ägypten war das absolute Königtum von alters her überkommen und wurde auch fortgesetzt. Ein großer Unterschied zu Makedonien war, daß in diesen Gebieten die vorherrschende Macht eine fremde war. Alexander der Große hatte noch beabsichtigt, die einheimische Bevölkerung stärker an der Verwaltung und dem Heer zu beteiligen. Er wollte eine orientalische Stadt, Babylon, zur Hauptstadt machen und das

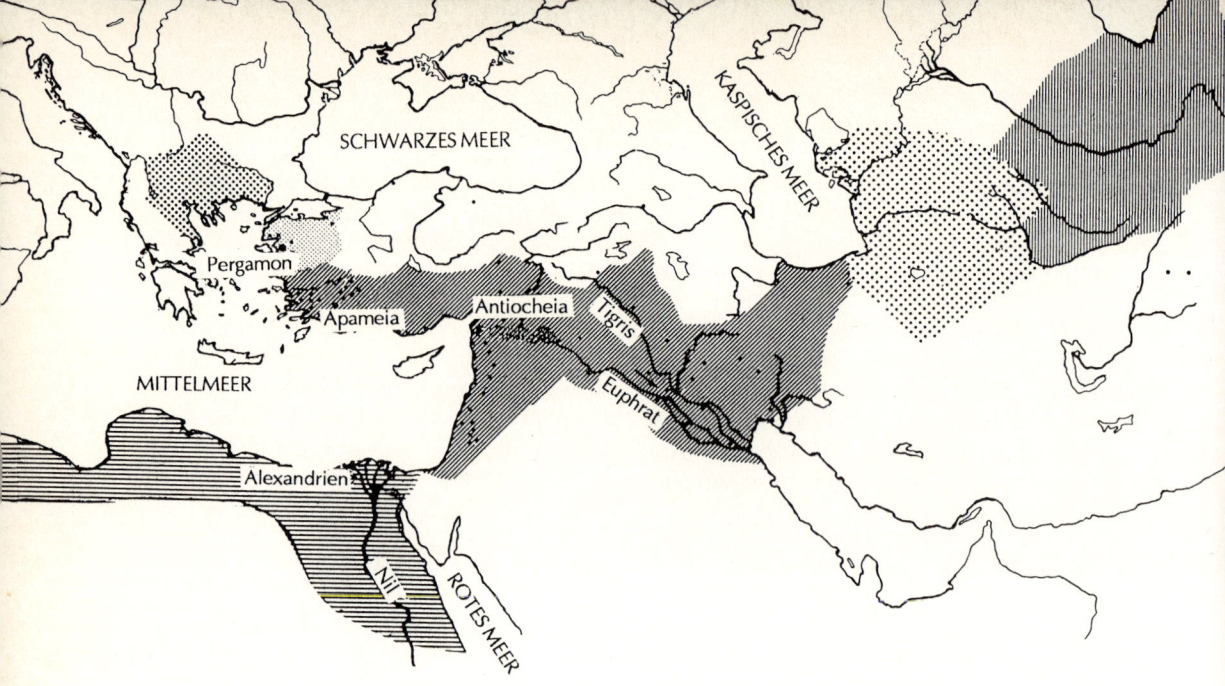

Karte 16
Die hellenistischen Reiche um 200 v.Chr.
hellenistische Kolonien

- Ägypten (Ptolemäer)
- Makedonien (Antigoniden)
- Pergamon
- Baktrien (B)
- Parthien (P)
- Seleukidenreich

Amt des Satrapen auch Persern anvertrauen. Seine Nachfolger haben diesen Vorsatz fallengelassen und wünschten sich soviel wie möglich auf Griechen und Makedonen zu stützen. Als die Zuwanderung von griechischen Einwanderern stockte, mußten sie immer öfter mehr oder weniger hellenisierte Orientalen einsetzen.

In der Schlacht bei Raphia im Jahre 217 v.Chr., als Ptolemaios IV. noch mit Erfolg den Seleukiden Antiochos III. aus Palästina abwehren konnte, machte er zum ersten Mal von ägyptischen Soldaten Gebrauch, was übrigens das Selbstbewußtsein der Ägypter stärkte.

Trotz der Tatsache, daß sich im Nahen Osten eine neue herrschende Elite durchsetzte, änderte sich in der Struktur der dortigen Staaten nur wenig; lediglich die Oberschicht veränderte sich. Das Seleukidenreich glich organisatorisch sehr dem persischen, während das Ptolemäerreich in vieler Hinsicht eine Fortsetzung des pharaonischen Ägypten war. Ein bemerkenswertes Phänomen war der Herrscherkult, worauf wir im Kapitel über die Religion näher eingehen werden.

Wirtschaft und Gesellschaft
Griechenland

Die Probleme des vierten Jahrhunderts (S. 85) dauerten im hellenistischen Zeitalter an. Auch in dieser Zeit trifft man eine größere Kluft zwischen arm und reich, eine immer wieder lautwerdende Forderung nach Landverteilung und Schuldentilgung sowie soziale Konflikte in den Poleis an.

In verschiedenen Städten wurden die oligarchischen Regierungen durch blutige Aufstände gestürzt und dabei die Reichen beraubt. Durch ihre Radikalität aber war der Erfolg dieser Aufstände nicht von langer Dauer und konnte die Oligarchie sich letztendlich doch behaupten. Die Vollbürgerschaft wurde an ein Mindestvermögen gekoppelt und eine Ratsmitgliedschaft für die Reichen war vorbestimmt.

Zur Zeit der römischen Vorherrschaft sah die führende Elite sich von der römischen Obrigkeit unterstützt, in deren Augen eine klei-

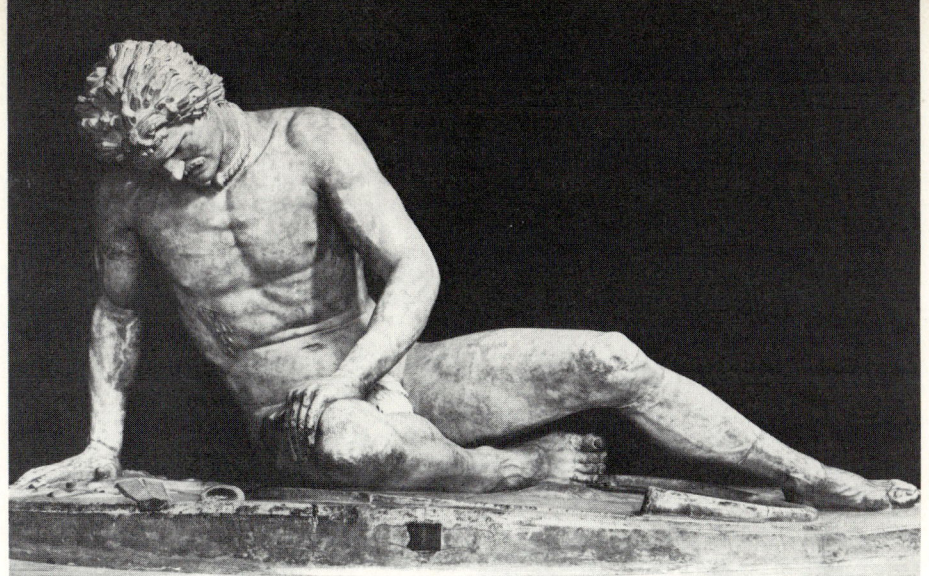

39
Der sterbende Gallier. Typisch hellenistische Skulptur (3. Jahrhundert v.Chr.).
Die Gallier (= Kelten) stammten ursprünglich aus dem Gebiet des heutigen Nordostfrankreichs, Süddeutschlands und Böhmens. Gegen 400 v.Chr. hatten sie sich weiter nach Frankreich, den britischen Inseln, Belgien, Teilen von Spanien und der Poebene ausgedehnt. 279 v.Chr. zogen Galliergruppen von Zentraleuropa nach Griechenland und Kleinasien und ließen sich in Mittelanatolien, wo sie ständig gegen die umliegenden hellenistischen Staaten zu kämpfen hatten, nieder. Besonders die Könige von Pergamon (im Nordwesten Kleinasiens) haben im Kampf gegen die Galater Ruhm errungen. Foto: Rom, Museo Capitolino.

ne Oligarchie leichter zu kontrollieren war als eine unberechenbare Demokratie. Eine Ausweichmöglichkeit für die vielen Armen bildete zu dieser Zeit die Tätigkeit als Söldner in den großen hellenistischen Reichen, wo sie auf Ansiedlung in einer Soldatenkolonie hoffen konnten. Die Bevölkerungszahl der Städte in Griechenland nahm weiter ab. Städte wie Athen und Korinth verloren ihre führende Stellung im Handelsverkehr an die neuen großen Städte wie Alexandrien in Ägypten, Antiocheia in Syrien und Rhodos.

Der Nahe Osten

Die Wirtschaft und Gesellschaft im Orient veränderten sich mit dem Einzug Alexanders des Großen nicht wesentlich. In Ägypten blieb die Redistributionswirtschaft erhalten, und dank der zahllosen griechischen Papyri läßt sich diese heute sogar noch besser erforschen. Der Staat lenkte die Landwirtschaft, indem er bestimmte, was eingesät wurde, und das Saatgut lieferte. Die Verarbeitung der Erzeugnisse geschah in Staatsbetrieben, und die privaten Kleinhändler mußten den Käufern Festpreise berechnen. Das Hauptziel der ptolemäischen Politik war das Füllen der Staatskasse mit möglichst vielem Edelmetall mittels hoher Steuern, hoher Einfuhrzölle und der Ausfuhr von u.a. Getreide. Diese hohen Steuern haben jedoch dem Bauernstand geschadet. Manche Bauern sahen keinen anderen Ausweg mehr und flohen von ihrem Land. Zur römischen Zeit verschlimmerte sich diese Lage noch.
Auch im Seleukidenreich veränderte sich nicht viel. Der Boden blieb in Händen des Palastes, der Tempel und von Privatleuten. Die Hauptarbeitskraft wurde von der einheimischen Bauernbevölkerung geliefert. Über ihren Status läßt sich nicht viel mit Sicherheit sagen. Gewöhnlich war sie an das Land gebunden, wurde mit Land und allem verkauft und war verpflichtet, für die Besitzer des Landes zu arbeiten: König, Tempel, Großgrundbesitzer und Bürger in den Städten. Der König schenkte seinen Günstlingen manchmal ausgedehnte Landstücke mit Dörfern und allem, was darauf war. Über Kleingrundbesitz ist fast nichts bekannt. Die Sklaverei, die in Griechenland einen so wichtiger Wirtschaftsfaktor bildete, war im Orient

von viel geringerer Bedeutung, weil bereits eine große abhängige Bevölkerungsgruppe vorhanden war.

Der Handel blühte im hellenistischen Zeitalter wieder auf, weil mehr Geld zur Verfügung stand. Alexander brachte die großen Goldschätze des Perserreiches in Umlauf, und die Investitionen der Obrigkeit in Armeen und Flotten sowie in neue Städte und Bauwerke sorgten für viel Geschäftstätigkeit. Es ist nicht unmöglich, daß im Gewerbe der Städte, wo sich viele Griechen niederließen, die Sklaverei florierte. Durch die zahlreichen Kriege wurden auch viele zu Sklaven gemacht. Manche wurden von ihren Familien an Ort und Stelle wieder ausgelöst, andere verschwanden über die Sklavenmärkte nach Rom (siehe S. 142) und andere sklaveneinführenden Staaten.

Kulturelle Aspekte
Allgemeines

Die griechischen Städte waren äußerst wichtig für die Verbreitung der griechischen Kultur, da sich hier Zehntausende Griechen niederließen, die ihre Sprache, Religion, Erziehung und Traditionen mitbrachten. In allen griechischen Städten siedelten sich Schulmeister, Lehrer in der Grammatik, Literatur und Allgemeinbildung (Geometrie, Musik), sowie Rhetoren an. In den wohlhabenden Häusern gab es außerdem noch Hauslehrer. Sie alle unterrichteten den Nachwuchs der Honoratioren in der literarischen Elitekultur, wozu auch das Treiben von Sport gehörte. Viele Städte organisierten nach dem Vorbild der Olympischen Spiele ihre eigenen Spiele. Der Berufssport, der sich in der römischen Zeit noch weiterentwickelte, entstand. All dieses griechische Kulturgut wurde in den Gymnasien unterrichtet und betrieben. In jeder Stadt, die etwas auf sich hielt, fand man neben Tempeln und Verwaltungsgebäuden auch ein Theater und ein Gymnasion.

Auch in orientalischen Städten erhoben sich schon bald Gebäude dieser Art. In den Städten lernten die Honoratioren die griechische Sprache und übernahmen mehr oder weniger die griechischen Sitten, wobei man jedoch berücksichtigen sollte, daß sich diese ‚Hellenisierung' namentlich auf die Oberschicht in den Städten bezog und oft nur Firnis war. In den orientalischen Städten blieb trotz des griechischen Einflusses vieles der ursprünglichen Kultur erhalten. In Babylonien zum Beispiel wurden nach wie vor Chroniken, Ephemeriden, Horoskope und Verträge in Keilschrift aufgezeichnet, ja, es gab sogar eine Wiederbelebung der sumerischen (!) religiösen Literatur. In Ägypten wurden weiterhin Tempel in ägyptischem Stil gebaut und mit Hieroglyphen versehen. Neben den vielen griechischen Papyri gibt es auch noch unzählige in ägyptischer Sprache. Es läßt sich bei den einheimischen Schreibern, die auf griechisch die Geschichte und Kultur des eigenen Volkes beschrieben, ein gewisser Nationalstolz gegenüber den neuen Herrschern erkennen. Solche Schreiber waren zum Beispiel Manetho in Ägypten (siehe S. 19), Berossos in Babylonien und Flavius Josephus aus Judäa, der während der römischen frühen Kaiserzeit lebte (37– nach 100 n.Chr.).

Von einer Vermischung der orientalischen und griechischen Kulturen zu einer neuen hellenistischen Kultur kann kaum die Rede sein. Griechische und orientalische Baustile finden sich nebeneinander.

Dasselbe gilt für die Malerei auf den Wänden der ägyptischen Gräber. Manchmal trifft man in einem Gebäude oder einem Wandgemälde Elemente beider Stile an, ohne daß diese dabei jedoch eine harmonische Einheit bilden. Diese Trennung der Kulturen sollte auch beim Studium der Religion, Philosophie und Wissenschaft berücksichtigt werden.

Die Religion

Bereits im klassischen Zeitalter war in der griechischen Welt Kritik an den alten Mythen der homerischen Götter geübt worden und waren Strömungen aufgekommen, die eine erhabenere Gottesvorstellung propagierten und eine stärkere persönliche Religiosität befürworteten. Man denke dabei an das Gottesbild des Xenophanes (siehe S. 66) und des Platon (siehe S. 95) und an die persönliche Hingabe derjenigen, die sich in Eleusis in die Mysterien der Demeter einweihen ließen. Diese Tendenzen setzten sich in der hellenistischen Zeit durch. Die alten olympischen Götter verloren immer mehr das Vertrauen, was jedoch nicht heißen soll, daß die Religiosität abnahm oder die Existenz der Götter allgemein geleugnet wurde. Auch die neuen Städte wählten einen olympischen Gott zum Beschützer, und in den Gymnasien erwies man den griechischen Göttern nach wie vor Ehre, aber dennoch erhält man den Eindruck, daß die Götter nunmehr einen universalen Charakter bekamen. Dies galt insbesondere für den Hauptgott Zeus, der in philosophischen Werken zu einer allgemeinen göttlichen Kraft erhoben wurde. Das Abnehmen des Vertrauens in die olympische Götterwelt spiegelt sich auch in der Verehrung des Schicksals und des Zufalls als persönlichen Göttinnen wider. Bis zu dieser Zeit wurde das Schicksal als eine unpersönliche, willkürliche Macht, in die sich auch die Götter ergeben mußten, betrachtet.

Der Kontakt zum Orient hat die griechischen religiösen Vorstellungen nicht unberührt gelassen. Er führte dazu, daß man die eigenen Götter mit den fremden Göttern identifizierte (zum Beispiel **Zeus** mit anderen Hauptgöttern, wie dem syrischen Himmelgott Ba'al-Schamem, dem ägyptischen Amun, dem babylonischen Marduk und sogar mit dem Gott von Israel). Andererseits akzeptierten die Griechen auch neue Götter, wofür die bekanntesten Beispiele aus Ägypten stammen. So fand die Verehrung der ägyptischen Göttin **Isis** weite Verbreitung in der hellenistischen und später in der römischen Welt. Um Isis für die Griechen annehmbar zu machen, wurde sie jedoch stark hellenisiert. Dies zeigt sich sehr deutlich in den Bildern, die von ihr entstanden (siehe S. 114), und in den Hymnen, die man ihr widmete. Sie wurde jedoch nicht einfach nur irgendeine griechische Göttin; es hieß sogar, daß sie mächtiger sei als das Schicksal(!). Man kann hier also eine henotheistische Tendenz feststellen. Daneben blieb Isis in Ägypten eine gewöhnliche ägyptische Göttin, die auf ägyptische Weise verehrt wurde, so daß ein Unterschied zwischen der ägyptischen und der griechischen Isisverehrung bestehen blieb.

Das Abnehmen des Einflusses der alten Götter zeigt sich auch im Aufkommen des Herrscherkults. Der Herrscher wurde dabei als ein naher Gott, als ein Retter und Wohltäter betrachtet. In einer Hymne an Demetrios Poliorketes, den ‚Städtebelagerer', der ein

40
Statue des Meeresgottes Poseidon. Sie stammt von der Insel Melos (zweites Jahrhundert v.Chr.). Foto: Marburg, Fotoarchiv.

Sohn des Antigonos Monophthalmos war und im Jahre 307 Athen von der makedonischen Garnison befreite, huldigt man ihm und seinem Vater als göttlichen Rettern. Es wird ausdrücklich erwähnt, daß er Rettung brachte, wo die Götter versagten. Es ist zu dieser Zeit bereits bemerkenswert, daß er in derselben Hymne als Sohn des Poseidon bezeichnet wird!

Dieser spontane Herrscherkult, der vor allem in den griechischen Städten aufblühte, scheint entstanden zu sein aus der griechischen Gewohnheit, verstorbenen Honoratioren und später auch Familienangehörigen göttliche Ehre zu erweisen. Nach einiger Zeit führten die Seleukiden und Ptolemäer Staatskulte ein, zunächst für ihre verstorbenen Vorgänger, später auch für sich selbst und ihre Ehefrauen.

Ein dritter Weg, auf dem man zu Sicherheit gelangen wollte, war die Mysterienreligion. Neu war diese nicht, denn den Kult von Eleusis gab es schon seit Jahrhunderten (siehe S. 65). Im hellenistischen und im römischen Zeitalter jedoch waren die Mysterienkulte, sowohl die von griechischen wie solche von orientalischen Gottheiten, viel weiter verbreitet (vgl. S. 197).

Zum Schluß muß als Beispiel des orientalischen Einflusses auf den Westen noch die babylonische Astrologie erwähnt werden. Nach babylonischem Vorbild wurden die Planeten von den Griechen und Römern mit Götternamen versehen:
– Marduk wurde Zeus, bzw. Jupiter;
– Ischtar wurde Aphrodite, bzw. Venus.

‚Chaldäische' Astrologen waren berühmt für ihre Weissagungen, und ihr Einfluß ist bis zum heutigen Tag spürbar.

Orientalische Religionen

So weit die griechischen Religionen. In den altorientalischen Städten und Tempeln fuhr man mit der Verehrung der orientalischen Götter fort, ohne daß viel von einem griechischen Einfluß spürbar war. Riten, Gebete und Tempel behielten ihre traditionellen Formen.

Der griechische Einfluß war am stärksten in Kleinasien, wo Inschriften zeigen, daß die einheimischen Sprachen immer mehr dem Griechischen weichen mußten. Das war auch kein Wunder, denn die Westküste Kleinasiens war bereits seit Jahrhunderten griechisch. Auch in Kleinasien aber behielten Götter mit griechischen Namen oft ihren orientalischen Charakter. Syrien bekam ebenfalls ein etwas griechischeres Ansehen, weil sich hier mit der Hauptstadt Antiocheia das Zentrum des Seleukidenreiches befand. Das Ausmaß der Angleichung an die griechische Kultur war von Ort zu Ort verschieden und von der Intensität der griechischen Anwesenheit abhängig. Umgekehrt geschah es auch, daß Griechen orientalischen Göttern Ehre erwiesen. Im allgemeinen aber blieben die griechischen und orientalischen religiösen Praktiken voneinander getrennt.

Philosophie und Wissenschaft

Auch die griechische Philosophie läßt erkennen, daß die selbständige Rolle der ‚Polis' ausgespielt hat. Der Mensch wurde mehr als Weltbürger (Kosmo-polit) denn als Polisbürger betrachtet. Dies brachte wiederum mit sich, daß der Bürger mehr als Individuum denn als Mitglied des Poliskollektivs studiert wurde. Besondere Aufmerksamkeit schenkte man der individuellen Verantwortlichkeit, der persönlichen Ethik und der Frage, wie der einzelne Mensch glücklich werde.

Die wichtigsten philosophischen Strömungen neben den noch existierenden Schulen, der Akademie und dem Lykeion, waren die der Stoiker, der Epikureer und der Kyniker. Für die **Stoiker** (benannt nach der Stoa = Säulengang in Athen, wo der Begründer Zenon unterrichtete) galt, daß der Kosmos von einer alldurchdringenden, vernünftigen göttlichen Macht, die als ‚Logos' (= Wort, Vernunft), aber auch als ‚Theos' (= Gott) bezeichnet wurde, regiert werde. Alles sei von dieser festgelegt, und auch der Mensch habe etwas von diesem Gott in sich. Alles habe seinen Zweck und seinen Platz in der natürlichen Ordnung, und deshalb lebe man am besten, indem man mit ‚stoischer' Hinnahme ‚naturgemäß lebe'. Der Mensch müsse sich von großer Leidenschaft befreien, sich selbst genug sein und sich völlig von seiner Vernunft, die der ordnenden Macht, welche die Natur beherrsche, am ähnlichsten sei, führen lassen. Freiheit war für die Stoiker die geistige Ergebenheit des Individuums und nicht länger die Polisfreiheit. Dieser Gedankengang der Stoa war übrigens ein guter Nährboden für die Akzeptanz der chaldäischen Astrologie, ging doch diese davon aus, daß eine direkte Beziehung zwischen dem Kosmos und dem Leben auf Erden bestand.

Für **Epikur** war der persönliche Genuß das höchste Ideal. Er suchte diesen jedoch nicht in einem ausschweifenden Leben von Festen, sondern meinte, der Mensch könne diesen Genuß dadurch erlangen, daß er sich von Leidenschaften und Ängsten befreie. Er lehnte zum Beispiel den Terror, der von mancherlei Magie, Aberglauben und Furcht vor den Göttern ausging, aufs schärfste ab. Ebenso wie Demokrit glaubte auch Epikur, daß alles aus Atomen bestehe (siehe S. 66). Er glaubte jedoch nicht, daß deren Bewegungen von einem lenkenden Geist geleitet würden, sondern vom Zufall. Gerade deshalb auch blieb als Lebensziel nicht viel anderes übrig, als nach dem persönlichen Glück zu trachten.

Die **Kyniker** (Hündische, als Hunde Lebende) lehnten die bestehende menschliche Gesellschaft ab. Sie lehrten, daß der Mensch sich selbst genügen solle; wer leicht alles abgeben könne, sei am glücklichsten. Sie zweifelten am Nutzen der geistigen Bildung. Der tugendhafteste Mensch sei ihrer Meinung nach zugleich auch der beste König; dazu brauche man weiter nichts zu lernen. Die Kyniker zogen als Bettler von Stadt zu Stadt und hielten auf den Märkten moralisierende Predigten.

Die Wissenschaft

Im hellenistischen Zeitalter ist eine gewisse Spaltung zwischen der Philosophie und den Fachwissenschaften eingetreten. Letztere blühten besonders in Alexandrien, wo sie von Ptolemaios I. gefördert wurden, der dort das ‚Museion' gründete, das ein Zentrum der wissenschaftlichen Forschung war und eine Bibliothek umfaßte. Zu den berühmtesten Gelehrten, die hier gewirkt haben, gehören Aristarch von Samos, der behauptete, daß die Sonne im Mittelpunkt des Weltalls stehe; Eratosthenes von Kyrene, der den Erdumfang zu berechnen wußte; und Archimedes von Syrakus, bekannt wegen seiner Berechnung des spezifischen Gewichts von Wasser und als Konstrukteur von militärischen Geräten. Auch die medizinische Wissenschaft, deren Entwicklung im fünften Jahrhundert von Hippokrates eingeleitet worden war, blühte auf und erfreute sich großer Beliebtheit. In vielen Städten wurden öffentliche Ärzte beschäftigt.

Die Philosophen und Wissenschaftler, die oben besprochen wurden, sind, soweit man feststellen kann, griechischer Herkunft. Lediglich Zenon war ein Zypriot von semitischer Abstammung. Ihr Denken war ebenfalls in der Hauptsache griechisch orientiert. Auf wissenschaftlichem Gebiet konnten sie jedoch noch von den Astronomiekenntnissen, die in Ägypten und Babylonien vorhanden waren, profitieren. Astronomische Beobachtungen wurden in Babylonien bis zum ersten Jahrhundert n.Chr. in Keilschrift aufgezeichnet, und ein Babylonier übersetzte astronomische Werke aus der Perserzeit ins Griechische. Im hellenistischen Zeitalter wurden auf diesem Gebiet keine neuen Beiträge mehr geleistet.

Die Juden im hellenistischen Zeitalter

Judäa hatte sich während der Perserzeit, nach der Rückkehr von Tausenden von Verbannten aus Babylonien, zu einem kleinen Tempelstaat innerhalb der großen Satrapie ‚Jenseits des Flusses' (siehe Karte 8) entwickelt. Nach den Eroberungen Alexanders des Großen kam es zunächst unter ptolemäische und nach 200, infolge der Eroberungen von Antiochos III. dem Großen, unter seleukidische Herrschaft. Es lebten jedoch auch viele Juden außerhalb Judäas. Zum einen gab es noch immer viele in Babylon, zum andern waren auch viele als Söldner oder auf andere Weise nach Ägypten gelangt. In Alexandrien lebte eine sehr große jüdische Gemeinschaft. Man sagt, daß diese Juden in der ‚Zerstreuung' (griechisch: ‚Diaspora') lebten.

Selbstverständlich haben auch die Juden die griechische Zivilisation kennengelernt, und manche, vor allem in Alexandrien, wurden in ihrem Denken auch davon beeinflußt. Viele Juden in Alexandrien konnten nur noch Griechisch sprechen. Für sie wurde das Alte Testament ins Griechische übersetzt (die ‚Septuaginta'). Auch Jerusalem spürte den griechischen Einfluß. Es wurde ein Gymnasion erbaut und manche (sogar Hohepriester) übernahmen griechische Sitten. Dabei wurde jedoch von seiten der ptolemäischen oder seleukidischen Obrigkeit keine zwangsweise Hellenisierungspolitik betrieben.

Im Jahre 168 v.Chr. brach ein Aufstand gegen die Seleukiden aus, als Antiochos IV. Epiphanes in Ägypten einfiel, aber dann von den Römern zurückgeschlagen wurde. In Jerusalem meinte eine Gruppe von Juden, daß nun die Zeit günstig sei, das seleukidische Joch abzuschütteln. Antiochos schlug den Aufstand jedoch bald nieder und stationierte eine Garnison von syrischen Soldaten bei Jerusalem, für die im Tempel ein Kultgegenstand für den syrischen Gott Ba'al-Schamem (für die Griechen Zeus Olympios) errichtet wurde. Dies wiederum war für die orthodoxen, monotheistischen Juden unerträglich, und ein neuer Aufstand, in dem Judas Makkabaios die Führung übernahm, brach aus. Dadurch daß die seleukidische Dynastie nach Antiochos' Tod ständig in Erbfolgestreit lag, konnte der Aufstand schließlich Erfolg haben. Im Jahre 152 gelang es den Makkabäern, von einem der Thronanwärter das Amt des Hohepriesters und auch das Amt des Strategen zu erlangen. 104 nahmen die Makkabäer (oder: Hasmonäer) sogar den Königstitel an. Die Makkabäer haben Judäa erheblich ausgedehnt und den unterworfenen Nichtjuden die jüdischen Sitten, wie z.B. die Beschneidung, auferlegt. Außerdem unterwarfen die Verfasser der der Geschichte der Makkabäer gewidmeten Bücher des Alten Testaments die griechischen Einflüsse und Sitten bei den jerusalemischen Priestern einer schonungslosen Kritik. Demgegenüber ist es bemerkenswert, daß die Hasmonäerkönige selbst sich immer mehr wie hellenistische Fürsten benahmen, griechische Namen wählten und sich sogar ‚Philhellen' (= Griechenfreund) nannten. Innenpolitisch suchten sie abwechselnd Unterstützung bei der etwas stärker aristokratischen Strömung der Sadduzäer oder bei den volksnäheren Pharisäern. Die Sadduzäer waren Angehörige der alten, reichen Priestergeschlechter, die seit jeher den Tempel in Jerusalem beherrscht hatten, und die Pharisäer waren gelehrte Rabbiner, welche die Heilige Schrift auslegten.

Die Dynastie wurde durch innere Thronstreitigkeiten geschwächt, worauf schließlich die Römer einschritten. Im Jahre 63 wurde Judäa der Provinz Syria unterstellt.

Fortwirken der hellenistischen Kultur im Parther- und im Römischen Reich

Das Partherreich ist aus der Satrapie Parthien (Karte 8), die es bereits zu Zeiten von Dareios I. gab, entstanden. Mitte des dritten Jahrhunderts v.Chr. vertrieb das eindringende skythisch-iranische Volk der Parner den kurz vorher selbständig gewordenen griechischen Satrapen und gründete eine neue Dynastie. Im Laufe des dritten und zweiten Jahrhunderts v.Chr. eroberten die Parther, wie sie jetzt genannt wurden, den Iran und Mesopotamien. Die parthische Dynastie betrachtete sich als die Erbin des Perserreiches, obwohl auch die Perser die Parther als Fremde ansahen.

Zur Gewinnung der griechischen Einwohner bezeichneten auch die Partherkönige sich auf ihren Münzen bereits früh als ‚Philhellen'. Die parthische Macht stützte sich auf eine starke Reiterarmee (den parthischen Adel), hatte jedoch eine zu geringe Truppenstärke und kein ausreichendes Organisationstalent, um einen eigenen Verwaltungsapparat zu errichten. Man sieht denn auch, daß das Imperium neben Satrapien wieder in großem Umfang Vasallenfürstentümer einschloß, während die griechischen Städte ein hohes Maß an Autonomie erhielten.

Die offizielle Sprache war Griechisch. In der Baukunst entwickelte sich ein neuer gräko-iranischer Stil, der besonders in den neuen Städten zum Ausdruck kam. Diese Städte wurden manchmal an der Stelle alter Städte erbaut, wie die neue Hauptstadt Ktesiphon, die gegenüber Seleukeia errichtet wurde, und auch Hatra und Assur. Aramäischen (!) Schriften zufolge wurde in Assur noch immer oder wieder der Gott Assur (!) verehrt. Auch in Uruk und Babylon hat man Bautätigkeiten der Parther festgestellt. Es kamen wieder viele Einwanderer iranischer, aramäischer, arabischer und jüdischer Herkunft in die neuen und wiederaufgebauten Städte. Mesopotamien wurde zum Sammelbecken fremder Völker und Kulturen. In diesem Sammelbecken ging schließlich die alte sumero-akkadische Zivilisation, die sich einer inzwischen längst toten Sprache bediente und sehr unter den Kriegszerstörungen in ihren letzten Hochburgen Babylon und Uruk zu leiden hatte, unter. Was übrigblieb, war eine von griechischen Einflüssen befruchtete iranische Kultur, die im Neupersischen Reich zu neuem Leben gelangen sollte (siehe S. 204).

In den Gebieten, die unter römische Vorherrschaft kamen, konnte die griechische Kultur leichter fortbestehen als im Orient, da die Römer selbst schon seit Jahrhunderten von der griechischen Zivilisation beeinflußt worden waren. Die orientalischen Traditio-

41
Fragment eines Mumientuches aus Theben. Römische Kaiserzeit, 2. Jahrhundert n.Chr. Der Verstorbene ist im römischen Stil dargestellt. Um das Haupt des Verstorbenen ist ein Nimbus abgebildet. Der Nimbus kommt auch bereits auf griechischen Vasen und etruskischen Spiegeln des 5. Jahrhunderts vor und wird während der Kaiserzeit allgemeiner; anfangs nur bei den Göttern und Heroen, später auch bei Kaisern, Würdenträgern und Verstorbenen. In der christlichen Kunst kommt er anfangs nur bei Christus, später auch bei Maria, wichtigen Heiligen und Engeln vor.
Rechts auf dem Mumientuch ist Osiris als Mumie abgebildet. Auf der Brust des Verstorbenen ein Teil des Sonnenschiffs und Re-Harachte = Re-Horus vom Horizont, dargestellt mit Falkenkopf und Sonnenscheibe. Foto: Rijksmuseum van Oudheden, Leiden.

nen jedoch fristeten ein immer kümmerlicheres Dasein. In Ägypten war während der römischen Zeit die wirtschaftliche Lage der Landbevölkerung bedrückend. Wegen der hohen Steuern flossen Unsummen nach Rom. Zwar hatten auch bereits die Ptolemäer den Ägyptern hohe Steuern auferlegt, jedoch blieben diese größtenteils in Ägypten! Die Einheimischen in Ägypten reagierten auf die ausbeuterische Fremdherrschaft der griechisch-römischen Elite, indem sie schon sehr früh zum Christentum übertraten oder auf der ägyptischen Religion beharrten. Letztere fand dadurch ihr definitives Ende, daß der christliche Kaiser Justinian kurz vor 550 n.Chr. den Isistempel in Philae, die letzte heidnische Hochburg, schloß.

Schluß

Man hat schon einmal behauptet, daß die nahöstliche Welt sich seit Alexander dem Großen völlig der griechischen Kultur angeglichen hätte. Dies stimmt aber nicht. Nur die Elite der großen Städte lernte die griechische Kultur kennen und übernahm auch das

42
Isis-Figur aus der römischen Periode (2. Jahrhundert). In der ptolemäischen und römischen Periode wurde Isis mit Thermuthis, der Schlangengöttin der Fruchtbarkeit und der Ernte, identifiziert. Foto: Rijksmuseum van Oudheden, Leiden.

eine oder andere. Nirgends, ausgenommen in Kleinasien und in den allergrößten Städten, wie Alexandrien, wo viele Griechen beieinander lebten, wurde das Griechische die gebräuchliche Umgangssprache.
Man liest auch oft, daß der Hellenismus eine Mischkultur von griechischen und orientalischen Elementen gewesen sei. Auch dies trifft nicht zu. Es war eine griechische Kultur, die aus allerlei Ursachen in eine neue Phase trat und dabei dieses oder jenes aus dem Orient entlehnte. Daneben gab es die verschiedenen orientalischen Kulturen, die mehr oder weniger Elemente der griechischen Kultur in sich aufnahmen. Diese Situation ist ganz gut mit der Position der englischen Kolonialherrschaft in Indien in der modernen Zeit vergleichbar.

DAS ALTE ROM
12 Die frühe römische Geschichte (754–265 v.Chr.)

Die Gebiete rund um das westliche Mittelmeerbecken

Die Gebiete rund um das westliche Mittelmeerbecken hatten eine andere Zivilisationsgeschichte als die östlicher gelegenen Länder der antiken Welt.
Im dritten und zweiten Jahrtausend v.Chr. gab es im Westen keine solchen Zentren hoher Zivilisation wie in Ägypten, Vorderasien, Kreta und Griechenland. Während dieser zweitausend Jahre war das westliche Mittelmeergebiet noch in den Nebel der Vor- und Frühgeschichte gehüllt. Erst zwischen 800 und 500 v.Chr., also in der Zeit, die in der griechischen Geschichte als das archaische Zeitalter bekannt ist und in der es in Vorderasien die Reiche der Assyrer, Babylonier und Perser gab (S. 36–43), entstanden rund um das westliche Mittelmeerbecken Zivilisationen, die den Vergleich mit denen im Osten standhalten konnten. Wir meinen die Zivilisationen der Etrusker in Mittelitalien (Karte 17) und der Karthager in Nordafrika (Tunesien) sowie die griechische Kultur der griechischen Kolonien in Süditalien, Sizilien und Südgallien (S. 98; Karte 17). Die Stämme, die rings um diese Völker lebten, waren viel weniger weit entwickelt, und über ihre Organisation und Sitten ist nur äußerst wenig bekannt.

Die Etrusker

Die Etrusker lebten in Stadtstaaten, die zu einem losen, föderalen Verband zusammengeschlossen waren. Die städtischen Zentren dieser Stadtstaaten bildeten zugleich die kulturellen und Verwaltungszentren; die etruskische Zivilisation war eine eindeutig städtische Kultur. Durch die Hochwertigkeit ihrer handwerklichen Erzeugnisse, namentlich der Metallbearbeitung und der Keramik, hatten die etruskischen Städte einen gewissen Wohlstand erlangt. Metalle und Metallwaren aus Etrurien waren im ganzen Mittelmeergebiet wichtige Handelsware.

Die Etrusker bildeten eine Oberschicht, die über eine einheimische italische Bevölkerung herrschte, und ihre Herkunft war bereits im Altertum eine Streitfrage. Manche glauben, daß sie aus Italien selbst stammten, andere wiederum meinen, sie stammten von Kleinasien her. Letztere führen an, daß die etruskischen Weisen der Erforschung der Zukunft, das Studieren des Vogelfluges (lat.: **auspicia**) und der Leber von Opfertieren, auch in Mesopotamien und Kleinasien vorkamen (S. 46), und daß die wenigen etruskischen Wörter, die man kennt, an kleinasiatische Sprachen erinnern. Diese Wörter sind jedenfalls nicht indoeuropäisch, im Gegensatz zu nahezu allen anderen Sprachen, die zu dieser Zeit in Italien gesprochen wurden.
Die etruskische Zivilisation war eine Mischkultur mit orientalischen, italischen und griechischen Elementen. Auch griechische, denn die Etrusker wurden bereits seit dem Anfang des archaischen Zeitalters von den griechischen Städten, die im westlichen Mittelmeergebiet gegründet wurden (S. 98f.), beeinflußt. Die Blütezeit der Etrusker lag im siebten und sechsten Jahrhundert v.Chr.
Zu dieser Zeit beherrschten sie Mittelitalien, große Teile der Poebene und Campanien in Süditalien (Karte 18). Nach 500 v.Chr. zerfiel ihre Macht langsam durch die zunehmende Konkurrenz der Griechen (S. 98f.) und die Einfälle der Kelten (= Gallier). Nach 400 v.Chr. eroberten die Kelten die Poebene und unternahmen immer wieder Raubzüge durch Italien.

Karthago

Karthago wurde ca. 800 v.Chr. von der phönikischen Stadt Tyros (S. 34) aus als einer der Stützpunkte und eine der Handelssiedlungen, welche die Phöniker entlang ihren Schiffahrtsstraßen im westlichen Mittelmeerbecken errichteten, gegründet (Karte 17, vgl. Karte 9b).
Als die Macht von Tyros aufgrund des Drucks der Assyrer abnahm (S. 37), übernahm

Karte 17
Das (westliche) Mittelmeergebiet im 5. und 4. Jahrhundert v.Chr. (bis 338 v.Chr.)

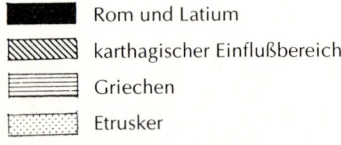

Rom und Latium
karthagischer Einflußbereich
Griechen
Etrusker

Karthago das phönikische Netz von Handelssiedlungen und Stützpunkten im westmediterranen Raum und gründete außerdem in Nordafrika einige Kolonien, die sich auf die Landwirtschaft verlegten.

Karthago war eine wohlhabende Stadt, und dieser karthagische Wohlstand beruhte einerseits auf dem Seehandel im westlichen Mittelmeerbecken und auf dem Atlantik zwischen Westafrika und den britischen Inseln und andererseits auf einer hochentwickelten landwirtschaftlichen Produktion im eigenen afrikanischen Hinterland. Die karthagische Bevölkerung war nicht groß genug, um gleichzeitig die Handelsschiffe, die Kriegsflotte und das Heer bemannen zu können, also wurden Kriege zum großen Teil mit Hilfe von Söldnern, die hauptsächlich aus Nordafrika und Spanien stammten, ausgetragen.

Die karthagische Schiffahrt hatte im Südwesten des Mittelmeers und auf dem Atlantik zwischen Westafrika und den britischen Inseln nahezu eine Monopolstellung, die durch ein Netz von befestigten Stützpunkten auf Westsizilien und Sardinien sowie in Nordafrika und Spanien geschützt wurde (Karte 17). Karthago war stets bereit, für die Erhaltung dieser Stützpunkte Krieg zu führen, und hierin sieht man eine der Ursachen der ständigen Kriege zwischen den Griechen und den Karthagern auf Sizilien (S. 98f.) und des heftigen Kampfes zwischen den Karthagern und den Römern im dritten Jahrhundert v.Chr. (S. 134–137). Karthago wurde von einer Oberschicht von Großgrundbesitzern und Kaufleuten beherrscht, ergänzt durch einige Generalsfamilien, die von Geschlecht zu Geschlecht die Befehlshaber der Armeen und Flotten stellten.

Die Entstehung Roms

Die Römer gehörten ursprünglich zum Stamm der Latiner und sprachen Latein, eine indoeuropäische Sprache. Die Latiner sind wahrscheinlich in den letzten Jahrhunderten des zweiten Jahrtausends v.Chr. in Italien eingedrungen. Vom zehnten bis zum sechsten Jahrhundert gab es in Latium, in dem auch Rom lag, eine einheitliche Kultur, die man auf den latinischen Stamm zurückführt.

Den römischen Legenden zufolge wurde Rom im Jahre 753 v.Chr. von Romulus, der der erste König von Rom wurde, gegründet. Archäologische Nachforschungen haben gezeigt, daß zu jener Zeit auf dem Palatin und einigen anderen Hügeln am Tiber tatsächlich schon einige Dörfer bestanden haben.

43
Etruskische Grabmalerei. Es war bei den Etruskern Brauch, die Toten in regelrechten Totenstädten zu bestatten. Die Gräber wurden prächtig ausgeschmückt, und man gab den Toten allerhand Gegenstände mit ins Grab. Ausgrabungen in diesen Totenstädten haben uns vieles über die Etrusker gelehrt. Foto: Marburg, Fotoarchiv, Rom, Villa Torlonia.

Karte 18
Völker Italiens ca. 600 v.Chr.

- Etrusker
- Ligurer
- Griechen
- Veneter
- Karthager
- italische Völker
- Messapier, Iapyger (Italien), Sikuler und Sikaner (Sizilien)

Diese Hügel lagen damals im Grenzgebiet zwischen Latium und Etrurien; nördlich des Tibers begann das Gebiet der etruskischen Stadt Veji. Die früheste römische Bevölkerung bestand wahrscheinlich aus einer Mischung von Latinern, Etruskern und Sabinern (ein Stamm, der in den Bergen östlich von Rom lebte).

Gegen 600 v.Chr. nahm der etruskische Einfluß zu, und erst dann entwickelte sich Rom zu einer richtigen Stadt mit einem Marktplatz, einer permanenten Bebauung darum herum und Tempeln aus Stein. Nach 600 ist Rom rasch zu einer der größten Städte Italiens gewachsen. Die Stadt lag an einer günstigen Stelle, in einem fruchtbaren, relativ dichtbesiedelten Landstrich, an der Kreuzung eines wichtigen Landweges zwischen Etrurien und den griechischen und etruskischen Siedlungen in Campanien, eines Transportweges (dem Tiber) und einer Straße zu den Salzpfannen an der Küste (Salz war eine überaus wichtige Handelsware).

Der Überlieferung zufolge wurde das früheste Rom von sieben Königen regiert (8.-6. Jahrhundert v.Chr.). Die ersten vier sind jedoch vor allem legendäre Gestalten. Spätere römische Schriftsteller haben zahlreiche Einrichtungen und Sitten auf die Initiative dieser Könige zurückgeführt, um das Alter und die Ehrwürdigkeit dieser Institutionen und Bräuche zu zeigen. Die drei letzten Könige, Tarquinius Priscus, Servius Tullius und Tarquinius Superbus, regierten im sechsten Jahrhundert v.Chr. und stammten vermutlich aus Etrurien. Rom lag zu dieser Zeit noch im etruskischen Einflußbereich.

Staat und Gesellschaft im frühesten Rom

Auf Grund von archäologischen Funden, wie den Gegenständen, welche die Toten mit ins Grab bekamen, und von Angaben in Werken späterer römischer Verfasser kann man annehmen, daß die Bevölkerung des frühesten Rom (7.-6. Jahrhundert v.Chr.) bereits eine gewisse gesellschaftliche Vielfalt aufwies.

Es gab eine Oberschicht von aristokratischen Geschlechtern, die verhältnismäßig viel Bo-

44
Die Wölfin, die Romulus und Remus gesäugt haben soll (480–470 v.Chr.). Die Zwillinge, Romulus und Remus, wurden später hinzugefügt (1510 n.Chr.).
Der Sage zufolge waren Romulus und Remus die Gründer Roms. Sie sollen als Zwillinge aus der Verbindung des Gottes Mars und der latinischen Königstochter Rhea Silvia geboren worden sein. Danach sollen sie von einem Usurpator, der Rheas Vater absetzte, ausgesetzt und von einer Wölfin am Leben erhalten worden sein.
Foto: Rom, Museo nuovo del Palazzo dei Conservatori.

den besaß, einen begüterten Bauerstand und viele Kleinbauern. Zu dieser Zeit waren die Landwirtschaften fast ausnahmslos auf die Selbstversorgung der Familie, die diese bewohnte, ausgerichtet. In der Stadt Rom gab es auch Handwerker. Aufgrund von späteren Quellen nimmt man an, daß viele der Bauern, auch die reicheren, von den Aristokraten abhängig waren oder unter deren Schutz standen. Sie wurden **clientes** genannt, und ihre aristokratischen Beschützer hießen **patroni**. Das lateinische Wort ‚*clientes*' bedeutet etwas Ähnliches wie ‚Hörige'. Die Bauern und Handwerker, die nicht unter das Patronat der Aristokraten fielen, nannte man später **Plebejer**. Die Aristokraten selbst waren die **Patrizier**. Die *clientes*, die zu einem wichtigen Teil deren Machtbasis bildeten, zählte man nicht zu den Patriziern. Patrizier waren ausschließlich die Angehörigen der aristokratischen Geschlechter, die ihre Stammbäume von historischen Gestalten aus den römischen Sagen und Legenden (vgl. die Eupatriden in Athen, S. 70) herleiteten.

Aus späteren Quellen kann man schließen, daß die Könige das Heer anführten, Recht sprachen und die Feierlichkeiten für die Staatsgötter leiteten. Wie auch in anderen Staaten der Antike waren dies die wichtigsten Regierungsaufgaben.

Die Könige hatten eine absolute Gewalt, die sich auf sämtliche Gebiete der staatlichen Belange erstreckte (lat.: *imperium*). Sie wurden von einem Rat von aristokratischen Familienhäuptern, dem **Senat**, unterstützt und beraten und konnten eine Volksversammlung, die *comitia curiata* einberufen. Die *comitia curiata* waren das Organ, das den Königen das *imperium* verlieh und so deren Position legitimierte.

Man sieht hier wieder dieselben drei Arten von Staatsorganen wie in den archaischen griechischen Poleis: eine ausführende Gewalt, einen aristokratischen Rat und eine faktisch wenig bedeutungsvolle Volksversammlung, die jedoch wohl die Instanz war, die der ausführenden Gewalt einen legitimen Charakter verleihen konnte.

Die *comitia curiata* bestanden aus 30 *curiae*, die als solche ihre Stimme abgaben. Eine *curia* war eine Vereinigung einer Anzahl von **gentes** (Einzahl: **gens**), das heißt Gruppen von Familien, die denselben Stammvater zu

45
Der sogenannte ‚Brutus', der heute im Konservatorenpalast in Rom aufgestellt ist (3. oder 2. Jahrhundert v.Chr.). Der Überlieferung zufolge war L(ucius) Junius Brutus derjenige, der den letzten König verjagte und die Republik errichtete (509 v.Chr.). Foto: Rom, Museo nuovo del Palazzo dei Conservatori

haben glaubten und gemeinsame Traditionen pflegten. Eine *gens* war eine Vereinigung einer Anzahl von *familiae*: Eine *familia* war mit einem griechischen Haushalt der homerischen Zeit (S. 57) vergleichbar und umfaßte Mann, Frau, Kinder (verheiratet oder nicht), Enkel, Sklaven und *clientes*.

In der *familia* hatte der **pater familias**, der Familienvater, absolute Gewalt. Er verfügte über Leben und Tod seiner Kinder und Sklaven. Frauen heirateten in die Familie ihres Mannes ein und gingen samt ihrer Aussteuer in die Macht des *pater familias* der Familie ihres Mannes über.

Man hat schon einmal einen Vergleich zwischen der Gewalt des Königs und der des Familienvaters angestellt: In derselben Art und Weise, wie der König uneingeschränkte Gewalt über die Angelegenheiten aller Römer gemeinsam (lat.: ‚res publica' = Staat) hatte, hatte der Familienvater das absolute Verfügungsrecht über seinen privaten Haushalt (lat.: ‚res privata'). Und genauso wie der König den Kult der Staatsgötter leitete, leitete der *pater familias* die einfachen täglichen

Opfer und sprach er die Gebete für die Hausgötter (die **Lares** und **Penates**).

Bemerkungen zu den römischen Namen

Die Einteilung in *gentes* und *familiae* spiegelte sich auch in der Weise der Namengebung wider. Die Römer trugen mindestens drei Namen: einen Vornamen (zum Beispiel Publius, abgekürzt zu P.), einen Gensnamen oder Gentiliz (zum Beispiel Cornelius, von der *gens* **Cornelia**) und einen oder mehrere Beinamen, zur Unterscheidung der Familien innerhalb einer *gens* (zum Beispiel Scipio).

Das Heer und die *comitia centuriata*

Ursprünglich waren die *gentes* nicht nur Vereinigungen von Familien mit starken religiösen und kulturellen Traditionen, sondern auch militärische Verbände. Das früheste römische Heer war wahrscheinlich auf dieser Basis untergliedert. An der Spitze ihrer *gentes* lieferten vermutlich die Aristokraten den wichtigsten Beitrag zum Kampf (vgl. S. 57 und 61). Wie man annimmt, begannen im sechsten Jahrhundert die Römer in derselben Weise zu kämpfen wie die Griechen und Etrusker jener Zeit, also in einer geschlossenen Schlachtordnung von schwerbewaffnetem Fußvolk (Phalanx), die von Reitern und Leichtbewaffneten umgeben wurde.

Der römischen Überlieferung zufolge hat der vorletzte König, Servius Tullius (ca. 578–535), die Gliederung der Bürgerschaft an die geänderte Kampfweise angepaßt und die Bürger in Vermögensklassen eingeteilt (vgl. S. 70 zu Solon).

Die reichsten Bürger dienten bei der Reiterei und erhielten dazu vom Staat ein Pferd: eine merkwürdige Form von Subventionierung der Reichen (vgl. S. 51). Diese Vermögensgruppe nannte man die **equites**, nach *equus* (= Pferd). Nahezu alle Patrizier und einige reiche Plebejer gehörten dieser Vermögensgruppe (und somit der Reiterei) an. Der begüterte Bauernstand diente als schwerbewaffnetes Fußvolk, während die niederen Klassen als Leichtbewaffnete eingesetzt wurden. Besitzlose Bürger, die sich keine Waffen leisten konnten, dienten nicht im Heer. Diese Vermögensklasseneinteilung wurde auch für die Auferlegung von Vermögenssteuern (*tributum*) benutzt und für eine neue Volksversammlung, die **comitia centuriata**, die genauso untergliedert war wie das damalige Heer. Es gab fünf Vermögensklassen, die alle in Zenturien (*centuria* = Abteilung von 100 Mann) unterteilt waren. Jede Zenturie erhielt eine Stimme. Die Zenturien, und somit die Stimmen, wurden auf solche Weise auf die fünf Klassen verteilt, daß die Reiter und die höchste Klasse zusammen die Mehrzahl bildeten (siehe Übersicht 3). Sie hatten in dieser Versammlung das Sagen. Die besitzlosen Bürger (Proletarier) waren nicht im Heer aktiv und saßen in dieser Versammlung in einer einzigen, beigeordneten Zenturie. Alle Proletarier zusammen hatten also eine einzige Stimme. Wie auch bei manchen griechischen Poleis dieser Zeit (S. 67–70), stellt man hier eine direkte Beziehung zwischen Reichtum, militärischer Bedeutung und politischem Einfluß einer Gruppe von Bürgern fest.

Die *comitia centuriata* verdrängten allmählich die *comitia curiata*, obgleich letztere erhalten blieben. Wir werden auf S. 131ff. noch näher auf die römischen Volksversammlungen eingehen.

Die frühe Republik (509–265 v.Chr.)
Staat und Gesellschaft

Ca. 500 v.Chr. – das traditionelle Datum ist 509 v.Chr. – endete die Königszeit. Der Legende zufolge vertrieben die Römer ihren letzten König, Tarquinus Superbus, weil sie seine Grausamkeit und Arroganz nicht länger ertrugen, aber wahrscheinlich hing diese Absetzung damit zusammen, daß Rom sich aus dem etruskischen Einflußbereich löste. Die römische Aristokratie jagte den etruskischen König Tarquinius Superbus fort, wonach sie sich im nächsten halben Jahrhundert immer weniger an Etrurien und immer stärker an den stammverwandten Latinern orientierte. Rom wurde ein wichtiges Mitglied des Bundes der latinischen Stadtstaaten. Wahrscheinlich hatten die Mitglieder dieses Bundes bereits seit Anfang des fünften Jahrhunderts eine Art von gemeinsamem Bürgerrecht, das ‚latinische Recht'. Dieses latinische Recht gab allen Einwohnern der Stadtstaaten im Bund das Recht auf Handeltreiben und Heirat untereinander in allen Mitgliedstaaten.

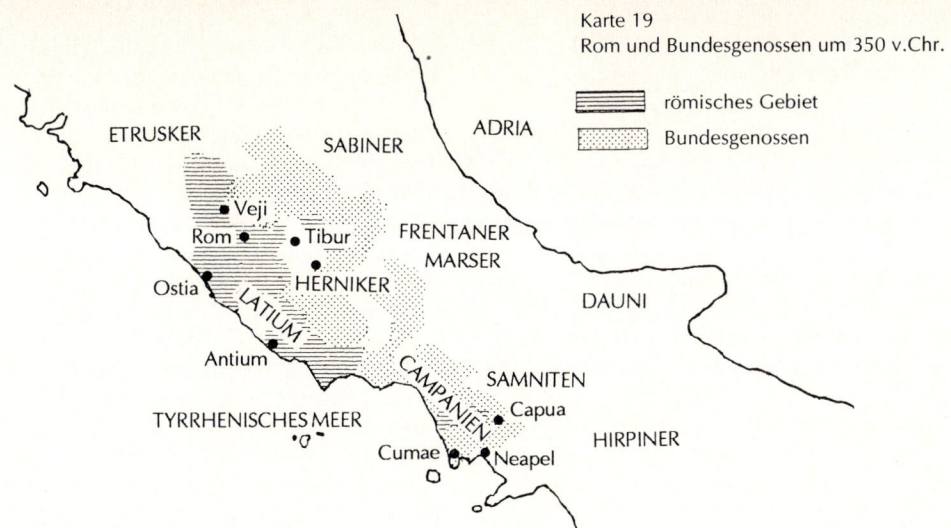

Karte 19
Rom und Bundesgenossen um 350 v.Chr.

In Rom wurde das Königtum abgeschafft, und die Regierung ging in die Hände zweier jährlich wechselnder Magistraten über, die später, nach 367, **Consuln** genannt wurden. Diese Magistraten verfügten über das *imperium* der Könige (S. 121), jedoch wurde ihre Macht dadurch eingeschränkt, daß sie ihrem Handeln gegenseitig mit einem Veto Einhalt gebieten konnten und das Amt nur ein Jahr lang innehatten. Nach diesem Jahr konnten sie von unzufriedenen Bürgern verklagt werden.

Die beiden regierenden Magistraten wurden von zwei Schatzmeistern (**Quästoren**) unterstützt und ließen sich, genauso wie früher die Könige, vom Senat, der einen großen tatsächlichen Einfluß auf die Politik gewann, beraten. Ein Beschluß der Volksversammlung erhielt erst dann Rechtskraft, wenn der Senat seine Zustimmung gegeben hatte.

Die religiösen Aufgaben der Könige oblagen nun dem **rex** (= König) **sacrorum** (= der *sacra*, der heiligen, geweihten Angelegenheiten) und dem **pontifex maximus**, dem Leiter des Priesterkollegiums der *pontifices*. Sie waren für den guten Verlauf der Gebete und Opfer, mit denen die Staatsgötter günstig gestimmt werden sollten, zuständig.

Manchmal, in einer Notlage, zum Beispiel während eines ungünstig verlaufenden Krieges oder eines Bürgerstreits, trat die monokratische Führung der Könige wieder ein. In solchen Zeiten konnten die regierenden Magistraten einen Diktator einsetzen, der für die nächsten sechs Monate alle Macht in die Hände bekam.

Nach dem Sturz des letzten Königs beherrschten die Patrizier den Staat. Sie stellten nämlich die Magistraten und die 300 Senatoren; die *comitia centuriata* wählten die Magistraten ausschließlich aus ihrer Mitte, und neue Senatoren waren fast immer ehemalige Magistraten (siehe hiernach S. 129). Die Patrizier stellten auch die *pontifices* und Mitglieder der übrigen vornehmen Priesterkollegien. Es gab keine richtigen separaten Priesterkasten; die Priester waren Patrizier, die neben anderen Funktionen auch das Priesteramt bekleideten.

Die Patrizier beherrschen auch das gesellschaftliche und wirtschaftliche Leben: viele Bauern waren ihre *clientes* oder waren durch Schulden in eine noch ausgeprägtere Form der Abhängigkeit geraten (Schuldknechtschaft, vgl. S. 61).

Außerdem kannten einzig die Patrizier das Gewohnheitsrecht und die rituellen Formeln, die Rechtsfälle gültig machten, indem sie diesen eine religiöse Sanktion verliehen.

Die Machtposition der Patrizier sollte jedoch bald von aufstrebenden plebejischen Gruppen untergraben werden.

Die Geschichte der römischen Republik wurde bis ins dritte Jahrhundert v.Chr. von zwei langen geschichtlichen Prozessen bestimmt:

a) vom ‚Ständekampf' zwischen den Patriziern und den Plebejern;
b) von der römischen Expansion auf der Apenninhalbinsel.

Die römische Expansion in Italien
(509–265 v.Chr.)

Die Periode von 509–338 v.Chr. war in Mittelitalien eine Zeit des fortwährenden Kampfes zwischen Rom, den Latinern, den Bergstämmen rund um Latium und den südetruskischen Städten, und zwar in Bündnissen wechselnder Zusammensetzung (Karte 19). Man kämpfte um die guten Stücke Ackerboden in den Tälern, Hügeln, Bergen und Küstenebenen sowie um die Kontrolle der Handelsstraßen über Land zwischen Etrurien und Campanien. Der Kampf dauerte lange, weil die streitenden Parteien einander ebenbürtig waren. Rom kämpfte gegen die Bergstämme meistens Schulter an Schulter mit dem latinischen Bund, führte jedoch den Kampf gegen die Etrusker größtenteils alleine. Anfang des vierten Jahrhunderts v.Chr. gelang es Rom, den südlichsten Teil Etruriens (u.a. Veji, nördlich des Tibers) sich einzuverleiben, was ihm die entscheidende Überlegenheit an Gebiet und Streitkräften gegenüber den anderen latinischen Stadtstaaten verschaffte.

Im anschließenden halben Jahrhundert mußte Rom sich nicht nur gegen die Bergstämme zur Wehr setzen, sondern auch gegen die latinischen Städte, die sich vor der römischen Hegemonie in ihrem Gebiet fürchteten, und gegen die keltischen Banden, die nach 400 immer wieder plündernd durch Italien zogen (S. 115). Im Jahre 386 verwüsteten diese Rom, das sich jedoch schnell erholte. Die keltischen Einfälle trafen vor allem Etrurien, und man könnte sagen, daß die Kelten durch ihre Schwächung der etruskischen Städte mitgeholfen haben, den Weg für die römische Expansion in Italien zu ebnen.

Nach 350 kam die römische Machtausdehnung in Italien erst richtig in Gang. Im Jahre 338 unterwarf Rom die latinischen Städte und schloß Verträge mit den wichtigsten Stadtstaaten in Campanien. Seitdem gehörten die fruchtbarsten und am dichtesten bevölkerten Landstriche Mittelitaliens, samt ihrem großen militärischen Potential, zum römischen Einflußbereich. Rom war nicht länger Mitglied des latinischen Bundes, sondern dominierte dessen Mitgliedstaaten. Das latinische Recht wurde beibehalten: Im römischen Gebiet waren die Latiner im Handel und im Heiratsrecht weiterhin den römischen Bürgern gleichgestellt (und umgekehrt). Latiner, die sich dauerhaft in Rom niederließen und auf die Bürgerschaft ihres eigenen Stadtstaates verzichteten, konnten das römische Bürgerrecht erhalten.

Nach 326 fügten sich vielerlei örtliche und regionale Konflikte in ganz Italien zu einigen langen Koalitionskriegen zusammen (326-290), in die sämtliche Völker Italiens verwickelt wurden. Rom saß am längerem Hebel und erlangte die Vorherrschaft über die Apenninhalbinsel, mit Ausnahme der griechischen Städte im Süden. Diese Städte wurden in den Jahren zwischen 282 und 270 unterworfen, trotz der Hilfe, die sie von einem General aus der makedonischen Schule, König Pyrrhos von Epirus, erhielten (Karte 17 und 22 auf S. 116 und 134). Letzterer half den Griechen in Süditalien gegen die Römer und auch Syrakus gegen die Karthager, wobei er in beiden Kriegsgebieten aufsehenerregende Erfolge erzielte. Im Jahre 275 wurde er dann jedoch bei Beneventum von den Römern entscheidend geschlagen (Karte 20). Rom schloß mit den Stadtstaaten und Stämmen im unterworfenen Italien eine Reihe von Einzelverträgen: Diese wurden untergebene Bundesgenossen, die Truppen stellten und Rom in seiner Außenpolitik folgten. Sie brauchten keine Tribute zu zahlen und behielten Selbstverwaltung in inneren Angelegenheiten sowie ihr eigenes Bürgerrecht. So etwas wie das latinische Recht bekamen sie nicht.

Kolonisation

Die Eroberung Italiens ging mit der Gründung von Kolonien einher. Rom beschlagnahmte einen Teil des Landes der besiegten Gegner, wonach dieses Land römisches Staatsland, Eigentum des römischen Staates, wurde.

Rom siedelte hierauf römische und latinische Bauern mit militärischer Erfahrung sowie besitzlose Römer und Latiner an. Diese Kolonien wurden latinische Kolonien (**coloniae Latinae**) genannt, um sie von einigen kleinen Kolonien, die aus strategischen Gründen im römischen Gebiet gegründet worden waren (die **coloniae Romanae** = römische Kolonien), zu unterscheiden.

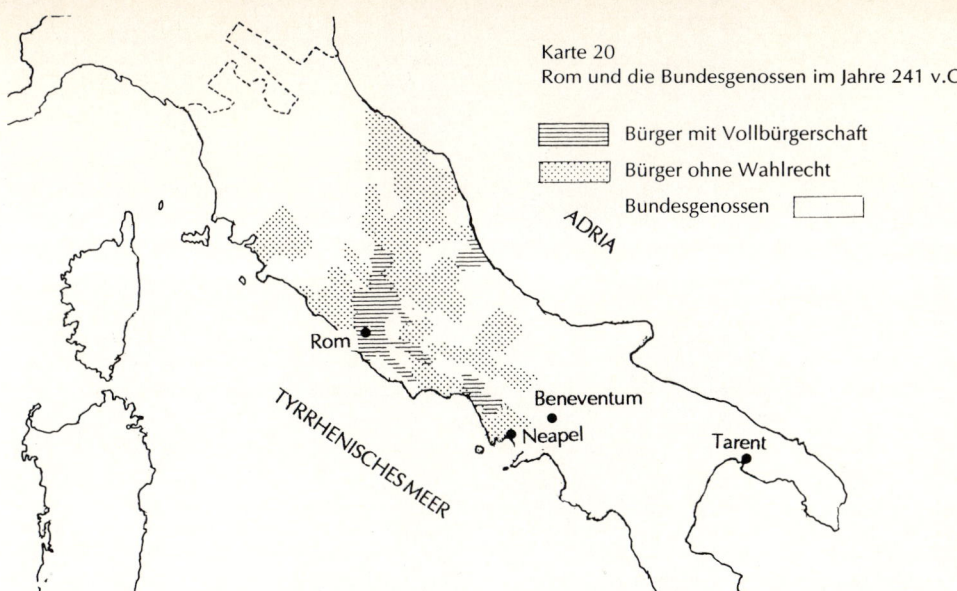

Karte 20
Rom und die Bundesgenossen im Jahre 241 v.Chr.

- Bürger mit Vollbürgerschaft
- Bürger ohne Wahlrecht
- Bundesgenossen

Die latinischen Kolonien lagen über ganz Italien verteilt, meistens an Straßenknotenpunkten und anderen strategisch wichtigen Stellen. Sie wurden keine selbständigen Stadtstaaten, sondern gehörten weiterhin zu Rom. Wohl hatten sie eine selbständige örtliche Verwaltung. Die Kolonisten erhielten das latinische Recht (und konnten also die römische Vollbürgerschaft bekommen, wenn sie nach Rom zurückkehrten). In den kleinen *coloniae Romanae* behielten die Kolonisten die römische Vollbürgerschaft.

Die Kolonisten bekamen nicht nur ein eigenes Grundstück, das in Größe von einem halben bis zu 10 ha variieren konnte, sondern konnten darüber hinaus ein Stück des nichtverteilten Bodens der Kolonie pachten. Die Kolonisten nahmen diesen Boden meistens gemeinsam in Gebrauch. Auch konnten sie Staatsland pachten. Neben der Vermögenssteuer wurde auch dies eine Einnahmequelle der römischen Staatskasse.

Schon früh in der römischen Geschichte entstand ein Konkurrenzkampf um die Nutzung des Staatslandes. Nicht nur die römischen und latinischen Kolonisten, sondern auch die italischen Bauern aus der Umgebung sowie reiche römische und italische Grundbesitzer konnten Staatsland pachten. Die Reichen ließen es von Sklaven und (Unter-)Pächtern bearbeiten. Manche Gelehrten glauben, daß zur Beruhigung der armen römischen Bürger bereits im Jahre 367 eine gesetzliche Höchstgrenze für die Fläche Staatsland, die eine einzige Person bewirtschaften durfte, festgesetzt wurde.

Rom zog großen Vorteil aus der Kolonisation. Es erhielt ein Netz von strategisch gelegenen befestigten Siedlungen in Italien und konnte innere soziale Spannungen in Rom und Latium beheben, indem es armen römischen und latinischen Bürgern zu einem besseren Dasein verhalf. Rom erhielt durch die Verpachtung von Staatsland zusätzliche Einnahmen und steigerte auch die Zahl der militärisch einsetzbaren Bürger. Bürger, die vorher besitzlos gewesen waren und also nicht in das Heer aufgenommen wurden (S. 120), kamen nun in die Vermögensklassen, aus denen die Soldaten rekrutiert wurden. In mancher Hinsicht (Kolonien wurden keine neuen Stadtstaaten, soziale Aufwertung armer Bürger, militärisch-strategische Begründung der Kolonisation) glichen die latinischen und römischen Kolonien eher den athenischen Kleruchien des fünften Jahrhunderts v.Chr. als den griechischen Kolonien des archaischen Zeitalters (S. 60 und 78).

Munizipien

Manchmal verlieh Rom einer unterworfenen Stadt, die sich um Rom verdient gemacht oder sich aus freien Stücken unter den Schutz Roms gestellt hatte und sprachlich und kulturell mit den Römern verwandt war, den Status einer römischen Stadt. Eine solche Stadt hieß **Munizipium**. Dessen Bürger er-

46
Aufnahme der Via Appia. Die Via Appia, die von Rom nach Campanien und von hier nach Brundisium (heute Brindisi) führte, war die erste große römische Heerstraße in Italien. 312 v.Chr. begann man mit ihrem Bau. Die gepflasterten Straßen ermöglichten schnelle Truppenverschiebungen. Diese Straßen waren, zusammen mit dem Netz der *coloniae*, ein Kampfmittel gegen den Guerillakrieg der Stämme in Mittel- und Süditalien. Entlang der Straße lagen große Grabmäler von römischen Honoratiorenfamilien. Foto: Marburg, Fotoarchiv.

hielten das römische Bürgerrecht ohne Wahlrecht, und in manchen Fällen sogar die römische Vollbürgerschaft. Auch auf diese Weise vergrößerte Rom sein Gebiet und seine einsetzbaren Streitkräfte.

Die römische Kolonisation hat die Anpassung der italischen Völker an die Organisation, Sprache und Kultur der Römer (man nennt diesen Prozeß ‚Romanisierung') stark gefördert. Die Romanisierung vollzog sich am schnellsten bei den Honoratioren, die überall in Italien mit der regionalen Verwaltung betraut waren. Weitaus die meisten italischen Gemeinschaften wurden, genauso wie Rom selbst, von aristokratischen oder oligarchischen grundbesitzenden Eliten regiert.

Italien war ca. 265 v.Chr. ein Flickwerk von Staaten und Gebieten, die in unterschiedlichen Beziehungen zu Rom standen und auf verschiedene Weise an Rom gebunden waren (Karte 20): Es gab das römische Kerngebiet (mit römischer Vollbürgerschaft), das Gebiet der alten latinischen Stadtstaaten und *coloniae Latinae* mit latinischem Recht, die Munizipien mit Bürgerrecht ohne Wahlrecht und die Bundesgenossen, die nur ihr eigenes örtliches Bürgerrecht hatten.

Das System funktionierte gut; die große Mehrheit der italischen Stadtstaaten und Stämme hat in den großen Kriegen der Periode nach 265 (S. 134) loyal mitgekämpft und einen wichtigen Anteil an der römischen Expansion des dritten und zweiten Jahrhunderts v.Chr. gehabt. Außerdem haben sie nie gemeinsame Sache gegen Rom gemacht, weil sie wegen ihrer unterschiedlichen Verträge mit Rom unterschiedliche Interessen hatten (‚teile und herrsche').

Der militärische Charakter der römischen Gesellschaft

Die Kriege, die im fünften und vierten Jahrhundert v.Chr. in Italien ausgetragen wurden, waren nicht so heftig wie die großen Kriege, die Rom nach 265 führte, und sahen den modernen Kriegen überhaupt nicht ähnlich. Sie bestanden hauptsächlich aus kleinen Scharmützeln und Plünderungen, wurden nur in der Sommersaison (zwischen März und November) ausgetragen (Saisonkriege), und nur hin und wieder lieferte man sich eine große Feldschlacht. Dennoch gewöhnten sich die römischen Bürger in diesen Kriegen an das Kriegshandwerk als eine normale Nebenbeschäftigung und einen riskanten, aber einträglichen Nebenverdienst, der Kriegsbeute und Land (in Kolonien) einbrachte. Für die römische Elite galt militärischer Ruhm als das wichtigste Statussymbol, als der bestmögliche Eintritt zu einer ehrenvollen Laufbahn in den Staatsämtern. Überdies profitierte sie mehr als alle anderen von der Kriegsbeute. In den vielen Kriegen entstanden allerhand heroische Sagen und Legenden, die jahrhundertelang die römische Mentalität beeinflußt haben. Immer wieder wurden die genügsamen, tapferen Ahnen als Beispiel hingestellt.

Die römische Religion stand der Kriegführung nicht im Wege. Wenn in der richtigen Weise zu den Göttern gebetet und geopfert wurde, segneten diese die römischen Unternehmen, und wenn der Krieg auf korrekte Weise erklärt worden war und mit den richtigen Riten begonnen wurde, war er in den Augen der römischen Götter gerecht.

Die Römer betrachteten ihre Kriege meistens als eine Art von Verteidigung. Ein großer Staat in ihrer Nähe wurde schon bald als eine Bedrohung empfunden und so mancher römische Krieg hat als Präventivaktion (man könnte dies als ‚Vorwärtsverteidigung' bezeichnen) oder als Hilfe an kleine Bundesgenossen gegen mächtige Staaten begonnen.

Der Ständekampf (ca. 500–287 v.Chr.)

Während Rom in einem langwierigen Ringen um die Hegemonie Italiens verwickelt war, gab es auch innere Spannungen. Wie wir bereits sahen (S. 121), hatte nach dem Sturz des letzten Königs, Tarquinius Superbus, die Aristokratie der Patrizier die Macht an sich gerissen, aber schon bald begannen die Plebejer gegen deren Machtposition zu opponieren. Die Plebejer bildeten keine fest umrissene Gesellschaftsgruppe. Es gab reiche Plebejer, Mittelgruppen und arme Plebejer, alle mit unterschiedlichen Beschäftigungen. Die reichen Plebejer waren Großgrundbesitzer, die erst in späterer Zeit nach Rom gekommen oder von Rom einverleibt worden waren, nachdem das Patriziat sich bereits neuen Mitgliedern verschlossen hatte. Zur Mittelgruppe gehörte der begüterte Bauernstand mit Eigenbesitz, der einen wichtigen Beitrag zu den militärischen Unternehmungen leistete, sowie eine Anzahl von Kaufleuten. Die armen Plebejer waren kleine Bauern, Handwerker und Tagelöhner, die keine deutliche Bindung an die Patrizier hatten (siehe S. 119).

Die reichen Plebejer wollten in die politisch verantwortliche Elite der Patrizier aufgenommen werden, die armen Plebejer wünschten eine Milderung der harten Maßnahmen, die Schuldnern gegenüber praktiziert wurden (man konnte durch Schulden in die Sklaverei geraten, vgl. S. 71 über Athen zur Zeit von Solon), und alle Plebejer – besonders auch die Armen – forderten die Aufzeichnung der wichtigsten Regeln des Gewohnheitsrechtes in einer festgelegten Gesetzgebung, Einschränkung der Willkür der patrizischen Magistraten und Anerkennung der Massenversammlung der Plebejer (lat.: **concilium plebis**) als eine offizielle Volksversammlung neben den *comitia centuriata*. Die *comitia curiata* hatten nach der Königszeit jegliche Bedeutung verloren. Die Plebejer versammelten sich bei einigen beliebten Tempeln auf dem Aventin (Karte 21) und wurden geführt von **tribuni plebis** (*tribus* = Viertel, Bezirk, Stamm → Viertelleiter der Plebs = das Volk → **Volkstribunen**) und **aediles** (= Ädilen, Tempelwächtern, nämlich der Tempel auf dem Aventin). Die Plebejer nahmen eine starke Position ein, da die plebejische Mittelgruppe (hauptsächlich die begüterten Bauern mit Eigenbesitz) einen großen Teil der schweren Infanterie, der wichtigsten Heereseinheit, stellte. Wenn sie nicht mitmachten, konnte zu Kriegszeiten kaum ein Heer auf die Beine gestellt werden.

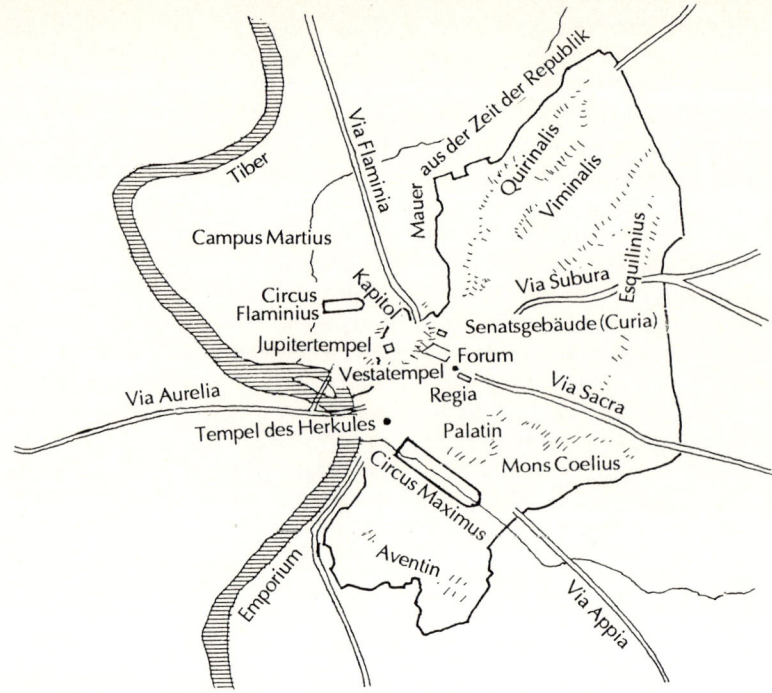

Karte 21
Die Stadt Rom zur Zeit der Republik.
Die Volksversammlungen wurden auf dem Campus Martius (dem Marsfeld) abgehalten. Hier sammelten sich auch die Heere. Der Tempel des Jupiter war der wichtigste Ort im Kult der Staatsgötter. Jupiter war der Hauptgott und Schutzpatron Roms. Die Regia war das Haus des *rex sacrorum* (S. 121).
Vesta war die Göttin des häuslichen Herdes. In ihrem Tempel brannte ein Feuer, das niemals ausgehen durfte. Ihr Kult wurde von den Vestalinnen, Priesterinnen aus gutem Hause, die nicht heiraten durften, gepflegt. Über die Via Sacra führte die feste Route der Triumphzüge (S. 128).
Der Circus Maximus war der Ort, wo die Wagenrennen (beliebte Volksspiele) abgehalten wurden.
Emporium = Kais und Lagerhäuser.

Der Verlauf des Ständekampfes

Die Gegensätze spitzten sich meistens durch die Schuldenprobleme der armen Plebejer zu. Wenn es dann allzu heiß herging und die Plebejer sich in großer Zahl aus den Staatsangelegenheiten und dem Heer zurückzogen, machten die Patrizier politische Zugeständnisse, wonach die Rebellion abflaute. Neue Kriege drängten dann die inneren Probleme in den Hintergrund, und die Verteilung der Kriegsbeute und die Kolonisation armer Bürger ließen den sozialen Druck abnehmen. Besonders in den Jahren 350-270, der großen Zeit der römischen Expansion in Italien, hat dieses ‚soziale Druckventil' gut funktioniert. Das Problem der Schulden hat man 326 in Angriff genommen. In diesem Jahr wurde die Schuldknechtschaft abgeschafft.

Die wichtigsten politischen Zugeständnisse an die Plebejer waren:
– 494 v.Chr.: Anerkennung der Volkstribunen als offizielle Interessenvertreter der Plebejer. Die Volkstribunen wurden jährlich im *concilium plebis* gewählt (auf eine Amtszeit von einem Jahr) und bildeten eine Art von ‚Anti-Magistraten' gegenüber den regierenden patrizischen Magistraten, die nach 367 Consuln hießen. Die Volkstribunen durften im Falle von Willkür der patrizischen Magistraten einschreiten, zum Beispiel indem sie gegen Maßnahmen, die den Interessen der Volksmasse widersprachen, ein Veto einlegten oder indem sie willkürliche Verhaftungen vereitelten. Sie führten den Vorsitz des *concilium plebis*.

- 451 v.Chr.: Die erste schriftliche Festlegung einer beschränkten Anzahl von Gesetzen im **Zwölftafelgesetz**. Diese Gesetze bestanden aus konkreten Geboten und Verboten samt den Strafbestimmungen („Wenn jemand dieses oder jenes macht, so...'). Die festgelegten Strafen enthielten häufig eine sofortige Vergeltung (Auge um Auge) und wurden wahrscheinlich vor allem zur Vorbeugung von Blutrache verhängt. Trotz ihres einigermaßen primitiven Charakters bildeten diese Gesetze die Grundlage des ältesten römischen Rechts (vgl. S. 24 und 54).
- 367 v.Chr.: Zulassung der reichen Plebejer zum höchsten Verwaltungsamt, das seit diesem Jahr das Consulat genannt wurde. Es wurde festgelegt, daß einer der zwei Consuln ein Plebejer sein sollte.
  Auch wurde ein neues Amt eingeführt, nämlich das des Prätors. Die Consuln führten von nun an vor allem die Armeen an, während die Prätoren (zuerst einer, doch schon bald zwei) sich vor allem mit der Leitung und Organisation der Rechtsprechung befaßten. Auf die Rechtsprechung werden wir auf S. 180 noch ausführlicher zurückkommen.
  Wahrscheinlich wurde in diesem Jahr auch der Konzentrierung von Staatsland in den Händen einer kleinen Anzahl von Reichen Schranken gesetzt (S. 123).
- 287 v.Chr.: Anerkennung des *concilium plebis* als offizieller Volksversammlung. Die Beschlüsse dieser Versammlung (lat.: **plebiscita**) erhielten Gesetzeskraft (Gesetz = *lex*) für das ganze römische Volk (einschließlich der Patrizier, die nicht in diese Versammlung kamen), und zwar ohne daß es der nachträglichen Zustimmung des Senats bedurfte. Der Senat durfte zu Gesetzentwürfen fortan vorher eine Empfehlung abgeben.

Neben dem *concilium plebis*, dem wie früher ein Volkstribun präsidierte, gab es zu dieser Zeit auch bereits die **comitia tributa**, deren Vorsitzender ein Consul, Prätor oder patrizischer Ädil (S. 128) war und in der sich das ganze Bürgervolk versammelte und nicht nur die Plebejer. Der Vorsitzende berief die Versammlung ein. Die *comitia tributa* (und das *concilium plebis*) waren nicht in Vermögensklassen, sondern in Wohnbezirke

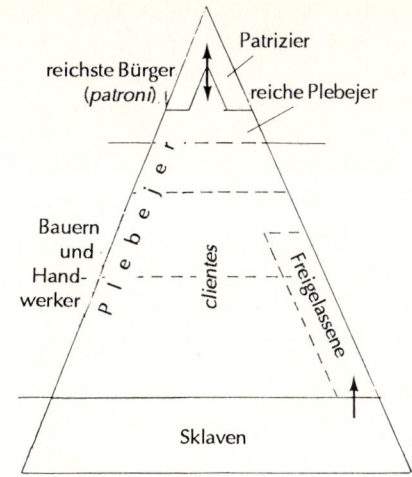

Schema 3
Soziale Strukturen in der Frühen Republik

eingeteilt (vgl. S. 73 zu Kleisthenes in Athen). Jeder Wohnbezirk (*tribus*) hatte eine Stimme. Es gab 35 *tribus* (4 in der Stadt und 31 auf dem Lande). Man betrachtet das Gesetz vom Jahre 287, das nach seinem Antragsteller, dem Diktator Hortensius, *lex Hortensia* heißt, als das Ende des Ständekampfes. Die Unterschiede zwischen Patriziern und Plebejern verwischten sich danach; dafür stellten sich jedoch andere soziale Unterschiede ein. Auch die Unterschiede zwischen den *comitia tributa* und dem *concilium plebis* wurden mit der Zeit geringer.

Die staatlichen Institutionen der römischen Republik am Ende des Ständekampfes. Neue soziale Unterschiede
Die Magistrate

Die Magistrate verkörperten den römischen Staat. Im demokratischen Athen hatte das Bürgerkollektiv dies getan, nicht aber in Rom. Die Magistrate wechselten jedes Jahr, und wie wir bereits sahen (S. 121), konnte ihrem Handeln durch ein Veto eines Amtskollegen Einhalt geboten werden.
Die Volkstribunen hatten innerhalb der Stadtgrenze Roms (lat.: **pomerium**) das Vetorecht gegen ihre eigenen Kollegen und gegen die Handlungen aller anderen Magistraten. All dies bildete die wichtigste Gewähr gegen die amtliche Willkür.

Die Magistrate konnten über kleine Stäbe von Berufsschreibern, Ausrufern, Boten, Begleitern und Ordnern verfügen, aber einen richtigen Beamtenapparat im modernen Sinne gab es nicht. Die Schreiber waren zum Teil Sklaven und Freigelassene. Die Magistrate wurden von Gruppen von Ratgebern unterstützt, die sich aus Standesgenossen zusammensetzten, die einen spezifischen Sachverstand, zum Beispiel auf dem Gebiet des Rechtes oder der Militärstrategie und -taktik, erworben hatten. In diesen Ratgebergruppen (**consilia**) wurde meistens die Politik eines Magistrats konzipiert.

Die wichtigsten Magistrate wurden bereits genannt, aber werden hier nochmals schematisch aufgezählt:

- **Consuln** (2): Oberbefehl über die Armeen, Zuständigkeit für die öffentliche Ordnung, allgemeine Verwaltung. Gewählt von den *comitia centuriata*
- **Prätoren** (2, ab dem Jahr 241 vier, ab 80 v.Chr. acht): Stellvertreter der Consuln, Organisation der Rechtsprechung in Rom. Gewählt von den *comitia centuriata*
- **Volkstribunen** (10): Vetorecht, Interventionsrecht, Vorsitz des *concilium plebis*. Die Volkstribunen mußten Plebejer sein, Patrizier konnten dieses Amt nicht bekleiden.
- **Ädilen** (4): Polizeiaufgaben, Feuerwehr, Beaufsichtigung der Ordnung auf den Märkten und Organisation der Spiele in Rom (Spiele mit Tieren oder Kämpfern, Wagenrennen). Neben den alten plebejischen Ädilen (S. 125), die im Ständekampf als offizielle Magistrate anerkannt worden waren, gab es auch zwei patrizische Ädilen. Die Organisation der Spiele kostete die Ädilen persönlich viel Geld und war vergleichbar mit den Liturgien in Athen (S. 81).
- **Quästoren** (anfangs 2, ab 421 vier, ab 267 acht und ab 80 v.Chr. zwanzig): Verwaltung der Staatskassen in Rom, bei den Heeren und an anderen Orten.
- Die Volkstribunen, Ädilen und Quästoren wurden von den *comitia tributa* gewählt.
- Über das Amt des **Diktators**, ein Sonderamt, wurde bereits auf S. 121 gesprochen.

Alle fünf Jahre wurden von den *comitia centuriata* für die Dauer von $1^1/_2$ Jahren aus ehemaligen Consuln zwei **Zensoren** gewählt ($3^1/_2$ Jahre lang gab es also keine Zensoren). Diese sollten den Senat mit würdigen Mitgliedern ergänzen (der Senat mußte 300 Mitglieder zählen), das Volk zählen und in Vermögensklassen einteilen (S. 120), öffentliche Bauarbeiten vergeben, Verträge für die Versorgung der Heere schließen und die Steuern verpachten. Auch konnten sie unwürdige Senatoren aus dem Senat entfernen. Am Ende ihrer Amtszeit nahmen sie ein **Lustrum** vor, brachten den Staatsgöttern zur Sühnung der Vergehen der Römer gegen diese Götter ein Sühnopfer dar. So blieb die Gunst der Staatsgötter dem römischen Volk erhalten (in den Augen der Römer war dies eine wesentliche Voraussetzung für weitere Erfolge).

Die höchsten Magistratsämter waren die des Consuls und des Prätors. Nur mit diesen Ämtern war das *imperium*, die völlige, absolute, allgemeine Gewalt des ausführenden und befehligenden Magistrats verbunden (S. 119). Alle anderen Magistrate – auch die Zensoren – hatten nur bestimmte spezifische Aufgaben und Befugnisse und keine völlige, sich auf alle Gebiete der staatlichen Belange erstreckende Gewalt. Die Magistrate mit *imperium* waren an der Amtskleidung und äußeren Ehrenzeichen erkennbar und wurden auf der Straße von Liktoren (Träger von Ruten- und Axtbündeln, den sogenannten *fasces*) begleitet. Innerhalb der geweihten Stadtgrenze Roms (dem *pomerium*) wurde die Anwendung des *imperiums* durch das Berufungsrecht der Bürger (siehe S. 132) und die Befugnisse der Volkstribunen eingeschränkt, außerhalb des *pomerium* jedoch war das *imperium* absolut und wurde lediglich durch das Vetorecht eines Kollegen eingeschränkt. Dies galt zum Beispiel in den Armeen im Felde.

Soldaten in Rüstung durften nicht innerhalb des *pomerium* auftreten; sie mußten sich vorher als Bürger umziehen und ihre Waffen ablegen. Eine Ausnahme wurde gemacht, wenn einem Consul ein Triumphzug mit seinem Heer gestattet wurde, als ehrenvoller Abschluß eines siegreichen Feldzuges. Er zog dann im alten purpurfarbenen Amtsgewand der früheren Könige an der Spitze

47
Eine Senatssitzung.
Rekonstruktionszeichnung. Kopie einer Zeichnung von Isings in einer Schulausgabe des Livius, ed. P.K. Huibregtse, Groningen: Wolters.

seiner Soldaten in einer Parade zum Kapitol (Karte 21), wo die wichtigsten Tempel des Hauptgottes Jupiter und einiger anderer Staatsgötter standen, und brachte dort einen Teil der Beute als Dankopfer dar.

Die Honoratioren, die in die Ämter gewählt wurden, durchliefen diese in einer traditionellen Reihenfolge, vom Quästor bis zum Consul (Quästor - Ädil oder Volkstribun - Prätor - Consul). Man nannte dies die Laufbahn der Ehrenämter (lat.: **cursus honorum**). Die Ehrenämter hießen so, weil sie unentgeltlich ausgeübt wurden. Nur den Reichen, die ihre Zeit ganz diesen Ämtern widmen und andere für sich auf ihrem Grundbesitz arbeiten lassen konnten, standen diese offen. Deshalb betrachteten die Zensoren Senatoren, die verarmt waren, auch als unwürdig, ungeeignet, einen Sitz im Senat zu haben und Magistratsämter zu bekleiden.

Der Senat

Der Senat war in der Praxis das wichtigste Organ im römischen Staat. Hier saßen alle Magistrate und ehemaligen Magistrate beieinander, denn die Zensoren hatten die Gewohnheit, den Senat durch Honoratioren, die zum Quästor oder zum Ädil gewählt worden waren, zu ergänzen. Der Senat hatte daher wichtige militärische, verwaltungsmäßige und diplomatische Kenntnisse und Erfahrung. Die Ratschläge des Senats wurden praktisch immer von der Volksversammlung (den Volksversammlungen) befolgt. Die Aufsicht über die Staatsfinanzen und die Außenpolitik wurde sogar ganz dem Senat überlassen. Der Vorsitz des Senats wurde von den Consuln oder den Prätoren geführt, jedoch hatten auch die Volkstribunen das Recht dazu. Die ehemaligen Consuln durften als erste das Wort führen; diese bildeten den eigentlichen Führungszirkel der römischen Republik und bestimmten praktisch immer die Politik.

48
Die *rostra* (= Rednerbühne) standen auf dem Forum, dem zentralen Platz in Rom (Karte 21). Auf dem Forum wurden manchmal meinungsbildende Zusammenkünfte abgehalten, wo Redner und Politiker zum Volk sprachen, desgleichen Volksversammlungen, ebenso wie auf dem Marsfeld. Die *rostra* waren mit Rammspornen feindlicher Kriegsschiffe geschmückt. Rekonstruktionszeichnung.

Nobiles, Senatoren und *equites*

Nach 367 v.Chr. (S. 127) standen die Magistratsämter auch den reichen Plebejern offen, und es entstand ein neuer Amtsadel. Reiche plebejische Familien bildeten gemeinsam mit den wichtigsten patrizischen Geschlechtern einen kleinen Kern von reichen Magistrats-Familien, welche die Prätoren und Consuln stellten. Die *comitia centuriata* wählte die Consuln und Prätoren immer aus diesen Kreisen, und man nannte diese Gruppe die **nobiles** (= Angesehene). Sie bildeten den Kern eines größeren Kreises von ebenfalls reichen und angesehenen Senatorenfamilien; die *nobiles* bildeten den eigentlichen oligarchischen Machtadel im Senat.

Die Senatoren (einschließlich der *nobiles*) bildeten ihrerseits den verwaltungsmäßig aktiven Teil der höchsten Vermögensklasse in Rom, nämlich der Ritter (*equites*) (S. 120). Am Anfang des fünften Jahrhunderts gab es vielleicht etwa 1800, in der Späten Republik waren es mehr, ca. 20.000.

Die Senatorenfamilien und übrigen Ritter stellten die Offiziere aller Gattungen der Streitkräfte. Die höchsten Offiziere waren Magistrate, und die mittleren Offiziersränge (die *tribuni militum*) wurden von jungen Senatorensöhnen und Rittern besetzt. Die diesen unterstellten Unteroffiziere, die Zenturionen, gingen zum allergrößten Teil aus den Soldaten hervor.

Zwischen den Senatoren und den übrigen Mitgliedern der Vermögensklasse der Ritter, die wir von nun an einfach als Ritter oder *equites* bezeichnen werden, gab es keine großen Unterschiede in Reichtum und Lebensweise. Senatorenfamilien und Rittergeschlechter waren oft miteinander verwandt und kannten sich gut. Neue Senatoren wurden von den Zensoren fast immer aus den jüngeren Angehörigen reicher, angesehener Senatorenfamilien, die auf dem Schlachtfeld und in Rom ein gutes und würdiges Verhalten gezeigt hatten, gewählt. Sie konnten in Rom auffallen, indem sie gute Arbeit leisteten in einem oder zwei der niederen Verwaltungsgremien, welche die Arbeit der Magistraten erleichterten und mit spezifischen Aufgaben wie der Herstellung von Münzen, der Instandhaltung der Straßen, der Aufrechterhaltung der öffentlichen Ordnung in Rom und der Rechtsprechung bei Erbschaftsauseinandersetzungen betraut waren. Auf diese Gremien können wir im beschränkten Rahmen dieses Buches nicht näher eingehen.

Hin und wieder gelang es einem Ritter aus einer Familie, aus der bisher noch keine Magistrate und Senatoren hervorgegangen waren, durch außergewöhnliche militärische Leistungen oder Beredsamkeit Zutritt zum *cursus honorum* zu erlangen. Die Zensoren nahmen ihn dann in den Senat auf. Wenn ein solcher Mann das Consulat erreichte, nannte man ihn einen *homo novus* (= ein ‚neuer Mann'). Im Laufe des dritten Jahrhunderts v.Chr. verschlossen sich die *nobiles* allmählich dagegen. Nach dem Jahr 200 gelang es nur noch sehr wenigen ‚neuen Männern', bis zur Führung des Staates vorzudringen.

Wachsende Unterschiede in der römischen Oberschicht

Im Laufe des dritten und zweiten Jahrhunderts v.Chr. wurden die Unterschiede zwischen den Senatoren und den Rittern größer. 218 v.Chr. wurde es Senatoren gesetzlich untersagt, sich am Handel, an Bankgeschäften und an steuerlichen Unternehmen (Steuerpacht) zu beteiligen, und diese Bereiche wurden einer beschränkten Gruppe von reichen *equites* überlassen. Diese bildeten große Gesellschaften, die zahlreiche spezialisierte Freie, Sklaven und Freigelassene (= freigelassene Sklaven) beschäftigten und mit den Zensoren Verträge schlossen über die Versorgung der Heere, den Straßenbau, öffentliche Bauarbeiten in der Stadt Rom und die Eintreibung der Steuern. Wenn sie eine bestimmte Steuer, z.B. einen Zoll, oder ein Steuergebiet pachteten, zahlten sie einen Vorschuß an die Staatskasse und holten sich diesen dann durch lokale Mittelsmänner bei den Steuerpflichtigen mit Gewinn zurück. Man nannte diese Ritter *publicani*. Die übrigen Ritter blieben Großgrundbesitzer und stellten, wie ehedem, die *tribuni militum* für das Heer.

Seit dem vierten Jahrhundert bestand die Reiterei des Heeres nicht mehr ausschließlich aus Mitgliedern der Ritterklasse. Es gab einfach nicht genügend Ritter mehr, die gan-

49

Angesehener Römer mit Ahnenporträts. Für angesehene römische Familien war die Bindung an die Ahnen sehr wichtig. Die Porträts, welche die verstorbenen Väter darstellten, hatten einen Ehrenplatz im Haus und wurden bei Begräbnissen mitgetragen. Der abgebildete Römer trägt eine Toga, die offizielle Tracht der römischen Männer. Foto: Rom, Musei Capitolini.

ze Kavallerie zu bemannen. Nach 300 setzte sich die Reiterei allmählich immer mehr aus Verbänden der Bundesgenossen in Italien und anderen Ländern zusammen.

Die Volksversammlungen

Nach dem Ständekampf hatte Rom in der Praxis zwei Volksversammlungen: die *comitia centuriata* und die *comitia tributa* (oder *concilium plebis*, siehe S. 127 zur *lex Hortensia*). Die *comitia curiata* hatten seit etwa 500 jegliche Bedeutung verloren.
In den Volksversammlungen fanden keine Diskussionen statt. Eigentlich waren es Abstimmversammlungen, Formen der Heranziehung der Bürger. Meinungsbildung konnte auf informellen Zusammenkünften (lat.: **contiones**), wo Politiker ihre Standpunkte darlegen konnten, stattfinden.
In den Volksversammlungen war die Position des Vorsitzenden sehr stark. Er legte einen Antrag oder einen Gesetzentwurf vor, fügte die vorher erteilte Senatsempfehlung hinzu (siehe S. 127 zur *lex Hortensia*) und hielt darauf eine Abstimmung ab, es sei denn, ein Volkstribun legte sein Veto ein. In den anderthalb Jahrhunderten zwischen dem Ständekampf und dem Bürgerkrieg in der späten Republik (ab 133 v.Chr.) kam dies jedoch fast nie vor. Der weitaus größte Teil der Volkstribunen gehörte selber zu den *nobiles* und wich nicht von der im Senat vorgezeichneten Linie ab.
Bei Wahlen ging es nicht anders zu. Der Vorsitzende präsentierte die von den amtierenden Consuln aufgestellte Kandidatenliste, und danach wurde gewählt. Der Vorsitzende der *comitia centuriata* war immer ein Magistrat mit *imperium*, also ein Consul oder – wenn beide Consuln ins Feld gezogen waren – ein Prätor. Den *comitia tributa* präsidierte ein Consul, ein Prätor oder ein patrizischer Ädil, während das *concilium plebis* von einem Volkstribun geleitet wurde.

Nach 287 versammelten sich die Bürger praktisch nur noch in Gestalt der *comitia centuriata*, wenn ein Krieg erklärt oder ein Friedensvertrag ratifiziert werden sollte und zur Wahl neuer Zensoren, Consuln und Prätoren. Alle anderen Angelegenheiten und Wahlen erledigten sie als *comitia tributa* (oder *concilium plebis*).
Die Terminologie (Ritter, Zenturie = Abteilung von 100 Mann) erinnerte an die Heeresversammlung, welche die *comitia centuriata* einst gewesen waren, aber die sie nun keineswegs mehr waren. Es bestand im dritten und zweiten Jahrhundert v.Chr. keinerlei Zusammenhang mehr zwischen einer Zenturie und einer Kompanie im Heer; die Zenturie war lediglich eine Gruppe von Abstimmenden aus einer bestimmten Vermögensklasse. Außerdem waren die Zenturien dieser Volksversammlung auch unterschiedlich groß. Die einzige Zenturie der

Besitzlosen umfaßte Tausende von Bürgern, wohingegen eine Zenturie der höchsten Klasse mitunter nicht einmal die Anzahl von 100 Bürgern erreichte. Bei Abstimmungen in den *comitia centuriata* hatte die Stimme der ersten Zenturie der Ritter großes Gewicht. Die anderen Zenturien folgten nämlich fast immer dem gegebenen Beispiel. In den *comitia tributa* waren die Bürger nach Wohnbezirken (*tribus*) eingeteilt. Jeder Bezirk durfte eine Stimme abgeben, und zwar gleichzeitig, in 35 Parallelreihen (z.B. auf dem Marsfeld). Im Prinzip hatten die armen Bürger in den *comitia tributa* mehr Einfluß als in den *comitia centuriata*, denn in der *tribus* zählte die Macht der Zahl. In der Praxis aber wurde auch in dieser Versammlung bis tief ins zweite Jahrhundert v.Chr. fast immer die Empfehlung des Senats und die Meinung des Vorsitzenden befolgt.

Nach 287 dienten die Komitien auch als Berufungsgericht in der Rechtsprechung. Berufungsfälle kamen über einen Consul oder einen Volkstribun vor die *comitia tributa* oder die *comitia centuriata*. Erst in der späten Republik (Ende des zweiten und Anfang des ersten Jahrhunderts v.Chr.) wurden dafür spezielle Gerichtshöfe mit Jurys eingerichtet. Man bedenke jedoch, daß hier nur sehr wichtige Rechtsfälle behandelt wurden.

Weitaus die meisten Fälle wurden von niederen Verwaltungsgremien (S. 130), von Geschworenen, die eigens für die einzelnen Fälle von den Prätoren eingesetzt wurden, und von den Magistraten, die für die Aufrechterhaltung der Ordnung zuständig waren, erledigt.

Ein oligarchisches Staatssystem

Die römische Republik hatte kein Grundgesetz und nur wenig schriftlich festgelegte Gesetzgebung. Nur Angelegenheiten, worüber es bereits Uneinigkeit gegeben hatte, zum Beispiel im Ständekampf, waren in Gesetzen festgelegt worden. Die übrigen Verfahrensweisen und Handlungen im Staat beruhten auf ungeschriebenen Regeln und politischen Verhaltenstraditionen, denen alle innerhalb der Führungsgruppe huldigten und die von allen Bürgern respektiert wurden. Die römische Staatsordnung war faktisch oligarchisch, die *nobiles* hatten alle Fäden in der Hand. Sie beherrschen die Volksversammlungen durch ihre zahlreichen *clientes*, ihre persönlichen Beziehungen und die Autorität, die sie in allen Ständen hatten. Diese Autorität ergab sich aus einer festverwurzelten traditionellen Ehrfurcht vor den Familien mit den großen alten Namen und aus der erfolgreichen Führung der *nobiles* in den großen Kriegen des dritten und zweiten Jahrhunderts v.Chr. (S. 134–138). Diese Kriege neutralisierten außerdem aufkommende Unzufriedenheit ab, denn sie sorgten für Beute, Ruhm und Zusammengehörigkeitsgefühlen den Feinden gegenüber. Darüber hinaus nahmen die *nobiles* sorgfältig Rücksicht auf die Interessen der Mitglieder der höchsten Vermögensklasse, welche die *comitia centuriata* beherrschte und somit wichtig für die *nobiles* war. Die *comitia centuriata* wählten ja die Consuln und Prätoren. Diese Art von Erwägungen, persönliche Freundschaftsbande und die vertikalen Bindungen von *clientes* an ihre *patroni* waren von ausschlaggebender Bedeutung in der Politik, viel mehr als Standpunkte oder Programme. Politische Parteien gab es denn auch nicht. Es bildeten sich jedesmal anläßlich bestimmter Fragen oder um bestimmte Kandidaten (bei den Wahlen) Gelegenheitskoalitionen von *nobiles*, die ihre Anhängerschaft von Verwandten, Freunden und *clientes* mobilisierten, um ihren Mann oder ihr Interesse in den Vordergrund zu stellen und diesem oder dieser zum Sieg zu verhelfen.

Ein neuer Typ *clientes*

Im Verhältnis *patronus-cliens* hatte sich seit der frühesten römischen Geschichte einiges verändert (vgl. S. 119). Im dritten, zweiten und ersten Jahrhundert v.Chr. (und eigentlich auch in der Kaiserzeit) waren *clientes* vorwiegend arme Bürger, die in Zeiten des Hungers und der Not von einem Angesehenen Hilfe erhielten und von diesem gegen ihre Feinde unterstützt wurden (zum Beispiel in einer Rechtssache oder bei einem geschäftlichen Konflikt). Freigelassene wurden auf diese Weise von ihrem ehemaligen Herrn geschützt. Die *clientes* unterstützten ihrerseits ihren *patronus* bei Wahlen und politischen Auseinandersetzungen, begleiteten ihn auf der Straße und begrüßten ihn frühmorgens bei seinem Haus (dabei erhielten sie eine kleine Geld- oder Nahrungsspende). Ein langer Zug von *clientes* war ein wichtiges Statussymbol.

Einige demographische Angaben

Rom hat sich nie zu einer Demokratie nach athenischem Modell entwickelt. Eigentlich war die römische Bürgerschaft dafür bereits im dritten Jahrhundert v.Chr. zu groß. Man nimmt an, daß es im Jahre 264 etwa 265.000 erwachsene männliche Bürger (ab 16 Jahren) gab. Dies bedeutete, daß nur noch ein kleiner Teil der Bürger, meist Stadtbewohner Roms, regelmäßig den Volksversammlungen beiwohnen konnte. (Vgl. Übersicht 4 auf S. 161.)
Die Bürgerschaft Roms hatte in den vorangehenden anderthalb Jahrhunderten enorm wachsen können: durch die Einverleibung mittelitalischer und südetruskischer Stämme und Städte, die Aufnahme von Kindern aus Mischehen (zum Beispiel eines Römers und einer Italikerin), die Einwanderung aus Latium und den latinischen Kolonien (S. 123) und die Freilassung von Sklaven. Wenn ein Sklave wegen verdienstvoller Führung oder Freikauf freigelassen wurde, wurde er römischer Bürger mit beschränkten Rechten. Er durfte keine Staatsämter bekleiden und diente nicht im Heer. Seine Nachkommen durften dies aber wohl und besaßen also die Vollbürgerschaft.

Übersicht 3 Die *comitia centuriata*

Während der frühen Republik stellte sich die Verteilung der Zenturien auf die Vermögensklassen und die Reihenfolge der Stimmen folgendermaßen dar:

Klasse I
12 Zenturien *equites* (Reiterei)
80 Zenturien schwere Infanterie
    (40 Z. Senioren, 46 Jahre und älter; 40 Z. Junioren, 17–45 Jahre)

Klasse II
6 Zenturien *equites* (Reiterei)
20 Zenturien Fußvolk
    (10 Senioren und 10 Junioren)

Klasse III
20 Zenturien Fußvolk (davon 10 Senioren)

Klasse IV
20 Zenturien Fußvolk (davon 10 Senioren)

Klasse V
30 Zenturien Fußvolk
    (15 Senioren und 15 Junioren)
Unterhalb der niedrigsten Vermögensgrenze der Klasseneinteilung gab es noch 5 Zenturien für Nichtkämpfer, darunter eine Zenturie für besitzlose Bürger (Proletarier).

13 Weitere Expansion und neue soziale Spannungen (264–133 v.Chr.)

Die römische Expansion von 264–121 v.Chr.
Die Punischen Kriege

Schon seit dem Ende des sechsten Jahrhunderts v.Chr. gab es Kontakte zwischen Rom und Karthago. Karthago trieb Handel mit Italien und versuchte hin und wieder im Trüben zu fischen. Es hatte von italischer Seite wenig zu befürchten gehabt, solange das Land geteilt gewesen war. Nach 270 jedoch beherrschte Rom die ganze Apenninhalbinsel und stellte eine gefürchtete Macht nahe dem Handels- und Einflußbereich von Karthago (S. 116) dar. In den Jahren 282–275 kämpften Rom und Karthago noch gemeinsam gegen Pyrrhos (S. 122), danach aber entstand ein Klima des gegenseitigen Mißtrauens. Sowohl Rom als auch Karthago fürchteten sich vor der großen Macht des anderen. Im Jahre 264 wurde Rom in einen Konflikt auf **Sizilien** verwickelt. Ehemalige campanische Söldner eines syrakusanischen Tyrannen hatten sich nach 289 als Seeräuber in Messina niedergelassen und wurden von Syrakus, das ihrer Piraterie ein Ende machen wollte, bedroht. Die Seeräuber baten sowohl Karthago, den Erbfeind von Syrakus, als auch Rom, den ‚*patronus*' Campaniens, um Hilfe. Beide Großmächte leisteten dieser Bitte Folge und gerieten miteinander in Konflikt. Syrakus wechselte nach dem ersten Kriegsjahr ins römische Lager über.
Dieser Krieg, der **erste Punische Krieg** (264–241; punisch = phönikisch = karthagisch), dauerte lange und war schwer, da beide Seiten militärisch erfahren waren und sich weigerten, das Feld zu räumen. Die Römer begannen nach den ersten erfolgreichen Feldzügen an eine Eroberung ganz Siziliens zu denken, und Karthago wollte seine wichtigen Stützpunkte auf Sizilien nicht verlieren. Die meisten Kämpfe fanden rund um Sizilien zu Lande und zu Wasser statt. Durch ihre Übermacht zu Lande und den Bau starker Flotten, mit denen sie die Karthager auch auf See besiegen konnten, vermochten schließlich die Römer den Krieg zu gewinnen. Auch gewannen die Römer in diesem Krieg die Oberherrschaft über die Meere rund um Italien. Beim Aufbau ihrer Seemacht leisteten die maritimen (griechischen) Bundesgenossen der süditalischen Küsten gute Hilfe.

Im Jahre 241 wurde Sizilien die erste Provinz Roms. Die Stadtstaaten auf Sizilien – bis auf Syrakus – wurden keine Bundesgenossen von Rom, wie die italischen Stämme und Städte, sondern der Gewalt eines Prätors unterstellt. Wohl behielten sie örtliche Selbstverwaltung. Wahrscheinlich richtete der römische Senat die Verwaltung hier in dieser Weise ein, weil Sizilien in einem weiteren Krieg gegen Karthago in der Frontlinie liegen würde. Man könnte es als eine Form der Militärgewalt in einem vom Krieg bedrohten Gebiet betrachten. Dieser Präzedenzfall hatte eine lange Nachwirkung: die meisten von Rom eroberten Gebiete sind letztendlich Provinzen geworden, auch wenn sie nicht in der Frontlinie lagen.

In den zwanzig Jahren zwischen 238 und 218 stellte Rom die Ordnung auf der Adria, wo Seeräuber aus Illyrien (heute Albanien und ein Teil des ehemaligen Jugoslawiens) ihr Unwesen trieben, wieder her. Auch unterwarf Rom die Gallier in der Poebene.

Karte 22
Die römische Expansion von ca. 500-200 v.Chr.

▤ karthagischer Einflußbereich ca. 230, nach dem Verlust Siziliens, Sardiniens und Korsikas.

M = Messina

Karte 23
Das sich ausdehnende Römische Reich in der Periode 218–120 v.Chr.

<· · · ·   Zug des Hannibal 218–202
<———   Jahreszahl mit Pfeil: Jahr, in dem ein Gebiet endgültig zur römischen Provinz wurde.

Unmittelbar nach dem zweiten Punischen Krieg wurde Rom in einen Machtkampf um Einfluß in Griechenland verwickelt, und es begann seine Positionen in Spanien zu festigen und auszubauen.
Der Kampf um Griechenland verlief folgendermaßen: 200–197 führte Rom erfolgreich Krieg gegen Makedonien. Im Jahre 196, nach dem römischen Sieg, erklärte der römische Befehlshaber Flamininus die Griechen für frei und autonom; Griechenland wurde keine römische Provinz. Die Römer betrachteten die Griechen als ‚clientes‘ des römischen Volkes, die sich selbst verwalten durften.
192 versuchte der Seleukidenkönig Antiochos III. (223–187), Einfluß in Griechenland zu gewinnen. Dadurch kam er in Konflikt mit Rom, das in Griechenland keinen anderen ‚patronus‘ neben sich duldete. Im Jahre 188 besiegte Rom Antiochos, der sich hinter das Taurosgebirge (Kilikien) zurückziehen und einen Tribut von 15.000 Talenten (Appendix 2) bezahlen mußte. Seine kleinasiatischen Gebiete wurden Pergamon und Rhodos (Verbündete Roms) unterstellt.
In der Periode 171–168 schlugen die Römer Makedonien endgültig, und das Land wurde in vier Republiken (Satelliten Roms) aufgeteilt. Nach Aufständen in Makedonien und Griechenland (149–146) machte der Senat Makedonien und Griechenland zu einer Provinz (Macedonia-Achaea).

Karthago versuchte den Verlust Siziliens, Sardiniens und Korsikas wettzumachen, indem es seine Position in Spanien verstärkte. In den jahrelangen Kämpfen gegen die dort ansässigen keltiberischen Stämme wurde das karthagische Heer in Spanien eines der bestgeübten Berufsheere jener Zeit. Es bestand hauptsächlich aus spanischen und nordafrikanischen Söldnern.
218 brach erneut Krieg zwischen Rom und Karthago aus, der **zweite Punische Krieg** (218–201). Dieser Krieg steigerte sich zu einem Koalitionskrieg mit weittragenden Folgen und war einer der heftigsten und intensivsten der römischen Geschichte. Der fähige karthagische Feldherr **Hannibal**, der seit 221 den Befehl über das karthagische Heer in Spanien führte, zog von hier, in einem aufsehenerregenden Feldzug durch Südgallien und über die Alpen, in hohem Tempo nach Italien, wo er Unterstützung von den gerade erst von Rom besiegten Galliern in der Poebene bekam.
In den Jahren 218–216 errang Hannibal große Siege über die Römer und ihre italischen Bundesgenossen. Der größte war die Schlacht

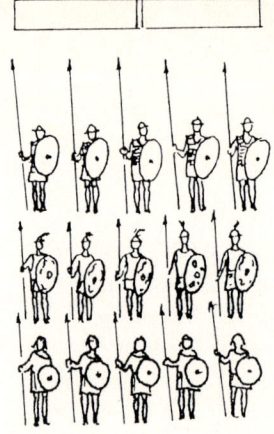

Diese Blöckchen bezeichnen eine Gruppe von 30 Reitern

Ein solches Blöckchen bezeichnet einen Manipel (= 2 Zenturien). Eine Zenturie *hastati* oder *principes* zählte ca. 60 Mann, eine Zenturie *triarii* 30 Mann.

triarii

hastati oder *principes*

velites (=Leichtbewaffnete) (40 pro Manipel)

vexillarii = Träger der Feldzeichen. Einer pro Zenturie.

Zenturionen (1 pro Zenturie)

Reiter

triarii
principes
hastati
Reiterei
Reiterei

Schema 4
Aufstellung einer römischen Legion zur Zeit des zweiten Punischen Krieges (218–201 v.Chr.). Durch Zeichen des Oberkommandos (eventuell durch Melder) konnten die Manipel die Abstände zwischeneinander vergrößern oder gerade verringern. Sie konnten ein Karree bilden, indem man die hintere Linie (*triarii*) umkehren und die mittlere Linie (*principes*) zu den Seiten marschieren ließ. Die Manipel konnten eine geschlossene Front bilden, indem die Manipel der *principes* die Lücken zwischen den Manipeln der *hastati* schlossen. Auch konnte man die Abstände zwischen den drei Linien vergrößern. Eine sehr breite Front konnte gebildet werden, indem man die *triarii* und *principes* nach links und rechts marschieren und sie dann auf eine Linie mit den *hastati* in der Mitte aufschließen ließ.
Entlehnt aus: H.E.L. Mellersh, Soldiers of Rome, 1964, S. 65.

bei Cannae (216), wo sicher 40.000 Römer und Italiker das Leben ließen (Karte 23). Hannibal konnte diese Siege durch seine genialen taktischen Manöver und die Kampfpraxis seiner Truppen (siehe oben) erringen. Nach der Schlacht bei Cannae bekam Hannibal Unterstützung von einigen süditalischen Stadtstaaten, die nicht mehr an einen römischen Sieg glaubten, und auch von König Philipp V. (221–179) von Makedonien. Philipp wollte von einer römischen Niederlage mitprofitieren und sah das römische Vorgehen gegen die illyrischen Seeräuber, das gerade vor seiner Zeit stattgefunden hatte, als einen ersten römischen Schritt in Richtung des Balkans, seines Machtbereichs.
Auch Syrakus, im letzten Krieg noch ein Verbündeter Roms, wählte die Seite Karthagos.

Dennoch verlor Karthago schließlich den Krieg. Die Römer mobilisierten all ihre verfügbaren Streitkräfte (siehe Übersicht 4, S. 161) und konnten auch weiterhin über die Soldaten der meisten italischen Bundesgenossen verfügen. Entgegen Hannibals Erwartung hielten die meisten Italiker ihre Verträge mit Rom treu ein. Eine römische Armee griff die Karthager in Spanien erfolgreich an und höhlte auf diese Weise die Grundlage der Erfolge Hannibals aus (Hannibal bezog seine Soldaten und Mittel normalerweise aus Spanien). Die römische Flotte beherrschte die Meere rings um Italien, so daß die Karthager Hannibal nicht gut übers Meer mit Nachschub versorgen konnten. Gegen Hannibal selbst führten die römischen Kommandanten einen aufreibenden Guerillakrieg von kleinen Kämpfen und Belagerungen, wodurch er in Süditalien gleichsam eingekesselt wurde.

Ab 205 begann sich der römische Sieg abzuzeichnen. Der römische Feldherr **P. Cornelius Scipio**, der zwischen 210 und 205 die Karthager aus Spanien vertrieben hatte, setzte nach Nordafrika über und fand dort einen Bündnispartner in Numidien, einem Nachbarstaat Karthagos (Karte 22). Im Jahre 202 schlug er Hannibal, der zur Verteidigung seiner Vaterstadt aus Italien zurückberufen worden war, in der großen Schlacht bei Zama (Karte 23).

201 schloß Karthago Frieden. Es verlor all seine Außengebiete, mußte seine Kriegsflotte Rom übergeben und in Raten einen Tribut von 10.000 Talenten (Appendix 2) bezahlen. Noch gut vierzig Jahre profitierte die römische Staatskasse von diesen karthagischen Tilgungsraten. Syrakus verlor seinen Status des freien Bundesgenossen und wurde ein einfacher Stadtstaat unter römischer Vorherrschaft auf Sizilien.

Rom wurde durch diesen Krieg die größte Macht im Mittelmeergebiet.

Kriege in Spanien, der Poebene und den hellenistischen Gebieten östlich von Italien

Nach 201 führte Rom als Konsequenz des zweiten Punischen Kriegs eine Reihe von Feldzügen, die schließlich zu einer gewaltigen Ausdehnung des römischen Einflußbereiches führten (Karte 23).

Zwischen 197 und 190 brachte Rom erneut die Gallier in der Poebene unter römische Vorherrschaft. Diese waren bereits zwischen 235 und 222 von Rom besiegt worden, hatten sich dann aber im Jahre 218 aufgelehnt und die Seite der Karthager gewählt.

In zwei langen, schwierigen Kriegen (197–178 und 154–133), die auf beiden Seiten viele Opfer forderten, unterwarfen die Römer die keltiberischen Stämme im spanischen Binnenland. Die iberische Halbinsel wurde in zwei römische Provinzen aufgeteilt.

In den Jahren 125–121 eroberte Rom auch das Durchgangsgebiet zwischen Italien und Spanien, den mediterranen Teil Galliens (Karte 23).

Die Poebene, Südspanien und Südgallien wurden wichtige Gebiete für römische und italische Kaufleute und Auswanderer. Zahlreiche römische und italische Veteranen blieben hier für immer, und Bauern aus ganz Italien suchten hier eine bessere Existenz.

Zwischen 200 und 146 v. Chr. erlangten die Römer in einer Reihe von kurzen, erfolgreichen Kriegen (siehe S. 138 und die Legende zu Karte 23) gegen Makedonien, die griechischen Städtebünde und das Seleukidenreich die Hegemonie im südlichen Balkan und Kleinasien. Die Römer konnten sich hier verhältnismäßig leicht und schnell siegreich durchsetzen, da unter ihren Gegnern größte Uneinigkeit herrschte und sie diese einen nach dem andern schlagen konnten.

Die hellenistischen Staaten haben nie gemeinsame Front gemacht, und außerdem verfügte Rom über die größten kriegserfahrenen Streitkräfte des ganzen Mittelmeergebiets. Im zweiten Punischen Krieg und in den nachfolgenden Kriegen stand immer ein auffallend großer Teil der Römer und ihrer italischen Bundesgenossen unter Waffen (Übersicht 4) und sammelte dabei militärische Erfahrungen.

Zwei Formen der römischen Machtausweitung

Der römische Senat, der zu dieser Zeit die Außenpolitik bestimmte (S. 129), verfuhr während der ersten Hälfte des zweiten Jahrhunderts v.Chr. im Westen (Spanien, Gallien, Poebene) anders als im Osten und Nordafrika. Im Osten und in Nordafrika gab Rom sich anfangs (erste Hälfte des zweiten Jahrhunderts v.Chr.) mit einer Anerkennung der römischen Hegemonie und mit Tributen zufrieden, welche die römische Staatskasse füllten und die betroffenen Staaten wirksam schwächten. Demzufolge konnten diese Staaten weniger Geld für Söldnerheere und Flotten aufwenden, während Rom die materiellen Vorteile seiner Siege einheimste und keinen schwer kontrollierbaren Verwaltungsapparat in weit entfernten Ländern einzurichten brauchte. Manche römische Honoratioren hatten außerdem große Achtung vor der griechischen Zivilisation, die sie als eine überlegene Schwesterkultur betrachteten, und wollten deshalb die Griechen in Freiheit lassen. Man kann diese Haltung mit der assyrischen Haltung Babylon gegenüber vergleichen (S. 37f.).

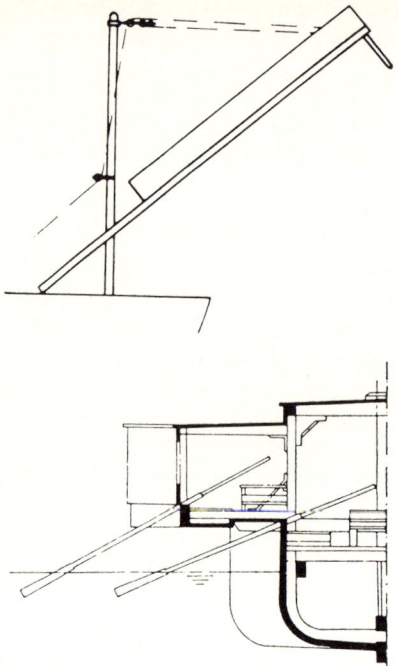

50
Oben: Im ersten Punischen Krieg gelang es den Römern, die Seeherrschaft über die sehr see-erfahrenen Karthager zu erlangen, indem sie aus der Seeschlacht eine Landschlacht machten. Die abgebildeten Enterbrücken, aufgestellt auf den Decks der römischen Schiffe, wurden auf die karthagischen Schiffe niedergelassen, woraufhin die römischen Soldaten auf diese überstiegen, um sie zu erobern. Diese Enterbrücken störten jedoch das Gleichgewicht der Schiffe, so daß viele römische Schiffe in Stürmen untergingen. Deshalb verwendeten die Römer diese Waffe nicht weiter.
Unten: Rekonstruktion der Ruderaufstellung einer Zweidecker-Kriegsgaleere (*quadriremis*). Es wurde mit zwei Männern pro Riemen gerudert. Die Ruderer waren besitzlose Bürger und Mannschaften aus den Städten der maritimen Bundesgenossen.

Im Osten und Nordafrika führte Rom also eine Teile-und-herrsche-Politik, indem es die großen hellenistischen Staaten (Makedonien und das Seleukidenreich) und Karthago verkleinerte und die schwächeren Nachbarstaaten, wie Pergamon in Kleinasien und Numidien in Nordafrika, stärkte und unterstützte. Das ptolemäische Ägypten spielte nach 170 keine Rolle mehr in der internationalen Politik. Dieses Land wurde ständig von Thronstreit und sozialen Unruhen erschüttert und blieb nur deshalb selbständig, weil Rom es nicht annektierte, aber es auch niemand anderem gestattete, sich seiner zu bemächtigen.

Diese Teile-und-herrsche-Politik war in Kleinasien ziemlich effektiv, aber in Griechenland und Makedonien blieb es unruhig. Zwischen 200 und 146 mußte Rom hier viermal Krieg führen (Karte 23). Deshalb machte Rom 146 das Gebiet zu einer Provinz (**Macedonia-Achaea**) und unterstellte diese einem römischen Statthalter. Um ein Exempel zu statuieren, zerstörten die Römer 146 v.Chr. die griechische Stadt Korinth, die in den Jahren 149–146 ein Zentrum der antirömischen Aktivität gewesen war. Die Bevölkerung wurde getötet oder in die Sklaverei verkauft. Im selben Jahr 146 liquidierte Rom auch den Restbestand der karthagischen Macht in Nordafrika, nachdem Karthago mit seinem Nachbarland, Numidien, einem römischen Bundesgenossen, in Konflikt geraten war (dritter Punischer Krieg, 149–146). Karthago wurde zerstört, die Bevölkerung ebenfalls getötet oder in die Sklaverei verkauft. Das karthagische Gebiet wurde zur römischen Provinz **Africa** gemacht.

Im Jahre 133 v.Chr. erhielt Rom durch eine Verfügung im Testament des letzten Königs aus dem Hause der Attaliden das Gebiet des Königreichs Pergamon. Nachdem die Römer hier einen Aufstand von Söldnern, Sklaven und armen Pachtbauern niedergeschlagen hatten, machten sie die westliche Hälfte des Gebietes zur römischen Provinz **Asia** (Karte 23). Das restliche Gebiet überließen sie loyalen Vasallenfürsten in den umliegenden Staaten.

Im Westen verfolgte der römische Senat eine andere Politik. Die eroberten Gebiete in der Poebene, Spanien und Südgallien wurden sofort römische Provinzen. Hier gab es keine erkennbaren, entwickelten Staaten wie im Osten und Nordafrika, sondern nur lose organisierte Stämme oder ‚frühe Staaten', die das diplomatische Spiel Roms und der hellenistischen Reiche nicht gewohnt waren und sich fortwährend der römischen Herrschaft zu entziehen versuchten. Besonders im zentralen und westlichen Teil der Iberischen Halbinsel flammte die Aufsässigkeit immer wieder auf. Die Grenze des römischen Gebietes schob sich in einer Reihe von harten Kriegen vom Süden und Osten aus langsam vor, bis schließlich nur der nordwestliche Zipfel Spaniens noch frei war (133 v.Chr.)

Sowohl in Nordafrika (146) als auch in Spanien (134/3) wurden die entscheidenden Siege von einem Angehörigen der Familie der Cornelii Scipiones errungen: P. Cornelius Scipio Aemilianus. Er wurde ein richtiger Volksheld in Rom, mißbrauchte das aber nicht. Er blieb seinen Mitregenten im Senat gegenüber völlig loyal.

In den Kriegen zwischen 264 und 133 erlitten die Römer viel Schaden durch die traditionellen Kommandowechsel. Die Consuln (und Prätoren), welche die Armeen anführten, amtierten im Prinzip nur für die Dauer ihres Amtsjahres. Die Zeit war nun jedoch reif für neue Lösungen. Um die Anzahl der Generäle zu erhöhen und die fähigen von ihnen auf ihrem Posten über ihr Amtsjahr hinaus zu belassen, führte der Senat die ‚Pro'-Magistratur ein.

Das Präfix ‚pro' bedeutet in diesem Begriff ‚gleich einem'. Ein Proconsul hatte ein *imperium* gleich einem Consul. Seine Gewalt war nicht unbedingt auf ein Jahr befristet, galt jedoch nur in der eigenen Armee und im jeweiligen Kriegsgebiet. Ein Prokonsulat endete, wenn der Senat den Amtsinhaber zurückberief oder wenn die vorher festgelegte Dauer des Kommandos verstrichen war.

Die Verwaltung einer Provinz

Die Römer ließen in einer neuen Provinz die örtliche Verwaltung, die sie vorfanden, intakt und stellten einen Statthalter an ihre Spitze als Kontrolleur. Anfänglich wurden Prätoren als Statthalter eingesetzt. Nach ca. 190 aber ging der römische Senat dazu über, ehemalige Consuln und Prätoren als Proconsuln und Prop rätoren einzusetzen. Ihr *imperium* beschränkte sich auf ihre eigenen Provinzen, und die Amtszeit war in der Regel ein oder zwei Jahre.

Der Statthalter befaßte sich hauptsächlich mit der Verteidigung der Provinz und mit der Rechtsprechung. In der Praxis entstand in allen Provinzen in der Rechtsprechung allmählich eine Aufgabenteilung zwischen dem Statthalter und den örtlichen Regenten. Die Statthalter konnten über einen kleinen Stab von Ratgebern, z.B. Römern oder Italikern, die sich in der Provinz angesiedelt hatten, sowie von Schreibern und Adjutanten verfügen und wurden von Quästoren, welche die Aufsicht über die Ausgaben und Steuereinnahmen führten, unterstützt. Die Steuern wurden von örtlichen Verwaltungen in Form von Geld oder Naturalien eingetrieben und manchmal Agenten, den **publicani** (S. 130), die vorher einen Vorschuß in die römische Staatskasse eingezahlt hatten, übergeben. Der Quästor einer Provinz erhielt einen Teil dieses Vorschusses zur Deckung der Kosten der provinzialen Obrigkeit. Die Kontinuität der Provinzialverwaltung wurde in der Praxis von den Ratsherren des Statthalters gewahrt. Sie blieben zurück, während der Statthalter jährlich oder alle zwei Jahre wechselte.

Der Löwenanteil der normalen alltäglichen Verwaltungsarbeit wurde von örtlichen Verwaltern erledigt. Diese bildeten für die Mehrzahl der Provinzbewohner die nächsttiefere Instanz. In den westlichen Provinzen stellten die Aristokraten der gallischen und iberischen Stämme die örtlichen Verwalter. In den östlichen Provinzen waren dies vor allem die Räte und Magistrate der griechischen Städte, die sich während des hellenistischen Zeitalters im ganzen Nahen Osten verbreitet hatten (S. 105), aber auch örtliche Fürsten, Priester aus Tempeldomänen und Dorfoberhäupter.

In den griechischen Städten förderten die Römer die oligarchische Staatsform. Der römische Senat hatte in Italien gute Erfahrungen gemacht mit übersichtlichen Räten von angesehenen Grundbesitzern, die über die Städte der Bundesgenossen, die *coloniae* und die *municipia* (S. 123), regierten, und man versuchte, in den Provinzen genauso zu verfahren. Umgekehrt wurden die oligarchisch gesinnten Reichen in den griechischen Städten in der Regel prorömisch. Sie akzeptierten die römische Oberherrschaft, weil diese ihre Vorzugsstellung in der örtlichen Verwaltung garantierte und ihren Besitz sicherstellte. Durch die römische Vorherrschaft wurde der Bürgerstreit zwischen Reichen und Armen, der zwischen 240 und 150 zahlreiche griechische Städte heimgesucht hatte, beendet.

Sowohl in Italien als auch in den westlichen und östlichen Provinzen bestanden die mit der regionalen Verwaltung betrauten Stadträte allmählich immer mehr aus reichen Honoratioren, die auf Lebenszeit im Rat ihrer Stadt saßen und abwechselnd von den Bürgern dieser Stadt in die lokalen Verwaltungsämter gewählt wurden. Die Räte zählten, je nachdem wie groß und bevölkerungsreich die Stadt und das von hier verwaltete umliegende Gebiet waren, zwischen 100 und 600 Personen.

Nachteile der römischen Vorherrschaft

Im zweiten und ersten Jahrhundert v.Chr. war die römische Vorherrschaft für die meisten Provinzen wenig vorteilhaft. Die Statthalter, ihre Stabsmitglieder und die *publicani* konnten sich in den Provinzen ungestört bereichern, denn die Kontrolle von Rom aus war gering. Der römische Staat war nicht eingerichtet für die Beaufsichtigung von Magistraten in weit von Italien entfernten Gebieten. Statthalter und ihre Helfer ‚verkauften' das Recht und bevorzugten Städte und Personen, die ihnen große ‚Geschenke' machten, während die *publicani* eine größere Gewinnspanne beanspruchten, als ihnen zustand. Die Bewohner der Provinzen litten auch unter den rüden Praktiken der römischen Veteranen und der italischen Kaufleute und Sklavenhändler. Italische Kaufleute erzwangen zum Beispiel niedrige Preise, wenn sie etwas kauften, und hohe, wenn sie etwas verkauften. So mancher ehemalige Kriegsgefangene, Aufständische und gut ausgebildete Einwohner der Provinzen wurde als Sklave verkauft und nach Italien und Sizilien gebracht.

Im Jahre 149 v.Chr. wurde nach einigen großen Skandalen (in Spanien) etwas gegen die Erpressungen durch die Statthalter unternommen. In Rom wurde ein permanentes Schwurgericht eingerichtet, das Anklagen wegen Erpressung in den Provinzen behandeln sollte. Solche Anklagen wurden von römischen Honoratioren, die als ‚*patroni*' bestimmter Provinzen auftraten, vertreten. Diese hatten als Truppenführer in einem Krieg oder als früherer Statthalter eine Bindung an die betreffende Provinz bekommen oder stammten aus einer Familie, aus dem der Senat von Generation zu Generation die Statthalter für eine bestimmte Provinz wählte. Die Geschworenen waren Senatoren.

Neue soziale Spannungen
Die Folgen der Expansion

Die langanhaltende römische Expansion zwischen 264 und 121 v.Chr. hatte einen Zustrom von Geld, Waren und Sklaven nach Italien zur Folge. Innerhalb von zwei bis drei Generationen führte dies zu großen Veränderungen in den Städten (besonders in Rom) und auf dem Lande.

Immer mehr Kriegstribute und Steuern flossen aus den besiegten Gebieten in die römische Staatskasse und regten die römische Machtausdehnung an. Ab 167 v.Chr. wurde das *tributum*, die Vermögenssteuer, die auf den römischen Bürgern in Italien gelastet hatte, nicht mehr erhoben (vgl. S. 56).

Die Stadt Rom bekam eine geregelte Zufuhr von Getreide aus den fruchtbaren Küstenebenen Siziliens und Nordafrikas übers Meer (der Transport von Massengütern auf dem Wasserweg war viel besser und billiger als der über Land aus Italien). Dies ermöglichte eine große Zunahme der Stadtbevölkerung Roms. Andere Lebensmittel für diese Stadt wurden aus italischen Landstrichen in der Umgebung bezogen. Dort blieb der Anbau von Getreide im Verhältnis zur Viehzucht und zur Herstellung von Wein, Olivenöl und Obst zurück.

Die Reichen und Mächtigen wußten die meiste Kriegsbeute (Sklaven, Geld und Waren) zu erwerben. Sie gaben viel Geld aus in Rom und ließen sich teure Landsitze bauen, legten aber das meiste Geld in Land in Italien an, das sie von Sklaven bearbeiten ließen. In fruchtbaren Gegenden mit guten Transportmöglichkeiten entstanden Gehöfte und Landgüter, wo ausgebildete Sklaven die Produkte erzeugten, die in Rom (und anderen Städten) verkauft werden konnten.

In diesen Gegenden nahmen die Reichen immer größere Teile des Staatslandes in Beschlag und siedelten darauf Sklaven an. Die freien Bauern (Bauern mit Eigenbesitz, Pächter und Bauern mit Eigenbesitz, die zusätzlich Land pachteten) konnten es nicht mehr nutzen und verloren damit einen wichtigen Teil ihres Auskommens (vgl. S. 123). Ihre

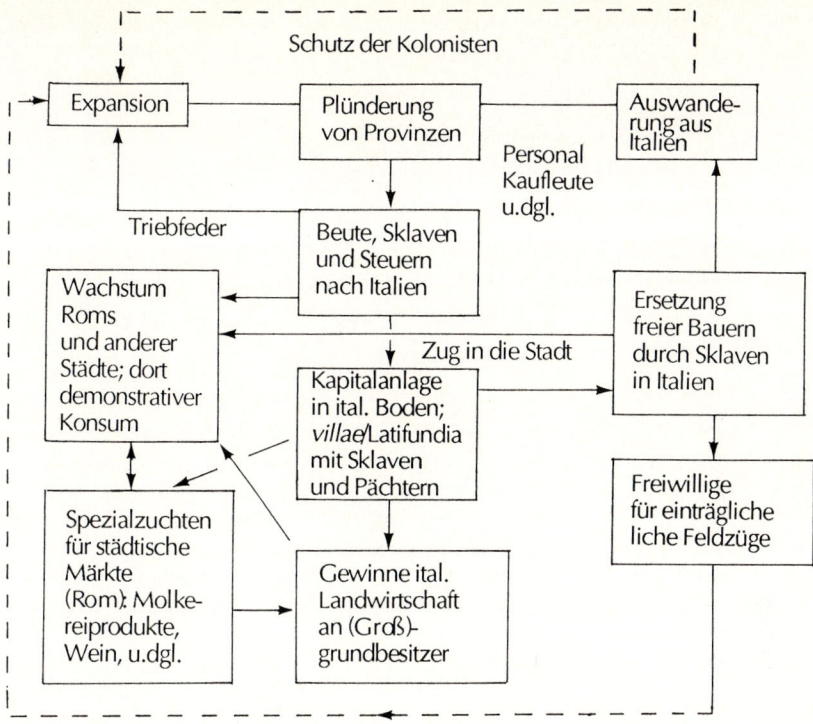

Schema 5
Die Folgen der römischen Expansion im zweiten Jahrhundert v.Chr.

Lage verschlechterte sich noch, wenn sie ihre Arbeit wegen eines langen Kriegsdienstes jahrelang vernachlässigen mußten. Viele Bauern gaben auf, verkauften ihr Privatland und zogen in die Städte, vor allem nach Rom. Andere Bauern machten Schulden, verloren ihr Land an die Gläubiger und verstärkten die Reihen des Tagelöhnerproletariats auf dem Lande und in den Städten (vor allem in Rom) oder wurden abhängige Pächter der Gutsherren.

Eine weitere Gruppe von Bauern wanderte in die Poebene oder nach Südspanien oder Südgallien aus (und förderte dadurch die in Gang kommende Romanisierung dieser Reichsteile).

In den italischen Gemeinden traten ähnliche Erscheinungen auf, besonders in Süditalien und Latium. Große Teile Süditaliens waren zwischen 216 und 203 (S. 136) im Kampf gegen Hannibal schwer verwüstet worden, so daß die Bauern dort schon von Anfang im Nachteil waren und Schulden hatten (oft mußten sie sich Geld leihen, um ihren Betrieb wieder aufzubauen). Außerdem verloren die süditalischen Gemeinden, die nach der Schlacht bei Cannae (216) die Seite Hannibals gewählt hatten, ihr bestes Land an Rom. Dieser Boden wurde römisches Staatsland und geriet in die Hände reicher Anleger. Viele Süditaliker zogen nach Rom, in die näher gelegenen Städte in Italien, in die Poebene oder nach Spanien und Südgallien. Die latinischen Stadtstaaten sahen viele Bürger nach Rom fortziehen, da Latiner, die sich dort dauerhaft ansiedelten, die römische Vollbürgerschaft bekommen konnten (S. 122).

Auf diese Weise wuchs in ganz Italien das Land- und Stadtproletariat und nahm die Zahl der freien Bauern ab. Die freien Kleinbauern und die altmodische, auf Selbstversorgung der Bauernfamilie ausgerichtete Landwirtschaft behaupteten sich noch am ehesten in entlegenen Gebieten ohne gute Transportmöglichkeiten, für die reiche Investoren (Römer und Italiker) kaum Interesse hatten.

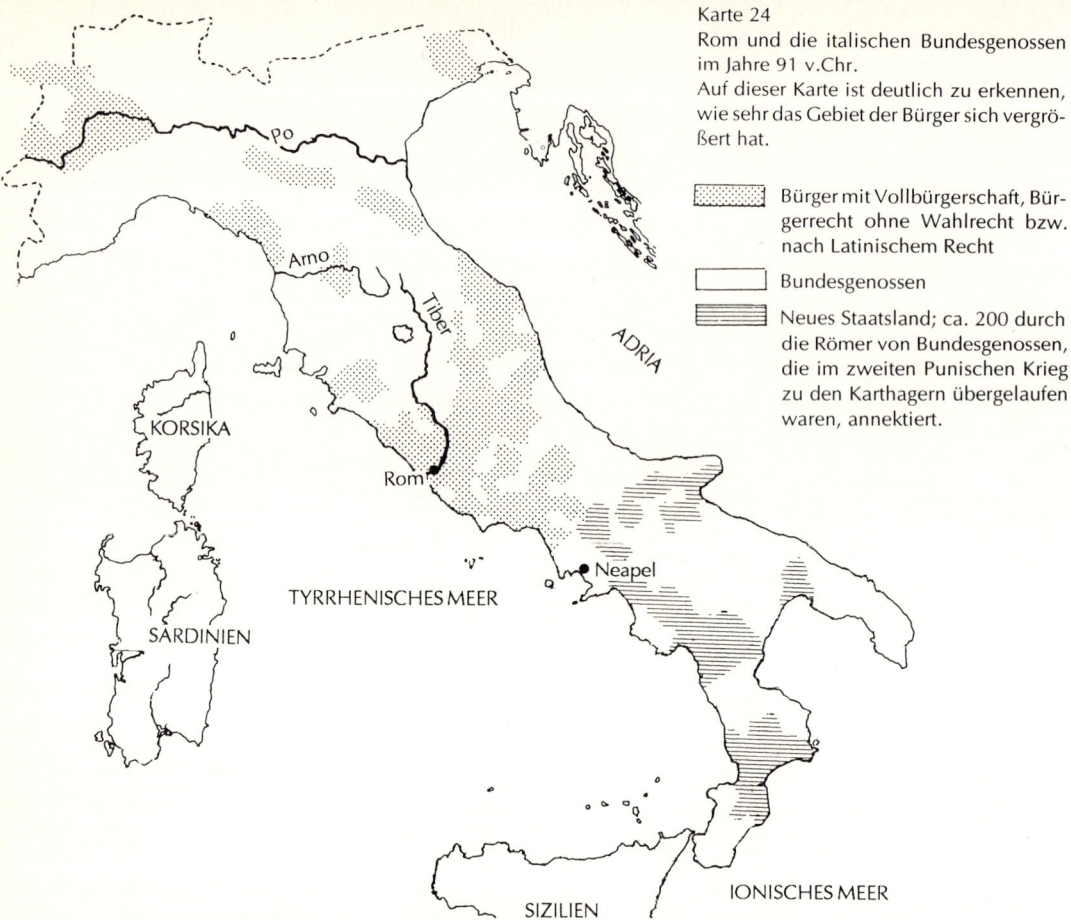

Karte 24
Rom und die italischen Bundesgenossen im Jahre 91 v.Chr.
Auf dieser Karte ist deutlich zu erkennen, wie sehr das Gebiet der Bürger sich vergrößert hat.

Bürger mit Vollbürgerschaft, Bürgerrecht ohne Wahlrecht bzw. nach Latinischem Recht

Bundesgenossen

Neues Staatsland; ca. 200 durch die Römer von Bundesgenossen, die im zweiten Punischen Krieg zu den Karthagern übergelaufen waren, annektiert.

Für den römischen Staat führte all dies zu einer ziemlich ernsten Lage. Gewöhnlich wurde die Masse der Soldaten aus Bürgern, die so viel Vermögen hatten, daß sie eine eigene Rüstung kaufen konnten, rekrutiert. Die Staatskasse war nicht auf die Ausrüstung ganzer Armeen berechnet. Die Zahl dieser Bürger jedoch verringerte sich durch den Niedergang des Bauernstandes. Außerdem wurde diese Entwicklung noch dadurch verstärkt, daß viele (Bauern-)Soldaten auf den Feldzügen umkamen oder in den eroberten Gebieten blieben.

Manchen Bauern gelang es, ihre materielle Lage zu verbessern, indem sie immer wieder freiwillig an (vorzugsweise lukrativen) Feldzügen teilnahmen. Sie bildeten den halbprofessionellen Kern der römischen Armeen in den zahlreichen Kriegen jener Zeit. Sie kämpften nur ungern im gefährlichen und relativ armen Spanien, meldeten sich aber gerne für Kriege im Osten oder Nordafrika.

Die Sklaverei in Italien und Sizilien

Die Zahl der Sklaven in Italien und Sizilien muß bereits im dritten Jahrhundert v.Chr. beachtlich gewesen sein, unter anderem durch die große Anzahl der in die Sklaverei verkauften Kriegsgefangenen und Besiegten der Punischen Kriege. Zu einer deutlichen Zunahme der Sklaverei in diesen Ländern kam es jedoch erst im zweiten Jahrhundert v.Chr. Der Höhepunkt lag zwischen 150 und 70, als einer glaubhaften Schätzung zufolge zwei der sechs Millionen Einwohner Italiens Sklaven waren. Sklaven waren ehemalige Kriegsgefangene, Deportierte aus besiegten Städten und Gebieten, Opfer von Seeräubern oder Sklavenhändlern, ausgesetzte und von Sklavenhändlern aufgenommene Kinder, Arme, die sich selbst und ihre Kinder in die Sklaverei verkauften, weil sie keinen anderen Ausweg sahen, und in der Sklaverei Geborene. Sklaven waren ganz und gar das

51
Sklavenkette: Auf dem Lande wurden Sklaven manchmal mit einer langen Kette aneinandergekettet, um sie am Weglaufen zu hindern.
Halsmarke: Manche Sklaven trugen ein Halsband mit einer Aufschrift. Die Aufschrift lautet: Tene me ne fugia\<m\> et revoca me ad dom\<i\>nu\<m\> meu\<m\> Viventium in ar\<e\>a Callisti = Hindere mich an der Flucht und bringe mich zu meinem Meister, Viventius, der im Hof (Innenhof) des Callistus wohnt, zurück.

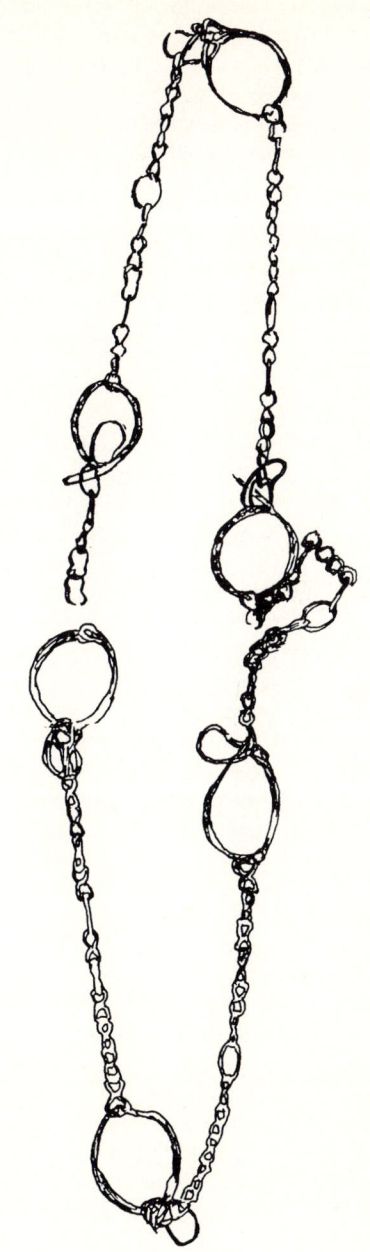

Eigentum ihres Herrn, sie waren ‚Werkzeuge mit einer Stimme'.
Große Sklavenmassen arbeiteten in den Minen, den Steinbrüchen und auf Landgütern mit spezialisiertem Ackerbau, die eigens für den städtischen Markt produzierten. Zahlreiche Sklaven arbeiteten auch in den Werkstätten, machten die schmutzige und schwere Arbeit in den öffentlichen Diensten der Städte und dienten in den Häusern der Reichen als Hauspersonal. Kleine Bauern und Handwerker besaßen, wenn es ihnen geschäftlich gut ging, einen oder zwei Sklaven. Es gab große Unterschiede zwischen den Sklaven untereinander. Der gebildete Haussklave eines Angesehenen konnte eine Vertrauensstellung als Sekretär oder Hauslehrer haben und hatte gute Aussicht, einmal freigelassen zu werden; der Sklave eines kleinen Bauern oder Handwerkers gehörte praktisch zur Familie, wohingegen die Sklavenmassen in den Minen und der großflächigen Landwirtschaft ein elendes Dasein führten. Traurig war auch das Schicksal der Sklaven, die bei den Spielen als Kämpfer (Gladiatoren)

143

fungieren und einander in den Arenen Italiens bis zum Tode bekämpfen mußten. Manchmal wurden Sklaven auch freigelassen. Die Aussicht auf Freilassung war für viele Sklaven die einzige Hoffnung und ein Grund, sich nicht aufzulehnen und hart zu arbeiten. Freigelassene Sklaven (lat.: *liberti*) erhielten das römische Bürgerrecht ohne passives Wahlrecht. Sie dienten auch nicht im Heer. Ihre Söhne hatten die Vollbürgerschaft (vgl. S. 133).

Sklavenaufstände

In der Periode 150–70 bestand in Italien und auf Sizilien (und vielleicht auch in Kleinasien) eine erhöhte Gefahr von Sklavenaufständen. Es waren in einer relativ kurzen Zeit große Mengen von Sklaven hinzugekommen, die in Scharen auf den Landgütern arbeiten mußten. Sie konnten sich noch an die Freiheit erinnern und lehnten sich in ganzen Verbänden auf. Ca. 134 und 104 v.Chr. gab es große Sklavenaufstände auf Sizilien und in den Jahren 133–129 nahmen Sklaven an den Aufständen im ehemaligen Königreich Pergamon in Kleinasien teil (S. 138). Diesen Aufständen lag sicherlich kein Gesamtplan zugrunde. Die aufständischen Sklaven hatten, so weit man weiß, keinen Kontakt zueinander und kein gemeinsames Programm für Reformen. Sogar die Abschaffung der Sklaverei kam ihnen nicht in den Sinn. Sie wollten nur selbst ihre persönliche Freiheit wiedererlangen. Der größte Sklavenaufstand in Italien fand später statt, in den Jahren 73–71 v.Chr., unter Führung des Spartacus (S. 154).

Die Sklavenaufstände auf Sizilien stellten für die Bevölkerung der Stadt Rom ein ernstes Problem dar, da Sizilien ein wichtiger Getreidelieferant Roms war, und deshalb wurden sie mit eiserner Hand von römischen Legionen niedergeschlagen.

Seeräuberei

Eine Nebenerscheinung des Sklavenhandels war die stark zunehmende Seeräuberei. Für die Piraten waren Sklaven gute Handelsware. Wegen der römischen Hegemonie und des Niedergangs der hellenistischen Staaten konnten letztere das Meer und die Küsten nicht mehr sichern, während der römische Senat die Seeräuber gewähren ließ. Als Großgrundbesitzer waren die Senatoren selbst die wichtigsten Käufer von Sklaven, und somit hatten sie ein Interesse an einer reichlichen Zufuhr, vor allem von gut ausgebildeten Arbeitskräften aus den entwickelten hellenistischen Gebieten, für die man im spezialisiertem Landbau und im Haushalt gute Verwendung hatte.

Einige demographische Angaben

Die Einwohnerzahl Italiens wuchs durch die Einfuhr von Sklaven und den Zustrom von Fremden nach Rom und den Hafenstädten. Italien hatte um 100 v.Chr. wahrscheinlich etwa sechs Millionen Einwohner. Auch die Zahl der römischen Bürger stieg, hauptsächlich wegen der Zuwanderung von Latinern nach Rom (S. 141) und der Freilassung von Sklaven (S. 133). Von 225 bis 143 v.Chr. stieg die Zahl der erwachsenen männlichen römischen Bürger (ab 16 Jahren) von ca. 300.000 auf ca. 400.000. Der Anteil der freien Bauern an dieser Zahl wurde jedoch relativ geringer. Vgl. Übersicht 4 auf S. 161.

Die Stadt Rom

Durch den Zustrom ehemaliger Bauern, ausgedienter Soldaten, die nicht zum Bauernleben zurückkehren wollten, Fremder, Sklaven und Freigelassener erlebte die Stadt Rom ein ungestümes Wachstum. Man konnte Arbeit finden im Baugewerbe, im Transportgewerbe und im Handwerk. Die Reichen gaben hier viel Geld aus. Es entstanden neue Berufsgruppen, die den wachsenden Bedürfnissen der zahlungskräftigen Kundschaft entsprachen. Die Elite hatte die Zivilisation, die Wissenschaft und den Luxus der hellenistischen Städte kennengelernt und übernahm vieles davon. In Rom wuchs das Bedürfnis nach Lehrern, Künstlern, Baumeistern, Ärzten, Sekretären, Bankiers, Rechtsberatern und Herstellern von Luxusartikeln. Viele dieser Leute waren ehemalige Sklaven aus dem hellenistischen Osten, die von ihren Herren freigelassen worden waren und sich als Selbständige niedergelassen hatten. Unter den Rechtsberatern gab es Römer aus den höchsten Kreisen (Senatoren und *equites*). Diese berieten prozessierende Parteien und traten als Ratgeber der Magistrate auf. Diese Tätigkeit galt als standesgemäßes Metier für römische Gentlemen, im Gegensatz zum Handel und zur handwerklichen Arbeit.

Rückständigkeit der staatlichen Organisation

Abgesehen von der Einführung der Promagistratur (Proconsuln und Proprätoren, S. 139) und der Vergrößerung der Anzahl der Prätoren und Quästoren (S. 128) wurden die römischen staatlichen Institutionen kaum den veränderten Verhältnissen angepaßt. Man stationierte kein stehendes Heer an den Grenzen, um Grenzkonflikte abzufangen und zu begrenzen, und es wurde auch kein großer Verwaltungsapparat geschaffen. Viele Angelegenheiten wurden durch Beziehungen zu wichtigen *nobiles* geregelt. Deren Patronat erstreckte sich auf allerlei Interessengruppen in Rom und auf ganze Städte und Landstriche in Italien und den Provinzen. Das alte römische Denken, das sehr stark von Beziehungen zwischen *patroni* und *clientes* geprägt wurde, erstreckte sich bis auf die internationalen Beziehungen. Rom sah sich selbst als *patronus* seiner Bundesgenossen und Vasallen in der hellenistischen Welt, während die *nobiles* die *patroni* großer Gruppen, Städte und Landstriche im Römischen Reich waren.

Man kann die geringfügige Ausdehnung des offiziellen staatlichen Bereichs gegenüber dem viel stärkeren Wachstum im privaten Bereich in der Entwicklung des römischen Rechtes sich widerspiegeln sehen. Das Staatsrecht war ziemlich unbedeutend und bestand lediglich aus einigen festgelegten Regeln für die Magistrate, den Senat und die Volksversammlungen, wohingegen das Privatrecht sich enorm auswuchs (siehe hiernach S. 180). Im öffentlichen Bereich blieb man größtenteils von ungeschriebenen Regeln und Sitten abhängig.

Mentalitätsveränderung

Man vermutet, daß die alten römischen Familienbande (S. 119), Traditionen und Sitten sich auf dem Lande und in den Kleinstädten noch ziemlich gut erhalten hatten, nicht nur in den niederen Ständen, sondern auch in den Oberschichten, welche die Gemeinden in Italien verwalteten (vgl. S. 124). In Rom selbst (und vielleicht auch in einigen Hafenstädten) vollzog sich im zweiten und ersten Jahrhundert v.Chr. eine Mentalitätsveränderung. Über die niederen Stände ist nur wenig bekannt, aber man kann vermuten, daß diese der mentalen Entwurzelung ausgesetzt waren, die eine große Landflucht normalerweise mit sich bringt.

Von den führenden Kreisen in Rom weiß man etwas mehr. Die römischen Honoratioren lösten sich von den alten römischen Traditionen in der Politik und dem Privatleben. Sie lebten in einer Welt zunehmenden Luxus und nahmen eine immer individualistischere Haltung an. Die alten Familienbeziehungen und die Macht des *pater familias* (S. 119) gab es in der Theorie immer noch, aber in der Praxis wurden sie ausgehöhlt. Man kann dies zum Beispiel an der Position der Frau erkennen. Immer weniger Frauen der Elite heirateten auf die alte Weise, mit dem formellen Übergang in die Macht des *pater familias* der Familie ihres Ehemanns. Weniger feste Formen des Zusammenlebens entstanden, und Ehescheidung wurde ein häufiges Phänomen.

Griechischer Einfluß

Im Prozeß der Mentalitätsveränderung der römischen Oberschicht waren die wachsenden Kenntnisse der griechischen Kultur sowie das Leben in den hellenistischen Städten in den östlichen Reichsgebieten (und Süditalien/Sizilien) von großer Bedeutung. Angesehene Römer kamen als Verwalter und Kommandeure in die hellenistischen Gebiete, und griechische Leibärzte, Sekretäre und Hauslehrer verkehrten in ihren Häusern. Die meisten dieser Griechen waren von den Römern aus dem Osten mitgeführt oder auf dem Sklavenmarkt gekauft worden. Andere ließen sich freiwillig in Rom nieder oder kamen als Abgesandte ihrer Städte dorthin. Unter ihnen war der griechische Historiker **Polybios** (ca. 203–ca. 120). Er war ca. 168 als Geisel nach Rom gekommen und hatte sich mit der Familie der Cornelii Scipiones, einem der angesehensten Geschlechter der *nobiles*, angefreundet. Er beschrieb die Geschichte der römischen Expansion ab 218, mit einem Rückblick auf die ca. 150 vorangegangenen Jahre. Er führte den römischen Erfolg auf die ausgewogene gemischte staatliche Organisation, daß heißt auf die richtige Mischung zwischen einem monarchischen (die Consuln), einem demokratischen (die Volksversammlung) und einem aristokratischen Element (der Senat) in der Führung zurück.

Die Entstehung einer römischen Literatur

Etwa 200 v.Chr. entstand nach dem Vorbild der griechischen eine römische Literatur. Römische Schriftsteller begannen in ihrer eigenen Sprache, dem Latein, die griechischen literarischen Gattungen nachzubilden (Epos, Drama, Geschichtsschreibung und wissenschaftliche Prosa). Die ältesten Werke der Gattungen Epos und Geschichtsschreibung entstanden zur heroischen Zeit des zweten Punischen Krieges (218–201). Die römischen Dichter besangen die Heldentaten ihres Volkes, und die römischen Historiker sprachen Rom von der Schuld am Krieg frei.

In Rom fand das griechische Erziehungssystem (Grundschule, weiterführender Unterricht in Literatur, Grammatik und Allgemeinbildung, und höherer Rhetorikunterricht, S. 94) Eingang. Dieses war hier meistens zweisprachig; die Schüler bekamen sowohl Griechisch- als auch Lateinunterricht. Manche Römer kritisierten diese Veränderungen. Sie interpretierten den zunehmenden Luxus und den Einfluß der griechischen Lebensweise (Kleidung, Sport, Luxusartikel) in ihren Kreisen als sittlichen Verfall und betrachteten das zunehmende individualistische Verfolgen eigener Interessen als Habgier und üblen Ehrgeiz. **Cato** (234–149) war der Exponent dieser Richtung unter den Römern. Er schrieb über die tugendhaften und ruhmreichen römischen Ahnen und über die Landwirtschaft und wandte sich gegen den zunehmenden griechischen Einfluß.

In einer Hinsicht stellte der Verfall der alten kollektiven Moral sicherlich eine Gefahr dar. Fs gab in Rom kein umfassendes Staatsrecht, so daß viel von einer einheitlichen Anerkennung der ungeschriebenen Regeln, die in der Politik galten, abhing. Das Verschwinden dieser Homogenität sollte nach 140 v.Chr. zu viel Streit und Unsicherheit führen. Die Mentalitätsveränderung hatte außerdem auf dem Gebiet der Außenpolitik ihre Folgen. Die Privilegien und der Ruhm einzelner *nobiles* fielen immer schwerer ins Gewicht, und immer weitere Kreise hatten ein Interesse an der römischen Expansion. *Publicani* suchten neue Steuerbezirke, Kaufleute zogen raubend durch immer neue Landstriche, und arme Bürger wollten durch Kriegsbeute ihre Lage verbessern.

14 Das Jahrhundert der römischen Bürgerkriege (133–30 v.Chr.)

Brennende Probleme und unzufriedene Gruppen

In der zweiten Hälfte des zweiten Jahrhunderts v.Chr. wurde die römische Republik mit einer Reihe von brennenden Problemen konfrontiert, die sich gegenseitig beeinflußten und ein instabiles politisches Klima schufen.

Aus dem Verfall des freien Bauernstandes ergab sich ein Mangel an Rekruten, denn es war noch nicht üblich, die Proletarier, d.h. Tagelöhner und Kleinpächter, in großem Umfang zum Kriegsdienst zuzulassen.

Die Proletarier fühlten sich betrogen, denn sie gehörten zu dem Volk, das die Welt eroberte, und wurden dadurch nur ärmer. Die Landproletarier verlangten eine Umverteilung des Staatslandes zu ihren Gunsten. Die Proletarier in der Stadt Rom verrichteten allerlei Gelegenheitsarbeiten, zum Beispiel im Baugewerbe und in den Häfen, und fanden bis ca. 140 im schnell wachsenden Rom genügend Beschäftigung. Nach 140 jedoch waren viele große Bauarbeiten fertiggestellt, und es floß immer weniger Kriegsbeute, mit der die großen Arbeiten bezahlt werden konnten, nach Rom. Die einträglichen Kriege im Osten und Nordafrika waren nach 146 vorbei, und nur die verlustbringenden und blutigen Feldzüge in Spanien dauerten noch an und erreichten gerade gegen 133 einen Höhepunkt. Außerdem stiegen nach 140, durch Mißernten, Transportprobleme und den bereits erwähnten Sklavenaufstand auf Sizilien (S. 144), die Getreidepreise. Die Wohltätigkeit der reichen *patroni* ihren *clientes* gegenüber konnte dies wahrscheinlich nicht hinreichend ausgleichen, und viele Proletarier litten Hunger.

Auch in den oberen Gesellschaftsschichten kam Unzufriedenheit auf. Diejenigen unter den Rittern, die als *publicani* (S. 130) aktiv waren, wollten einen größeren Einfluß auf die Verwaltung und die Rechtsprechung haben, besonders auf das im Jahre 149 v.Chr. eingerichtete Geschworenengericht, das Erpressungsfälle in den Provinzen behandelte. Somit konnten sie Statthalter, die in ihren Augen allzu sehr dazu neigten, die Steuerpflichtigen in den Provinzen zu schützen, bestrafen lassen.

Überaus gefährlich für Rom war die zunehmende Verärgerung unter den italischen Bundesgenossen. Den Italikern wurde bewußt, daß sie als Bundesgenossen Roms genauso viel zur römischen Expansion beigetragen hatten wie die Römer selbst, aber daß sie viel weniger die Früchte dieser Siege ernteten. Die Italiker erhielten weniger Kriegsbeute, konnten keine Ämter in den Provinzialverwaltungen bekleiden und sich nicht als *publicani* betätigen. Auch ärgerten sich die Italiker über das harte Vorgehen römischer Magistrate in Italien, wogegen sie sich viel schlechter wehren konnten als römische Bürger. Letztere konnten viel leichter einen Magistrat nach dessen Amtsjahr vor einem römischen Gericht anklagen lassen. Bei den Italikern kam das Verlangen nach der römischen Vollbürgerschaft auf. Nur dadurch konnten sie den Römern auf sämtlichen Gebieten gleichstehen.

Die Gracchen
Tiberius Gracchus

Tiberius Sempronius Gracchus war ein *nobilis* aus einem der angesehensten Geschlechter Roms und ein Schwager von Scipio Aemilianus (S. 139). Er wollte dem Mangel an Rekruten ab- und gleichzeitig besitzlosen Bürgern zu einer neuen Existenz verhelfen. Im Jahre 133 v.Chr. arbeitete er als Volkstribun einen Gesetzentwurf aus, in dem auf ein altes Gesetz aus dem Jahr 367 (S.123) zurückgegriffen wurde; danach durfte eine einzige Person über maximal 125 ha Staatsland verfügen. Das dadurch freiwerdende Staatsland sollte unter besitzlose Bürger verteilt werden. Die kleinen Bauern und Landproletarier waren begeistert, aber die meisten Senatoren opponierten gegen diesen Entwurf. Sie befürchteten, Investitionen in den von ihnen genutzten Teilen des Staatslandes zu verlieren; und sahen in Tiberius Gracchus einen potentiellen Alleinherrscher, einen Mann, der die Macht an sich reißen könnte, indem er sich auf die Landbevölkerung stützte. Sie verglichen ihn manchmal mit einigen griechischen Tyrannen aus der Vergangenheit. Gegen den Willen des Senats ließ Tiberius Gracchus seine Gesetzesvorlagen von der Volksversammlung (strenggenommen war diese in diesem Falle das *concilium plebis*, vgl. S. 131) verabschieden und einen opponierenden Kollegen im Volkstribunat, der nach der Verlesung der Gesetzesvorlage sein Veto einlegte (S. 131), absetzen. Als er sich aus Furcht vor Scheinanklagen nach seinem Amtsjahr auch noch als Volkstribun wiederwählen lassen wollte und in den Kompetenzbereich des Senats vordrang (S. 129), indem er der Volksversammlung vorschlug, die Durchführung seines Landgesetzes mit Geld aus der pergamenischen Erbschaft (S. 138) zu finanzieren, wurde er in der Öffentlichkeit von einigen Senatoren ermordet. Diese sahen die Wiederwahl des Tiberius Gracchus als einen wichtigen Schritt hin zu seiner Alleinherrschaft an und konnten einen Eingriff in die Gewohnheit, daß der Senat die Aufsicht über die Staatsfinanzen und die Außenpolitik führte, nicht hinnehmen.

Nach Tiberius' Tod wurde die Durchführung seines Landgesetzes trotzdem eingeleitet, wahrscheinlich aus Furcht vor Aufsässigkeit unter den armen Bürgern auf dem Lande. Durch die Umverteilung von Staatsland wurde jedoch die Frage des Bürgerrechtes für die Italiker vordringlich. Viel Staatsland wurde nämlich italischen Nutzern, die sich vor einem römischen Richter nicht so leicht verteidigen konnten (siehe oben), weggenommen. Nach 129 nahm die Umverteilung des Staatslandes allmählich ein Ende, während jedoch für die italische Frage keine Lösung gefunden worden war.

Gaius Gracchus

Zehn Jahre nach dem Tode seines älteren Bruders wurde Gaius Sempronius Gracchus Volkstribun. Dieser war ein großer Redner und ein viel radikalerer Politiker als sein Bruder. Er wollte die Umverteilung von Staatsland in Italien fortsetzen und beabsichtigte, besitzlosen Bürgern zu einer neuen Existenz zu verhelfen, indem im Gebiet des ehemaligen Karthago (146 zerstört, S. 138) eine Kolonie gegründet werden sollte. Die Mehrheit des Senats, die schon seinen Bruder bekämpft hatte, mißtraute Gaius noch mehr und widersetzte sich seinen Plänen. In einer Kolonie in Übersee sah sie eine potentielle geschlossene Privatanhängerschaft des Gaius Gracchus, und sie war zusätzlich wegen seines langen Verbleibs im Amt eines Volkstribunen in Sorge, denn er wurde zweimal hintereinander wiedergewählt (123-121).

Gaius versuchte den Widerstand zu brechen, indem er durch politische Begünstigung allerlei Interessengruppen an sich band. Dazu ließ er in der Volksversammlung (*concilium plebis*) einige Gesetzesvorlagen verabschieden. Die Ritter sollten fortan die Jurymitglieder des Erpressungsgerichts (S. 140) stellen dürfen, und durch eine staatliche Subventionierung des Ankaufs von Korn wurde das Stadtvolk Roms mit einem niedrigen Festpreis für Getreide beglückt. Gaius schlug auch vor, den Italikern die römische Vollbürgerschaft zu erteilen, aber dieser Antrag wurde abgelehnt. Das römische Bürgervolk, in all seinen Schichten, wollte den Italikern keine weiteren Vorteile der römischen Expansion einräumen als jene, die sie bereits hatten.

Im Jahre 121 wurden Gaius Gracchus und ca. 3.000 seiner Anhänger von den konservativen Senatoren und deren Anhängerschaft von *clientes* und politischen Freunden ermordet.

Aus der Kolonisation in Nordafrika wurde nichts, aber die übrigen Maßnahmen des Gaius blieben in Kraft. Von jetzt an bildeten die Getreidesubventionen eine schwere Last für die Staatskasse.

Politische Folgen der Gracchenzeit

Der politische Kampf der Jahre 133–121 minderte die Homogenität innerhalb der Elite und untergrub die alten politischen Verhaltensnormen. In der Politik war Gewalt ein Argument geworden. Die Senatoren standen den Rittern nun als Feinde gegenüber, was mit einer sichtbar werdenden Trennung zwischen diesen Gruppen einherging. 129 v.Chr. wurden die Senatoren und die *equites* (Ritter) zwei getrennte Stände. Innerhalb des Senats entstanden entgegengesetzte politi-

Schema 6
Sozialstruktur der
späten Republik

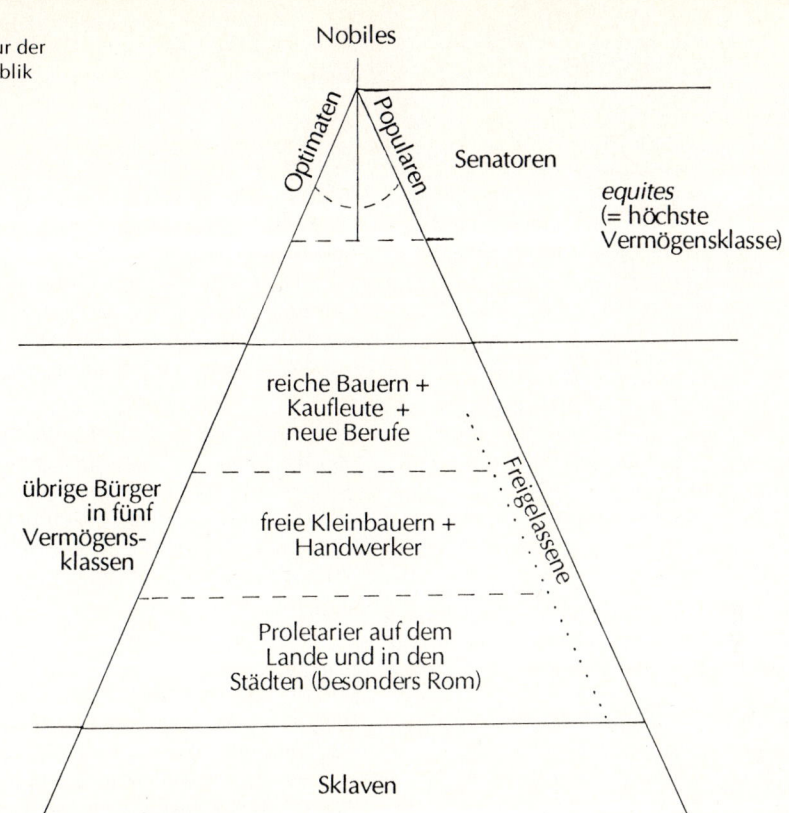

sche Richtungen. Die **Popularen** waren Senatoren, die den Sinn von Reformen erkannten und diese nötigenfalls gegen den Willen der Senatsmehrheit von der Volksversammlung annehmen lassen wollten. Diese Popularen waren jedoch sicherlich nicht alle große Idealisten, und vielen von ihnen ging es nur um eine Verstärkung der eigenen Machtposition innerhalb der römischen Oberschicht. Die Bezeichnung Popularen ist von *populus* (= Volk) hergeleitet. Diese betrieben nämlich Politik über die Volksversammlung.

Im Senat waren die **Optimaten** in der Mehrzahl. Sie wollten alles so weit wie möglich beim alten lassen. Die Bezeichnung ist von *optimi* (= die Besten) hergeleitet. Die *equites*, die italischen Honoratioren und die niederen Stände in Rom verfolgten in den nun entstehenden politischen Auseinandersetzungen keinen festen Kurs. Wem sie Gefolgschaft leisteten, war dadurch bestimmt, an wen sie sich als Patron gebunden fühlten; oder es gaben ihre konkreten Eigeninteressen den Ausschlag. Es entstanden keine politischen Parteien mit einer mehr oder weniger festen Anhängerschaft und einem ideologisch begründeten Programm.

Die Heeresreform des Marius

In den Jahren 113–100 v.Chr. forderten die Kriege gegen die Numider in Nordafrika, die sich nach einem Jahrhundert der Bundesgenossenschaft gegen Rom aufgelehnt hatten, und gegen umherziehende germanische Stämme die ganze Aufmerksamkeit. Rom stieß in diesen Jahren zum ersten Mal auf die Germanen, in diesem Falle auf die Stämme der Kimbern (aus Jütland) und der Teutonen (aus Mitteldeutschland), die auf der Suche nach besseren Wohngebieten waren. Die *nobiles* gerieten durch Korruptionsskandale in Nordafrika und große Niederlagen gegen die Germanen in Mißkredit. Die Schlacht bei Arausio (Orange, nahe der Rhone in Südgallien) im Jahre 105 war für Rom eine ebenso große Katastrophe wie die Schlacht bei Cannae im Jahre 216.

52
Römischer Offizier im ersten Jahrhundert v.Chr.

Der fähige General Gaius Marius (157–86 v.Chr.) ein ‚neuer Mann' aus dem Ritterstand, wurde zwischen 107 und 100 sechsmal zum Consul gewählt (ein Zeichen des Mißtrauens der Wähler gegen die alte Oberschicht), führte im Heer Reformen durch und beendete die Kriege siegreich. Er ließ seine Rekruten nach Art der Gladiatoren exerzieren, rüstete seine Soldaten besser und vielseitiger aus und führte eine bessere Kampftaktik ein. Eine Legion zählte fortan 6.000 Mann (einheitlich bewaffnet) und war in 10 Kohorten untergliedert, die in einer Schlacht als selbständige Einheiten operieren konnten. Dies bot größere taktische Möglichkeiten als die alte Aufstellung. Das System des Marius behauptete sich in Grundzügen bis tief in die Kaiserzeit. Bereits in den Jahren 102 und 101 führte es zum Erfolg. Marius vernichtete die Teutonen (102) in Südgallien und die Kimbern (101) in Norditalien.

Marius nahm Freiwillige aus dem Proletariat in das Heer auf, die auf Staatskosten ausgerüstet wurden. Dies bildete den letzten Schritt einer ganzen Entwicklung. Im Laufe des zweiten Jahrhunderts v.Chr. hatte man aus Mangel an anderen Rekruten mit der Zeit immer ärmere Bürger eingezogen. Die alte untere Vermögensgrenze für den Kriegsdienst bei den Schwerbewaffneten wurde nach 218 (Ausbruch des zweiten Punischen Krieges) immer weiter herabgesetzt, und im Laufe des zweiten Jahrhunderts v.Chr. mußte der Staat immer mehr zu den Ausrüstungskosten der Armeen beitragen. Die Soldaten wurden faktisch Berufssoldaten, die den Heeresdienst antraten, um daran zu verdienen, und dabei vom Staat ausgerüstet wurden.

Neben den Getreidesubventionen des Gaius Gracchus wurde dies zur schwersten Belastung der Staatskasse.

Die neuen Lasten, welche die Staatskasse zu tragen hatte, trieben den römischen Imperialismus voran: Rom machte sich auf die Suche nach neuen Steuergebieten. Dieser Beweggrund zur weiteren Machtausdehnung trat noch zu den oben, im Abschnitt über die Mentalitätsveränderung erwähnten Faktoren hinzu. Der römische Imperialismus wurde immer mehr eine Angelegenheit des materiellen Vorteils für die Staatskasse, die Honoratioren, die *publicani*, die Kaufleute, die Soldaten, das Stadtvolk Roms und all diejenigen, die direkt mitprofitierten.

Marius und die anderen politischen Führer jener Zeit trafen für die neuen proletarischen Soldaten keine gute Regelung bezüglich der Dienstzeit und des Ruhestands. Genauso wie früher wurden die Soldaten nach einem Krieg wieder entlassen. Die Soldaten aus dem Proletariat besaßen jedoch meistens keine Landwirtschaft oder etwas anderes, worauf sie zurückgreifen konnten, und wurden zur politischen Gefahr. Die besitzlosen Bürger traten in das Heer ein, um ihre wirtschaftliche Lage zu verbessern, und verlangten nach dem Ende des Krieges, für den man sie in Dienst genommen hatte, ein Stück Land. Aus Furcht vor Soldatenkolonien, die wie ein Mann hinter ihrem ehemaligen General stehen würden, opponierte der Senat jedoch immer gegen Landverteilungen unter Veteranen. Aus einem ähnlichen Grund hatte sich die Mehrheit des Senats auch schon

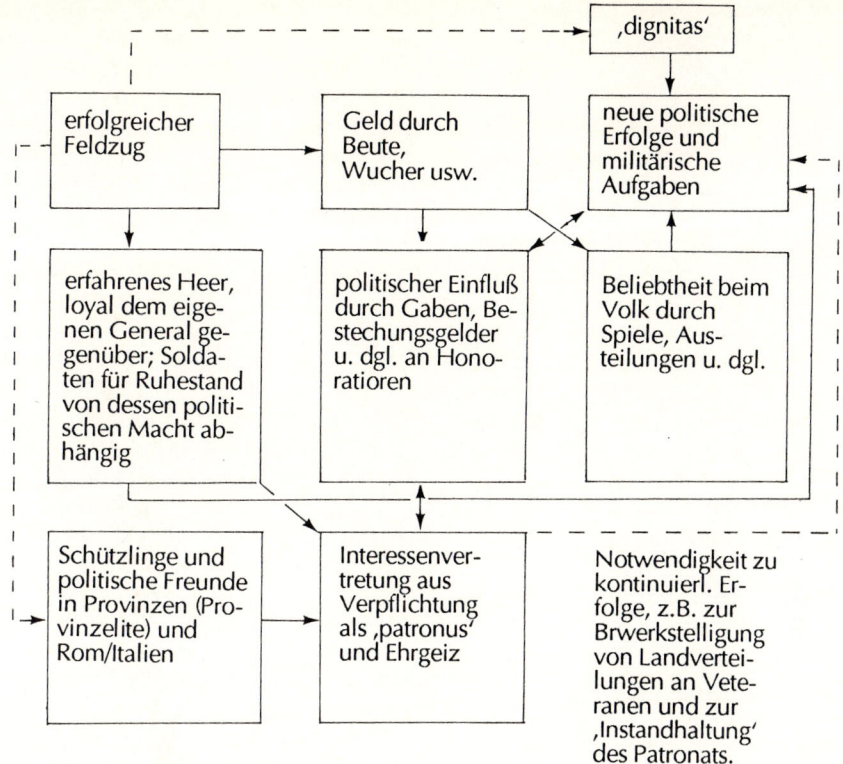

Schema 7
Die Machtbasis wichtiger Generäle

Zeitraum: Periode der Bürgerkriege.
Dignitas (rechts oben): Würde; hoher Status, erlangt durch wichtige Leistungen, besonders militärischer Art.
Nicht im Schema zum Ausdruck gebracht: das Gewicht der einzelnen Faktoren nimmt stetig zu (Wachstum des Reiches, der Hauptstadt und der Anhängerschaften der großen Politiker und Generäle).
Schriftsteller aus der Zeit der Bürgerkriege beklagten den zügellosen Ehrgeiz und die Habgier der großen Politiker; ihre Klage wird im Schema veranschaulicht.

dem Kolonisationsplan des Gaius Gracchus widersetzt. Die Senatoren befürchteten eine Störung des Gleichgewichts innerhalb der Oligarchie, denn die betreffenden Generäle waren praktisch immer bedeutende *nobiles*, die über viele *clientes* und weitverzweigte Beziehungen verfügten. Dazu würde dann auch noch ihr militärische Anhängerschaft in den Veteranenkolonien kommen. Generäle, die ihren Soldaten Beute und ein Stück Land verschaffen konnten, große militärische Fähigkeiten besaßen und Siege errangen, konnten im politischen Kampf ihre Soldaten als eine Privatanhängerschaft einsetzen. Bereits zu Marius' Zeiten zeigten sich Ansätze dazu. In den Jahren 103 und 100 v.Chr. brachen heftige Auseinandersetzungen aus über die Ansiedlung in Kolonien von Marius' Veteranen, die in Nordafrika und gegen die Germanen gekämpft hatten. Marius selber war dem Senat gegenüber loyal und wünschte seine Soldaten nicht als politische Waffe einzusetzen, aber einige radikale Popularen aus seiner Gefolgschaft waren anderer Meinung. Sie peitschten als Volkstribune mit Gewalt einige Land- und Kolonisationsgesetze durch die Volksversammlung (*concilium plebis*), und Marius' Soldaten erhielten Land in der Toskana, der Poebene und Nordafrika. Die Gegensätze zwischen den Optimaten und den Popularen im Senat verschärften sich durch diese Affäre.

Der Bundesgenossenkrieg (91–88 v.Chr.) und der erste Bürgerkrieg
Bürgerrecht für die Italiker

Bereits seit der Gracchenzeit war die italische Frage eine vordringliche Angelegenheit (vgl. Karte 24). In den Jahren 100–91 v.Chr. mißlangen einige Versuche zu einer friedlichen Lösung, und 91 v.Chr. griffen die Italiker zu den Waffen. In einem kurzen, heftigen Krieg, dem sogenannten Bundesgenossenkrieg (91–88), erzwangen sie das Bürgerrecht. Rom gewann diesen Krieg zwar im militärischen Sinne, aber es wollte sich die Italiker doch nicht für immer entfremden. Zwischen 88 und 84 v.Chr. wurden die Italiker in die römische Bürgerschaft aufgenommen. Die Zahl der erwachsenen römischen Bürger stieg dadurch von etwa 400.000 im Jahre 88 v.Chr. auf 1.030.000 im Jahre 83 v.Chr. Die italischen Kontingente wurden aufgelöst; italische Soldaten dienten fortan in den römischen Legionen. Italien bestand von nun an aus sich selbst verwaltenden Gemeinden von römischen Bürgern. Die alten Unterschiede verwischten sich. Die Ausdrücke *colonia* und *municipium* (S. 123) bezeichneten beide Typen von römischer Bürgergemeinde mit jeweils unterschiedlichen Privilegien. Eine *colonia* hatte einen höheren Status als ein Munizipium.

Die Romanisierung Italiens hatte bereits lange Zeit vorher begonnen (ca. 300 v.Chr.), überstürzte sich nun aber und ging mit einer fortschreitenden Urbanisation einher. Italien wurde ein Land voll kleiner und mittelgroßer Städte mit schönen, nach hellenistischem Vorbild erbauten Stadtzentren (siehe S. 108 und Abb. 37), von denen aus das umliegende Gebiet verwaltet wurde. In diesem Gebiet lagen die von Sklaven und Pächtern bearbeiteten Landgüter der örtlichen Notabeln und der römischen Honoratioren, sowie die Höfe der noch verbliebenen selbständigen Kleinbauern mit Eigenbesitz.

In den ersten fünf Jahrzehnten nach dem Bundesgenossenkrieg begannen die italischen Notabeln, nach den Senatoren und Rittern, einen dritten Stand zu bilden: den Stand der *decuriones*. Diese regierten mit weitgehender Autonomie die eigenen Gemeinden (Stadt und umliegendes Gebiet) unter Oberhoheit des Senats und der römischen Consuln. Aus der italischen Elite wurden ab und zu neue Ritter rekrutiert, so wie neue Senatoren hin und wieder aus dem Ritterstand stammten. Dekurionen, die als Offiziere in den römischen Armeen dienten, stiegen dadurch in den Ritterstand auf. Oft zogen die neuen Ritter nicht nach Rom, sondern lebten weiterhin in ihren Städten.

Degeneration der Volksversammlungen

Die römische Vollbürgerschaft war eigentlich ein juristischer Begriff, ein Bündel von persönlichen und zivilen Rechten. Ihre politische Dimension schwand, denn nur noch ein kleiner Teil der Bürger nahm regelmäßig an den Abstimmungen in den Volksversammlungen teil. Die meisten Römer (alte Bürger) und Italiker (neue Bürger), die außerhalb der Stadt Rom lebten, gingen nur zum Abstimmen, wenn sie von einem *patronus* zusammengetrommelt wurden, um ihn bei einer Wahl oder einem Gesetzentwurf zu unterstützen.

Meistens wurde die Volksversammlung (und dabei besonders die *comitia tributa* oder das *concilium plebis*) dominiert von einer Gruppe von Bürgern aus der Stadt Rom, die ihre Stimmen erfolgreichen Männern gaben, die Lebensmittelzuteilungen und Spiele veranstalteten und sich um Popularität bemühten. Erfolgreiche Politiker benutzten befreundete Volkstribunen als Helfer. Diese ließen in der Volksversammlung allerlei Gesetze und Maßnahmen annehmen, die für ihre ‚Herren' von Vorteil waren. Das Volkstribunat wurde eine Waffe der demagogischen Politik einiger wichtiger Politiker.

Der erste Bürgerkrieg (88–82 v. Chr.)

Im instabilen politischen Klima, das seit der Mitte des zweiten Jahrhunderts v.Chr. entstanden war (S. 147), kam es schließlich zu Bürgerkriegen. Zerstrittene Interessengruppen scharten sich um Generäle, die miteinander um die Macht konkurrierten und in der Politik ihre Soldaten als Waffe einsetzten. Sie bedienten sich dabei der Volkstribunen, *clientes* und allerlei Arten von politischen und privaten Beziehungen in Rom, Italien und den Provinzen. Damit konnte sich der Bürgerstreit in Rom bis in alle Winkel des Reiches ausbreiten.

Der erste Bürgerkrieg (88–82) brach aus, als die Armeen, die gegen die Italiker gekämpft hatten (91–88), noch im Felde standen. Dieser Bürgerkrieg entstand aus einer Auseinandersetzung zwischen den beiden wichtigsten Generälen und Politikern jener Zeit, dem bereits erwähnten Marius und L. Cornelius Sulla (138–78 v.Chr.), der in den Kriegen gegen die Numider und die Germanen unter Marius gedient hatte und im Bundesgenossenkrieg der erfolgreichste römische Truppenführer gewesen war.

Sie gerieten miteinander in Konkurrenz um das Oberkommando in einem neuen auswärtigen Krieg, dem Krieg gegen Mithradates, der von 120 bis 64 König von Pontus war. Pontus lag im Norden Kleinasiens (Karte 25) und war ein von den Römern bisher unbehelligt gelassenes hellenistisches Königreich. Ca. 100 v.Chr. hatte Mithradates rings um die Ufer des Schwarzen Meers, von Pontus bis einschließlich der Krim, ein mächtiges Reich errichtet; als sich dann die Römer und Italiker bekriegten, wollte er einen Versuch wagen, den römischen Einfluß in Kleinasien zurückzudrängen. Anfangs erhielt Mithradates viel Unterstützung von der ausgebeuteten Bevölkerung der römischen Provinzen Asia und Achaia. Der Krieg begann im Jahre 88 mit einem Blutbad in ganz Asien unter den dort ansässigen Römern und Italikern. Schon bald aber zeigte sich, daß Mithradates genauso anspruchsvoll war wie die Römer, und namentlich die Honoratioren in den griechischen Städten begannen wieder zur römischen Seite zu neigen (vgl. S. 139).

Als Consul des Jahres 88 hatte Sulla vom Senat das Kommando erhalten (eine übliche Prozedur, gehörte doch die Außenpolitik zum Zuständigkeitsbereich des Senats), aber ein Volkstribun, der ein Anhänger des Marius war, brachte die Volksversammlung (*concilium plebis*) dazu, zu beschließen, daß das Kommando Marius erteilt werden sollte. Die Popularen im Senat, die meisten Ritter, die sich als *publicani* oder Bankiers betätigten, die Mehrheit der italischen Elite, Marius' Veteranen und der größte Teil des Stadtproletariats in Rom standen hinter Marius. Besonders die *publicani* versprachen sich von ihm mehr Vorteile als von Sulla.

Hinter Sulla standen die Optimaten samt ihrer Privatanhängerschaft und auch Sullas Soldaten aus dem Bundesgenossenkrieg. Als Reaktion auf diese Ernennung des Marius zum Oberbefehlshaber marschierte Sulla mit seinem Heer nach Rom und nahm die Stadt ein. Eine unerhörte Tat!

Dann verhalf er einigen ihm wohlgesinnten Politikern in verschiedenen Magistratsämtern zur Macht, nahm das Kommando wieder an sich und zog in den Osten. Nachdem er fortgezogen war, rissen jedoch im Jahre 87 Marius und seine Anhänger die Macht wieder an sich und richteten einige Parteigänger Sullas hin. Kurz danach starb Marius (Anfang 86).

In den Jahren 88–84 gewann Sulla den Krieg in Griechenland und Westkleinasien gegen Mithradates und kehrte mit einem erfahrenen und ihm völlig ergebenen Heer nach Italien zurück.

Mithradates durfte sein ursprüngliches Gebiet in Pontus behalten. Sulla nahm sich nicht die Zeit, ihn auch dort zu schlagen.

In den Jahren 83–82 besiegte Sulla in einem heftigen, blutigen Bürgerkrieg in Italien die Marianer. Im Jahre 82 ließ er sich zum Diktator ausrufen, und zwar ohne die traditionelle zeitliche Befristung auf sechs Monate (S. 121). Er begünstigte seine Soldaten in schamloser Weise und siedelte ca. 80.000 Veteranen seiner eigenen und der marianischen Armeen auf Land in Italien an, das er politischen Feinden und Gemeinden, welche die Seite des Marius gewählt hatten, wegnahm. Wie man annimmt, liquidierte Sulla in einer Welle des Terrors etwa 100 Senatoren und 1600 Ritter, und er versuchte auch durch eine Reihe von Gesetzen das alte Staatssystem zu bewahren. Es begannen gesetzliche Regeln an die Stelle von ungeschriebenen politischen Verhaltensnormen zu treten, jetzt da innerhalb der Elite der Konsens darüber verlorengegangen war (S. 146).

Sulla entfernte die Ritter aus den Gerichtskollegien, nahm aber zum Ausgleich dafür 300 ihm ergebene Ritter in den Senat auf. Dieser zählte von nun an 600 Mitglieder und verlor für immer seine Homogenität.

Sulla schuf fünf neue permanente Strafgerichte für unterschiedliche Arten von Vergehen, deren Vorsitz von Prätoren geführt wurde. Das Volkstribunat wurde der meisten Befugnisse beraubt, und wer dieses Amt

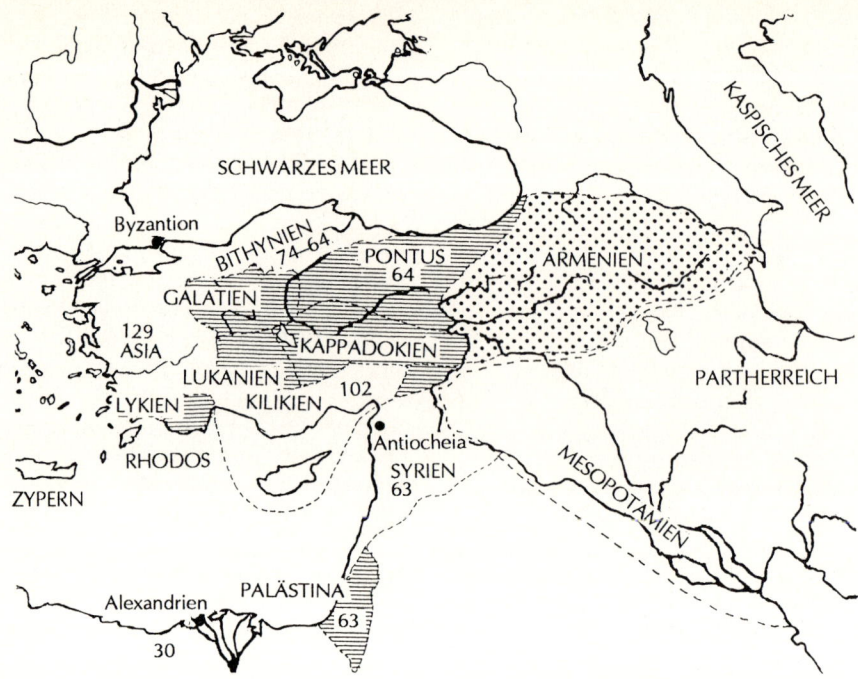

Karte 25
Römische Expansion und Eroberungen in Kleinasien ab 133 v.Chr.

- ⋯⋯ Pufferstaat Armenien
- ▭ römische Provinzen mit Jahr der Einverleibung
- ▤ Vasallenstaaten Roms
- —·—· Partherreich

schon einmal bekleidet hatte, durfte sich obendrein nicht mehr um ein höheres Amt bewerben. Auf diese Weise hoffte Sulla die demagogische Waffe der Popularen stumpf zu machen. Im Jahre 79 trat Sulla freiwillig zurück. Kurz danach (78) starb er.

Die Jahre 79–49 v.Chr.

Während der 30 Jahre zwischen Sullas Rücktritt und dem Anfang des zweiten Bürgerkrieges (49–45) wuchsen die inneren Probleme und wurden einige große Kriege geführt. Die großen Männer in Rom waren **Gnaeus Pompeius** (106–48), **Marcus Licinius Crassus** (ca. 112–53) und **Gaius Iulius Caesar** (102–44). Pompeius stellte in Nordafrika und Sizilien (ca. 80 v.Chr.) sowie in Spanien (78–71 v.Chr.) die Ordnung wieder her. Nach dem ersten Bürgerkrieg hatten sich besiegte Marianer dorthin geflüchtet; diese hatten hier den Kampf mit Hilfe von örtlichen Rebellen fortgesetzt.

In Spanien tat sich Pompeius schwer gegen den fähigen Marianer **Sertorius**, aber letztendlich gelang ihm doch der Sieg. Organisatorisch leistete er hervorragende Arbeit. Nach seiner Zeit machte die Romanisierung große Fortschritte. Genauso wie in Italien ging auch hier dieser Prozeß mit der Entstehung römisch anmutender Städte einher.

In Italien blieb die Lage weiterhin unruhig. Die alten sozialen und politischen Probleme (S. 147) waren von Sulla nicht gelöst worden; auch hatten der Bürgerkrieg und Sullas Terror viele Leute geschädigt. Italien war voll Unzufriedener, die auf Rache sannen, und es gab viele ruinierte Heeresveteranen, die als Bauern gescheitert waren.

Der Sklavenaufstand des Spartacus (73–71 v.Chr.)

Crassus wurde vor allem berühmt wegen der Unterdrückung des größten Sklavenaufstands, den Italien bisher gekannt hatte. Unter

53
Gnaeus Pompeius (106–48 v.Chr.). Er begann seine Laufbahn im Bundesgenossenkrieg (91–88) als Offizier im Heer seines Vaters. Danach diente er im Jahre 83 als stellvertretender Befehlshaber von Sullas Heer in Italien, an der Spitze einer Privatarmee, die er unter Veteranen seines Vaters angeworben hatte. Dann folgten seine Feldzüge in Nordafrika, Sizilien und Spanien. Er durchlief nicht den üblichen *cursus honorum*, sondern wurde 70 v.Chr. Consul, ohne daß er ein niederes Amt bekleidet hatte; ein außergewöhnliches Ereignis. Nach 70 setzte er seine Reihe von Sonderkommandos fort mit einem Einsatz gegen die Seeräuber (67) und einer Kampagne gegen Mithradates von Pontus (66–63). Im Jahre 60 schloß er sich Cäsar und Crasssus an. 57 und 52 erfüllte er Sonderaufträge in Rom (Getreideversorgung, Wiederherstellung der Ordnung). In den Jahren 49-48 unterlag er im zweiten Bürgerkrieg gegen Cäsar.
Foto: Marburg, Fotoarchiv.

Anführung des ehemaligen Gladiators Spartacus zogen jahrelang Zehntausende von Sklaven raubend durch Italien.
Diese Sklaven strebten die Freilassung und eine akzeptable wirtschaftliche Position an; einige von ihnen wollten in ihr Heimatland zurückkehren. Ein irgendwie ideologisch begründetes Programm hatten sie nicht (vgl. S. 144). Im Jahre 71 wurde der Aufstand von Crassus' Legionen in Blut erstickt.
Nach 71 v.Chr. kamen in Italien, Sizilien und den übrigen Provinzen gut drei Jahrhunderte lang keine Sklavenaufstände mehr vor. Die Behandlung der Sklaven wurde etwas besser, und es gab keine größeren homogenen Konzentrationen von Sklaven mehr, die sich noch an die Freiheit erinnern konnten oder erst seit kurzer Zeit in Italien oder Sizilien waren. Verhältnismäßig immer mehr Sklaven waren bereits als Sklaven geboren worden und kannten deshalb nichts anderes. Sie hofften auf eine persönliche Freilassung. Die Freilassung von Sklaven kam in Rom und Italien immer häufiger vor und diente als ‚Druckventil' zum Ausgleich von Unzufriedenheit und als Ansporn, härter zu arbeiten.

Pompeius, Crassus und Caesar

Im Jahre 70 v.Chr. wurden die beiden wichtigsten politischen Führer und Generäle jener Zeit, Pompeius und Crassus, gemeinsam Consul. Sie machten Sullas Maßnahmen gegen das Volkstribunat rückgängig, woraus besonders Pompeius seinen Nutzen zog. Zweimal (67 und 66) vermochten befreundete Volkstribunen die Volksversammlung (*concilium plebis*) dazu zu bewegen, Pompeius große Kommandos zu erteilen, mit Vollmachten, welche die Befugnisse eines Consuls und eines Proconsuls überstiegen und in mehreren Provinzen Gültigkeit hatten. Deshalb war die Mehrheit des Senats auch dagegen.
Pompeius mißbrauchte daraufhin seine Vollmachten zur weiteren Verstärkung seiner Position in der römischen Politik und zur weiteren Vergrößerung seiner Anhängerschaft von Soldaten und *clientes* in Italien und den Provinzen. Auf diese Weise wurde er mit seiner Anhängerschaft fast zum Staat im Staat.
Im Jahre 67 bekam er die Verfügungsgewalt über alle Küstengebiete des Reiches und räumte in drei Monaten mit den **Seeräubern** auf, die sich zu einer autonomen Macht ausgewachsen hatten und alle Küstengebiete heimsuchten. Diese Seeräuber hatten sogar Beziehungen zu Mithradates, Spartacus und Sertorius, dem Gegner des Pompeius in Spanien, angeknüpft. Oben, auf S. 144, wurde bereits beschrieben, wie ihre Macht dermaßen hatte wachsen können.
In den Jahren 66–64 v.Chr. rechnete Pompeius mit **Mithradates von Pontus**, der seit 74 v.Chr. wieder im Krieg mit Rom stand, ab. In den Jahren 64/63 reorganisierte Pompeius auf eigene Faust Kleinasien zu einem System

54
Mausoleum der Caecilia Metella an der Via Appia, nach einer Zeichnung aus dem 18. Jahrhundert. Caecilia Metella war die Tochter von Q(uintus) Caecilius Metellus und die Ehefrau von M(arcus) Licinius Crassus. Die Familie Metellus spielte in der Periode 150–50 v.Chr. eine wichtige Rolle in der römischen Politik. Dies gilt ebenso für die Licinii Crassi. Solche bedeutenden Familien schlossen dynastische Ehen miteinander, um in der Politik eine stärkere Position einzunehmen. Familien wie diese erbauten große Grabdenkmäler zur Versinnbildlichung ihres Status. Foto: Marburg, Fotoarchiv.

von römischen Provinzen und Vasallenkönigreichen (Karte 25) und gliederte eigenmächtig Syrien (den verbliebenen Teil des Seleukidenreiches) und Judäa dem Römischen Reich ein. Syrien wurde eine Provinz und das jüdische Gebiet ein Vasallenstaat. Damit wurde in dieser Region dem selbständigen jüdischen Staat der Makkabäer, der seit 142 v.Chr. existiert hatte (S. 112), ein Ende gemacht. Der Euphrat bildete die Grenze zwischen dem Römischen Reich und den Parthern, die Mesopotamien und den Iran beherrschten.

Unterdessen war in Rom **Caesar** emporgekommen. Er war ein Popular und setzte die Linie der Gracchen und der Marianer fort. Wegen seiner Freigebigkeit und seines populären Verhaltens war er beliebt beim niederen Stadtvolk von Rom. Als Statthalter in Nordspanien gewann er im Jahre 61 einen Krieg gegen die letzten freien Stämme im Nordwesten des Landes (Karte 26); seine militärischen Ambitionen gingen noch weiter.

Crassus hatte als stellvertretender Befehlshaber unter Sulla angefangen, war jedoch im Laufe der Zeit ins Lager der Popularen übergewechselt. Er war der Vorkämpfer der *publicani* geworden; durch ihn wußten diese im Senat ihre Interessen zu wahren.

Unter den Optimaten im Senat wuchs der Unmut über den übergroßen Einfluß von Pompeius, Crassus und Caesar. Im Jahre 63 v.Chr. erzielten sie einen Erfolg, indem sie eine Verschwörung unter Führung von L(ucius) Sergius **Catilina**, einem Bankrotteur patrizischer Abkunft, der zwar im Senat saß, aber wenig Einfluß hatte, unterdrückten. Deshalb war es ihm auch nicht gelungen, das Consulat zu erringen. Aus Groll hatte er sich an die Spitze einer Koalition von aller-

55
M(arcus) Tullius Cicero (106–43 v.Chr.)
Großer Redner und Prosaschriftsteller, u.a. von Reden, Abhandlungen über Rhetorik, philosophischen Werken und Briefen. Er gilt als einer der Schöpfer der klassischen lateinischen Schriftsprache. Foto: Marburg, Fotoarchiv.

hand Unzufriedenen in Italien gestellt und hatte Kontakt zu einem aufständischen Stamm in Südgallien (dieselbe Kombination von dissidenten Römern und aufständischen Stämmen wie bei Sertorius, siehe S. 154) gesucht. Der Consul M(arcus) Tullius **Cicero** (106–43), ein *homo novus* (= neuer Mann) aus dem Ritterstand, der durch sein Redetalent und mit der Unterstützung einer Anzahl von wichtigen *nobiles* (unter ihnen Pompeius) hatte Karriere machen können, spielte in dieser Affäre eine wichtige Rolle. Er stellte Catilina noch rechtzeitig an den Pranger und deckte die Verschwörung auf. Cicero gehörte nicht zu den Optimaten. Er war anfangs ein Anhänger des Pompeius und versuchte nach 60, einen Mittelkurs zwischen den unterschiedlichen Gruppierungen in der Staatsführung zu verfolgen.

Die Optimaten glaubten, sie könnten nun wohl auch Pompeius, Crassus und Caesar Einhalt gebieten und blockierten all ihre Wünsche und Ambitionen. Sie sorgten dafür, daß keine Landverteilung für Pompeius' Veteranen stattfand, und verweigerten die Ratifikation von Pompeius' Regelungen im Osten.

Das erste Triumvirat

Die drei trafen 60 v.Chr. die private Vereinbarung, sich im politischen Kampf gegenseitig zu unterstützen. Diese Vereinbarung ist bekannt als das ‚erste Triumvirat' (im Unterschied zum zweiten von 43 v.Chr., S. 160). Die drei erreichten, daß Caesar zum Consul für 59 gewählt wurde, woraufhin dieser mit Gewalt und ohne Mitwirkung des Senats ein Landgesetz für Pompeius' Veteranen durchsetzte und sich selbst mit Hilfe eines befreundeten Volkstribuns von der Volksversammlung ein großes Kommando in Gallien erteilen ließ. Ebenso wie Pompeius nutzte auch Caesar dies zu seinen eigenen Zwecken. In den Jahren 58–50 v.Chr. eroberte er Gallien bis zum Rhein, wurde einer der mächtigsten Männer Roms und gewann eine große Anhängerschaft von ehemals marianisch gesinnten Familien, italischen Honoratioren, Rittern und opportunistischen Senatoren. Seine Armee wurde im siegreichen gallischen Feldzug zur bestgeübten und diszipliniertesten Kampfmachine jener Zeit und stand loyal hinter Caesar. In den auswärtigen Unternehmungen von Pompeius und Caesar sieht man die Konsequenzen der weiter oben beschriebenen Veränderung im römischen Imperialismus: Die Expansion diente nun dem Vorteil, der Macht und dem Reichtum einiger politischer Führer (vgl. Schema 7).

Chaos in Rom

In diesen Jahren herrschten in Rom heftige politische Auseinandersetzungen, die mit Straßenterror und politischen Scheinprozessen einhergingen. Es gab immer mehr Raum für Demagogen, welche die Massen in ihren Bann ziehen wollten, da die niederen Volksklassen unter den Bürgern der Stadt Rom sich mit jeder Generation weiter den alten staatlichen Institutionen und vertikalen Bindungen an die regierenden *nobiles* entfremdeten, besonders die Handwerker und Ladenbesitzer, die durch die eigenen Einkünfte und die Getreidesubventionen im materiellen Sinne von den alten *patroni* unabhängig wurden. Das Landproletariat hingegen geriet in größere Abhängigkeit von den Gutsbesitzern, weil diese Arbeit und Pachtverträge verschafften; es schied damit aus der Politik aus.

Karte 26
Die Lage unter Caesar und Pompeius

▤ Von Pompeius und Caesar dem Römischen Reich zugeführt.

▦ Das Römische Reich im Jahre 65 v.Chr.

◄— Caesars Feldzüge gegen die Pompeianer und Optimaten im zweiten Bürgerkrieg (x = Ort, wo eine Schlacht stattfand). Pompeius lieferte Schlachten bei Dyrrhachion und bei Pharsalos, wobei Caesar siegte. Dieser verfolgte Pompeius, schaffte wieder Ordnung in Ägypten und kehrte über Kleinasien zurück. Dort schlug er im Vorübergehen einen Sohn des Mithradates von Pontus, der sich gegen Rom aufgelehnt hatte.
46 v.Chr. schlug Caesar die Optimaten in Nordafrika, und im Jahre 45 rechnete er in Spanien mit den Heeren der beiden Söhne des Pompeius ab. Pompeius selber war im Jahre 48 in Ägypten, wohin er geflüchtet war, ermordet worden.
GT = Gallia Transalpina
GC = Gallia Cisalpina

Der Demagoge Clodius, von Haus aus ein *nobilis* patrizischer Herkunft, wollte auch seine Machtposition mittels des Stadtvolks von Rom vergrößern. Er trat aus dem Patriziat aus, um Volkstribun zu werden (S. 128), und versprach dem Volk goldene Berge. Im Jahre 58 erreichte er, daß die Volksversammlung (*concilium plebis*) die Getreidesubventionen in kostenlose Getreideverteilungen umwandelte. Rom füllte sich mit verarmten Bürgern aus Italien und freigelassenen Sklaven, die ihren früheren Eigentümern keinen Profit mehr einbrachten (eigentlich waren diese also entlassene Arbeiter). Schon nach zehn Jahren gab es etwa 320.000 Getreideempfänger in Rom.
Zur Eindämmung des Chaos erhielt Pompeius 57 und 52 v.Chr. Sondervollmachten; im Jahre 57 zur Verbesserung der Getreidezufuhr nach Rom und 52 (als Consul ohne Kollegen) zur Bekämpfung des Straßenterrors. Beide Aufgaben bewältigte er erfolgreich.
Unterdessen verschwand Crassus von der Bildfläche. Er ließ sich bei der Erneuerung des Triumvirats im Jahre 56 ein großes Kommando gegen die Parther, an der Ostgrenze Syriens, erteilen (Caesar sollte in Gallien bleiben und Pompeius in Rom), verlor dann jedoch den Krieg gegen die Parther und kam selber ums Leben (53 v.Chr.).
Aus Furcht vor dem aufgehenden Stern Caesars, der in Gallien große Erfolge verbuchte, fand ab dem Jahr 52 in Rom eine Annäherung zwischen Pompeius und den Optimaten statt. Im Jahre 50 schlossen sie ein unerwartetes Bündnis, um Caesar zu stürzen.

56
Das zu Caesars Zeiten erbaute Senatsgebäude. Es wurde in der Spätantike (unter Diokletian, 284–305 n.Chr.) noch einmal restauriert. Foto: Marburg, Fotoarchiv.

In Rom regte sich in diesen Jahren bei vielen der Wunsch nach einem starken Mann, der als eine Art Schiedsrichter die Ordnung wiederherstellen würde, ohne gleich die bestehenden staatlichen Institutionen aufzuheben.

Nach dem Vorbild Platons schrieb der Redner, Politiker und Philosoph **Cicero** in den Jahren 52–50 zwei Werke über den Staat. Er sah die Lösung der Probleme in der Eintracht der höheren Stände (namentlich der Senatoren und Ritter) und in der Zügelung des Ehrgeizes und der Habgier der Mächtigen. Er wollte das bestehende System zu einer idealen gemischten staatlichen Organisation (siehe S. 146 zu Polybios) ausformen und meinte, der Staat solle geführt werden von Senatoren, die gut für diese Aufgabe ausgebildet und nach ihrer Tugendhaftigkeit ausgesucht worden waren. Ciceros Ideen fügten sich völlig in den alten Rahmen des Stadtstaates, was zu dieser Zeit auch kaum anders sein konnte, denn noch sah kein Mensch in Rom ein, daß die Verwaltungsorgane eines Stadtstaates gänzlich unzureichend für die Beherrschung eines großen Reiches mit einer Hauptstadt von fast einer Million Einwohnern sowie einer großen Vielfalt an Völkern und Kulturen waren.

Der zweite Bürgerkrieg (49–45) und seine Folgen (44–30)

49 v.Chr brach zwischen Pompeius und den Optimaten einerseits und Caesar und seinen Anhängern andererseits ein Bürgerkrieg aus. Durch eine Reihe gewagter und spektakulärer Feldzüge, die ihn zwischen 49 und 45 in alle Winkel des Römischen Reiches führten (Karte 26), gewann Caesar diesen Krieg.

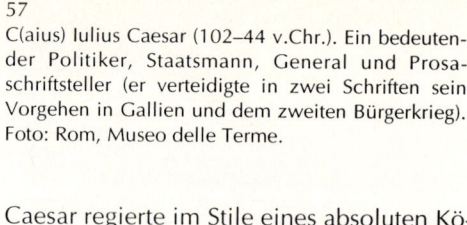

57
C(aius) Iulius Caesar (102–44 v.Chr.). Ein bedeutender Politiker, Staatsmann, General und Prosaschriftsteller (er verteidigte in zwei Schriften sein Vorgehen in Gallien und dem zweiten Bürgerkrieg). Foto: Rom, Museo delle Terme.

Im Jahre 47 schaffte Caesar im Vorübergehen Ordnung in dem vom Thronstreit zerrissenen Ägypten (S. 138), das bereits seit dem Feldzug des Pompeius im Jahre 63 eigentlich im römischen Einflußbereich lag. Caesar verhalf **Kleopatra** als Königin zur Macht in Ägypten.

47 v.Chr. wurde Caesar Diktator und im Jahre 44 v.Chr. sogar Diktator auf Lebenszeit. Eigenmächtig ernannte er Magistrate und nahm seine Helfer und Handlanger in den Senat auf. Caesar war milder als Sulla; er schonte das Leben und Vermögen des weitaus größten Teils seiner Gegner.

Zwischen den Kämpfen begann er eine Reihe von Reformen durchzuführen. Die Kontrolle der Statthalter in den Provinzen wurde verschärft, die Getreideverteilungen wurden auf 150.000 Empfänger beschränkt, und ca. 40.000 Veteranen und Zehntausende von Proletariern und Freigelassenen erhielten eine neue Existenz in Kolonien (u.a. in den als römische Städte wiederaufgebauten Städten Karthago und Korinth, die beide im Jahre 146 zerstört worden waren).

Caesar regierte im Stile eines absoluten Königs und wurde deshalb im März des Jahres 44 von den Optimaten **Brutus** und **Cassius** ermordet. Die alten Machtverhältnisse stellten sich jedoch nicht wieder her, denn Caesars Anhänger ergriffen, sich auf Caesars Soldaten stützend, die Macht in Rom. Sie wurden geführt von **Marcus Antonius, Lepidus** und **Gaius Octavius,** einem jugendlichen Großneffen Caesars (63. v.Chr. geb.), der durch eine testamentarische Verfügung posthum von Caesar als Sohn adoptiert worden war (Caesar hatte keine leiblichen Söhne). Sein Name lautete seitdem Gaius Iulius Caesar **Octavianus.** Brutus und Cassius flüchteten in die östlichen Provinzen.

Als es zwischen Antonius und Octavian zu einem Konflikt über Caesars Nachlaß kam, verschaffte das den Feinden der Caesarianer die Gelegenheit, eine militärische Macht aufzubauen. Ein Sohn von Pompeius (Sextus Pompeius) schuf eine starke Flotte und verschanzte sich auf Sizilien, von wo er die Getreidezufuhr nach Rom behindern konnte (S. 144), während Brutus und Cassius in den östlichen Provinzen ein Heer sammelten.

Der Senat unterstützte Octavian gegen Antonius, weil er Antonius für den stärkeren hielt, aber nach einigen Kämpfen in der Poebene fanden im Jahre 43 v.Chr. die caesarianischen Führer doch wieder zueinander und schlossen **das zweite Triumvirat.** Die drei Männer ließen sich durch einen Beschluß der Volksversammlung diktatorische Vollmachten in Rom, Italien und den Provinzen zusprechen und rechneten in den Jahren 42–36 v.Chr. in einer Reihe von großen See- und Feldschlachten und durch einen Terror, der das Blutbad unter Sulla in den Schatten stellte, mit den Optimaten und Pompeius junior ab. Eines der Opfer war Cicero, der sich als ein Feind des Antonius entpuppt hatte.

Die größte Schlacht war die bei Philippi in Makedonien, wo Antonius (und Octavian) einen vernichtenden Sieg über Brutus und

Übersicht 4
Zahlen von Bürgern unter den Waffen. Nach K. Hopkins, Conquerors and Slaves, 1978, S. 33

Jahreszahl	Geschätzte Zahl der erwachsenen männlichen Bürger	Umfang des Heeres im Feld (teilweise geschätzt)	%
225 v.Chr.	300.000	52.000	17
213	260.000	75.000	29
203	235.000	60.000	26
193	266.000	53.000	20
183	315.000	48.000	15
173	314.000	44.000	14
163	383.000	33.000	9
153	374.000	30.000	8
143	400.000	44.000	11
133	381.000	37.000	10
123	?	32.000	?
113	?	34.000	?
103	400.000	50.000	13
93	idem	52.000	13
83	1.030.000	143.000	14
73	idem	171.000	17
63	idem	120.000	12
53	idem	121.000	12
43	1.480.000	240.000	16
33	1.600.000	250.000	16
23	1.800.000	156.000	9

Man sieht die Auswirkungen des schweren zweiten Punischen Krieges (218-201 v.Chr., S. 134f.), der Verleihung des römischen Bürgerrechts an die Italiker (S. 152) und der Bürgerkriege, die mit der anhaltenden Expansion des Römischen Reiches zusammenfielen (S. 153–162). Obenstehende Zahlen wurden von P.A. Brunt und K. Hopkins aus Angaben in Werken römischer Schriftsteller und anderen antiken Quellen hergeleitet. Die 156.000 Soldaten im Jahre 23 v.Chr. sind die Legionäre und Gardisten des Augustus. Diese mußten aus den Bürgern rekrutiert werden (S. 168).

Cassius davontrugen. Nach Philippi verwaltete Lepidus Afrika und Antonius die östliche Hälfte des Reiches, während Octavian sich daran machte, in Italien Ordnung zu schaffen. In den Jahren 41–40 wurden von ihm fast 100.000 ausgediente Soldaten der Triumvirn und ihrer Gegner auf Land in Italien, das er ohne Pardon 18 eigens ausgewählten Gemeinden wegnahm, angesiedelt. Zusammen mit den Konfiskationen, die zum Terror gegen die Gegner der Caesarianer gehörten, war dies die größte Enteignung, die jemals in Italien stattgefunden hatte.
Im Jahre 36 schlug Octavian den Sohn von Pompeius und entmachtete Lepidus. Lepidus' Truppen traten zu Octavian über, und dieser beherrschte nun die ganze westliche Reichshälfte.
Nach 42 hatte sich Antonius im Osten immer mehr wie ein hellenistischer absoluter König aufgeführt und angefangen, mit der Königin von Ägypten, Kleopatra (S. 160), zusammenzuarbeiten. Im Jahre 36 erlitt Antonius eine schwere Niederlage gegen die Parther, wodurch er von Subventionen der Kleopatra abhängig wurde und in all ihre Wünsche einwilligen mußte. Kleopatra versuchte durch Antonius wertvolle Gebiete in die Hände zu bekommen, um auf diese Weise die vergangene Pracht der Ptolemäer wiederherzustellen (sie war die letzte dieses Königshauses, die über Ägypten regierte).
In den Jahren 33–32 verstand es Octavian in einer geschickten Propagandakampagne, die Caesarianer und fast jeden sonst in Italien und den westlichen Provinzen auf seine Seite zu bringen, in Opposition zu dem ‚orientalischen Despotismus' des Antonius und der Kleopatra.

Im Jahre 32 leistete man Octavian in den Gemeinden in Italien einen Treueid (die **coniuratio Italiae**). Im Jahre 31 v.Chr. besiegte Octavian in einer Seeschlacht bei

Actium Antonius und Kleopatra, und im Jahre 30 eroberte er Ägypten. Dort (in Alexandrien) begingen Antonius und Kleopatra Selbstmord. Octavian kehrte nach Italien zurück und kaufte mit der reichen ägyptischen Kriegsbeute für Zehntausende von ausgedienten Soldaten Land. Er brauchte nicht mehr zu enteignen. Octavian war alleine als Machthaber übriggeblieben und hatte die Bürgerkriege beendet. Er verdankte seine Siege einigen treuen Freunden (u.a. **Maecenas** und **Agrippa**), die ihm bei allem halfen und seine See- und Feldschlachten für ihn gewannen, den Soldaten Caesars, die einen Caesar junior in ihm sahen, und Caesars Helfern und Handlangern, die seine Unternehmen finanziell und in anderer Weise unterstützten. Wollte Octavian sich jedoch eine dauerhafte, stabile Position erwerben, so mußte er in breiten Schichten (und besonders bei den Honoratioren) Unterstützung finden, ohne daß er sich seine Soldaten und die Caesarianer entfremdete.

Er befand sich in einer guten Ausgangsposition, denn fast jeder war nun bereit, eine gemäßigte Form der Alleinherrschaft zu akzeptieren, wenn dadurch die Bürgerkriege für immer der Vergangenheit angehören würden. Die Bürgerkriege nach 44 hatten den Leuten einen tiefen Schrecken eingejagt. Nie zuvor hatten so viele römische Soldaten im Feld gestanden wie in diesen Jahren und waren so viele im Bürgerstreit umgekommen.

Kulturelle Blüte während der Bürgerkriege

Was die Künste und die Literatur betrifft, war die Periode der Bürgerkriege keine Zeit des Verfalls, ganz im Gegenteil. Die römische Baukunst und die bildenden Künste kamen erst jetzt zur vollen Entfaltung, auch durch die Anregung, die von den griechischen Vorbildern ausging.

Auch in der römischen Literaturgeschichte war das halbe Jahrhundert zwischen 80 und 30 v.Chr. eine produktive Periode. **Cicero** schrieb nicht nur über den Staat, sondern auch über die Rhetorik und die (ethische) Philosophie. Er übernahm aus allerlei griechischen Werken, was ihm paßte, und schmiedete dies zu einem eigenen Ganzen zusammen. **Caesar** schrieb ausführliche Memoiren zur Rechtfertigung seiner Taten in Gallien und im zweiten Bürgerkrieg. Dichter, Historiker und Verfasser von gelehrter Prosa brachten nach dem Vorbild griechischer Autoren Werke hervor, die immer klassisch geblieben sind. Der bekannteste Historiker dieser Periode ist **Sallust**. Er war Anhänger Caesars und ein Feind der Optimaten. Im Stil des griechischen Historikers Thukydides (S. 97) schrieb er über verschiedene Ereignisse der Bürgerkriegszeit (unter anderm über die Verschwörung Catilinas im Jahre 63).

Man hat das Rom des ersten Jahrhunderts v.Chr. schon einmal mit dem klassischen Athen des Perikles verglichen, und tatsächlich sieht man hier dasselbe Zusammentreffen von Geld, Talent und einem breit interessierten Publikum. Das Geld, das in Rom ausgegeben wurde, war eine Frucht der römischen Expansion. Das Talent kam aus dem ganzen griechischen und römischen Kulturkreis nach Rom, weil es dort für Künstler und Intellektuelle eine gut zahlende Kundschaft gab. Und das breit interessierte Publikum bestand aus der römischen Oberschicht, die im rhetorischen und literarischen Unterricht geschult war, den die Römer seit dem zweiten Jahrhundert v.Chr. von den Griechen übernommen hatten (S. 94 und 146).

15 Die Prinzipatszeit (27 v.Chr.–193 n.Chr.)

Augustus
Die verfassungsrechtliche Position des Augustus und die eigentliche Basis seiner Macht

Im Jahre 30 v.Chr. war Octavian als einziger Machthaber übriggeblieben. Er wurde einige Jahre hintereinander zum Consul gewählt und hatte auch noch Befugnisse aus der Zeit seines Triumvirats. Folglich konnte er rechtmäßig an der Macht bleiben. Die eigentliche Grundlage seiner Machtposition jedoch bildeten zwei Faktoren: die Unterstützung der Armeen und die allgemeine Anerkennung seiner Position in allen Schichten der römischen Gesellschaft.
Weil er die Bürgerkriege beendet hatte, akzeptierte fast jeder Octavian als den starken Mann, was ihm eine außerordentliche informelle Autorität (lat.: *auctoritas*) verschaffte.
Durch beharrliches Experimentieren suchte Octavian, die beste formale Gestaltung seiner Position zu finden. Er wollte nicht von den jährlichen Consulwahlen und den diktatorischen Befugnissen aus der Zeit des zweiten Triumvirats abhängig bleiben, da diesen der Makel der Bürgerkriege anhaftete.

Die Regelung von 27 v.Chr.
Zwei Arten von Provinzen

Im Jahre 27 v.Chr. gab Octavian sämtliche Kompetenzen wieder an den Senat und die Volksversammlung zurück. Diese verliehen ihm den Titel **Augustus** (= der Erhabene, zur höheren Macht Beförderte) sowie das **imperium** eines **Proconsuls** in eben jenen drei Provinzen, in denen die meisten Truppen stationiert waren: Gallien, Spanien und Syrien. Bis zum Jahre 23 v.Chr. wurde er außerdem wieder jedes Jahr zum Consul gewählt. Seine drei Provinzen ließ er von in der Regel jährlich oder alle zwei Jahre wechselnden Bevollmächtigten (lat.: **legati**) mit dem *imperium* eines Proprätors (**legati Augusti propraetore** = Statthalter) verwalten. Diese Bevollmächtigten waren Mitglieder des Senatorenstandes und wurden von **procuratores** aus dem Ritterstand, welche die Aufsicht über die Ausgaben und die Eintreibung der Steuern führten, unterstützt. Diese Provinzen waren von nun an die kaiserlichen Provinzen, während die übrigen Senatsprovinzen wurden. Letztere wurden wie vorher von jährlich oder alle zwei Jahre wechselnden Proconsuln verwaltet, wobei diese von Quästoren unterstützt wurden. Die Tätigkeiten eines Quästors in einer Senatsprovinz entsprachen denen eines Procurators in einer kaiserlichen Provinz. Die Proconsuln der Senatsprovinzen waren ehemalige Prätoren (in den kleineren Provinzen) und ehemalige Consuln (in den größeren). Der Titel des Proprätors geriet in diesen Provinzen außer Gebrauch.
Die neuen Provinzen, die unter Augustus dem Reich zugeführt wurden, wurden kaiserliche Provinzen (Karte 27). Zu den kaiserlichen Provinzen gehörte eigentlich auch Ägypten, das 30 v.Chr. dem Römischen Reich eingegliedert wurde. Das bürokratische Verwaltungssystem, das die Römer hier vorfanden, blieb erhalten, und dadurch unterschied Ägypten sich von den anderen Provinzen. In den übrigen waren die Statthalter (**legati** und **Proconsuln**) Kontrolleure der örtlichen Gemeindeverwaltungen (S. 139), welche ihrerseits die meiste tägliche Verwaltungsarbeit erledigten. In Ägypten war der Statthalter das Oberhaupt einer hierarchisch gegliederten Beamtenschaft. Die Statthalter, die dort eingesetzt wurden, stammten aus dem Ritterstand (die **praefecti Aegypti**), und dieser Posten wurde eine der höchsten für Ritter erreichbaren Funktionen, eine Spitzenposition in der neuen Ritterlaufbahn (siehe S. 168). Hegte Augustus noch ein zu tiefes Mißtrauen gegen die Senatoren, um ihnen ohne weiteres Zugang zu diesem Gebiet zu gewähren? Senatoren durften nämlich nur mit Erlaubnis des Kaisers nach Ägypten reisen. Von Augustus an betrachteten die römischen Kaiser Ägypten als ein wichtiges Gebiet, sowohl für die Ernährung Roms (neben Sizilien und Nordafrika wurde Ägypten ein bedeutendes Herkunftsland von Getreide für die Hauptstadt) als auch für ihre eigene Schatztruhe. Das raffinierte Steuerwesen,

58
Kaiser Augustus (27 v.Chr.–14 n.Chr.). Foto: Marburg, Fotoarchiv, Rom, Vatikanische Museen (Augustus von Primaporta).

mit dem die Ptolemäer so viel wie möglich aus Ägypten herausgeholt hatten, tat nun seinen Dienst für die Kasse der römischen Kaiser.

Die hier verwendete Bezeichnung ‚Kaiser' war kein offizieller Titel. Sie wird vom Namen ‚Caesar' (lat. **Caesar**, sprich: **Kaisar**) hergeleitet. Erst in der Spätantike wurde sie der offizielle Titel eines Thronfolgers. Bis dahin war es eine volkstümliche, inoffizielle Bezeichnung für den regierenden Fürsten. Der Einfachheit halber werden wir diese Bezeichnung auch weiterhin verwenden. Die Römer in den ersten Jahrhunderten der Kaiserzeit benutzten auch den Titel **princeps** (= der Erste der Bürger), aber auch dies war kein offizieller Titel. Das Wort **Prinzipat**, eine Bezeichnung der römischen Monarchie, wie sie sich in den ersten Jahrhunderten der Kaiserzeit darstellte, ist davon hergeleitet.

Die Regelungen von 23 und 19 v.Chr.

Augustus wollte mehr Senatoren die Gelegenheit geben, das Consulat, nach wie vor das höchste Ehrenamt für einen Senator, zu bekleiden, und suchte deshalb nach anderen Befugnissen zur Legitimierung seiner Gewalt. So konnte er auf die jährliche Ernennung zum Consul verzichten.

Im Jahre 23 v.Chr. erhielt er vom Senat und der Volksversammlung auf Lebenszeit die Befugnis eines Volkstribuns (er wurde kein Volkstribun) und die Obergewalt über die Statthalter der Senatsprovinzen (über seine eigenen Bevollmächtigten in den kaiserlichen Provinzen hatte er diese selbstverständlich schon).

Die **tribunicia potestas** (= Befugnis eines Volkstribuns) und das **imperium proconsulare** (= Gewalt eines Proconsuls), das man ihm im Jahre 27 verlieh und das im Jahre 23 ergänzt wurde, bildeten bis in die Spätantike die gesetzliche Grundlage der kaiserlichen Macht. Bei jeder Nachfolge verlieh der Senat (auch im Namen des Volkes) dem neuen Kaiser diese Befugnisse. Diese Verleihung von Befugnissen diente faktisch als die offizielle Ernennung eines neuen Herrschers.

Im Jahre 19 v.Chr. erhielt Augustus permanent die wichtigsten Befugnisse eines Consuls (lediglich die zeremoniellen nicht), ohne daß er dieses Amt zu bekleiden brauchte. Bereits seit 28 v.Chr. erfüllte er die Aufgaben eines Zensors: die Ergänzung des Senats und des Ritterstands, die Durchführung von Volkszählungen, den Abschluß von Steuerverträgen und die Vergabe öffentlicher Arbeiten.

Auf diese Weise kleidete Augustus die Realität seiner Machtposition in eine Kombination von gesetzlichen, den traditionellen Ämtern entlehnten Befugnissen, so daß er sich legal in alle Aspekte der Staatsführung einmischen konnte.

Dadurch konnten die Senatoren und andere traditionell denkende Römer Augustus' Regierung leichter akzeptieren, denn diese war gleichsam in die alten staatlichen Institutionen der Republik integriert.

Veränderungen in der Praxis der Verwaltung

Hinter dieser Fassade fanden in der Praxis jedoch wichtige Veränderungen statt. Augustus nahm selber die Appellationsgerichtsbarkeit in die Hand (vgl. S. 132 und 181) und ihm oblagen nun auch die Führung der Außenpolitik sowie die Aufsicht über die Staatsfinanzen, weil der Senat all seinen Vorschlägen folgsam zustimmte. Aufgrund der Regelungen von 27 und 23 führte Augustus die Aufsicht über die Statthalter in den Provinzen. Für die Provinzbevölkerung war dies von Vorteil, denn der Ausbeutung durch die Statthalter und Steuerpächter waren dadurch etwas engere Grenzen gesetzt.

Die Eintreibung der direkten Steuern wurde den *publicani* entzogen und, unter Aufsicht der Procuratoren (in den kaiserlichen Provinzen) und der Quästoren (in den Senatsprovinzen), den örtlichen Honoratioren in den Provinzen anvertraut. Die *publicani* befaßten sich weiterhin mit den indirekten Steuern (Zölle und Warensteuern). Es entstand eine rege Korrespondenz zwischen dem Kaiser und Bürgern, die Berufung einlegten, Statthaltern, die Fragen hatten, und Städten (in Italien und den Provinzen), die um eine Gunst baten.

Die kaiserlichen Briefe, die zur Antwort verschickt wurden, hatten Rechtskraft (aufgrund der Regelungen von 27, 23 und 19 v.Chr.). Es entstanden **kaiserliche Kanzleien,** welche die Korrespondenz erledigten. Unter Augustus bestanden diese noch aus Privatsklaven des Kaisers, die von erfahrenen Freigelassenen geleitet wurden, später aber sollten sie sich zu regelrechten Ministerien auswachsen. Neben der alten Staatskasse, die **aerarium** hieß und immer vom Senat verwaltet worden war, bekam der Kaiser auch eigene finanzielle Einkünfte. Die Verwaltung des *aerarium* wurde den Quästoren entzogen und erfahrenen ehemaligen Prätoren anvertraut. Im Laufe seiner Regierung zog Augustus die Kontrolle über das *aerarium* immer mehr an sich.

Der Kaiser verfügte über die Kassen in den kaiserlichen Provinzen, die **fisci** (Einzahl **fiscus**), die von den Procuratoren verwaltet wurden, und auch über sein eigenes Privatvermögen. In die *fisci* flossen die Steuern aus den kaiserlichen Provinzen, und aus diesen Kassen erhielten die Soldaten in den kaiserlichen Provinzen ihren Sold. Die Procuratoren waren also eigentlich die Zahlmeister der Heere.

Die wichtigsten Steuern in den Provinzen waren die indirekten Steuern (Zölle, Warensteuern) und eine direkte Steuer, die auf Grundbesitz und auf dem Ertrag des Bodens lastete (der Ertrag wurde global geschätzt und dann mit einem festen Prozentsatz an Steuern belegt).

Das kaiserliche Privatvermögen wuchs schnell, hauptsächlich durch Legate aus Familien, die beim Kaiser in gutes Ansehen kommen wollten, und durch die Konfiskation der Güter von Personen, die vom Kaiser verurteilt worden waren. Die kaiserlichen Besitztümer wurden von Freigelassenen des Kaisers verwaltet.

Der Kaiser bekam einen entscheidenden Einfluß auf die Laufbahnen der Senatoren und Ritter, und ca. 5 v.Chr. wurde dieser Einfluß formalisiert. Der Kaiser durfte für alle wichtigen Ämter Kandidaten aufstellen, welche dann auch fast ausnahmslos gewählt wurden. In den wichtigsten Magistratsämtern blieb nur wenig Raum für ‚freie Kandidaten'. In seinen eigenen Provinzen und für seine eigenen Dienste ernannte der Kaiser selbstverständlich, wen er wollte.

In der Praxis der Verwaltung wurden vertraute Ratgeber des Kaisers, vereint in einem **consilium** (das *consilium principis* = Beratungsgremium des Kaisers), sehr wichtig. Das *consilium principis* ist sehr gut mit den Beratungsgremien der Magistrate und Statthalter, die auch schon in der republikanischen Zeit existiert hatten (S. 128), vergleichbar, hatte aber eine viel größere Bedeutung. In diesem Rat wurden die Entscheidungen vorbereitet und die wichtigen Diskussionen geführt, und nicht mehr im Senat.

59
Grabdenkmal (l.) von Gaius und Lucius Caesar, den Söhnen von Agrippa und Augustus' Tochter Julia, Adoptivsöhnen von Augustus. Augustus hatte gehofft, daß er den älteren der beiden, Gaius, zum Nachfolger bestimmen könnte. Beide Brüder sind jedoch jung gestorben (Lucius 2 n.Chr. und Gaius 4 n.Chr.). Schließlich hinterließ Augustus seine Herrschaft seinem Stiefsohn Tiberius, einem Sohn seiner Frau Livia aus einer früheren Ehe. Tiberius wurde von Augustus als Sohn adoptiert. Er regierte von 14–37 n.Chr.
Neben dem Grabdenkmal steht ein Triumphbogen des Augustus. Diese Monumente befinden sich in St. Rémy-en-Provence. Foto: Marburg, Fotoarchiv.

Der Senat und die Volksversammlungen

Die Volksversammlungen gerieten unter Augustus arg in Verfall. Fast niemand ging mehr hin, und nach Augustus' Zeit traten die Versammlungen nicht mehr oft zusammen. Es scheint, daß die letzte richtige Volksversammlung unter Kaiser Nerva (96–98 n.Chr.) stattgefunden hat.
Der Senat bekam dem Anschein nach mehr Macht. Senatsbeschlüsse erhielten Rechtskraft, genauso wie Gesetze und kaiserliche Edikte. Augustus' Nachfolger Tiberius (14–37 n.Chr.) verlegte die Wahl der Magistrate von der Volksversammlung in den Senat.
In der Praxis jedoch folgte der Senat dem Kaiser aufs Wort: Senatsbeschlüsse ergaben sich fast immer aus kaiserlichen Vorschlägen oder Briefen. Die Senatoren kannten die tatsächlichen Machtverhältnisse und wußten, daß der Kaiser über ihre Karriereaussichten bestimmte. Die eigentliche Bedeutung des Senats war, daß hier die reichsten römischen Grundbesitzer, mit der größten Erfahrung in der oberen Verwaltung und der Führung der Heere, einen Sitz hatten: eine Kombination von wirtschaftlicher Potenz und unentbehrlicher Erfahrung. Außerdem repräsentierte der Senat die Gesetzmäßigkeit. Bis 282 n.Chr. war ein Machthaber erst dann der legitime Kaiser, wenn der Senat ihm die Kombination von Befugnissen verlieh, die Augustus als erster erworben hatte.

60
Luxuriöses Trinkglas, Foto: Köln, Römisch-Germanisches Museum.

Die oberen Stände: Senatoren, Ritter

Augustus führte für den Senatoren- und den Ritterstand feste Untergrenzen des Vermögens ein. Früher hatten die Zensoren auch bereits mehr oder weniger traditionelle Wohlstandskriterien angewandt, aber nun wurden diese festgelegt. Mitglieder des Senatorenstandes mußten ein Vermögen von einer Million Sesterzen besitzen und Ritter von mindestens 400.000 Sesterzen (siehe zum griechischen und römischen Geld Appendix 2).
In der Regel bestand ihr Besitz zu etwa 80 oder 90 Prozent aus Grundbesitz. Daneben besaßen sie Häuser, Bankguthaben, Wertgegenstände und Sklaven.
Bei einem allgemein üblichen Ertrag von sechs Prozent (von einem Landgut durchschnittlicher Qualität durfte man dies erwarten) hatte ein Senator also ein Jahreseinkommen von mindestens 60.000 Sesterzen. Zum Vergleich: ein Legionssoldat erhielt im ersten Jahrhundert der Kaiserzeit 225 Denare (= 900 Sesterzen) im Jahr.
Die Senatoren behielten unter Augustus (und seinen Nachfolgern bis ins dritte Jahrhundert) die wichtigsten Funktionen in der Verwaltung. Diese folgten noch immer dem alten *cursus honorum* (S. 129), obgleich sich zwischen die alten Ehrenämter allerlei neue Funktionen schoben. Nach dem Prätoramt konnte ein Senator zum Beispiel bei der Staatskasse (dem *aerarium*), als Legionskommandant, als *legatus Augusti pro praetore* in einer kleinen kaiserlichen Provinz oder auch als Proconsul in einer kleinen Senatsprovinz eingesetzt werden. Auf das Consulat folgte nicht mehr das Zensoramt (außer dem Kaiser

gab es keine Zensoren mehr), sondern das Statthalteramt in einer der größeren Provinzen und das seit 6 n.Chr. bestehende Amt des **praefectus urbi** (= Stadtpräfekt, Bürgermeister von Rom). Gerade diese neuen Funktionen verlangten viel Arbeit von den Senatoren. Manche der alten Ehrenämter hingegen, wie die des Ädils oder Volkstribuns, wurden zu ehrenvollen Sinekuren, weil die Arbeit, die früher diese Magistrate erledigt hatten, nun kaiserlichen Ämtern oblag. Die Quästoren waren in den Senatsprovinzen tätig, die Prätoren übten noch eine Funktion in der Rechtsprechung in Rom aus und organisierten dort zum Teil die Spiele, und die Consuln hatten vor allem zeremonielle und repräsentative Aufgaben.

Den Rittern wurde zur Zeit des Augustus eine wichtige Stellung in der Verwaltung eingeräumt. Sie stellten Offiziere für die Armeen und konnten sich in den kaiserlichen Provinzen (als Procuratoren) verdient machen.

Danach konnten sie in eines der wichtigen Verwaltungsämter, die Augustus ins Leben gerufen hatte und Rittern zuwies, befördert werden: Präfekt der Flotte, Präfekt der Getreideversorgung in Rom, Präfekt von Ägypten (S. 163) und Präfekt der Prätorianergarde, der kaiserlichen Gardetruppen, die seit der Zeit des Tiberius permanent bei Rom stationiert waren.

Die *decuriones*

Die örtlichen Honoratioren der italischen Gemeinden begannen, miteinander eine Art dritten Stand zu bilden, den Stand der **decuriones**, auch **curiales** (= Mitglieder der **curia**, des Ratsgebäudes) genannt. Die Mitglieder dieses Standes profitierten von der Herrschaft des Augustus und haben ihn denn auch von Herzen gern unterstützt. Augustus füllte nämlich die durch die Bürgerkriege und das Aussterben alter Familien entstandenen Lücken im Senat nicht nur mit Rittern, sondern auch mit italischen Honoratioren. Unter den Consulnamen der augusteischen Zeit gibt es so manchen, der eine italische Abstammung verrät. Italien war keine Provinz. Die italischen Gemeinden unterstanden unmittelbar dem Kaiser und dem Senat und zahlten keine Steuern an die Reichskassen.

Das Heer

Augustus behielt sich selbst die Kontrolle der Armeen, die fast alle in den kaiserlichen Provinzen lagen, vor und sorgte dafür, daß der Senat wichtige militärische Kommandos seinen Verwandten und Freunden erteilte, so daß außerhalb seiner Einflußsphäre keine neuen militärischen Machthaber erstehen konnten.

Augustus schuf ein stehendes Berufsheer von etwa 300.000 Mann, das zur einen Hälfte aus Legionen von 6000 Mann (rekrutiert aus römischen Bürgern) und zur anderen Hälfte aus Hilfstruppen (lat.: **auxilia**, rekrutiert aus Provinzbewohnern) bestand. Die Hilfstruppen waren in Reiterschwadronen und Kohorten Fußvolk von 600 oder 1000 Mann eingeteilt. Die Legionskommandanten und einige Militärtribunen waren Senatoren, die übrigen Offiziere stammten aus dem Ritterstand. Manche dieser Ritter waren ehemalige Dekurionen aus dem ‚dritten Stand'. Die Zenturionen der Legionen gingen nach wie vor größtenteils aus den Soldaten hervor.

In Lagern in Italien stationierte Augustus eine kaiserliche Garde (die **Prätorianer**) von etwa 9000 Mann, unter dem Befehl eines Präfekten aus dem Ritterstand. Diese Garde diente als Wächter und Beschützer der Hauptstadt. Der Gardepräfekt (lat.: **praefectus praetorio**) war ein mächtiger Mann. Mehrere Gardepräfekten haben nach der Zeit des Augustus einen entscheidenden Einfluß auf die Nachfolge ausgeübt. Sie führten nämlich den Befehl über die größte Truppenmacht in der Nähe der Hauptstadt (und des Hofes), seit Tiberius diese dort konzentriert hatte.

Im Jahre 6 n.Chr. schuf Augustus in Rom ein Korps von 7000 Nachtwächtern (lat.: **vigiles**), die zugleich auch Feuerwehrleute waren, sowie einen Ordnungsdienst von 4000 Mann (die vier Stadtkohorten, die **cohortes urbanae**). Die Nachtwächter wurden aus Freigelassenen rekrutiert und unterstanden einem Präfekten aus dem Ritterstand. Die Stadtkohorten wurden vom Stadtpräfekten (dieses Amt gab es ebenfalls seit 6 n.Chr.) kommandiert. Dieser Stadtpräfekt war ein bedeutender Mann, denn er leitete nicht nur die Verwaltung der Stadt Rom, sondern nahm auch in der Rechtsprechung und der Aufrechterhaltung der Ordnung in Italien eine wichtige Stellung ein.

61
Teil des Reliefs auf der Südseite der Ara Pacis, des Friedensaltars, den Augustus im Jahre 9 v.Chr. einweihte. Dargestellt ist die kaiserliche Familie im Gefolge des Augustus.
Auf der Ara Pacis wurden allerhand ‚propagandistische' Vorstellungen abgebildet: Mars, ein Umzug von Senat und Volk Roms, die *dea Roma* (göttliche Personifikation von Rom), sitzend auf Waffen, die Göttin Italia (Personifikation), badend im Überfluß, die kaiserliche Familie und der Stammvater des julischen Hauses, Aeneas.
So wurden das alte iulische Haus, Augustus' Familie und die Prosperität, gegründet auf militärischem Triumph, miteinander in Verbindung gebracht, wie auch das Haus des Augustus, der Senat und das Volk sowie die wiederhergestellte Frömmigkeit gegenüber den Staatsgöttern. Foto: Alinari, Rom.

Augustus gewährte seinen Soldaten eine gute Regelung der Dienstzeit und des Ruhestands. Prätorianer dienten 16 Jahre, Legionäre 20 Jahre und Soldaten der Hilfstruppen 25 Jahre. Am Ende ihrer Militärzeit erhielten die Soldaten ein Stück Land oder eine Geldsumme. Die Soldaten der Hilfstruppen bekamen darüber hinaus noch die römische Vollbürgerschaft. Soldaten durften nicht verheiratet sein, konnten jedoch mit einer Frau außerhalb des Lagers ein eheähnliches Verhältnis haben. Nach ihrem Abschied konnten sie diese Beziehung in eine rechtmäßige Ehe umwandeln und ihre Kinder als die ihrigen anerkennen lassen. Diese Angehörigen erhielten dann ebenfalls das römische Bürgerrecht (wenn sie dieses noch nicht hatten).
Zunächst bezahlte Augustus die ‚Ruhestandsgelder' aus eigener Tasche, aber im Jahre 6 n.Chr. richtete er eine Sonderkasse (das **aerarium militare**) dafür ein, die durch eine Steuer von 5 Prozent auf Erbschaften römischer Bürger von über 100.000 Sesterzen und durch eine Umsatzsteuer von 1 Prozent auf An- und Verkauf gefüllt wurde.
Die Besoldungsunterschiede im Heer waren groß. Die Offiziere und Unteroffiziere bekamen ein Vielfaches des Solds der gemeinen Soldaten (ein Legionär bekam bis 83 n.Chr.

225 Denare und danach 300 Denare im Jahr).

Ideelle und religiöse Aspekte des Kaisertums
Der Kaiserkult

Es gelang Augustus erstaunlich gut, die Gruppen und Wechselwirkungen unter ihnen, welche im Bürgerkrieg entstanden waren, zu neutralisieren und in sein System einzufügen. Außerhalb des Kreises von Augustus konnten keine großen militärischen Machthaber mehr aufkommen; die Ritter erhielten Zutritt zur Verwaltung; die italischen Aristokraten bekamen Aussicht auf Beförderung in den Ritterstand und den Senat; die Soldaten erhielten eine gute Regelung der Dienstzeit und des Ruhestands, welche sie an den Kaiser band, und jeder im Reich hatte Vorteile vom wiederhergestellten Friedenszustand.

Augustus wollte weder ein orientalischer Despot, der über Sklaven regiert, noch ein Militärdiktator sein. Er wollte betrachtet werden als ein Vater und Wohltäter, der Respekt hatte vor den alten staatlichen Institutionen, den persönlichen Rechten der Bürger und den traditionellen Privilegien der höheren Stände. Augustus stellte seine Regierung als eine goldene Zeit des Erfolgs, des Friedens, der Prosperität und des Überflusses nach dem Elend der Bürgerkriege dar und propagierte die Wiederherstellung der alten Pflichterfüllung gegenüber den Staatsgöttern sowie der alten strengen Verhaltenstraditionen, die (in seinen Augen) Rom groß gemacht hatten. Bei dieser ‚Propaganda' machte sich Augustus die bildenden Künste, Aufschriften und Abbildungen auf Münzen und Inschriften an stark besuchten Orten zunutze. Auch alle Kaiser nach ihm folgten ihm darin und führten die Parolen aus der Zeit des Augustus fort.

Bereits unter Augustus bekam das Kaisertum religiöse Züge. Der Kult des Kaisers entstand in den östlichen Provinzen, wo man gewohnt war, die hellenistischen Könige zu verehren (S. 109), und verbreitete sich dann im ganzen Reich. Besonders in den Heerlagern war der Kaiserkult sehr stark gegenwärtig. Er war eines der Mittel, die Soldaten an den Kaiser zu binden.

Die lateinische Literatur der augusteischen Periode

Einen Widerhall der ‚Propaganda' des Augustus finden wir auch in der lateinischen Literatur dieser Periode, welche man als eine Blütezeit der lateinischen Literaturgeschichte betrachtet. Der Kaiser und seine Freunde (besonders **Maecenas**) finanzierten den Lebensunterhalt guter Dichter und Prosaschriftsteller und hielten in kleinem Kreis Zusammenkünfte ab, wo Schriftsteller aus eigenen Werken vorlesen konnten. Zahlreiche kreative Geister und ein Publikum von gestandenen Kennern begegneten sich in diesen Zirkeln. Einige literarische Werke dieser Zeit haben bis in unsere Zeit die europäische Literatur beeinflußt. Der Dichter **Vergil** (70–19 v.Chr.) folgte dem Vorbild des griechischen Dichters Homer (S. 57) und veröffentlichte am Ende seines Lebens die **Aeneis**, ein Epos über die Wanderfahrt des Trojaners **Aeneas** aus dem von den Griechen zerstörten Troja nach Italien. Der Legende nach war er der Stammvater des iulischen Hauses (die Familie von Iulius Caesar und dessen Adoptivsohn Augustus) und stand so am Anfang der römischen Geschichte.

Horaz (65–8 v.Chr.) ist bekannt geworden wegen seiner Oden, Satiren und poetischen Briefe. Einer dieser Briefe ist die **Ars poetica,** ein Werk über das ‚Handwerk' des Dichters, das großen Einfluß auf die europäische Literatur ausgeübt hat. Dieser Brief war von einem Werk des Aristoteles (S. 96) beeinflußt. **Livius** (59 v.Chr.–17 n.Chr.) beschrieb die Geschichte Roms, von den Anfängen bis zu seiner eigenen Zeit. Er sah noch eine große Zukunft für Rom voraus, sofern es zu den Tugenden der Vorfahren zurückkehrte. In der frühen Kaiserzeit nach Augustus erlebte die lateinische Literatur noch eine Nachblüte. Ca. 100 n.Chr. wirkte zum Beispiel der Geschichtsschreiber **Tacitus** (ca. 55–ca. 120 n.Chr.), der über die Kaiser, die zwischen 14 und 96 n.Chr. regiert hatten, über die Germanen und über Britannien schrieb. Er erkannte die monarchische Regierungsform als eine Unvermeidlichkeit an, geißelte jedoch deren Unzulänglichkeiten und bedauerte den Verlust der republikanischen Freiheit.

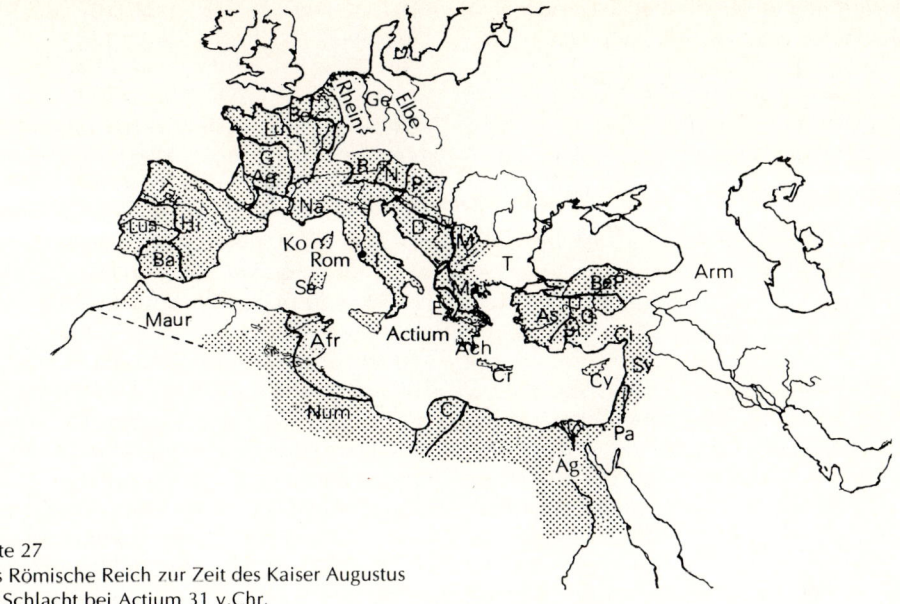

Karte 27
Das Römische Reich zur Zeit des Kaiser Augustus
x = Schlacht bei Actium 31 v.Chr.

Gallia:
Be – Belgica
Lu – Lugdunensis
Aq – Aquitania
Na – Narbonensis

Hispania:
Tar – Tarraconensis
Lus – Lusitania
Ba – Baetica
Ko + Sr – Korsika und Sardinien

Afr – Africa
Num – Numidia
Maur – Mauretania
Cyr – Cyrene
Äg – Ägypten

Donauländer und Balkan:
R – Raetia
N – Noricum
P – Pannonia
D – Dalmatia
M – Moesia
T – Thracia
Ma – Macedonia
Ach – Achaea
E – Epirus
Kr – Kreta

Asien:
As – Asia
B e P – Bithynia et Pontus
G – Galatia
Sy – Syria [+ Cilicia (Ci)]
Zy – Zypern
Pa – Vasallenstaaten in Palästina und Jordanien + Judaea
Arm – Armenia

Einige Vasallenstaaten wurden weiß gelassen

Eroberungen unter Augustus

Augustus ließ den noch freien Nordwesten Spaniens, die Alpenregion und die Donauländer erobern (Karte 27). Südlich der Donau wurden zwischen 15 v.Chr. und 9 n.Chr. einige neue kaiserliche Provinzen gegründet. Im Nordwesten wollte Augustus die Grenze entlang der Elbe ziehen, aber die Eroberung Germaniens mißlang. Zwischen 9 und 16 n.Chr. kämpften die Germanen erfolgreich für ihre Freiheit, und nach einer großen römischen Niederlage im Teutoburger Wald (9) ließ Augustus von der Eroberung Germaniens ab. Er und sein Nachfolger Tiberius sahen ein, daß die Unterwerfung dieses Gebiets viel Geld und Mühe erfordern würde.

Mit den Parthern erreichte Augustus im Jahre 20 v.Chr. auf diplomatischem Wege einen Modus vivendi: Armenien wurde zum Pufferstaat, in dem Rom und die Parther beide Einfluß haben sollten.

Augustus überließ wichtige Feldzüge und diplomatische Missionen gerne zuverlässigen Freunden und Verwandten. Die wichtigsten waren Agrippa, der Ehemann von Augustus' Tochter Iulia (Appendix 3), und Augustus' Stiefsöhne Tiberius (Kaiser von 14 bis 37) und Drusus. Tiberius spielte eine wichtige Rolle in der Eroberung der Donauländer; Drusus errang Lorbeeren im Delta des Rheins und der Maas und in Westgermanien (12–9 v.Chr.). Er starb im Jahre 9 v.Chr.

Nach der augusteischen Zeit war die Periode der großen römischen Eroberungen vorbei, und das Römische Reich trat in eine neue Phase. Bis 146 v.Chr. war das Römische Reich in der Hauptsache ein Hegemonialreich gewesen (S. 137); danach folgte eine Übergangszeit, in der Rom immer mehr Gebiete als Provinzen zu verwalten begann, bis schließlich unter Augustus das Römische Reich ein Territorialreich mit gleichbleibenden Grenzen geworden war. Augustus hatte zielbewußt nach der Gewinnung natürlicher, leicht zu verteidigender Grenzen gestrebt.

Unter Augustus war der römische Imperialismus nicht mehr in erster Linie in der Habgier und dem Ehrgeiz von Generälen, Politikern und Interessengruppen (S. 157) begründet, wie in der späten Republik, sondern eher in einer Kombination von strategischen und propagandistischen Motiven. Augustus wollte nicht nur gute natürliche Grenzen erreichen, sondern auch durch militärische Erfolge die Soldaten an sich binden und durch seinen Kriegsruhm die Römer beeindrucken. Die erneute Expansion wurde propagiert als der Erfolg, der aus der Wiederherstellung der Eintracht und aus dem Wiederaufleben der altrömischen Frömmigkeit und Tapferkeit erwuchs. Schriftsteller dieser Zeit begannen die Römer zu rühmen als die Nation, die sich am meisten eigne, die Völker um sich herum zu unterwerfen und zu verwalten.

Karte 28
Das Römische Reich zur Zeit Kaiser Trajans (98–117). Trajan eroberte Dakien (heute Rumänien), einen Teil Arabiens, östlich des Jordans, und Teile Mesopotamiens (im Römisch-Parthischen Krieg von 114–117). Sein Nachfolger Hadrian (117–138) gab die eroberten Gebiete in Mesopotamien wieder an die Parther zurück. Britannien wurde zwischen 43 und 84 n.Chr. erobert.

Abkürzungen wie in Karte 27 (S. 171).
Hinzu kommen, von West nach Ost:
Brit – Britannia
GI – Germania Inferior
GS – Germania Superior
Dac – Dacia
Ca – Cappadocia
Me – Mesopotamia

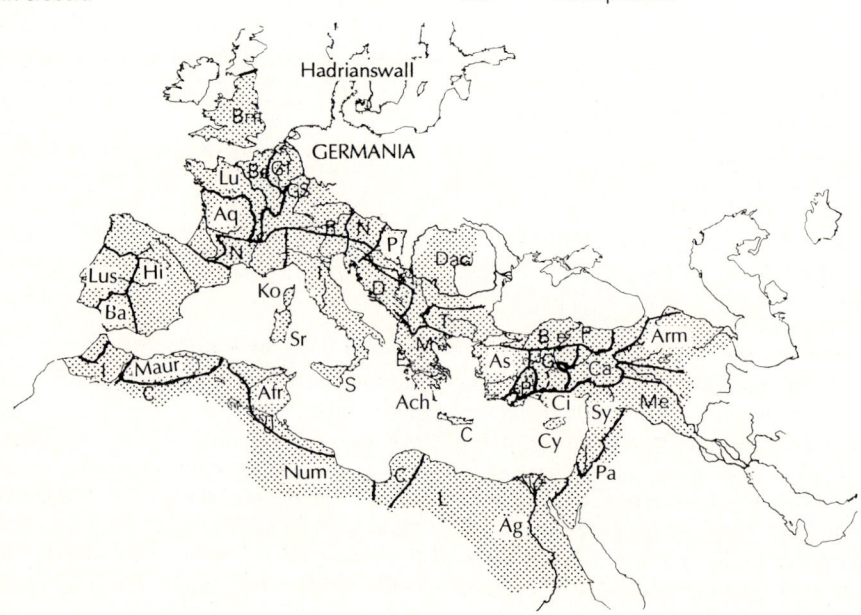

Übersicht 5 Die Kaiser des Römischen Reiches im 1. und 2. Jahrhundert n.Chr.

Die Kaiser, die zwischen 14 und 193 n.Chr. regierten:

Tiberius	14– 37	
Caligula	37– 41	Verwandte des Augustus
Claudius	41– 54	Vgl. Appendix 3
Nero	54– 68	
	68– 69	Das Vierkaiserjahr. Thronstreit zwischen vier Anwärtern nach dem Mord an Nero, der keinen Nachfolger hinterließ.
Vespasian	69– 79	Haus der Flavier (Vespasian hieß
Titus	79– 81	eigentlich *Flavius* Vespasianus)
Domitian	81– 96	(App. 1)
Nerva	96– 98	
Trajan	98–117	
Hadrian	117–138	Adoptivkaiser
Antoninus Pius	138–161	
Mark Aurel	161–180	

Der Nachfolger von Mark Aurel war sein leiblicher Sohn Commodus (180–192). Commodus wurde Ende 192 ermordet. Nach einem Thronstreit trat das Haus der Severer die Nachfolge an (S. 205).

Nach der Zeit des Augustus gingen die Kaiser zu einer defensiven Strategie über. Einige Kaiser, wie Claudius (41–54) und Trajan (98–117), führten dem Reich noch einige Gebiete hinzu, um sich bei den Soldaten Ruhm zu erwerben, die Grenze zu sichern oder Gebiete, in denen sie große Reichtümer vermuteten, zu gewinnen, aber die große Zeit der römischen Expansion war vorbei. Die Grenzen lagen nun definitiv am Rhein, an der Donau, am Euphrat und an der Nordgrenze der Sahara.

Die Zeit des Prinzipats nach Augustus (14–193 n.Chr.)
Kriege und Aufstände

In den ersten beiden Jahrhunderten unserer Zeitrechnung herrschte meistens Frieden im Reich, und die Armeen lagen in festen Lagern und Befestigungen entlang den Grenzen (Karte 29). Jenseits des Rheins und der Donau versuchten die Römer eine Pufferzone aufrechtzuerhalten und die Stämme gegeneinander auszuspielen, was lange Zeit recht gut gelang. Während der ersten zweihundert Jahre der Kaiserzeit gab es keine großen Kriege gleichzeitig an mehreren Abschnitten der Nordgrenze. Wohl aber gab es manchmal gefährliche Kriege in einzelnen Grenzgebieten. 69–70 erhoben sich die **Batever**, die im Gebiet des Rheins, der Waal und der Maas lebten, gerade als das Römische Reich von einem Thronstreit zerrissen wurde. Das Jahr 69 war das sogenannte Vierkaiserjahr. Nero, der letzte Kaiser aus dem Hause des Augustus, hatte keinen Nachfolger hinterlassen, und vier Thronanwärter kämpften an der Spitze ihrer Armeen um die Macht (siehe Übersicht 5 und Appendix 3). In den Jahren zwischen 42 und 84 wurde Britannien dem Reich einverleibt und befriedet (Karte 28). Kaiser **Claudius** (41–54) nahm dieses Unternehmen in Angriff, um sich auf militärischem Gebiet einen Namen zu machen. Bis 84 gab es hier immer wieder Grenzkriege und Aufstände.

Unter Kaiser Domitian (81–96) drohte abwechselnd Gefahr am Rhein und an der Donau. Er machte den Soldaten Mut, indem er im Jahre 83 ihren Sold von 225 auf 300 Denare im Jahr erhöhte. Kaiser Trajan (98–117) schuf Ordnung und eroberte in einigen großen Feldzügen (ca. 105–106) Dakien, das heutige Rumänien, den schlimmsten Unruheherd in den Jahren vor 96.

An der Ostgrenze bestand ein bewaffneter Frieden mit den Parthern, der einige Male (ca. 65, 114–117, 161–166) durch Kriege um den Pufferstaat Armenien unterbrochen wurde.

62
Kaiser Claudius (41–54 n.Chr.) war der jüngste Sohn von Drusus, dem Bruder des Tiberius. Drusus war im Jahre 9 v.Chr. als noch junger Mann gestorben. Claudius war also ein Enkel von Augustus' Frau Livia. Tiberius und Drusus waren deren Söhne aus einer früheren Ehe mit Tib(erius) Claudius Nero, einem *nobilis*. Claudius ließ Britannien erobern, baute die kaiserlichen Kanzleien zu richtigen Staatsämtern aus, verbesserte den Hafen von Rom (Ostia) und nahm als erster Kaiser gallische Adlige, die das römische Bürgerrecht hatten und romanisiert waren, in den Senat auf. In seinen letzten Jahren geriet er in den Bann seiner Frau Agrippina, einer Enkelin von Julia (Augustus' Tochter) und Agrippa. Sie wußte Claudius dazu zu bringen, ihren Sohn Nero als Sohn und Nachfolger anzunehmen, obwohl Claudius selber einen Sohn hatte. Foto: Rom, Museo Capitolino.

Diese Kriege brachten nicht viel; bis zum Ende des zweiten Jahrhunderts blieb der status quo, der unter Augustus zustande gekommen war, nahezu erhalten.
In der südöstlichen Ecke des Reiches wüteten einige Male heftige jüdische Aufstände. In den Jahren 66–70 und 132–135 empörten sich Juden in Palästina und in den Jahren 115–116 in Cyrenaica, Ägypten und Zypern. Letztgenannter Aufstand war eine Verzweiflungsreaktion auf die ständig zunehmende Diskriminierung, während der Aufstand in Palästina die Gründung eines neuen starken jüdischen Staates zum Ziel hatte. Die ersten beiden jüdischen Aufstände (66–70 und 114–115) fanden gleichzeitig mit anderen Kriegen statt und bereiteten den Römern deswegen ziemliche Probleme. Der Jüdische Krieg von 66–70 fiel mit der Rebellion der Bataver und dem Vierkaiserjahr zusammen. Im Jahre 69 geriet das Römische Reich wirklich in Gefahr, aber Kaiser Vespasian (69–79) überwand alle Probleme, indem er definitiv den Thron errang und alle Aufstände niederschlagen ließ. Im Jahre 70 wurde Jerusalem von seinem Sohn Titus weitgehend zerstört.
Im letzten jüdischen Aufstand (132–135) wurden die Juden geführt von Bar Kochba, der sich für den Messias, den im Alten Testament verheißenen Erlöser des Volkes Israel, ausgab. Kaiser Hadrian (117–138) erklärte nach der Unterdrückung dieses Aufstands Jerusalem zum verbotenen Gebiet für Juden. Die Stadt wurde eine Kolonie für ehemalige Soldaten des römischen Heeres.

Das Kaisertum und die Nachfolge

Dank Augustus ruhte die Monarchie auf einer soliden Grundlage, nämlich der Akzeptanz der **höheren Stände**, der Bindung an die **Heere**, der Kontrolle der **Staatsfinanzen** (*aerarium, fisci* und Privatvermögen der Kaiser) und der souveränen **Wahl der Mitarbeiter.** Durch ihre vielen eigenen Besitzungen konnten die Kaiser als die wichtigsten Wohltäter des Reiches, besonders der Hauptstadt Rom (Brot und Spiele!), auftreten. Somit übernahmen die Kaiser zu einem wichtigen Teil das Patronat des römischen Stadtvolks von den Senatoren, die ihre *clientes* nun nicht mehr als politische Waffe einsetzen konnten. Ihnen blieben nur noch ihre eigenen Besitztümer (samt den Menschen, die darauf lebten) als Machtbasis. Neben ihren *patroni* aus der Elite hatten die Armen Roms fortan den Kaiser als obersten Gönner.
Die Kaiser hatten auch Beziehungen zu den örtlichen Eliten in Italien und den Provinzen, die auf lokaler Ebene einen sehr großen Teil der täglichen Verwaltungsarbeit erledigten und für den überwiegenden Teil der Reichsbevölkerung die nächste Obrigkeit darstellten. Das Römische Reich der frühen Kaiserzeit war ein Reich von Städten, von denen aus das umliegende Gebiet von grundbesitzenden Honoratioren verwaltet wurde. Die Reichs- und Provinzialverwaltung standen als Dachinstitutionen über diesen, genauso wie die Reichsaristokratie der Senatoren und Ritter über die örtlichen Eliten an Bedeutung überragte.

Agrippina. Foto: Rom, Museo Capitolino.

Auch in den informellen Beziehungen zu den örtlichen Honoratioren in Italien und den Provinzen verdrängte der Kaiser die Senatoren. Die Bande zwischen Senatoren und örtlichen Honoratioren hatten nur noch politische Bedeutung, wenn es ein machtpolitisches Vakuum an der Spitze gab, zum Beispiel zu Zeiten eines Thronstreits.

Die ‚Arbeit' des Kaisers bestand in der Hauptsache darin, daß er Kriege führte, Recht sprach, auf allen Ebenen Mitarbeiter auswählte und einsetzte und auf ihm vorgelegte Probleme (Bittschriften von Städten und Personen, Fragen von Statthaltern u.dgl.) reagierte. In modernen Augen ist dies vielleicht eine etwas passive Weise des Regierens, aber beim damaligen Stand der wirtschaftlichen Kenntnisse und Kommunikationsmittel war kaum etwas anderes möglich.

Einen heiklen Punkt bildete seit der augusteischen Zeit die **Nachfolge**. (Vgl. Übersicht 5 und Appendix 3.) Der regierende Kaiser mußte versuchen zu vermeiden, daß die Heere, welche die größten Potentiale tatsächlicher Macht waren, nach seinem Tode eigene Kandidaten aufstellten. Andernfalls mußten, in Form eines Thronstreits, die Bürgerkriege wiederaufleben. Erbfolge innerhalb eines Kaiserhauses war eine gute Lösung, denn die Soldaten fühlten sich mehr mit der Person und der Familie des Kaisers verbunden als mit den abstrakten Gesetzen und Regeln der Staatsverfassung. Wenn leibliche Nachfolge nicht möglich war (zum Beispiel wegen des Fehlens von Söhnen; Töchter kamen im Römischen Reich in der Praxis nicht in Betracht), konnte der regierende Kaiser jemanden, der bei den Truppen beliebt und für den Senat akzeptabel war, als Sohn adoptieren.

Die Wahl des stärksten Kandidaten hieß dann zugleich Erbfolge durch Adoption. Adoption war in der römischen Gesellschaft schon immer ein viel angewandtes und allgemein akzeptiertes Mittel gewesen, eine Familie fortbestehen zu lassen oder mit tüchtigen Mitgliedern zu verstärken.

Augustus hat selber durch Adoption einen Nachfolger bezeichnet. Er adoptierte seinen Stiefsohn Tiberius, der von 14–37 n.Chr. regierte. (Augustus selbst hatte keine Söhne, siehe Appendix 3.)

Adoption wurde auch von den Kaisern, die zwischen 96 und 161 regierten, angewandt, da zufälligerweise keiner von ihnen einen Sohn hatte. Man nennt sie auch die Adoptivkaiser. Die meisten Kaiser nach Augustus folgten in ihrem Verhalten seinem Vorbild und respektierten die Mitglieder der höheren Stände (namentlich die Senatoren). Sie versuchten als Beschützer und Wohltäter der Bürger aufzutreten und nicht als Herren von Sklaven.

Manche Kaiser wichen davon ab und verhielten sich wie absolute Despoten, zum Beispiel Caligula (37–41), Nero (54–68), Domitian (81–96) und Commodus (180–192). Domitian ließ sich ‚Herr und Gott' (lat.: **dominus et deus**) nennen. Das Verhältnis zwischen diesen Kaisern und dem Senat war schlecht; sie wurden alle durch Verschwörungen von Senatoren und hohen Beamten beseitigt. Das Merkwürdige dabei ist, daß der Anlaß dazu eigentlich ihre Art des **Benehmens** war. In der Praxis der Verwaltung und in ihrer Ernennungspolitik handelten diese Kaiser kaum anders als die anderen Kaiser. Formen des Benehmens galten viel in

64
Gaius Caesar (Caligula) war ein Enkel von Agrippa und Augustus' Tochter Iulia. Er regierte von 37–41 n.Chr. Foto: Rom, Museo Capitolino.

65
Nero, Sohn von Agrippina und Adoptivsohn von Claudius (S. 174, Abb. 62), regierte von 54–68 n.Chr. Er verstand kaum etwas von militärischen und finanziellen Angelegenheiten und überließ das Regieren Bediensteten und Günstlingen. Selber beschäftigte er sich lieber mit Musik. Er schwärmte für sämtliche Ausdrucksformen der griechischen Kultur. Foto: Rom, Museo Capitolino.

der römischen Gesellschaft. Das niedere Volk zum Beispiel achtete genau darauf, wie sich die Kaiser bei den Spielen verhielten (sie sollten Vergnügen daran finden wie gute Väter, die ihrem Volk etwas gönnten).

Entwicklungen in der Reichsverwaltung nach Augustus

Das System, das Augustus in seiner langen Regierungszeit durch beharrliches Experimentieren zustande gebracht hatte, blieb in Grundzügen noch gut zwei Jahrhunderte nach seinem Tode erhalten, obwohl sich über diese Grundzüge hinaus natürlich manches änderte.

Die wichtigste Veränderung war die fortschreitende **Bürokratisierung der Verwaltung.** Die örtlichen Behörden (*decuriones* oder *curiales*) verwiesen immer mehr Aufgaben und Entscheidungen an die Statthalter und den Kaiser, vor allem was die Rechtsprechung und Wahrung der Sicherheit betraf. Auch dadurch wuchs die Menge der Arbeit, welche die kaiserlichen Kanzleien und die Ämter (lat.: **officia**) der Statthalter zu bewältigen hatten. Die Quästoren und Prokuratoren in den Provinzen bekamen immer mehr Arbeit in der steuerrechtlichen Gerichtsbarkeit. Die Provinzialämter stellten zusätzliches Personal, das aus den Schreibstuben der nächstgelegenen Truppen stammte, ein. Die Kanzleien in Rom machten dies auch, aber stellten vor allem rhetorisch und/oder juristisch geschulte Intellektuelle ein. So mancher Rechtsberater (siehe S. 144 und 180) und Absolvent der Rhetorenschulen (griechische und lateinische: S. 146) bekam eine Stelle in den kaiserlichen Kanzleien, vor allem, nachdem diese unter Hadrian (117–138 einen offiziellen Status gewonnen hatten. Zu Claudius' Zeiten bestand deren Personal noch hauptsächlich aus Sklaven, die von Freigelassenen (welche gerade unter diesem Kaiser sehr einflußreich waren) geleitet wurden, aber im zweiten Jahrhundert arbeiteten hier schon viele intellektuell geschulte Freie. Statt Freigelassener betraute Kaiser Hadrian Ritter mit der Leitung der kaiserlichen Ämter.

Das Amt der kaiserlichen Domänen (des kaiserlichen Privateigentums) wuchs ebenfalls. Durch Erbschaften und Beschlagnahmung (S. 166) gehörten die kaiserlichen Domänen nämlich zum am schnellsten wachsenden Großgrundbesitz im Reich; sie umfaßten auch allerhand Minen, Steinbrüche und Werkstätten; der kaiserliche Besitz war in allen Teilen des Reiches verstreut. Die großen Gruppen von Sklaven, Freigelassenen und Freien, die auf den kaiserlichen Domänen arbeiteten, hatten ein eigenes Rangordnungssystem und bildeten in Italien und manchen Provinzen eine eigene Gesellschaftsgruppe, die ‚**Caesariani**' (= Leute des Kaisers). Gemeinsam mit dem Personal der kaiserlichen Ämter bildeten sie die ‚**familia Caesaris**'.

Die Bürokratisierung der Verwaltung hatte einen stetig wachsenden Strom Post zur Folge. Während der Kaiserzeit gab es einen gut organisierten Postdienst; über das ganze Reich erstreckte sich ein Netz von gepflasterten Straßen mit Herbergen, Wagen und Wechselpferden, von welchen die Kuriere gegen Vorlage eines Ausweises Gebrauch machen konnten. Die Instandhaltung der Straßen, Herbergen und Transportmittel oblag den örtlichen Behörden und bildete namentlich in armen Landstrichen eine schwere Last.

Die Verbreitung des römischen Bürgerrechts

In den ersten beiden Jahrhunderten unserer Zeitrechnung verbreitete sich das römische Bürgerrecht allmählich in immer mehr Provinzen. In den Grenzprovinzen erhielten jedes Jahr Tausende von ehemaligen Soldaten der Hilfstruppen (samt ihren Familienmitgliedern) sowie viele Frauen und Kinder von ausgemusterten Legionssoldaten das römische Bürgerrecht (S. 169). Auf diese Weise vermehrte sich die Zahl der römischen Bürger in den Grenzgebieten nahe der Militärlager und den Städten in deren Hinterland schnell. Am Ende des zweiten Jahrhunderts fanden die Legionen (die aus römischen Bürgern bestehen mußten) fast all ihre Rekruten im eigenen Hinterland. Das römische Bürgerrecht verbreitete sich ebenfalls schnell in der Elite der romanisierten Städte im Westen und der griechischen Städte im Osten. Die Kaiser erteilten das Bürgerrecht manchmal ganzen Städten und Landstrichen, wenn diese derart romanisiert waren, daß man sie kaum noch von Städten und Gebieten in Italien unterscheiden konnte. Auf die Romanisierung der westlichen Reichsteile werden wir auf S. 182 noch zurückkommen.

Veränderungen in den höheren Ständen

Genauso wie ihre italischen Standesgenossen gehörten nun auch die örtlichen Eliten der romanisierten Städte im Westen und der griechischen Städte in der östlichen Reichshälfte, die das römische Bürgerrecht erhalten hatten, zum Stand der *decuriones* (oder *curiales.*) Ihnen eröffnete sich, ebenso wie den italischen *decuriones*, Aussicht auf gesellschaftlichen Aufstieg.

Die Kaiser mußten ständig den Senat ergänzen und taten dies mit jüngeren Angehörigen der Senatorenfamilien und Mitgliedern des Ritterstandes, die bei ihnen in Gunst standen, sich durch Tüchtigkeit hervorgetan oder eine gute Fürsprache bei Hofe hatten. Seit Augustus zählte der Senat wieder 600 Mitglieder (unter dem zweiten Triumvirat vorübergehend etwa 1000). So manche alte

66
Kaiser Hadrian (117–138) war ein wichtiger Reformer auf dem Gebiet der Verwaltung und der Kodifikation des Rechtes. Er besuchte persönlich die meisten Teile des Reiches, stellte die Eroberungspolitik seines Vorgängers Trajan ein und ging statt dessen zur Konsolidierung und Grenzbefestigung über. Er war ein Bewunderer der griechischen Kultur. Hier ist er mit einem Bart, wie ihn die griechischen Philosophen trugen, abgebildet. Foto: Rom, Museo Capitolino.

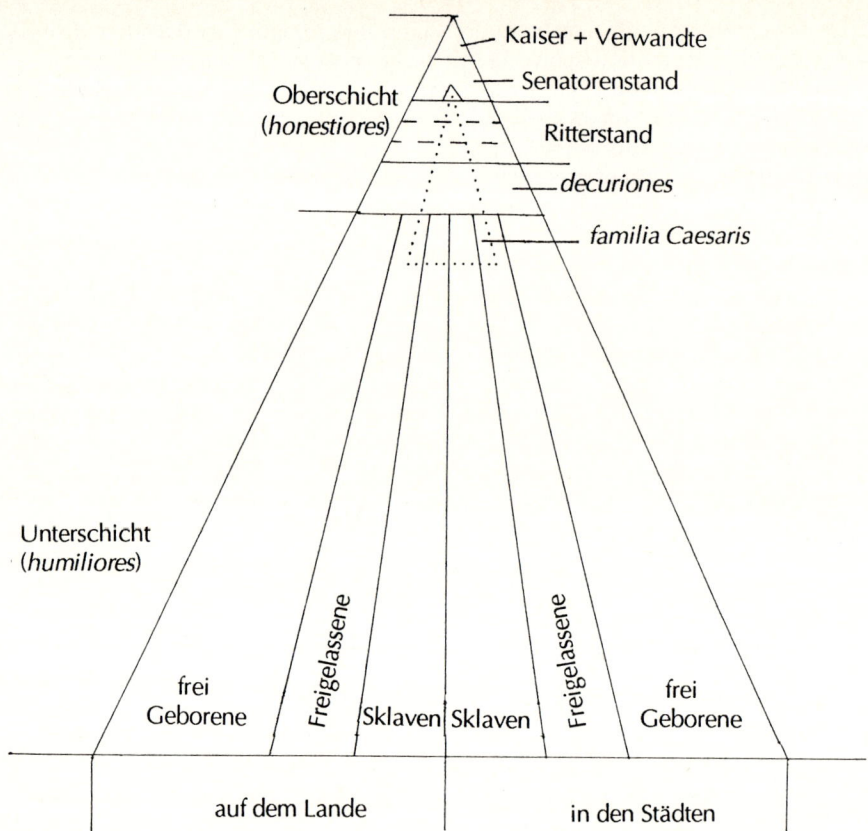

Schema 8 Sozialstruktur der Prinzipatszeit.
Nach G. Alföldy.

Senatsfamilie erlosch oder wurde aufgrund kaiserlicher Ungnade, finanzieller Verluste (es gab die Bedingung eines Mindestvermögens!) oder nach Verlust eines Prozesses deklassiert, so daß regelmäßig Sitze für ‚neue Männer' frei wurden. Der weitaus größte Teil von ihnen stammte aus dem Ritterstand. Der Ritterstand wurde, parallel zur Bürokratisierung der Verwaltung, immer größer. Regelmäßig nahmen die Kaiser erfolgreiche Unteroffiziere, Intellektuelle und *decuriones* in den Ritterstand auf. Man könnte sagen, daß die Bürokratisierung die Chancen dieser Gruppen auf gesellschaftlichen Aufstieg vergrößerte. Immer mehr fähigen Mitgliedern dieser Gruppen gelang es, Stellungen im kaiserlichen Dienst zu erreichen, von denen aus sie dann ziemlich leicht in den Ritterstand vordringen konnten.

Manche sehr reiche Honoratioren aus den Provinzen gelangten sogar bis in den Senat. Meistens dauerte der Prozeß des gesellschaftlichen Aufstiegs einige Generationen: der Vater erhielt das römische Bürgerrecht, der Sohn machte einen guten Eindruck im Heer und erreichte als Offizier den Ritterstand, und der Enkelsohn wurde nach einer erfolgreichen Laufbahn in den Ämtern, die den Rittern offenstanden, in den Senat aufgenommen.

Die ersten Honoratioren aus Spanien und Gallien, die unter Kaiser Tiberius in den Senat kamen, waren noch Nachkommen römischer Emigranten, aber Kaiser Claudius nahm einige Adlige gallischer Abstammung in den Senat auf (47 n.Chr.). Danach verlief diese Entwicklung immer schneller. Im zweiten Jahrhundert wurden zahlreiche Honoratioren aus romanisierten und hellenisierten Binnenprovinzen (Süd- und Ostspanien, Gallien, Africa, Sizilien, Griechenland, dem Süden und Westen Kleinasiens, Syrien und den hellenistischen Städten in Ägypten) in den Senat aufgenommen. Noch mehr Honoratioren und Intellektuelle aus diesen Gebieten kamen in den Ritterstand, ebenso wie Militärs aus den Grenzgebieten im Norden und Osten.

Gegen 200 n.Chr. hatte sich im ganzen Reich ein Dienstadel (= Aristokratie, die im Verwaltungsapparat dient) gebildet, der in drei Ränge (Senatoren, Ritter und *decuriones*) untergliedert war und eine nahezu einheitliche lateinisch-griechische Elitekultur und das gleiche geistige Rüstzeug populärer moralischer Vorstellungen aus allerlei hellenistischen philosophischen Strömungen hatte.

Die Sprache dieser Elite war in der östlichen Reichshälfte das Griechische und im Westen das Latein. Für diese Oberschicht war die literarische Kultur (griechisch: **paideia**), in der sie erzogen worden war, äußerst wichtig. Diese Kultur war das Merkmal, das sie am stärksten von den Massen, die noch ihre alten Sprachen oder volkstümlichen Dialekte sprachen, unterschied. Wer keine *paideia* hatte, kein reines, kultiviertes Latein und/oder Griechisch sprechen und nicht aus Werken klassischer Schriftsteller zitieren konnte, gehörte niemals wirklich zu den oberen Zehntausend. Und wenn er auch noch so reich und mächtig war, so verriet er sich doch immer wieder; er war ein Parvenü. Wer dagegen nicht zu den Honoratioren gehörte, wohl aber *paideia* hatte, hatte Aussicht auf gesellschaftlichen Aufstieg. Die literarische Elitekultur war überall fast dieselbe. Von Gallien bis Syrien beinhaltete sie eine gründliche Übung in der lateinischen und griechischen rhetorischen Schreibsprache (in der östlichen Reichshälfte fast nur Griechisch; im Westen entweder nur Latein oder sowohl Latein als Griechisch) sowie eine Vertrautheit mit der klassischen Literatur. Hinzu kamen noch zivilisierte Umgangsformen und die Kenntnis einer Verhaltenslehre, die aus Vorschriften und Ratschlägen populärer Philosophen zusammengestellt war. Eingehend mit der Philosophie als Wissenschaft befaßten sich lediglich die wenigen, die den Unterricht in den Philosophenschulen (zum Beispiel den Schulen in Athen, S. 96f. und 110f.) genossen. Das Unterrichtssystem, das die Römer im zweiten Jahrhundert v.Chr. von den Griechen übernommen hatten (S. 146), verbreitete sich in der Kaiserzeit in allen westlichen Provinzen. In den hellenistischen östlichen Reichsteilen gab es

67
Schulszene. Die Schüler haben ihre Buchrollen in der Hand. Bis ins späte Altertum war die Buchrolle (aus Papyrus) die gebräuchlichste Buchform. Die Rollen wurden in Spalten beschrieben, und beim Lesen drehte man immer wieder eine neue Spalte vor. Lesen war nicht leicht, weil die Buchstaben ohne Worttrennung oder Satzzeichen hintereinanderstanden. Buchrollen waren kostbar, denn jedes einzelne Stück mußte mit der Hand geschrieben werden. Es gab Buchhändler, die 30 oder mehr Sklaven zugleich einen Text diktierten. Auf diese Weise konnten sie eine Anzahl von Büchern gleichzeitig herstellen. Solche Buchhändler gab es nur in den großen Städten der zivilisierten Reichsgebiete. Foto: Trier, Rheinisches Landesmuseum.

dieses System in den griechischsprachigen Städten natürlich schon seit Jahrhunderten. In diesem Unterricht eignete man sich die literarische Elitekultur an.

Einige wenige Male konnte sogar der Sohn eines ehemaligen Sklaven die gesellschaftliche Stufenleiter hoch emporsteigen. Im Jahre 193 n. Chr. wurde Rom drei Monate lang von Kaiser Pertinax regiert. Dieser war der Sohn eines Freigelassenen, der als Sklave Hauslehrer gewesen war und sich nach seiner Freilassung als freier Schullehrer niedergelassen hatte. Auch Pertinax war zunächst Lehrer, bekam dann aber auf Fürsprache eines Senators (ein Familienmitglied des ehemaligen Herrn seines Vaters) eine Stelle als Offizier im Heer, gerade als es schwierige Kriege im Osten (ca. 161–166) und an der Donau (167–180) gab.

Pertinax zeichnete sich aus, wurde Ritter und dann sogar Senator in einer langen Laufbahn von Ritterfunktionen und senatorischen Ämtern. Gegen 180 war er ein geschätzter General und Ratgeber von Kaiser Mark Aurel (161–180). Schließlich erhob man ihn auf den Thron, nachdem Commodus (180–192) durch eine Verschwörung am Hof beseitigt worden war (ohne daß er einen Nachfolger benannt hatte).

Man bedenke jedoch, daß solche Laufbahnen nur selten vorkamen, und dann meistens nur unter besonderen Umständen, wie einer ernsten Kriegslage.

Das römische Recht

Die römischen Bürger lebten im ganzen Reich unter dem Schutz des römischen Rechts. Dieses römische Recht war eine originäre Schöpfung der Römer und hat die westlichen Rechtssysteme stark beeinflußt.

Das römische Recht war formalistisch. Der Buchstabe des Gesetzes galt, und es kam auf die genaue Definition und Begriffsbestimmung an. War etwas Kauf, so war die eine Regel zutreffend; war es dagegen Tausch, so trat eine andere Regel in Kraft (es war Kauf, wenn Geld im Spiel war).

Das römische Recht war in der Hauptsache Privatrecht (einschließlich des meisten Strafrechts), das sich in der Praxis der Rechtsprechung herausgebildet hatte und also nicht aus Gesetzen abgeleitet worden war. Wir haben oben bereits gesehen (S. 132), daß es nur wenig Gesetze gab. Das Staatsrecht, wie wir ebenfalls schon wissen, war verhältnismäßig schlecht entwickelt (S. 145). Die Rechtsquellen waren seit der frühen republikanischen Zeit die **Gesetze** (die *leges* der *comitia centuriata* und der *comitia tributa* sowie die *plebiscita* des *concilium plebis*, S. 131), **Urteile, Präzedenzfälle,** der **mos maiorum** (Gewohnheitsrecht), **Kommentare** von Rechtskundigen und die **Edikte des Prätors.** Während der Kaiserzeit wurden die Gesetze von Senatsbeschlüssen und kaiserlichen Briefen und Verfügungen verdrängt. In der Zeit der Republik war der Prätor derjenige, der einen Prozeß gestatten konnte. Er bestimmte, ob einer Anklage stattgegeben wurde oder nicht, wonach er einen **iudex** (einen Geschworenen) oder mehrere **iudices** bestimmte und eine Instruktion aufstellte, in der er angab, welche Definitionen und Regeln anwendbar waren. Einen öffentlichen Ankläger oder eine Staatsanwaltschaft gab es nicht. Angeklagte vor Gericht zu bringen, war nicht die Aufgabe der Obrigkeit. Wer etwas gegen jemand anderen hatte, mußte ihn selber vor den Prätor und den *iudex* bringen. Der *iudex* (oder die *iudices*) fällte(n) das Urteil. Die Prätoren machten am Anfang ihres Amtsjahres bekannt, welche Art von Prozessen und Verfahren sie gestatten würden. Dies war das **Edikt des Prätors.** Dabei übernahmen sie die Urteile ihrer Amtsvorgänger, entweder in unveränderter oder in abgeänderter Form. So entstand eine immer wachsende, ständig den Ansprüchen der Praxis angepaßte Sammlung von Urteilen. Dieses Material wurde unter Kaiser Hadrian (117–138) von dem Juristen Julian endgültig vervollständigt und systematisiert. Danach kam nichts mehr hinzu.

Die Urteile der Prätoren wurden meistens von Rechtskundigen in deren persönlichem Beratungsgremium, ihrem **consilium** (vgl. S. 128 und 166), formuliert. Diese Ratgeber waren bedeutende Römer, die sich aus Liebhaberei in das Recht vertieften und den Magistraten und anderen kostenlosen Rat erteilten. Sie kommentierten das Gewohnheitsrecht, die Gesetze und die Jurisprudenz (Urteile und Fälle). Ihre Kommentare bildeten einen wichtigen Teil der Quellen des Privatrechts. Diese Quellen wurden in der Kaiserzeit einige Male geordnet und systematisiert. Dies geschah unter Kaiser Hadrian und später, am Anfang des dritten Jahrhunderts und in der späten Kaiserzeit, nochmals. Im sechsten Jahrhundert ist im *Corpus iuris civilis* von Justinian (Kaiser des Oströmischen Reiches von 527-565) die endgültige Ordnung zustande gekommen. Es besteht aus einem Lehrbuch, den **Institutiones**, der Sammlung des Privatrechts der Juristen (den **Digesta**) und den kaiserlichen Verfügungen (dem **Codex**). Das Lehrbuch gründete auf einem ähnlichen Werk aus der Zeit Hadrians und wurde bis in unsere Zeit als Handbuch der Rechtswissenschaft benutzt.

Die Berufungsrechtsprechung fand in Rom statt. In der Zeit der Republik konnte ein Bürger sich dort durch Vermittlung eines Volkstribuns auf die Volksversammlung berufen. Seit dem Ende des zweiten Jahrhunderts v.Chr. delegierte die Volksversammlung diese Arbeit an besondere Gerichtshöfe. Während der Kaiserzeit oblag die Berufungsrechtsprechung dem Kaiser, aber darüber hinaus wurden ihm auch viele andere Fälle aus dem ganzen Reich vorgelegt, wodurch die Rechtsprechung eine seiner zeitraubendsten Aufgaben wurde. Deswegen setzten die Kaiser in zunehmendem Maße andere hierfür ein, zum Beispiel den *praefectus urbi* (Stadtpräfekt von Rom), den Präfekten der Garde und (seit der Zeit Hadrians) Bevollmächtigte des Kaisers in Italien. Ca. 200 n.Chr. waren die Gardepräfekten sachverständige Juristen.

Ab 149 v.Chr. sind Gerichtshöfe für bestimmte Arten von Vergehen entstanden. In diesem Jahr wurde das Erpressungsgericht eingerichtet, und unter Sulla (ca. 80 v.Chr.) kamen noch fünf weitere hinzu (zum Beispiel für Giftmischerei, Unterschlagung und Gewaltanwendung). Diese Gerichtshöfe wurden von Prätoren geleitet. In der Kaiserzeit entstanden in den Heerlagern Militärgerichte.

Während der Kaiserzeit wurde in Rom und Italien die Gerichtsbarkeit von den Geschworenen der Prätoren, den sechs besonderen Gerichtshöfen, dem Stadtpräfekten von Rom, dem Gardepräfekten und dem Kaiser ausgeübt. Auf niederer Ebene sprachen die lokalen Verwalter und die Dekurionen Recht. In den Provinzen übten die örtlichen Magistrate (niedrigste Ebene), die Statthalter und (in der Berufung, nur für römische Bürger) der Kaiser die Gerichtsbarkeit aus.

Im beschränkten Rahmen dieses Buches können einige niedere Kollegien, die allein in der Stadt Rom bestanden, nicht besprochen werden (vgl. S. 130).

Es gab in der römischen Rechtsprechung eindeutig Klassenjustiz. Sklaven durften während der Befragung gefoltert werden, und im Laufe der Kaiserzeit wurde immer deutlicher unterschieden zwischen Mitgliedern der drei höchsten Stände (Senatoren, Ritter und *decuriones*), die **honestiores** genannt wurden, und den Leuten der unteren Stände, den **humiliores**.

Die Provinzen im Westen und Osten: Vom Kolonialgebiet zum Reichsteil

Die westlichen Provinzen

Die Kelten

In den meisten westlichen Provinzen lebten keltische Stämme (Kelten = Gallier) oder Völker, die von den Kelten tiefgreifend beeinflußt worden waren (Karte 29). In der materiellen Kultur und Technik standen die Kelten nicht weit hinter den Griechen und Römern zurück. Im Gebiet zwischen dem Rhein und der Maas (bei Luxemburg) und in Böhmen zum Beispiel waren sie gute Metallbearbeiter. Was den Kelten jedoch fehlte, war eine leistungsfähige militärische und politische Struktur, die eine längere Kriegsanstrengung möglich gemacht hätte. Die keltischen Krieger waren berühmt für ihren Mut, aber schlecht organisiert. Die keltischen Stämme bestanden wahrscheinlich aus Gruppen von verwandten Familien, die von Aristokraten angeführt wurden (vgl. S. 120, zum frühesten Rom). Die niedere Bauernbevölkerung lebte, so weit man weiß, in einer Form der Abhängigkeit von diesen Adligen. Ein Adliger konnte ein persönliches Gefolge von Kriegern haben, die sich ihm freiwillig verpflichtet hatten. Zu Kriegszeiten wählte die Versammlung der Krieger einen dieser Aristokraten zum König.

Wichtige Zentren im Wohngebiet eines keltischen Stammes waren die **oppida** (Einzahl: *oppidum*), befestigte stadtähnliche Siedlungen. Diese lagen auf gut zu verteidigenden Hügelkuppen und hatten eine beschränk-

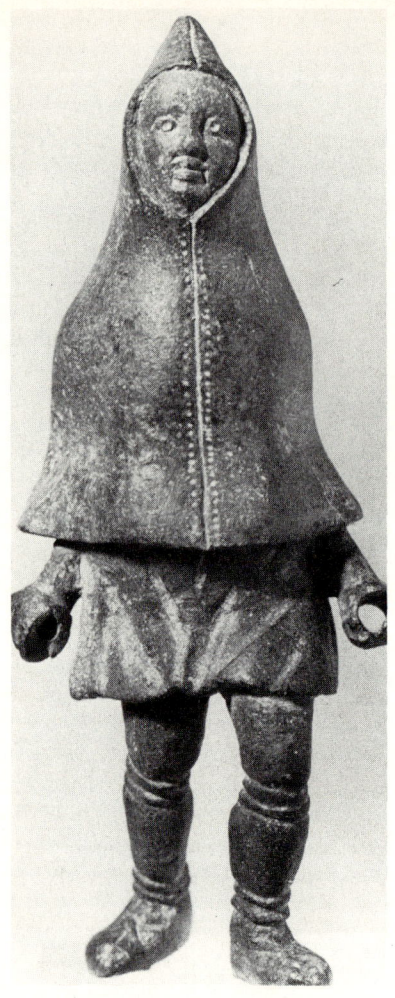

68
Ein Kelte, gekleidet in einem Umhang (mit Kapuze), Hosen und Beinbekleidung. Wahrscheinlich ein Mitglied des Stammes, der in der Nähe von Trier lebte (die Treveri). Foto: Trier, Rheinisches Landesmuseum.

te Anzahl von permanenten Bewohnern, waren jedoch so angelegt, daß sie zu Kriegszeiten auch die Leute aus der Umgebung samt deren Gütern und Vieh aufnehmen konnten. Es gab in den *oppida* Werkstätten und Heiligtümer.

Zur römischen Zeit wurden viele *oppida* durch Städte nach römischem (und griechischem) Modell ersetzt; sie konnten im Frieden im Reich offen und geräumig gebaut werden und in den Tälern liegen. Diese Städte wurden Zentren der römischen Kultur sowie Verwaltungszentren für das umliegende Gebiet. Zusammen mit diesem Gebiet bildeten sie Gemeinden, die Ähnlichkeit mit italischen und griechischen Stadtstaaten hatten. Die Landbevölkerung um diese Städte herum behielt noch lange Zeit ihre alte Sprache und die alten Sitten bei. Auf dem Lande in den westlichen Provinzen wurden noch bis zum Ende des Altertums und auch danach keltische Dialekte gesprochen.

Die alten Abhängigkeitsbeziehungen zwischen der Landbevölkerung und den Honoratioren blieben in Grundzügen erhalten (manchmal unter römischen Bezeichnungen).

Der Stammesadel zog in die neuen Städte und romanisierte sich alsbald. Diese Städte erhielten oft das latinische eingeschränkte Recht. Die Adligen, die hier Magistrate wurden, bekamen zugleich das römische Vollbürgerrecht und zählten fortan zu den Dekurionen ihrer Gemeinde. Damit standen ihnen Offiziersfunktionen in den römischen Hilfstruppen und Legionen offen. Gemeinsam mit den reichen Einwanderern aus anderen Reichsteilen, die das römische Bürgerrecht hatten, und den Veteranen aus der Gruppe der Unteroffiziere der Grenzheere bildeten sie die Oberschicht der neuen Gemeinden. Oben wurde bereits erwähnt, daß Mitglieder dieser Oberschicht ab der Mitte des ersten Jahrhunderts in den Ritterstand und den Senat einzogen (S. 178).

In den westlichen Provinzen waren die Stadträte meistens nicht groß (bis ca. 100 Mann) und stark oligarchisch. Nachdem die neue Oberschicht sich einmal geformt hatte, besetzten über Generationen hinweg immer dieselben Familien die Ratssitze. Ein gewisser Zustrom neuer Familien war nur noch möglich durch Aufstieg (in die höheren Stände), Deklassierung oder Aussterben der traditionell im Rat sitzenden Geschlechter.

Ebenso wie in den Städten in Italien gab es auch in den gallischen und spanischen Städten Theater (für Schauspiele), Amphitheater (für Gladiatorenspiele, z.T. mit wilden Tieren) und Gymnasien, wo trainiert und in lateinischer und griechischer Beredsamkeit unterrichtet wurde.

Den griechischen Einfluß gab es namentlich in Gallien schon seit Jahrhunderten. Bereits ca. 600 v.Chr. war in Südgallien die griechische Stadt Massilia gegründet worden, die

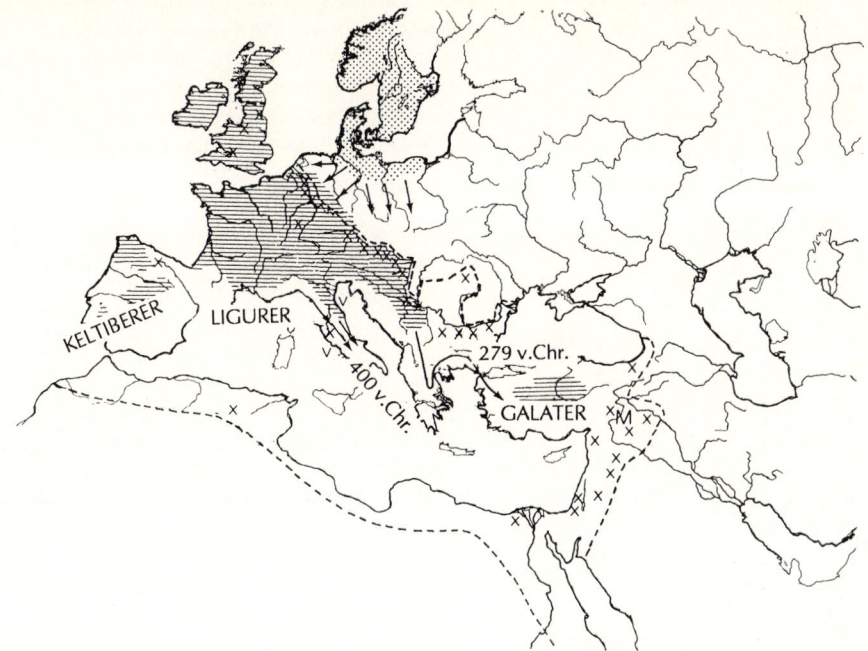

Karte 29
Wohngebiete der Kelten und Germanen vor der römischen Expansion

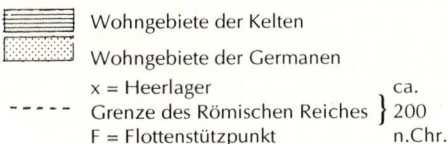

während der römischen Kaiserzeit ein Zentrum des griechischsprachigen Rhetorikunterrichts war.
Über die keltische Religion und Überlieferung ist nicht viel bekannt, da die Mythen, Sagen und Heldendichtungen mündlich überliefert wurden. Keltische Götter, die Ähnlichkeit mit römischen Göttern hatten, bekamen in der Kaiserzeit römische Namen, behielten jedoch ihren eigenen Charakter. In der keltischen Gesellschaft nahmen die **Druiden** eine Sonderstellung ein. Sie waren eine Art von ‚Medizinmännern', Weisen, die Kenntnis von den geheimen Sprüchen und Ritualen besaßen, die, so glaubten die Kelten, das Leben der Menschen, das Vieh und das Wachstum beeinflussen konnten.
In der westlichen Reichshälfte lagen auch die nordafrikanischen Provinzen Africa, Numidia und Mauretania. Dieses Gebiet war

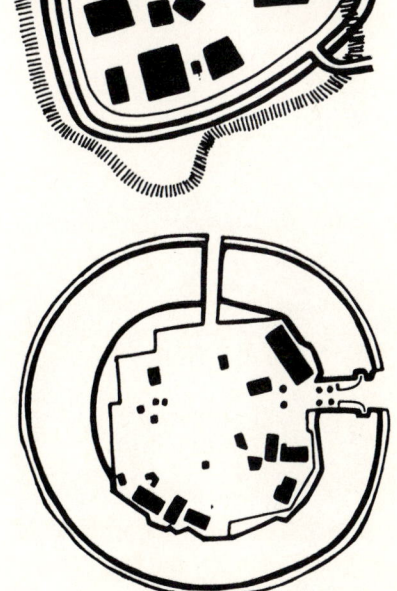

69a
Oppida oder vorrömische Zufluchtsorte.
Aus: Rottier, H.: *Stedelijke Structuren*, S. 46. Muiderberg: Coutinho 1980.

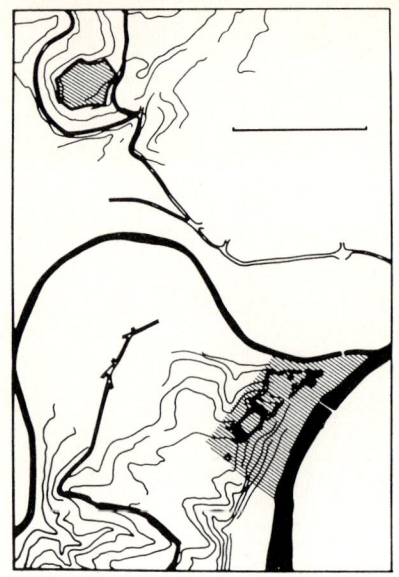

69b
Am Zusammenfluß der Sambre und der Maas lag die römische Siedlung von Namur, nordwestlich davon das ehemalige *oppidum*.
Aus: Rottier, H.: *Stedelijke Structuren*. S. 65. Muiderberg: Coutinho 1980.

70
Eingangstor eines *oppidum*. Foto: Trier, Rheinisches Landesmuseum.

übersät mit kleinen Städten, in denen auch Bauern lebten. Die Oberschicht war durch die vielen Einwanderer aus Italien (bereits seit den Tagen von Marius und Caesar, S. 151/160) romanisiert, aber die niederen Schichten hielten an ihren punischen (= phönikischen = karthagischen) und Berbersprachen fest. *Decuriones* aus den nordafrikanischen Städten erhielten im ersten Jahrhundert n.Chr. Zutritt zum Ritterstand und zogen im zweiten Jahrhundert in den Senat ein.

Die westliche Reichshälfte erlebte in den ersten beiden Jahrhunderten der Kaiserzeit eine Periode ungekannten Friedens und Wohlstands. In Italien trat im zweiten Jahrhundert eine gewisse Stagnation ein, aber in Gallien, Spanien und Nordafrika dauerte der Wohlstand bis ins dritte Jahrhundert an.

Die östliche Reichshälfte
Die Griechen im Römischen Reich

Auch in den östlichen Reichsteilen war die Periode von 30 v.Chr.-230 n.Chr. eine Zeit relativen Friedens und Wohlstands. Hier wurde der Höhepunkt Mitte des zweiten Jahrhunderts erreicht, die Nachblüte dauerte bis ca. 230.

Das Römische Reich beherrschte bereits seit dem zweiten Jahrhundert v.Chr. einen großen Teil der hellenistischen Welt; die Geschichte Roms, Griechenlands, Ägyptens und des westlichen Teils Vorderasiens flossen in die Geschichte des Römischen Reiches zusammen.

Dies bedeutete keineswegs das Ende der griechischen und orientalischen Zivilisationen. Sie bestanden unter dem ‚Dach' des Römischen Reiches fort, genauso wie die Zivilisation des hellenistischen Mesopotamiens unter der Herrschaft der Parther weiterlebte (S. 112). Man kann dies gut an der Geschichte der Städte erkennen. Die griechischen Städte mit ihrem dazugehörigen Gebiet (die z.T. selbständige Stadtstaaten gewesen waren) behielten die örtliche Selbstverwaltung samt ihren traditionellen Institutionen. Dies galt auch für die orientalischen Städte, wenn auch viele von ihnen in zunehmendem Maße einen griechischen Charakter bekamen, vor allem was die Elite anbetrifft. Auch die griechischen Städte in

71
Verwundete Amazone. Griechische Kopie (2. Jahrhundert n.Chr.) einer klassischen griechischen Statue. Nicht nur in der Literatur, der Philosophie und der Architektur, sondern auch in der Bildhauerkunst ließen sich die Griechen in der römischen Kaiserzeit von klassischen Vorbildern inspirieren.
Die Amazonen waren mythische Kriegerinnen, die den Sagen zufolge gegen Herakles, die Athener und die Griechen, die Troja belagerten, gekämpft hatten (siehe S. 57, zu Homer und der Ilias). Foto: Rom, Museo Capitolino.

Parthien konnten lange Zeit ihren spezifischen Charakter erhalten (S. 112).
Die griechischsprachige östliche Reichshälfte hatte im zweiten und ersten Jahrhundert v.Chr. eine Periode der Unruhe und Verarmung durchgemacht. Die römischen Herrscher plünderten diese Gebiete aus und versklavten und verschleppten Tausende von gebildeten Menschen. In den römischen Bür-

72
Die griechischen Spiele (Athletik, Wagenrennen, Ringkampf, Boxkampf) verbreiteten sich während der hellenistischen und römischen Zeit in allen Ländern um das östliche Mittelmeerbecken und auch nach dem Westen. Berufssportler zogen nach allen Städten, wo Spiele gehalten wurden, und erhielten manchmal stattliche Belohnungen. Foto: Köln, Römisch-Germanisches Museum.

gerkriegen wurden gerade in diesem Raum zahlreiche Kämpfe ausgetragen.

Die Römer förderten in den griechischen Städten die oligarchische Regierungsform und machten auch dem andauernden Bürgerstreit (S. 139) ein Ende. Nur in den römischen Bürgerkriegen lebte die Uneinigkeit wieder auf, wenn in einer griechischen Stadt Schützlinge zweier einander bekämpfender römischer Generäle lebten oder wenn Rebellen die Gelegenheit nutzten und für eine der streitenden römischen Seiten Partei ergriffen, als Vorwand für eigene Bestrebungen. Die Periode von 30 v.Chr. bis zum Ende des ersten Jahrhunderts n.Chr. war eine Zeit der Erholung, auf die im zweiten Jahrhundert und noch zu Anfang des dritten Jahrhunderts eine Periode der Prosperität und der kultu-

73a
Ladenstraße in einer römischen Kleinstadt.
Aus: Macaulay, David: *City. A Story of Roman Planning and Construction* . London: Collins St. James's Place 1975.

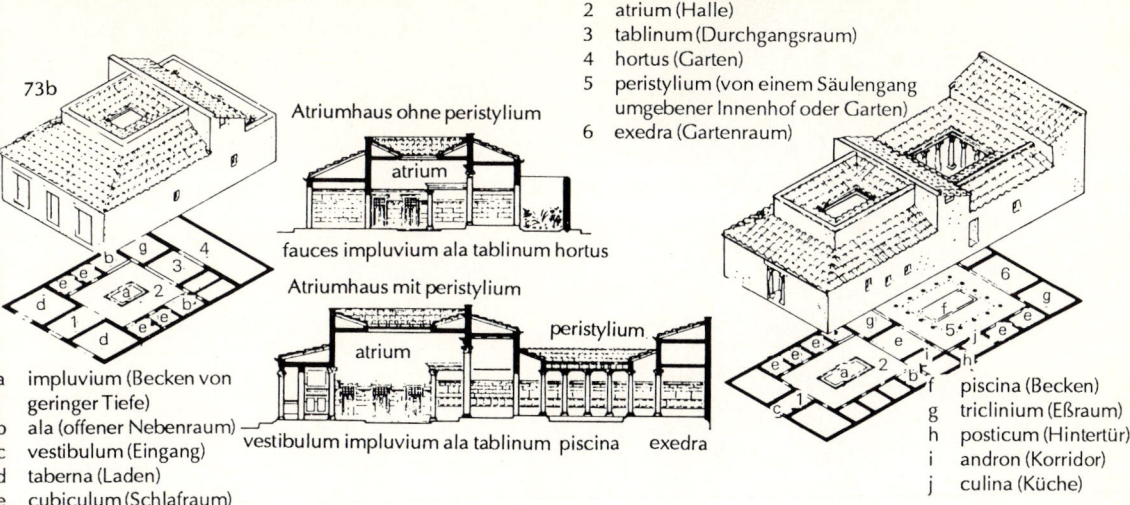

rellen Wiederbelebung folgte. Die Honoratioren, welche die griechischen Städte regierten, traten als Wohltäter auf und versuchten einander und ihre Standesgenossen in anderen Städten bei der Verschönerung der Tore, Straßen und Plätze sowie bei der Veranstaltung von Vergnügungen und Zuteilungen zu überbieten. Der Anblick ihrer Stadt bildete ein wichtiges Statussymbol für diese Elite.

Es gab in der Periode 70–230 eine bedeutende griechischsprachige Literaturproduktion, besonders in manchen Zweigen der Wissenschaft und der Beredsamkeit. Es war die Zeit des Arztes **Galen** (± 129–210) und des Geographen **Ptolemaios** (Mitte 2. Jahrhundert); beide übten großen Einfluß auf die westeuropäische Wissenschaft aus. Es war auch die Zeit der fahrenden Redner, die in den griechischen Städten mit ihren Prunkreden über moralische und historische Themen ganze Theater füllten. Die Perserkriege von 490–479 v.Chr. waren als Thema sehr beliebt bei ihnen. Die griechische Kultur dieser Zeit war stark auf die Verherrlichung der klassischen Vorzeit (5.–4. Jahrhundert v.Chr.) gerichtet.

Das griechischsprachige Publikum kannte diese Vergangenheit gut und genoß die Variationen, welche die Prunkredner in ihren Darbietungen über historische Themen boten.

Die meisten gebildeten Griechen fügten sich in die römische Herrschaft und sahen mancherlei Vorteile in ihrer Zugehörigkeit zu diesem Reich. In ihren Augen bestand eine gute Symbiose zwischen den Römern, welche die besten Kämpfer und Verwalter waren und die Barbaren außerhalb der Reichsgrenzen hielten, und den Griechen, die in kultureller Hinsicht die Besten im Reich waren. Außerdem betrachteten sie die Römer nicht wirklich als ein fremdes Volk. Die Griechen und Römer sahen sich meistens als verwandte Völker.

Die griechischsprachige Elite schätzte es, daß das römische Bürgerrecht auch Provinzbewohnern, die an der griechischen literarischen Kultur teilhatten, erteilt wurde und daß auch griechischsprachige Honoratioren in den Senat und den Ritterstand aufsteigen konnten (S. 178).

Die meisten Senatoren aus der östlichen Reichshälfte waren Nachkommen (ehemaliger) hellenistischer Fürsten, Nachfahren italischer und römischer Auswanderer, örtliche Aristokraten und griechische Intellektuelle. Für sie bildete eine Funktion im provinzialen Kaiserkult ein gutes Sprungbrett für den Aufstieg in die ‚Reichsaristokratie' der Senatoren und Ritter. In allen Provinzen, im Osten wie im Westen, fanden sich die Mitglieder der örtlichen Oberschichten periodisch zusammen, um dem Kaiserkult zu huldigen und Angelegenheiten des Gemeininteresses zu besprechen. Man hat diese Zusammenkünfte auch ‚Provinziallandtage' genannt.

73c
Straßenszene in einer römischen Großstadt. Die hohen Etagenwohnungen, die in der späten Republik immer mehr das römische Straßenbild bestimmten, hatten weder Schornsteine noch fließendes Wasser. Die Bewohner wuschen sich in Badehäusern, wo es Wasser gab, und kochten auf beweglichen Kochern, die während der kalten Jahreszeit auch als Heizung dienten. Im Erdgeschoß befanden sich meistens Werkstätten oder Gaststätten, darüber lagen die Wohnetagen. Regenwasser und Wasser aus Wasserleitungen (Aquädukten) gab es im Innenhof und draußen auf den Straßen

Die Männer lebten größtenteils auf der Straße, aßen in billigen Eßlokalen (Garküchen) und hielten sich an Orten, wo Arbeit zu bekommen war, auf. Wenn sie selber ein Geschäft hatten, waren sie in ihrer Werkstatt. Die meisten Sklaven arbeiteten den ganzen Tag über, von früh bis spät. Begegnungen auf der Straße sorgten auch für die Verbreitung von Neuigkeiten und Gerüchten. Es gab keine Nachrichtenmedien (auch keine Zeitungen), und Nachrichten über Ereignisse, die anderwärts stattfanden, erfuhr man auf der Straße, von Reisenden u.dgl.

Die Reichen lebten in großen Häusern zu ebener Erde, die rund um Innengärten gebaut waren, und in Luxusappartements. Sie lebten nicht immer in getrennten Vierteln. Zahlreiche reiche Häuser lagen inmitten der übrigen Wohngebäude.

Aus: Macaulay, David: *City, A Story of Roman Planning and Construction* . S. 108. London: Collins St. James's Place.

Karte 30
Der Limes des Niederrheins in der Periode 47–260 n.Chr. (Limes = befestigte Grenze)

■ Legionslager
■□ befestigte Siedlungen
Nach J.E. Bogaers

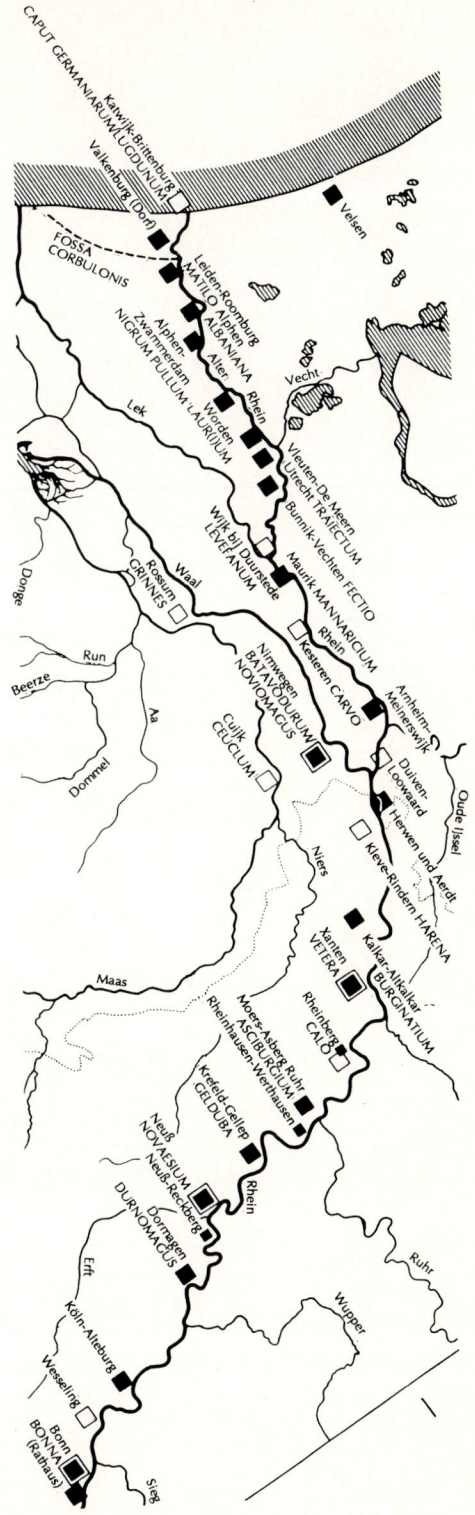

Landwirtschaft, Handel und Handwerk
Die niederen Stände

Zwischen 80 und 90 Prozent der Bevölkerung des Römischen Reiches waren mit der Erzeugung, Verarbeitung und Beförderung landwirtschaftlicher Produkte beschäftigt. Die Arbeit in der Landwirtschaft war schwer und trug wenig ein. Es war Handarbeit ohne mechanische Hilfsmittel, und der Ertrag des Saatguts war niedrig, es sei denn, die natürliche Fruchtbarkeit war sehr groß. Letzteres war zum Beispiel der Fall im Niltal, in den vulkanischen Gebieten Süditaliens und Siziliens und in manchen Tälern und Küstenebenen Nordafrikas. Ägypten, Sizilien und Nordafrika waren die Kornkammern der Hauptstadt Rom.

Viehzucht wurde in den mediterranen Teilen des Reiches auf dem Bauernhof (in Ställen und Baumgärten und auf Stoppelweiden) sowie auf Sommer- und Winterweiden betrieben. Die Sommerweiden lagen oft in den Hügeln und Bergen.

Während der ersten beiden Jahrhunderte der Kaiserzeit profitierten die Bauern und Großgrundbesitzer vom relativ großen Frieden im Reich. Es gab kaum Verheerungen durch Kriege. Die große Bautätigkeit, die Vergnügungsveranstaltungen und die Wohltätigkeit in den Städten waren dadurch möglich, daß die Großgrundbesitzer, welche die Städte regierten, regelmäßig gute Einkünfte aus ihrem Landbesitz zogen. Auf diese Weise wurden über die Geldbeutel der Großgrundbesitzer Mittel vom Lande in die Städte geleitet.

Die Bevölkerung der Städte bestand zu einem großen Teil aus Handwerkern, die ihre Erzeugnisse an die Bauern, welche die städtischen Märkte besuchten, an die örtliche Oberschicht und an Fremde, die kulturelle Veranstaltungen, Spiele und religiöse Feste besuchen wollten, verkaufen konnten. Die Handwerker waren kleine Freiberufler, die

74
Die Zahlung der Pacht. Relief aus dem Moselgebiet (Grabdenkmal). Foto: Trier, Rheinisches Landesmuseum.

75
Römische Ladenstraße am Anfang des zweiten Jahrhunderts n.Chr. Die Läden waren zugleich Werkstätten. Über den Läden befanden sich Lagerräume und darüber lagen drei oder mehr Wohnetagen. Die Läden konnten mit einem beweglichen Verschlag abgeschlossen werden. Foto: R.J. van der Spek.

76
Flußschiff mit Weinfässern. Foto: Trier, Rheinisches Landesmuseum.

ihr Geschäft mit Hilfe von Familienangehörigen, einem oder zwei Sklaven und hin und wieder einem Tagelöhner (einem freien Arbeiter) betrieben. Es gab nur wenige große Werkstätten mit mehr als 10 Sklaven. Die Handwerker hatten sich zu Verbänden von Fachgenossen (lat.: **collegia**), welche unter dem Patronat der örtlichen Elite standen, zusammengeschlossen. Von einigen Ausnahmen abgesehen, führten die Handwerker ein sehr karges Dasein, obwohl sie nicht die wirklichen Armen waren. Die Armen der Städte waren die Tagelöhner, Bettler, Obdachlose, Witwen und Behinderten. Diese waren ständig auf die Wohltätigkeit der Reichen angewiesen.

Auf dem Lande arbeiteten freie Bauern (kleine Bauern mit Eigenbesitz und Pächter), Sklaven und Tagelöhner. Es gab große Unterschiede zwischen den einzelnen Reichsteilen; die jeweils früheren Bedingungen wirkten überall noch fort. In Ägypten und Vorderasien bestanden noch die Verhältnisse der hellenistischen Zeit und der vorangehenden Perioden, in Italien und manchen Teilen Griechenlands gab es viele Sklaven, während in den keltischen Gebieten auf dem Lande noch manche Bestandteile der alten Sozialstruktur erhalten geblieben waren (S. 181).

In den nördlichen Grenzgebieten lebten verhältnismäßig viele Kleinbauern mit Eigenbesitz. Die dortigen Stammesaristokraten standen, was den Reichtum anbelangt, wahrscheinlich nicht so weit über den Bauern wie die Großgrundbesitzer in Gallien, Spanien und Italien. Es gab mehrere Arten der Landwirtschaft, mit unterschiedlichen Methoden der Bewirtschaftung und entsprechendem Gesinde.

In abgeschiedenen, kaum entwickelten Landstrichen herrschte der gemischte, auf Selbstversorgung ausgerichtete Kleinbetrieb von Bauern mit Eigentum und Pächtern vor. In solchen Gegenden bestanden die Landgüter oft aus einem Hauptgut mit Pachthöfen. In fruchtbaren Gebieten mit guten Transportmöglichkeiten lagen oft zahlreiche mittelgroße und große Güter mit geschulten Sklaven und Spezialkulturen, deren Erzeugnisse für den Verkauf bestimmt waren. Dazwischen lagen Pachthöfe und Landwirtschaften von kleinen Eigenbesitzern. Die freien Kleinbauern (Pächter und Eigenbesitzer) und die Tagelöhner auf dem Lande und in den benachbarten Städten bildeten die Arbeitsreserve für die Saisonarbeit auf den (mittel)großen Gütern.

Es gab hier eine komplizierte juristische Struktur; Bauern mit Bodenbesitz konnten zusätzlich Pächter eines Stücks Land oder eines Fischteichs sein; ein Pächter konnte eigenes Vieh besitzen, ein selbständig wohnender Sklave vielleicht auf eigene Rechnung einen kleinen Steinbruch in der Nähe betreiben. Die freien Armen waren auf dem Lande Tagelöhner, Landstreicher und Pächter ohne Eigenbesitz. In manchen Gegenden kam Teilpacht vor (der Herr stellt Boden und Produktionsmittel zur Verfügung; der Ertrag wird geteilt).

Ein großes Problem waren Schulden. Wenn ein Kleinbauer sich verschuldete, konnte er innerhalb kürzester Zeit zum Status eines Tagelöhners abgleiten. Wenn er die Schulden nicht beglich, fiel sein Besitz an den Gläubiger.

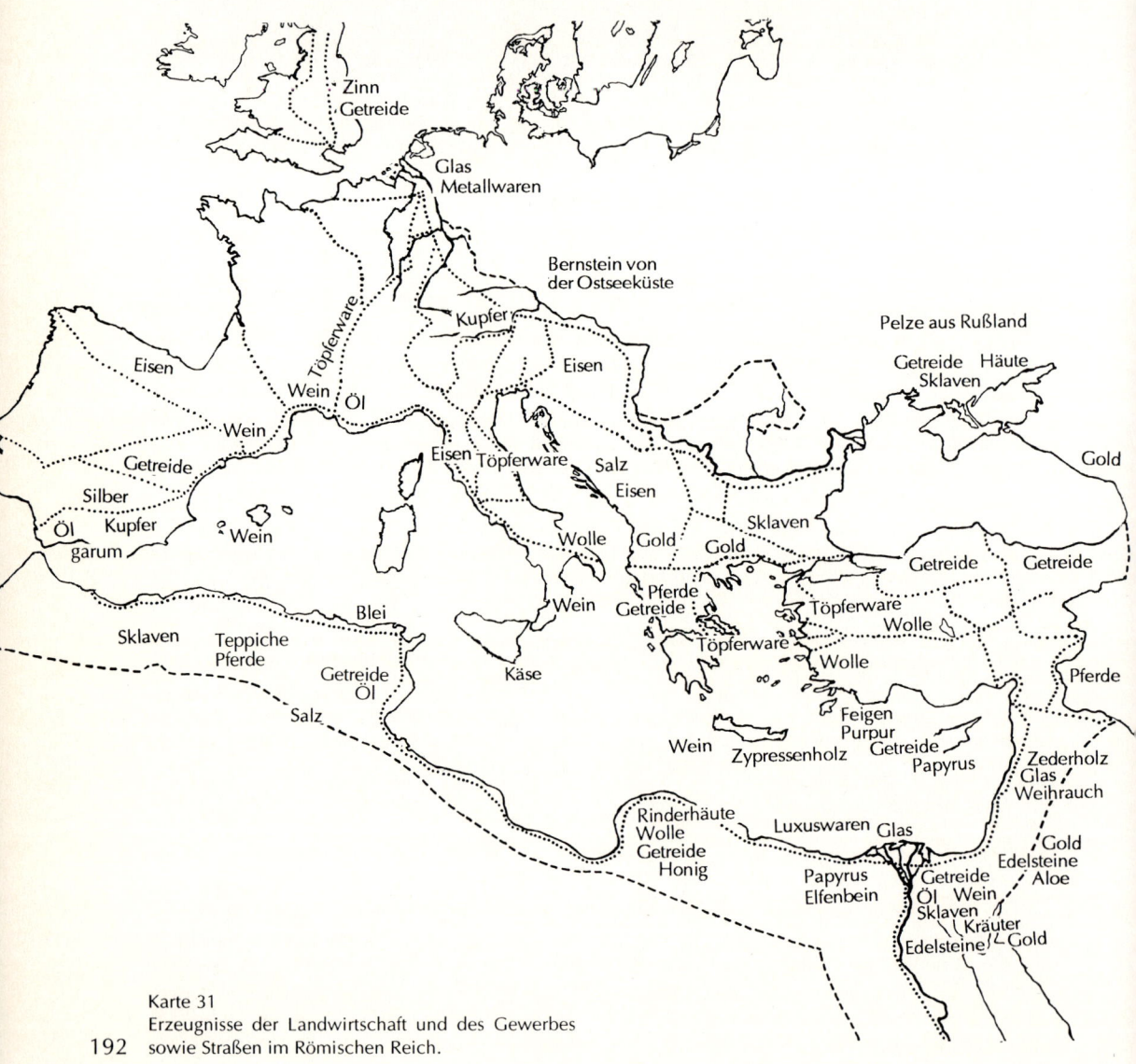

Karte 31
Erzeugnisse der Landwirtschaft und des Gewerbes sowie Straßen im Römischen Reich.

Der Handel

Weitaus der meiste Handel war Kleinhandel auf örtlichen Märkten und in den Straßen, wo sich die Werkstätten befanden. Diese Werkstätten waren zugleich Läden.
Dennoch kam auch Handel über große Entfernungen, sowohl übers Wasser (Meere und Seen) als über Land, verhältnismäßig häufig vor. Gehandelt wurde vor allem mit Metallen, handwerklichen Spezialitäten und Waren von hohem Wert bei geringer Verderblichkeit und kleinem Volumen. Lobredner dieser Zeit wiesen daraufhin, daß man im Römischen Reich sicher reisen konnte. Die Seeräuber wurden von den römischen Flotten bekämpft, und auf den Landrouten hielten die örtlichen Behörden (und bei ernsten Störungen der öffentlichen Sicherheit der Statthalter) die Ordnung aufrecht. Trotzdem reiste man am liebsten im Konvoi oder in der Karawane, denn den Banditen konnte nie ganz das Handwerk gelegt werden. Die großen gepflasterten römischen Straßen, die durch das ganze Reich führten, waren für schnelle Verschiebungen von Truppen angelegt worden, aber auch für den Handel über Land von Bedeutung. Der Fernhandel wurde in *partes* (eine Form der Risikoteilung) finanziert; ein Kaufmann suchte fast immer eine Anzahl von Mitfinanziers. Es wurde auch mit Gebieten außerhalb des Reiches Handel getrieben. An der Verbreitung der wiedergefundenen Ware und von Münzen kann man erkennen, wie weit die Handelsrouten vom Römischen Reich aus reichten. Der Handel erstreckte sich bis nach Skandinavien, Zentralasien, Hinterindien, Arabien und Ost- und Westafrika.

Arbeit und Status

Der Stand, zu dem jemand gehörte, bestimmte viel stärker den persönlichen Status als die Arbeit, der man nachging. Ein Sklave blieb immer ganz unten, und wenn er auch als Arzt oder Künstler tätig war. Das höchste Ansehen genossen die Grundbesitzer, die nicht mit den eigenen Händen für ihren Lebensunterhalt zu arbeiten brauchten und sich ganz der Bildung, Verwaltung und dem Müßiggang widmen konnten. In niedrigem Ansehen standen kleine Kaufleute und Wucherer. Gerade über diesen standen die Handwerker und darüber wiederum die kleinen Bauern. Der Bauer lieferte eine sichtbare Ware und war unabhängiger, weil er seine eigene Nahrung erzeugte.

77a
Römisches Jungenporträt aus der Mitte der Kaiserzeit.
Foto: Rom, Museo Capitolino.

Frauen in der römischen Gesellschaft

Über die Frauen der unteren Stände ist nicht viel bekannt. Aufgrund einiger Angaben in der klassischen Literatur kann man annehmen, daß es in der ganzen römischen Welt in der Landwirtschaft und im handwerklichen Gewerbe eine traditionelle Aufgabenteilung gab, in der die Jungen und Mädchen von ihren Vätern und Müttern (oder anderen Verwandten) erzogen wurden. Frauenarbeit war zum Beispiel das Spinnen und Weben, die Kleinviehversorgung, die Nahrungskonservierung, die Arbeit im Gemüsegarten, die Versorgung der Kinder und alle übrigen Haushaltsaufgaben. Männer machten die schwere Arbeit sowie die Arbeit, die weit von zuhause verrichtet werden mußte.
In den Kreisen der römischen Honoratioren hatte sich seit der frühen römischen Geschichte vieles geändert (S. 119). Die alten Familienstrukturen gab es in der Elite nur noch in der Theorie. Losere Formen der

77b
Eine römische Dame läßt sich frisieren.
Foto: Trier, Rheinisches Landesmuseum.

Verbindung, die leicht gelöst werden konnten, waren an die Stelle der Ehe im altväterlichen Sinne getreten. Frauen heirateten jung (mit 13, 14 oder 15 Jahren), während Männer meistens zwischen dem 20. und 35. Lebensjahr heirateten. Scheidungen kamen recht oft vor; meistens aus opportunistischen Gründen, zum Beispiel wenn ein Römer durch eine neue Ehe mit einer Frau aus einer mächtigen und reichen Familie seine Stellung verbessern konnte. Frauen konnten zwar ein Vermögen besitzen, jedoch wurde dieses von ihrem Mann oder einem anderen männlichen Verwandten verwaltet. Bei einer Scheidung bekam die Frau ihre Aussteuer wieder zurück.

Die Frauen der höheren Kreise führten die Aufsicht über die Sklaven und Sklavinnen im Haushalt und gingen mit ihren Männern zu Festessen, den Spielen und in die Tempel. Sie waren jedoch nicht in der Verwaltung oder der Rechtsprechung aktiv.

Ein noch ungeklärter Sachverhalt ist die niedrige Geburtenzahl in den höchsten römischen Kreisen (Senatoren- und Ritterstand) während der Kaiserzeit. Ständig starben Senatoren- und Ritterfamilien aus, und man vermutet, daß diese die Anzahl der Erben beschränken wollten.

Die vornehme römische Frau konnte sich freier bewegen und hatte mehr Rechte (Eigenvermögen!) als die griechische (vgl. S. 89). Auch hatte sie bessere Aussichten auf eine gute Ausbildung, denn es war in der römischen Elite nicht ungewöhnlich, daß Mädchen von einem Hauslehrer unterrichtet wurden und am Elementar- und weiterführenden Unterricht teilnahmen. In die Rhetorenschulen gingen sie nicht, denn in diesem Alter waren sie bereits verheiratet und nahmen nicht mehr am Unterricht teil.

Die Religion

Es gab im Römischen Reich eine bunte Vielfalt an Religionen und religiösen Bräuchen. Jedes Volk, jede Stadt, jeder Verband und jede Familie hatte eigene Kulte, Bräuche und Schutzgötter. Überall standen Tempel, heilige Wälder, geweihte Bäume und Gegenstände, in denen Geister wohnten.

Jede Gegend hatte ihre eigenen Mittel, die Zukunft kennenzulernen und auf magischem Wege Unheil abzuwehren oder den Feinden Schaden zuzufügen.

77c
Familie bei der Mahlzeit

Weitaus die meisten Religionen im Reich waren rituelle Religionen mit vielen Göttern. Die meisten Riten dienten dazu, die Götter günstig zu stimmen; wenn man zuerst einem Gott etwas schenkte (ein Opfer), konnte man danach Anspruch auf ein Gegengeschenk erheben. Opfer, Gebete, Gelöbnisse und Beschwörungen begleiteten alle Handlungen des öffentlichen Lebens, der Arbeit und des Privatlebens.

Die unterschiedlichen Völker im Reich glaubten, sie könnten ihre eigene Götter in denen anderer Völker wiedererkennen. Wenn ein Grieche nach Syrien kam und dort den Tempel eines Himmelgottes oder Sturmgottes sah, so nannte er diese Gottheit Zeus, genauso wie seinen eigenen Hauptgott, der ursprünglich auch ein Himmelgott war.

Die Riten wurden erklärt und begründet durch Mythen, d.h. Geschichten über die Taten der Götter. Diese Mythen bildeten keine Dogmen, keine Glaubensartikel und brauchten nicht zu stimmen. Die Mythen überschnitten und widersprachen sich sogar. Dogmatische Logik und Reinheit war etwas für philosophische Theorien, nicht für Göttergeschichten. Die meisten Götter standen in irgendeiner Beziehung zu den Kräften, die in der Natur walten und das Leben der Menschen, in all seinen Aspekten, beherrschen. Jedes Volk und jede Stadt hatte einen religiösen Kalender für die Opfer und Festtage der verschiedenen Götter. An solchen Tagen wurde nicht gearbeitet. Einen festen wöchentlichen Ruhetag kannten nur die Juden (den Sabbat).

Römische Götter und Bräuche

Die wichtigsten römischen Götter waren der Hauptgott **Jupiter** (Himmelgott, Vater der Götterfamilie und Schutzpatron Roms), **Juno** (seine Gattin), **Minerva** (die Göttin aller geistigen und handwerklichen Fähigkeiten) und **Mars** (der Gott des Krieges und der Wachstumskraft im Frühling). Sie waren die Beschützer des römischen Staates, die Staatsgötter.

Ursprünglich sahen die Römer ihre Götter als Kräfte, die sie nicht abbilden konnten, aber bereits seit dem fünften Jahrhundert v.Chr. haben die Römer, unter griechischem Einfluß, angefangen, ihre wichtigsten Götter als große Menschen darzustellen. Mit der Zeit wurden diese Götter mit den verwandten griechischen Göttern identifiziert. Der römische Name blieb, aber in das Erscheinungsbild, die Mythen, die Genealogie und das Tatenschema schlichen sich viele griechische Elemente ein.

Neben den Göttern von großer, menschenähnlicher Gestalt (griech.: anthropomorph) hatten die Römer zahllose Gottheiten, die mit spezifischen Handlungen, Zeitpunkten

78
Rekonstruktionszeichnung des Heiligtums des Lenus-Mars bei Trier, einer der wichtigsten Städte des römischen Mosellandes. Da die örtliche Gottheit Lenus einige Ähnlichkeit mit Mars hatte, wurde sie mit diesem Gott identifiziert. Zeichnung: Trier, Rheinisches Landesmuseum.

und Orten verbunden waren. Während der Erntezeit zum Beispiel hatte man mit den Gottheiten des Dreschens, des Schwingens, des Lagerns, usw. zu tun. Die Römer nannten solche Götter **numina** (Einzahl: **numen**). Die Römer glaubten, daß ihre Unternehmungen fehlschlügen, wenn die (Staats-)Götter erzürnt seien, aber daß sie kaum scheitern könnten, wenn die Götter zufrieden wären. Im letzteren Falle herrschte ‚Frieden mit den Göttern' (**pax deorum**). Zur Erhaltung des Friedens mit den Göttern mußten, so glaubten die Römer, immer in peinlich genauer Weise Opfer dargebracht und die richtigen Gebetsformeln verwendet werden. Wenn auch nur das geringste schiefging, wurde die ganze Zeremonie wiederholt. Alle fünf Jahre nahmen die Zensoren (und später die Kaiser) ein **Lustrum**, eine allgemeine Versöhnungszeremonie, vor. Die Römer glaubten, daß man die Gesinnung der Götter und den Ausgang ihrer Unternehmungen aus bestimmten Vorzeichen, zum Beispiel dem Flug der Vögel, der Struktur der Leber eines Opfertieres und Orakelsprüchen (vgl. S. 115), herauslesen konnte.

Es war Brauch, daß die Könige, und nach diesen die Magistrate mit *imperium* (und danach wiederum die Kaiser), am Vorabend einer wichtigen Unternehmung auf diese Weise die Stimmung der Götter ausloteten. Ein Magistrat mit *imperium* (oder der Kaiser) hatte das Recht, die **auspicia** (Vogelschau) durchzuführen. In der Kaiserzeit handelten die Statthalter unter den Auspizien des Kaisers.

Bei schlimmen Ereignissen und großen Katastrophen konnte ein besonderes Priesterkollegium die **Sibyllinischen Bücher**, eine Sammlung von Orakelsprüchen, die nach einer legendären Seherin aus der Urzeit des römischen Volkes, der Sibylle, benannt war, heranziehen. Die Sibylle soll in einer Höhle in der Nähe von Kyme (lat.: Cumae), an der Bucht von Neapel, gelebt haben.

Die Römer kannten eine Anzahl von Priesterkollegien. Die **pontifices** waren für den Kult der ‚großen' Götter (vgl. S. 121) zuständig; außerdem gab es Kollegien mit Sonderaufgaben (zum Beispiel das Inspizieren der Leber eines Opfertiers). Die Priester waren römische Honoratioren, welche die Aufgaben in den Priesterkollegien neben ihren übrigen Beschäftigungen erledigten.

Ebenso wie die Griechen glaubten auch die Römer an ein Fortleben nach dem Tode. Beide Völker glaubten, daß die Seelen der Verstorbenen als Schatten im unterirdischen Totenreich ruhten, es sei denn, es hatte keine anständige Beerdigung stattgefunden. Wenn jemand nicht beerdigt (oder eingeäschert) worden war, irrte sein Schatten weiter elend umher.

Die Einführung fremder Götter

In ihrer langen Geschichte haben die Römer sowohl griechische als auch orientalische Götter in ihr Pantheon aufgenommen. Manche griechischen Götter sind in Rom sehr beliebt geworden, zum Beispiel **Herkules** (ein Halbgott, der durch seine Arbeiten das Böse besiegte und die Welt bewohnbar machte), **Äskulap** (ein heilender Gott) und die **Dioskuren** (Kastor und Pollux). Die Einführung fremder Götter in Rom geschah oft in schicksalsvollen Zeiten, aufgrund von Orakelsprüchen, oder wenn die Verehrung der betreffenden Götter sich weit im römischen Volk verbreitet hatte. Der Kult der kleinasiatischen Fruchtbarkeitsgöttin Kybele zum Beispiel wurde während des schwierigen zweiten Punischen Krieges in Rom eingeführt, und die Verehrung des griechischen Gottes Dionysos (der Gott des Weines, des Rausches und der Ekstase), der auf lateinisch **Bacchus** genannt wurde, wurde nach diesem Krieg sehr beliebt in Rom. Unerwünschte Nebenerscheinungen, wie öffentliche Ruhestörungen, wurden auf Anraten des Senats im Jahre 186 v.Chr. verboten.

Während der Kaiserzeit verbreiteten sich einige orientalische Religionen im ganzen Römischen Reich. Diese Religionen waren nicht mehr an Städte oder Völker gebunden, es waren Weltreligionen geworden. Die wichtigsten waren der Kult der ägyptischen Götter **Isis** und **Osiris**, die Verehrung des

79a
Der römische Gott Mars. Foto: Köln, Römisch-Germanisches Museum.

persischen Gottes **Mithras**, der **Kybele-Kult** und das **Christentum**.

Mithras war, genauso wie der griechische Gott Herkules (griech.: Herakles), ein heldenhafter Kämpfer gegen das Böse. Herkules und Mithras waren sehr beliebt in den Militärlagern. Frauen hatten keinen Zutritt zum Mithrasdienst.

Der Kult von Isis und Osiris war eine **Mysterienreligion**. Isis war eine Fruchtbarkeitsgöttin, die mit Hilfe ihres heldenhaften Sohnes Horus den vom bösen Gott getöteten Osiris wiederfand und ihn dann wieder zum Leben erweckte. Osiris wurde danach der Gott des Totenreiches. Diejenigen, die sich in die Isismysterien einweihen ließen, nahmen an der Auferstehung des Osiris teil. Isis war eine große Göttin des Weltalls und be-

79b
Darstellung der drei Götter des römischen Kapitols: Jupiter (Mitte), der wichtigste Stadtgott Roms, Juno und Minerva.
Foto: Köln, Römisch-Germanisches Museum.

herrschte, so glaubten ihre Anhänger, sogar das Schicksal. Mysterien waren ein Zusammenspiel von Riten, Reinigungen, Formeln und magisch überhöhten Spiel. Die Griechen hatten eine solche Mysterienreligion in Eleusis bei Athen, im Heiligtum der Fruchtbarkeitsgöttin **Demeter**. Bei ihnen war Isis längst nicht so beliebt wie in Italien, Nordafrika und Gallien, da sie selbst einen ähnlichen Kult hatten.

Die römische Obrigkeit stand dem Isiskult lange Zeit recht mißtrauisch gegenüber. Erst im zweiten Jahrhundert n.Chr. wurde diese Religion eine akzeptierte Erscheinung für die Administration.

Übrigens standen die römischen Behörden fremden Religionen in der Regel tolerant gegenüber. Sie verlangten nur, daß römische Bürger bereit waren, auch zu den römischen Staatsgöttern zu beten und ihnen zu opfern. Außerdem traten sie gegen Störungen der öffentlichen Ordnung (zum Beispiel bei Bacchusfesten, den Bacchanalien, im Jahre 186 v.Chr.) auf. Nur mit den Juden und Christen haben sie ernste Schwierigkeiten gehabt.

Die Christen

Die Juden und Christen erkannten nur einen einzigen Gott an und lehnten alle anderen Götter ab. Zwar kam es auch bei anderen Religionen vor, daß ein Gott besondere Verehrung genoß, jedoch wurden die übrigen Götter dessen ungeachtet respektiert (vgl. S. 47).

Die Juden waren ein altes Volk und als Nation erkennbar. Deshalb hatten sie bereits seit der Zeit Caesars als Volk die Genehmigung, sich nicht am römischen Staatskult zu

80
Bacchus (= Dionysos), flankiert von zwei verzückten und betrunkenen Naturwesen. Bacchische Szenen waren sehr beliebt in der römischen Welt, und man findet sie überall. Foto: Köln, Römisch-Germanisches Museum.

beteiligen. Die römischen Behörden gingen jedoch (besonders in der Hauptstadt Rom) gegen die Juden vor, wenn diese zu viele Nichtjuden bekehrten oder wenn es in der jüdischen Gemeinschaft gärte (vgl. S. 174). Das Christentum war verhältnismäßig jung (Jesus starb unter Kaiser Tiberius, ca. 30 n.Chr.) und beschränkte sich nicht auf ein Volk. Außerdem machte abgesondertes Leben die Christen verdächtig, und ihre kirchliche Organisation wurde von den Behörden als ein Staat im Staate, der sich gegen Rom verschwören könnte, betrachtet. Bald hier, bald da kam es zu Christenverfolgungen durch verärgerte Statthalter und örtliche Magistrate oder durch Volksmengen, die in Zeiten des Mißgeschicks einen Sündenbock suchten. Manchmal waren sich sogar Kaiser dafür nicht zu schade.
Im Jahre 64 n.Chr. gab Nero (54–68) den Christen in Rom die Schuld an einem enormen Brand, der mehr als die Hälfte Roms in Asche gelegt hatte. Dies war die erste große Christenverfolgung durch einen Kaiser, doch beschränkte sie sich auf Rom.
Die Christen waren ursprünglich eine jüdische Sekte, die vor allem bei Nichtjuden, die sich zur jüdischen Religion hingezogen fühlten oder zum Judentum übergetreten waren, Erfolg hatte.
Die Abspaltung wurde durch einen Streit über das jüdische Gesetz verursacht. Die meisten Christen wollten den Nichtjuden in ihrer Mitte nicht die Befolgung der jüdischen Lebensregeln auferlegen. Hinzu kam noch, daß die Christen nicht im großen jüdischen Aufstand von 66–70 n.Chr. (S. 174) mitgekämpft hatten, was von vielen Juden als Verrat empfunden wurde. Ca. 90 n.Chr. wurden die Christen aus der jüdischen Gemeinschaft ausgestoßen.

81
Sarkophag mit christlichen Darstellungen
Links: Adam und Eva werden im Paradies von der Schlange zum Essen der verbotenen Frucht verleitet. Mitte: der Gute Hirte (urspr. war dies kein christliches, sondern ein pastorales Motiv; christliche Künstler haben es zum ‚Guten Hirten' christianisiert). Rechts: die drei Jünglinge, die durch das Eingreifen Gottes im brennenden Ofen verschont blieben. Foto: Trier, Rheinisches Landesmuseum.

Die Christen jüdischer Abstammung wurden hiernach bald nach Zahl und Einfluß von Christen aus sämtlichen nichtjüdischen Völkern überflügelt. Die Führung der christlichen Gemeinden ging in die Hände einer Gruppe von griechischsprachigen Intellektuellen und Kaufleuten über. Diese besorgten das Geld für den Gottesdienst und die Armenpflege und stellten die Bischöfe (griech.: ‚episkopoi' = Aufseher) und Presbyter (= Älteste) der Gemeinden, denen im übrigen vorwiegend Sklaven, Freigelassene, Frauen und kleine Gewerbetreibende in den Städten angehörten. Auf dem Lande hatte das frühe Christentum keinen großen Anhang. Die Landbevölkerung war von der zersetzenden Entwurzelung, die eine Übersiedelung in eine Stadt mit sich bringt, verschont geblieben und hielt an den uralten, mit dem Leben auf dem Lande verwobenen Riten ihrer Vorfahren fest.

Wahrscheinlich fühlten sich Sklaven und Frauen zum Christentum hingezogen, weil sie in den christlichen Gemeinden vor Gott mit den anderen Gläubigen gleich waren und in gleicher Weise an den Sakramenten teilhatten. Bei anderen Religionen jener Zeit war das keine Selbstverständlichkeit. Sklaven konnten in den christlichen Gemeinden sogar Presbyter oder Bischof werden (im Gegensatz zu den Frauen).

Der Erfolg des Christentums unter den Kaufleuten und Intellektuellen ist wahrscheinlich auf den latenten Monotheismus zurückzuführen, der die gängigen populären philosophischen Strömungen auszeichnete, und auf die unmißverständliche und einfache Sittenlehre der Christen, welche Gruppen, die des nicht enden wollenden Richtungsstreits in der Philosophie überdrüssig waren, ansprach. Gebildete Christen verteidigten ihre Religion mit der Feder gegen Angriffe aus unterschiedlichen Richtungen. Sie polemisierten in griechischer rhetorischer Schriftsprache gegen jüdische Rabbiner, griechische Philosophen, römische Behörden und halbchristliche Strömungen, die christliche Vorstellungen mit altorientalischem Gedankengut und griechischer Philosophie kombinierten. Gegen 200 kam in **Nordafrika** eine ähnliche lateinische christliche Literatur auf (bis ins dritte Jahrhundert war die Sprache der christlichen Gemeinde in Rom Griechisch; dort hatte das Christentum vor allem Anhänger unter griechischsprachigen Sklaven, Freigelassenen und Fremden). Auf diese Weise schufen die christlichen Schriftsteller eine für alle Gebildeten akzeptable christliche Literatur sowie den Anfang einer systematischen, philosophisch-logischen Glaubenslehre, die mit Autorität von den Bischöfen gepredigt wurde. Dieses Predigen der Lehre jedoch geschah mittels einer Anzahl von einfachen, allgemeinverständlichen Geschichten und Regeln. Auf diese Weise genügte die christliche Elite ebenso den Ansprüchen der Gebildeten wie denen der einfachen Leute. Mit der Zeit schlich sich so manches aus der griechischen Philosophie in die christliche Glaubenslehre ein.

Die Christen waren nicht in der örtlichen oder oberen Verwaltung tätig und leisteten keinen Kriegsdienst. Sie wollten nicht töten und begriffen, daß der Kult der römischen Staatsgötter und der Kaiserkult nirgends so unumgänglich gegenwärtig war wie in den Heerlagern und in Verwaltungsfunktionen. Allerdings waren die Christen bereit, für Kaiser und Reich zu beten und Steuern zu zahlen. Sie waren keine Rebellen.

16 Die Krise des dritten Jahrhunderts n.Chr. und die Spätantike

Verstärkter Druck auf die Grenzen im Norden und Osten

In den Jahren 161–166 fand ein heftiger Krieg zwischen Rom und den Parthern statt, auf den große germanische Angriffe an der mittleren Donau folgten (167–180). Die römischen Generäle im Osten trugen einen großartigen Sieg davon, aber als das römische Heer aus Mesopotamien zurückkehrte, brachte es eine neue Epidemie mit, die im Römischen Reich viele Opfer forderte.

Im Jahre 170 drangen die Germanen bis nach Italien vor. Zum ersten Mal seit den Tagen des Marius stand ein feindlicher Eindringer südlich der Alpen. Kaiser Mark Aurel (161–180) konnte nur mit Mühe die Germanen vertreiben und die alte Grenze wiederherstellen.

Dies brachte jedoch nur vorübergehend Erleichterung, denn Übervölkerung und Druck aus dem Hinterland (den eurasischen Steppen) sollten die Germanen im dritten Jahrhundert erneut über die römische Grenze treiben.

Die Germanen

Ein germanischer Stamm glich in vielerlei Hinsichten einem keltischen (S. 181). Auch ein germanischer Stamm wurde geführt von Adligen, die über Familienverbände und Untergebene regierten und über eine persönliche Gefolgschaft von Kriegern verfügten. Auch hier gab es Kriegskönige, die von einer Kriegerversammlung gewählt wurden. Die Germanen lebten weiträumig verteilt, in kleinen Bauernweilern, die aus einigen großen Höfen und einer Anzahl von kleinen Hütten darum herum bestanden. Landwirtschaft und Handwerk wurden von armen Freien, abhängigen Knechten und Frauen betrieben. Die Männer der höheren Stände verlegten sich auf die Kriegführung und die Jagd. Was die materielle Kultur und den materiellen Wohlstand betrifft, standen die Germanen hinter den Kelten zurück. Seit dem Anfang der Kaiserzeit gab es einen regen Handel zwischen dem Römischen Reich und den Germanen, wodurch Ware aus dem Römischen Reich bis nach Norddeutschland und Skandinavien Verbreitung fand.

Zu Caesars und Augustus' Zeiten waren die germanischen Adligen und ihre Krieger gut geübt und bewaffnet, aber ihr Gefolge aus den unteren Ständen hatte kaum Waffen, lediglich einen im Feuer gehärteten Speer und einen kleinen Schild. Das machte sie für Guerillakriege in den germanischen Wäldern und Sümpfen geeignet.

Im Laufe der Kaiserzeit übernahmen die Germanen viele Merkmale der römischen Militärorganisation. Sie lernten zum Beispiel, wie man Städte belagern und eine Armee lange beisammenhalten konnte.

Im Jahre 69 n.Chr. waren die aufständischen Bataver und ihre Verbündeten aus dem freien Germanien bereits imstande, ein römisches Truppenlager zur Übergabe zu zwingen (Vetera, bei Xanten). Zwar hatten die Bataver besonders viel von den Römern lernen können, da sie seit ca. 12 v.Chr. innerhalb der römischen Grenze gelebt hatten und viele Hilfstruppen für die römische Niederrheinarmee stellten, aber dennoch war dies ein Menetekel (vgl. S. 173).

Über Religion und Überlieferungen der Germanen dieser Zeit ist nicht viel bekannt. Ihre Mythen, Sagen und Heldendichtungen wurden nämlich mündlich überliefert.

Gegen 200 vollzogen sich in Germanien große Veränderungen. Die Goten zogen von Skandinavien nach Südosten und ließen sich Anfang des dritten Jahrhunderts in der Walachei (die Westgoten) und auf der Krim (die Ostgoten) nieder. Ca. 230 begannen sie mit Angriffen auf das Römische Reich, die sich zu gewaltigen Kriegen auswuchsen, von denen die römischen Provinzen auf dem Balkan schwer getroffen wurden. Erst im Jahre 269 gelang den Römern der entscheidende Sieg über die Goten.

Weiter nach Westen entstanden neue große Zusammenschlüsse und Föderationen von germanischen Stämmen, wie die **Franken**

82
Kaiser Mark Aurel (161–180) begnadigt besiegte Gegner. Vor seiner Einsetzung als Kaiser hatte Mark Aurel noch keinerlei militärische Funktion bekleidet – vor 161 war er eher ein Intellektueller und Philosoph –, aber nach anfänglichen Rückschlägen verstand er es, gegen 180, die germanischen Invasionen einzudämmen. Spätere Generationen bewunderten ihn seiner Arbeitskraft und Selbstaufopferung wegen. Foto: Marburg, Fotoarchiv.

am mittleren Rhein, und die **Alamannen** gegenüber dem Gebiet zwischen Rhein und Donau. In der ersten Hälfte des dritten Jahrhunderts gab es an diesen Grenzen hin und wieder Konflikte von begrenztem Umfang, zwischen 253 und 282 aber wurde das Römische Reich auch hier von großen Invasionen geplagt. Mit größter Mühe konnten die römischen Armeen die Lage an der Grenze immer wieder bereinigen, wobei jedoch große Gebiete verwüstet wurden.

Seit ca. 180 begann die Ansiedlung der Germanen in den nördlichen Grenzgebieten, was nach Jahrhunderten zur Germanisierung der Länder westlich des Rheins und südlich der Oberdonau führte. Die römischen Kaiser ließen das zu oder förderten es sogar, weil dadurch verwüstete Gebiete wieder bewirtschaftet und Steuern erbracht wurden, der germanische Druck auf die Grenzen nachließ und weil die neuen Reichsangehörigen gute Rekruten für die römischen Heere lieferten.

Das Neupersische Reich der Sassaniden

In den Jahren 224–226 n.Chr. besiegten aufständische Perser ihre parthischen Herren und übernahmen die Herrschaft im Partherreich: Das Neupersische Reich war geboren. Dieses wurde regiert vom Fürstenhaus der **Sassaniden** und existierte bis etwa 640 n.Chr. Das Partherreich war ein lose zusammenhängendes Gefüge von nahezu unabhängigen Provinzen gewesen, mit einer parasitären Oberschicht von parthischen Kriegern. Das neue Perserreich war ein zentralistischer und bürokratischer Staat, mit hohen, effektiv eingezogenen Steuern und (auch deswegen) einem großen, starken Heer. Besonders die schwerbewaffnete Kavallerie von gepanzerten Reitern war schlagkräftig. Wahrscheinlich haben die Perser den Steigbügel erfunden und den mittelalterlichen Rittertyp als erste herausgebildet.

Das Wiederaufleben der persischen Macht ging mit einem aggressiven Nationalismus einher, sowohl in der Außenpolitik als auch in religiöser und kultureller Hinsicht. Die Perserkönige des dritten Jahrhunderts wollten das alte Reich des Kyros wiederherstellen und beabsichtigten, die östlichen Provinzen des Römischen Reiches zu erobern. Zwischen 240 und 283 gab es heftige Kriege zwischen den Römern und den Persern, in denen sich das Römische Reich nur mit Mühe behaupten konnte. Im Jahre 260 wurde Kaiser **Valerian** (253–260) sogar von den Persern gefangengenommen. Erst unter **Diokletian** (284–305), in den Jahren 296–299, errangen die römischen Armeen Siege, welche die Perser vorläufig von ihrem Expansionsvorhaben absehen ließen.

Die Perser betrachteten ihre Religion, den Zoroastrismus oder Mazdaismus (S. 48), als überlegen und verachteten die Religionen der Minderheiten in ihrem Reich (die der Griechen, Juden und Babylonier zum Beispiel). Mit der griechischen Kultur, die hier von Alexander dem Großen und seinen Nachfolgern eingeführt worden war und noch

83
Germanischer Bauer beim Pflügen. Foto: Köln, Römisch-Germanisches Museum.

unter den Parthern in hohem Ansehen gestanden hatte, ging es bergab, und die griechischen Städte und Stadtviertel verloren ihre Privilegien. Das Zeitalter des Hellenismus ging in diesen Gebieten allmählich zu Ende.

Innere Probleme des Römischen Reiches

Der verstärkte Druck auf die Grenzen brachte allerlei Mängel des römischen Systems ans Licht.

Militärische Probleme

Die Kriege gegen die Germanen und Parther (nach 226 die Perser) zeigten, daß das selbstverständliche Übergewicht, das die römischen Heere jahrhundertelang über die meisten ihrer Gegner gehabt hatten, kleiner geworden war. Die Feinde hatten viel von den Römern gelernt, und die Qualität der römischen Soldaten hatte sich nicht verbessert. In den Grenzgebieten, wo ein verhältnismäßig immer größerer Teil der Rekruten angeworben werden mußte, war das römische Bürgerrecht kein außergewöhnlicher Besitz mehr (S. 177), so daß weniger Männer in das Heer eintraten, um das römische Bürgerrecht zu erlangen. Aus den Werken griechischer und lateinischer Schriftsteller und aus Inschriften jener Zeit bekommt man den Eindruck, daß allein die Ärmsten und Männer, die nirgends willkommen waren, noch freiwillig in den Militärdienst eintraten und daß die Soldaten bereit waren, ihre eigene Bevölkerung zu terrorisieren, wenn sich ihre eigene materielle Lage zu verschlechtern drohte. Die höheren Offiziere gingen noch immer aus dem Senatorenstand und den Rittern hervor. Unter diesen Honoratioren gab es jedoch recht viele, die zu wenig militärische Erfahrung hatten, um in einem richtigen, großen Krieg wirksam funktionieren zu können. Ritteroffiziere, die aus den unteren Rängen in den Ritterstand aufgestiegen waren, konnten dies wohl.

In den beiden Jahrhunderten, während der sie in den festen Lagern an den Grenzen gelegen hatten, hatten die Armeen starke regionale Interessen und Bindungen entwickelt. Die meisten Soldaten stammten nun aus dem Hinterland der Lager (S.177). Wenn der Kaiser einem Grenzabschnitt, der sich in Schwierigkeiten befand, zu wenig Aufmerksamkeit widmete, konnte es leicht geschehen, daß die Truppen in diesem Abschnitt ihren eigenen General zum Kaiser ausriefen. So konnten große Kriege im dritten Jahrhundert immer wieder zu Machtergreifungen und Thronstreitigkeiten führen.

Strukturelle Mängel

Nach zwei Jahrhunderten des Friedens war das Römische Reich nicht mehr auf einen mehr oder weniger permanenten Kriegszustand eingerichtet. Die höheren Stände hatten ihre militärische Einstellung zu einem großen Teil verloren, und das Steuersystem war nicht mehr zur Finanzierung großer zusätzlicher Verteidigungsausgaben geeignet, dazu war es zu primitiv und zu starr. Zusätzliche Einkünfte aus Beute und Kriegstributen, die im zweiten und ersten Jahrhundert v.Chr. die Expansion mit angeregt hatten, gab es auch nicht mehr.

Im Reich lagen zahlreiche nicht zu verteidigende offene Städte, und auch der rege Handelsverkehr setzte einen Frieden und eine relativ große Sicherheit voraus. Viele Reserven gab es nicht. Die Honoratioren hatten ihre Überschüsse nicht in einer produktiven Weise angelegt, sondern in prunkvollen Gebäuden, verschiedenen Formen der Volksbelustigung und kulturellen Veranstaltungen investiert. Sie mußten immer mehr Geld aufwenden für die Instandhaltung bereits erstellter Gebäude, für nun einmal eingeführte Spiele, Gymnasien und dgl. Auch mußten sie immer mehr Arme unterstützen, wenn es vorübergehend keine Saisonarbeit gab. Die niedere Bevölkerung war infolge der 200 Jahre des Friedens zweifellos gewachsen, vor allem in Städten mit viel Betrieb.

Im Laufe der Kaiserzeit wurde die Verteilung des Reichtums ungleichmäßiger. Während des ersten und zweiten Jahrhunderts kam es zu einer Konzentration des Besitzes. Die wenigen Reichen wurden durch Erbschaften und Ankauf von Land immer reicher, während es immer mehr Pächter und Kleinbauern mit Eigenbesitz gab, die sich gerade noch über Wasser halten konnten. Viele von diesen machten Schulden.

Die Severer (193–235)
Septimius Severus (193–211)

Nach einer Reihe von Thronstreitigkeiten zwischen mehreren Anwärtern, die nach der Ermordung des Commodus (siehe Übersicht 5) entbrannt waren, wurde im Jahre 193 Septimius Severus, ein Römer nordafrikanischer Herkunft, Kaiser. Die Donauarmee erkämpfte den Sieg für ihn und erhob ihn auf den Thron.

Septimius erkannte, daß das Heer vergrößert und verbessert werden mußte, da sich der Druck auf die Grenzen verstärkte. Er schuf einige neue Legionen, erhöhte den Sold drastisch und verbesserte auch die sonstigen Arbeitsbedingungen der Soldaten. Diese durften von nun an heiraten, erhielten Sonder-

84
Kaiser Septimius Severus (193–211). Foto: Rom, Museo Capitolino.

85
Caracalla (211–217). Foto: Rom, Museo Capitolino.

zulagen in Geld und Naturalien sowie Land in ihrem eigenen Grenzgebiet. Das hatte den Nachteil, daß dadurch die regionalen Bindungen noch stärker wurden.
Septimius Severus förderte den Aufstieg erfahrener Unteroffiziere zu Offiziersfunktionen und beteiligte die Ritter stärker an der Reichsverwaltung. Auf diese Weise verbesserte er die gesellschaftlichen Aufstiegschancen der Soldaten, verstärkte er die Anziehungskraft des Kriegsdienstes und vergrößerte er das Heer. Seine Maßnahmen verursachten aber zugleich unlösbare finanzielle Probleme. Die Kosten der Verteidigung stiegen explosiv (man denke allein schon an den Sold, der stark erhöht wurde), und seit dieser Zeit wurden alle römischen Kaiser ständig von finanziellen Problemen verfolgt.
Septimius Severus und sein Sohn Caracalla (211–217) wußten sich auf allerlei Weise Geld zu beschaffen. Sie verringerten das Gewicht und den Edelmetallgehalt der Münzen, während sie deren alte Kaufkraft künstlich zu erhalten suchten. Sie ließen gegen reiche Senatoren, die ihnen unsympathisch waren oder im Thronstreit des Jahres 193 gegen sie Partei genommen hatten, Prozesse führen, die zur Beschlagnahmung von deren Güter führten. Überdies erlangte Septimius Severus im Jahre 199 durch einen erfolgreichen Kriegszug gegen die Parther reiche Beute. In diesem Krieg führte er dem Reich auch noch eine neue Provinz (Mesopotamia = Nordmesopotamien) zu. Das Römische Reich hatte damit seine größte Ausdehnung erreicht.

Verleihung des römischen Bürgerrechts an alle Freien des Reiches.

Im Jahre 212 verlieh Caracalla allen freien Reichsangehörigen das römische Bürgerrecht. Man nimmt an, daß er dies aus steuerlichen Gründen tat. Während der Kaiserzeit bewahrte das römische Bürgerrecht die Einwohner der Provinzen nämlich nicht vor direkten Steuern. Im alten Kernland Italien wurde bereits seit 167 v.Chr. die traditionelle Vermögenssteuer nicht mehr erhoben, aber in den Provinzen brauchten nur die Bürger und Gemeinden, die von einem der Kaiser eine Steuerbefreiung erhalten hatten, keine direkten Steuern zu zahlen. Eine solche Befreiung galt als einer der größten Gunsterweise, die man von einem Kaiser erhalten konnte. Es gab Steuern, die ausschließlich auf Bürgern lasteten, sowohl in Italien als in den Provinzen, zum Beispiel die 5 Prozent Erbschaftssteuer von Augustus (S. 169).
Unterm Strich brachte die allgemeine Verleihung des Bürgerrechts dem Staat einen Steuervorteil ein.
In den Jahren 213 und 215 schützte Caracalla die Nordgrenze, indem er sie von Einfällen freikaufte; bezahlen war billiger als Krieg führen. Diese Freikaufpolitik sollte bis zum Ende des Römischen Reiches üblich bleiben.

86
Tor in der Mauer von Kaiser Aurelian (270–275). Sogar Rom mußte zu dieser Zeit ummauert werden.

Der letzte Kaiser des Hauses der Severer, Alexander Severus (222–235), versuchte Geld zu sparen, indem er eine konsequente Friedenspolitik betrieb und so lange wie möglich mit den Feinden verhandelte. Auch schränkte er die Ausgaben für gelegentliche Geschenke und Zuteilungen an das Volk ein.

Trotz aller Probleme war die Zeit der Severer in den meisten Reichsteilen noch eine Periode beachtlicher Prosperität, in der die kulturelle Blüte in den Städten anhielt. Wohl verschärften sich die Gegensätze zwischen den konkurrierenden Gruppen. Die Mitglieder der traditionellen höheren Stände und die Intellektuellen im kaiserlichen Dienst fürchteten sich vor dem Aufstieg militärischer Spezialisten aus den unteren Rängen des Heeres und haßten die Soldaten für ihre Habgier und Zügellosigkeit. Auch das Stadtvolk Roms empfand nicht viel Sympathie für die Soldaten. Vielleicht spürte es, daß die Kaiser weniger für das Volk ausgeben konnten, wenn sie den Soldaten mehr geben mußten. Für Zuteilungen und Spiele in Rom konnte deshalb nur noch weniger aufgewendet werden. Aus all dem resultierte ein instabiles politisches Klima.

Der Tiefpunkt: die Periode der Soldatenkaiser (235–284)

Nach dem Jahre 235 geriet alles außer Kontrolle. An allen Grenzen wurde Krieg geführt (S. 202), und die verschiedenen Armeen bekämpften sich gegenseitig in immer wiederkehrenden Thronstreitigkeiten. Nach dem Jahre 235 gab es keine anerkannte Dynastie mehr, und es folgten in fünf Jahrzehnten (bis 284) Dutzende von Kaisern und Gegenkaisern. Man nennt diese Kaiser die Soldatenkaiser, weil sie sich einseitig auf ihre Soldaten stützten und durch militärische Machtergreifungen an die Macht kamen. Der Senat und die Zivilbevölkerung mußten immer wieder abwarten, welcher Militärführer die Oberhand gewann. Hin und wieder geriet sogar die Einheit des Reiches in Gefahr, und es regierten in verschiedenen Teilen des Reiches mehrere Kaiser gleichzeitig.

Große Gebiete des Reiches wurden wiederholt von Kriegsverwüstungen betroffen und brachten kaum noch Steuern ein. Die Agrarüberschüsse nahmen ab, Hungersnot und Pest suchten das ganze Reich heim, besonders die vom Krieg betroffenen Gebiete. Dort, und in den angrenzenden Gebieten, bildeten sich aus Deserteuren, entlaufenen Sklaven, bankrotten Bauern und anderen Banditen große Räuberbanden. Durch die allgemeine Unsicherheit und die abnehmende Kaufkraft ging der Handel zurück, in den betroffenen Gebieten verfielen zahlreiche Städte. Die Stadträte gerieten in Bedrängnis angesichts sinkender Einkünfte ihrer Landgüter in der Umgebung und der zunehmenden Forderungen der durchziehenden Armeen und der Steuerbeamten. Außerdem mußten sie Geld für die lokale Verteidigung (Stadtmauern, Milizen) aufwenden. Durch eine Wechselwirkung zwischen Preissteigerungen, Währungsverfall und Sonderzuschlägen für Soldaten, die die Kaufkraft ihres Soldes abnehmen sahen und rebellierten, ging das römische Währungssystem zugrunde. Die Kaiser konnten den Soldaten nichts verweigern, denn sie verdankten diesen ihre Position und waren auf die Armeen in den vielen Kriegen angewiesen.

In Teilen des Reiches, wo Armeen aktiv waren, geriet die normale Verwaltung manchmal in Unordnung und wurden die geregelten Steuern durch wilde, von Soldaten durchgeführte Beschlagnahmungen ersetzt. In solchen Gebieten übernahm eigentlich das Militär die Verwaltung. In zahlreichen Städten blieb der örtlichen Elite nur noch wenig Geld für Wohltätigkeit, prunkvolle Bauwerke, kulturelle Veranstaltungen und Volksbelustigungen. Vermutlich wußten die Allerreichsten sich den steigenden Lasten zu entziehen. Sie gehörten nicht zu den örtlichen Eliten, sondern zur Reichsaristokratie, die darüber stand, und konnten für wenig Geld verlassenes Land aufkaufen. Die Konzentration von Besitz nahm wahrscheinlich zu.

Während der Periode 235–284 war die Lage nicht überall gleich schlecht. Große Teile des Reiches blieben von schlimmen Kriegszerstörungen verschont (Britannien, Spanien, Teile Kleinasiens, Sizilien, Teile Nordafrikas und Ägyptens). Auch dadurch **verlagerte sich der Schwerpunkt des Reiches**; die Reichsteile in Afrika und Asien bekamen eine verhältnismäßig größere Bedeutung. Daß das Römische Reich im dritten Jahrhundert nicht zu existieren aufhörte und sich im vierten Jahrhundert noch in gewissem Maße erholte, verdankte es den militärischen Erfolgen der Soldatenkaiser, die zwischen 260 und 284 regierten, und auch den Reformen, die von denselben Kaisern begonnen und von Diokletian (284–305) vollendet wurden. Einer der Soldatenkaiser, **Gallienus** (253–268), schloß im Jahre 260 die Senatoren von der Bekleidung von Offiziersfunktionen aus. Die ‚Gentlemen' des Senats waren während ihrer Laufbahn auf vielerlei Gebieten tätig und hatten sich nicht ausreichend spezialisiert. Sie wurden durch erfahrene Soldaten aus dem Ritterstand, die ausschließlich im Heer gedient hatten, ersetzt. Derselbe Kaiser machte auch einen Anfang mit einer Raumverteidigung nach hinten an besonders bedrohten Stellen und schaltete bereits in den Jahren um 255, als er noch gemeinsam mit seinem Vater Valerian (253–260) regierte (S. 204) und am Rhein gegen die Franken kämpfte, auf mobile Truppen um, die größtenteils aus Reiterei bestanden. Diese Armee konnte schnell von einem Brandherd zum anderen ziehen.

Gallienus versammelte auch einen ‚Generalstab' von kampferfahrenen Generälen aus dem Ritterstand um sich, die im Kriegsdienst aufgestiegen waren. Aus diesem Stab sind die meisten Soldatenkaiser, die zwischen 268 und 284 regierten, hervorgegangen.

Diokletian (284–305)

In der Regierungsperiode des Diokletian ging die Krise des dritten Jahrhunderts zu Ende. Der Druck auf die Grenzen ließ langsam nach, und Diokletian vermochte 21 Jahre an der Macht zu bleiben. Die ständigen Bürgerkriege um den Thron schienen vorbei.
Mittels eines ausgeklügelten und vielfältigen Bündels von Reformen versuchte Diokletian eine Wiederholung der Krise zu verhindern. Er vergrößerte das Heer, verbesserte die Grenzbefestigungen und teilte das Heer anders ein. Hinter den befestigten Grenzen wurden einige mobile Armeen geschaffen, die schnell eingreifen konnten, wenn irgendwo die Grenze durchbrochen wurde. Damit baute Diokletian auf den Maßnahmen des Gallienus auf und entwickelte sie weiter.
Auf diese Weise wurden die militärische Anstrengungen verstärkt, was jedoch finanziert werden mußte. Dazu wurde ein neues, verfeinertes Steuersystem geschaffen, das besser der finanziellen Belastbarkeit der Steuerpflichtigen angepaßt war. Ein Stück Boden wurde fortan nach der Oberfläche, der Qualität und der Anzahl der Leute, die darauf arbeiteten, besteuert (vgl. S. 166). Die Produktivität eines Grundstücks wurde also berücksichtigt. In den Städten wurde eine Kopfsteuer erhoben. Bestehende Erhebungen in Naturalien wurden erhöht und die wilden Beschlagnahmungen durch die Truppen, die in den vorangehenden Jahren aufgekommen waren, wurden zu einem System von Abgaben und Dienstleistungen an die Armeen und die Beamtenschaft reguliert. Diokletian versuchte (vergebens), durch ein **Edikt über zulässige Höchstpreise** den Preisanstieg einzudämmen (301) und dem Währungsverfall (ebenfalls vergebens) durch eine Sanierung des Geldsystems entgegenzutreten. Um dafür zu sorgen, daß die Grundstücke ihre Produktivität behielten, band Diokletian die Bauern an den Boden; ein wichtiger Schritt in der Entstehungsgeschichte der mittelalterlichen Hörigkeit. Die Handwerker in den Städten wurden in erblicher Linie an ihr Gewerbe gebunden. Auf diese Weise wollte

Diokletian verhindern, daß sie wegen der Höhe der Steuern ihren Beruf aufgäben.

Die städtischen Oberschichten (*curiales*) wurden, mit ihrem Vermögen als Pfand, für die Einnahmen der Steuern in ihren Gemeinden verantwortlich gemacht und an ihren Stand und Sitz im Rat gebunden, um zu verhindern, daß sie sich ihren Verpflichtungen entzogen, indem sie in das Heer eintraten oder eine Stellung in einem der kaiserlichen Ämter suchten.

Fortschreitende Bürokratisierung

Unter den neuen Umständen genügte der alte zentrale und provinziale Verwaltungsapparat nicht länger den Anforderungen. Die verfeinerte und verschärfte Steuererhebung (in **Geld und Naturalien**) verlangte einen größeren Einsatz von Personal und machte eine scharfe Kontrolle notwendig. Außerdem mußten die Zentral- und Provinzialbehörden immer mehr Aufgaben von den lokalen Behörden übernehmen, weil diese nicht länger imstande waren, gleichzeitig sowohl die Ordnung in ihrer Umgebung aufrechtzuerhalten (gegenüber Räubern und umherziehenden Barbaren) als auch die Einrichtungen in den Städten zu finanzieren und die (erhöhten!) Steuern aufzubringen. So mancher *curialis* in den von Pest und Krieg betroffenen Gebieten geriet in der Krise des dritten Jahrhunderts in Bedrängnis zwischen steigenden Lasten und sinkenden Einkünften. Ihre Landgüter wurden zerstört und ihre Städte von Krieg und Pest heimgesucht, aber trotzdem mußten sie die Kosten für die lokale Verteidigung (Stadtmauern, Milizen) und die städtischen Einrichtungen tragen und die Steuern und Kriegsrequisitionen aufbringen. Dabei sollte man bedenken, daß sämtliche Stadtregierungen im Reich bereits am Ende des zweiten Jahrhunderts schwer belastet waren (S. 205). Die lokalen

Karte 32
Das Römische Reich zur Zeit Diokletians und Constantins des Großen. Die ersten Gebietsverluste sind bereits eingetreten: Dakien (das heutige Rumänien) und das Gebiet zwischen Rhein und Donau sind in den Jahren um 270 verlorengegangen. Das Reich war in vier Präfekturen eingeteilt; jede unterstand einem eigenen Kaiser oder Unterkaiser und einem eigenen Prätorianerpräfekten.

 Oströmisches Reich nach 395

Weströmisches Reich nach 395

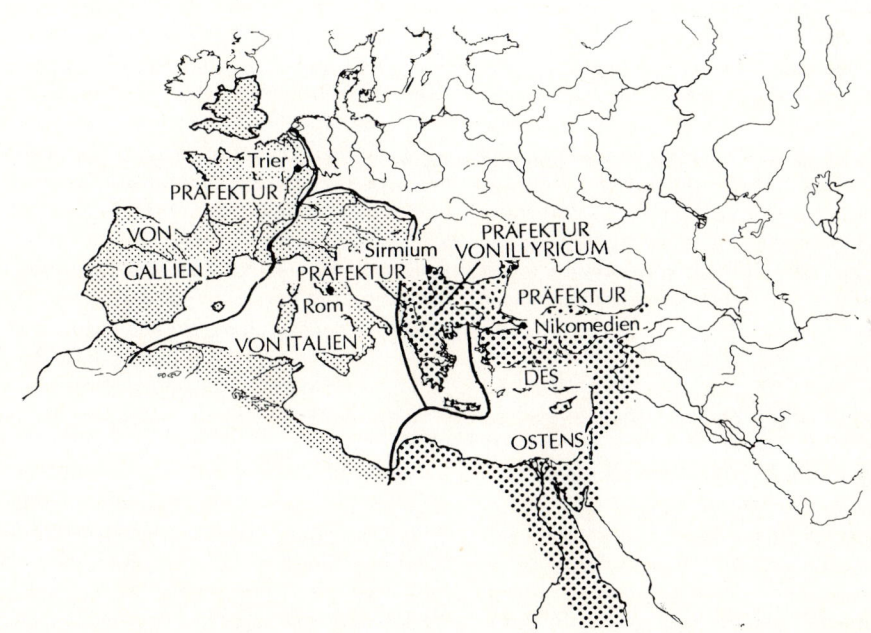

87
Diokletian und seine Mitkaiser, dargestellt in inniger Eintracht. Foto: Venedig, Fotoarchiv Marburg.

Räte hatten ihre besten und reichsten Mitglieder in die Reichsaristokratie des Senatoren- und Ritterstandes aufsteigen und in Funktionen des Heeres und der kaiserlichen Ämter wechseln sehen, mußten aber trotzdem die städtischen Einrichtungen (Spiele, Gymnasien, Transport, Badehäuser, Wasserleitung), die in zwei Jahrhunderten des Friedens ständig gewachsen waren, instandhalten. Was einst statuserhöhende Freigebigkeit gewesen war, war bereits am Ende des zweiten Jahrhunderts zu einer teuren Verpflichtung geworden, welche die lokalen Honoratioren einander zuzuschieben versuchten. Die lokalen Funktionen, mit denen teure Liturgien (S. 81) verbunden waren, konnten seit dem späten zweiten Jahrhundert nur noch mit Mühe besetzt werden, und anstelle von Wahlen gab es nun eine turnusgemäße Besetzung. Gegen das vierte Jahrhundert begannen sich immer mehr *curiales* nach Stellungen im Heer oder in der kaiserlichen Bürokratie umzusehen, um den Lasten der lokalen Verwaltung zu entgehen.

Damit die Steuern effektiv eingezogen und der Niedergang der lokalen Verwaltung ausgeglichen werden konnte, verstärkte Diokletian den zentralen und provinzialen Verwaltungsapparat. Es wurden mehr Beamte eingestellt und große Provinzen geteilt. In diesen Teilen des Reiches vollzog sich eine Verdopplung oder Verdreifachung des Beamtenapparats auf provinzialer Verwaltungsebene. Gruppen von Provinzen wurden zu **Diözesen** zusammengeschlossen, welche nach der Zeit Diokletians wiederum zu insgesamt vier großen **Präfekturen** zusammengeschlossen wurden (Karte 32). Das zusätzliche Personal rekrutierte sich vorzugsweise aus dem Heer und in geringerem Maße auch aus juristisch und rhetorisch Geschulten und kaiserlichen Freigelassenen. Die kaiserliche Bürokratie nahm einen recht militärischen Charakter an. Soldaten, die in den unteren Rängen des Heeres angefangen hatten und in die mittleren Funktionen des Militärs und der Verwaltung aufgestiegen waren, hatten gute Karriereaussichten. Aus Gründen, die oben bereits erwähnt wurden, versuchte Diokletian die *curiales* von der Bürokratie und dem Heer fernzuhalten, wenn auch nicht immer mit Erfolg. Sowohl das Heer als auch die Bürokratie wurden größer und brauchten viele Leute mit organisatorischer Erfahrung.

Es fand eine **Trennung des Militärbereichs und der Zivilverwaltung** statt, was ziemlich revolutionär war. Seit dem Anfang der römischen Geschichte waren militärische Angelegenheiten, die Verwaltung und die Rechtsprechung immer in den Befugnissen der Könige, der Magistrate mit *imperium* und der Kaiser (und seiner Statthalter) vereint gewesen. Nun wurden die militärischen Angelegenheiten einzelnen Grenzkommandanten (**duces** und **comites**, Einzahl: **dux** und **comes**) und Generälen, die bei den mobilen Armeen dienten, anvertraut.

Der Senat und der Ritterstand

Diokletian bezog diese hohen Militärs und die meisten seiner Statthalter aus dem Ritterstand, womit der Senat seine privilegierte Stellung in der oberen Verwaltung verlor. Der Senat in Rom wurde eine Versammlung steinreicher Großgrundbesitzer, über die nicht länger die ‚Hauptader' der Verwaltung führte und deren Mitglieder keinen Zutritt zu den hohen Militärfunktionen hatten. Der Senat blieb jedoch wichtig im Leben der Stadt Rom, und man hat den Senat der späten Kaiserzeit (4.–5. Jahrhundert) schon einmal als den ‚Gemeinderat' Roms umschrieben. Weil die Kaiser nach 230 fast ständig im Felde waren und sich nur hin und wieder in Rom aufhielten, übernahm der Senat einen wichtigen Teil ihrer traditionellen Rolle bei der Zuteilung von Lebensmitteln und der Veranstaltung von Spielen in Rom.

Nach der Zeit Diokletians entwickelte sich der **Ritterstand** langsam zu einem großen und heterogenen Ganzen und begann in eine Anzahl von neuen, an Funktionen gebundenen Rängen und Ständen im Heer und in der Bürokratie auseinanderzufallen.

Das Kaisertum und die Nachfolge

Diokletian setzte einen **Mitkaiser** und zwei **Unterkaiser** ein, damit die Nachfolge besser geregelt sei und es bei jeder der vier großen Armeen (die des Rheins, der oberen Donau, der unteren Donau und der Ostgrenze) einen Kaiser gebe. Die beiden Kaiser erhielten den Titel Augustus; die Unterkaiser wurden Cäsar genannt. Die Unterkaiser (*Caesares*) sollten den zwei Kaisern (*Augusti*) nachfolgen.

Auf diese Weise hoffte Diokletian einem Thronstreit vorzubeugen (vgl. S. 205). Die vier Kaiser hatten ihre Residenz nicht mehr in Rom, sondern (wenn sie nicht mit ihrem Hof auf einem Feldzug waren) in Nikomedien, Mailand, Sirmium und Trier (Karte 32), vier strategisch gelegenen Orten, von denen aus sie schnell ihre Grenzabschnitte erreichen konnten.

Diokletian suchte nach einer besseren ideologischen Grundlage, die einen Damm gegen Machtergreifungen von Gegenkaisern bilden konnte. Er präsentierte sich selbst und seinen Mitkaiser Maximian (286–305) als

88
Kaiser Decius (249–251), einer der Soldatenkaiser. Er versuchte das Reich zu retten, indem er die altväterliche Disziplin und die alte Pflichterfüllung gegenüber den Göttern wiederherstellte. So geriet er in Konflikt mit den Christen, die diesen Göttern nicht opfern wollten (große allgemeine Christenverfolgung im Jahre 250). 251 fiel Decius in einer Schlacht gegen die Goten nahe der Donaumündung.
Im Porträtstil kehrten die Kaiser jener Zeit (235–260) zu den Formen der späten Republik (S. 160), der Zeit der großen römischen militärischen Erfolge, zurück. Foto: Rom, Museo Capitolino.

Kaiser von Gnaden der Götter Jupiter und Herkules und umgab seinen Hof in Nikomedien mit der Entourage und dem Zeremoniell eines absoluten orientalischen Fürsten. Theoretisch bekam der Kaiser mehr Macht, aber in der Praxis kam es anders. Durch die ‚Zwischenwand' des Hofes und die Erhöhung der Zahl von Verwaltungsebenen verloren die Kaiser im Laufe der Spätantike den direkten Kontakt zu den lokalen Verwaltungen und den örtlichen Kommandanten an den Grenzen. Die zentrale Verwaltung wurde ‚zu hoch' und war ‚zu weit entfernt'. Diokletian trat von sich aus zurück und lebte noch elf Jahre zurückgezogen in einem großen Palast in Spalato (dem heutigen Split im ehemaligen Jugoslawien).

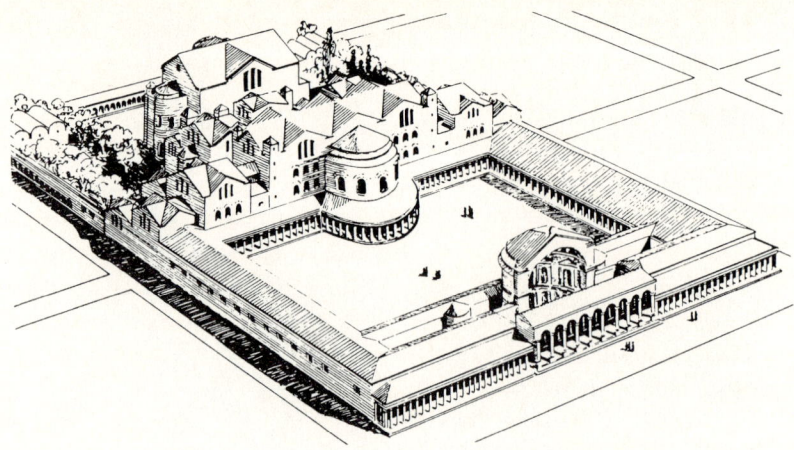

89a
Die ‚Kaiserthermen' in Trier (im vierten Jahrhundert eine der Hauptstädte des Römischen Reichs).
Thermen bestanden aus großen Räumen mit Fußboden- und Wandheizung, in denen sich Becken mit heißem, lauwarmem und kaltem Wasser befanden. Darum herum lagen Umkleideräume, Räume für Schwitz- und Sonnenbäder, Sportfelder und ein Säulengang mit Läden. In Rom und anderen römischen Städten waren die Thermen wichtige Begegnungsorte. Man badete nicht gemischt, es gab Stunden ausschließlich für Frauen. Trier, Rheinisches Landesmuseum.

Christenverfolgungen

Zwischen 250 und 311 gab es im ganzen Reich einige große, von oben her angeordnete Christenverfolgungen (250, 257–260 und 303–311). Die Kaiser Decius (249–251) und Valerian (253–260) befahlen diese Verfolgungen, weil die Christen nicht an den Riten und Gebeten zu den römischen Staatsgöttern teilnehmen wollten. Die Argumentation war, daß die Götter aus Zorn darüber das ganze Reich bestrafen würden. Im Jahre 260 machte Gallienus den Christenverfolgungen ein Ende, weil er auf dem Tiefpunkt der Krise keine überflüssigen Unruheherde schüren wollte. In den nächsten vierzig Jahren wuchs die Zahl der Christen stark. Viele suchten in den christlichen Gemeinden geistigen Halt und materielle Unterstützung.
In dieser Zeit entstand innerhalb der Kirche immer deutlicher eine getrennte, hierarchische Geistlichkeit, welche die Gemeinden leitete. Die Christenheit glich immer mehr einem Staat im Staate. Diokletian beobachtete all dies mit wachsendem Argwohn und ging schließlich (303) zu einer großen Christenverfolgung über, die erst sechs Jahre nach seinem Thronverzicht, im Jahre 311 von seinem Nachfolger Galerius (305–311) beendet wurde.

Constantin der Große (306–337)

Diokletians Nachfolgeplan war nicht erfolgreich. Im Jahre 306 wurde Constantin der Große in Trier zum Kaiser ausgerufen, obwohl er kein Unterkaiser war. Nach einem Bürgerkrieg im Jahre 312 riß er in der ganzen westlichen Reichshälfte die Macht an sich und eroberte 324 die Alleinherrschaft des Reiches, indem er seinen Mitkaiser Licinius (312–324) absetzte. Von 324 bis 337 regierte Constantin über das ganze Römische Reich.

Constantins Zuwendung zum Christentum

Während des Bürgerkriegs im Jahre 312 gewann Constantin Sympathie für das Christentum. Erst am Ende seines Lebens ließ er sich taufen, was damals jedoch zahlreiche Christen so hielten. Constantin könnte durchaus schon ab 312 zu den Christen gehört haben. Wahrscheinlich wollte Constantin sich auch des Christentums bedienen, um die ideologische Grundlage des Throns zu stärken. Er wurde Kaiser von Gnaden des e i n e n universellen Gottes der Christen. Constantin regierte über den zivilisierten Weltstaat Rom, wie Gott den Kosmos beherrschte. Abgesehen von einer einzigen Ausnahme haben

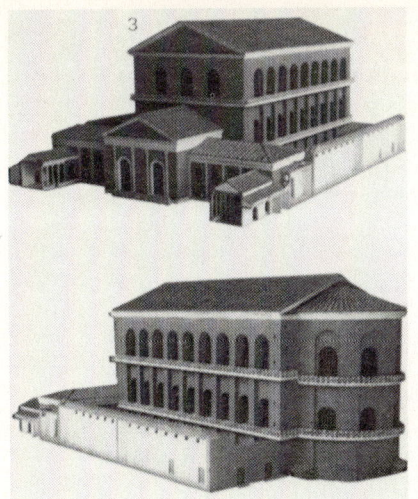

89b
Vorder- und Hinterseite der *aula palatina*, des enormen, aus Backstein aufgezogenen Thron- und Audienzsaals des Constantin zu Trier. Die Einfachheit der Form verstärkt den räumlichen Eindruck des Ganzen. Die Aula ist 67 m lang, 27,5 m breit und 30 m hoch. Modell: Trier, Rheinisches Landesmuseum.

alle Kaiser, die nach Constantin regierten, an dieser Linie festgehalten und sind beim Christentum geblieben.

Schon bald begann Constantin sich auch in die inneren Verhältnisse der Kirche einzumischen. Als ein Glaubensstreit über die Natur Christi ausbrach und die Einheit der Christenheit in Gefahr geriet, präsidierte er sogar einem Konzil (= Versammlung von Bischöfen), das eine Versöhnung herbeiführen sollte. Dieses Konzil wurde im Jahr 324 in Nikaia, in Nordwestkleinasien, abgehalten. Aus dem Glaubensbekenntnis, das in Nikaia aufgestellt wurde, ist später das Credo hervorgegangen, das jahrhundertelang für alle Christen gegolten hat.

Konstantinopel

In den Jahren 324–330 erbaute Constantin an der Stelle der alten griechischen Kolonie Byzantion, am Bosporus, eine neue Hauptstadt: **Konstantinopel**. Von dort aus konnte der Kaiser über Land und über See schnell die wichtigsten Grenzabschnitte erreichen. Constantin schuf hier eine pompöse Hofhaltung mit einem neuen komplizierten Rangsystem. Auch wurde, neben dem Senat in Rom, ein neuer Senat ins Leben gerufen.

Dieser Senat von Konstantinopel wurde mit christlichen lokalen Honoratioren und Beamten, meistens aus der östlichen Reichshälfte, besetzt. Der Senat in Rom wurde zur Hochburg der reichen konservativen Großgrundbesitzer des ganzen Reiches (sowohl des Westens als des Ostens), die keine Christen wurden. Diejenigen unter ihnen, die permanent in Rom lebten, beherrschten das kulturelle und wirtschaftliche Leben dieser Stadt, jetzt da der Hof endgültig an einem anderen Ort seinen Sitz hatte.

Constantin räumte den Senatoren wieder eine wichtige Stellung in der Reichsverwaltung ein. Er wollte ihre Fähigkeiten nützen und hoffte, daß sie ihren Reichtum völlig in den Dienst des Staates und der Gemeinschaft stellen würden. Er sah sich jedoch getäuscht. Ebenso wie viele hohe Militärs und Beamte, begannen auch die Senatoren ihre Funktionen als Privatbesitz zu betrachten, mittels dessen sie sich weiter bereichern und innerhalb der Bürokratie Netze von *clientes* schaffen konnten. Die alte Hingabe an den Staat war verschwunden. Man identifizierte sich nicht mehr mit ihm. Der Kaiser und sein Hof verkörperten nun den Staat.

90
Goldmünze mit dem Bildnis des kaisers Constantin (306-337). Er schuf eine neue stabile Goldmünze, den *solidus*.

Das Heer

Constantin vertraute auf ein gut geübtes, mobiles Heer, das ihm überall folgte und größtenteils aus Reitern bestand. Die Grenztruppen wurden mehr noch als unter Diokletian eine immobile Miliz von bewaffneten Bauern und Garnisonstruppen.

Zu Constantins mobilem Heer zählten ziemlich viele **Germanen**. Germanische Söldner waren gut und billig, während die Großgrundbesitzer und *curiales* nur noch die schlechtesten Kräfte auf ihrem Grundbesitz an das Heer abtraten. Gute und geschulte Leute behielten sie lieber zurück für die Arbeit auf den eigenen Landgütern, was ihnen auch deshalb möglich war, weil Diokletian die Bauern an das Land gebunden hatte. Im Jahre 332 verschärfte Constantin diese Maßnahme in einigen Reichsteilen, wo viele Bauern von ihrem Land geflohen waren, um der schweren Steuerlast zu entgehen. Außerdem bekamen die Grundbesitzer die Möglichkeit, Geld zu zahlen anstatt Rekruten zu stellen. Von diesem Geld konnten Germanen angeworben werden. Eine Folge davon war, daß es im Heer und in der daraus hervorgehenden Heeresleitung immer mehr Germanen gab. Gegen 400 nahmen Generäle germanischer Herkunft bereits eine ausschlaggebende Stellung am kaiserlichen Hof und in der Führung der Politik ein.

Die Steuerlast und das Währungssystem

Constantin vergrößerte die Bürokratie und den Hof, ließ viele Bauarbeiten durchführen und erhöhte das Militärbudget weiter. Er steigerte die Steuerlast, indem er neue Steuern einführte und die alten erhöhte. Berüchtigt wurde auch seine Steuer auf Werkstätten, wodurch zahlreiche kleine Gewerbetreibende verarmten. Um die Arbeiter auf dem Lande, welche die meisten Steuern aufbringen mußten, an ihrem Platz zu halten, verstärkte er im Jahre 332 in manchen Reichsteilen (hauptsächlich im Westen) die Gewalt der Grundbesitzer über ihre Pächter. Dies war der zweite Schritt hin zur späteren mittelalterlichen Hörigkeit (Diokletian hatte den ersten getan, S. 208). Trotz der hohen Ausgaben gelang es Constantin, das Währungssystem einigermaßen zu stabilisieren. Er schuf eine neue Goldmünze, den Solidus, der bis zur Zeit der Kreuzzüge eine der wichtigsten Münzsorten in Byzanz und Westeuropa geblieben ist.

Das Römische Reich nach Constantin dem Großen

Die anderthalb Jahrhunderte nach Constantin dem Großen kann man als eine Übergangszeit, als eine Inkubationszeit des Mittelalters betrachten. Die vier wichtigsten Kennzeichen dieser Zeit waren die Entfremdung zwischen der westlichen und der östlichen Reichshälfte, der Verfall der Städte, die fortschreitende Christianisierung des Reiches und der zunehmende Druck auf die Grenzen.

Zwischen 336 und 364 gab es große Kriege zwischen den Römern und den Persern, während in der zweiten Hälfte des vierten Jahrhunderts der Migrationsprozeß in Gang kam, den wir die **Völkerwanderung** nennen. Die Germanen wurden durch die relative Übervölkerung ihrer Stammesgebiete zur Migration getrieben, wozu gegen 400 noch der Druck aus dem Hinterland kam. Zu dieser Zeit wurden die Germanen von den Hunnen, einem mongolischen Reitervolk, das gegen 400 in Mittel- und Osteuropa, von Ungarn bis zur Ukraine, ein Reich gründete, über die römischen Grenzen gedrängt.

Ost und West

Im vierten und fünften Jahrhundert sind die beiden Reichshälften immer mehr ihre eigenen Wege gegangen. Nach Constantins Tod (337) hatten sowohl der Westen als auch der Osten immer wieder eigene Kaiser, zuerst aus dem Hause Constantins (bis 363), danach aus anderen Dynastien (siehe Appendix 3). In der Praxis wurden diese Kaiser immer deutlicher selbständige Herrscher des Weströmischen bzw. Oströmischen Reiches, mit getrennten Verwaltungsapparaten. Nach 395 gab es keine Kaiser mehr, die über das ganze Reich regierten, obwohl man die den Anspruch des e i n e n Römischen Reiches nie fallengelassen hat.

Der westliche Hof residierte meistens in Mailand oder Ravenna in Italien, während im Osten Konstantinopel die Hauptstadt war.

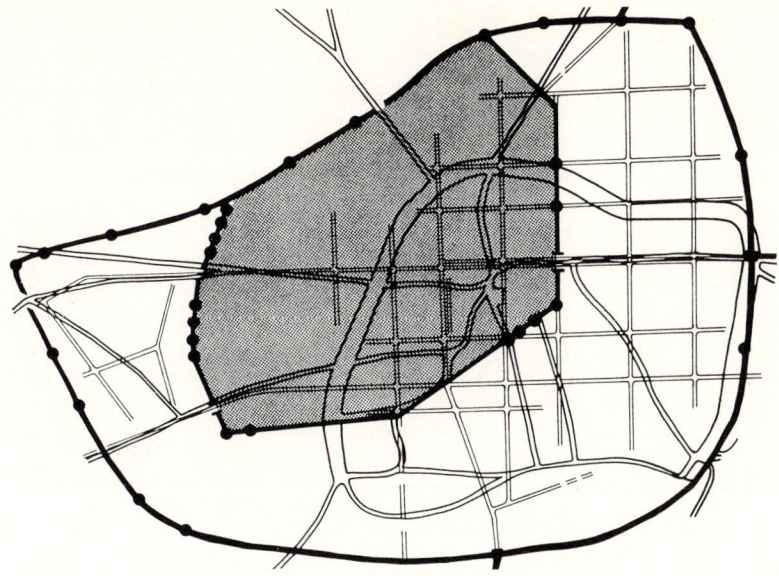

91a
Ab dem 3. Jahrhundert wurde das Römische Reich schwächer und von außen her bedroht. Die Städte entvölkerten sich zugunsten des Landes, und die neu aufgezogenen Ummauerungen umfaßten jedesmal kleinere Grundflächen als vorher. Auf dieser Abbildung das ummauerte Gebiet von Tongern bis 275 n.Chr. und das spätere Stadtgebiet (grau).
Aus: Rottier, H.: *Stedelijke Structuren*, S. 84. Muiderberg: Coutinho, 1980.

Konstantinopel wuchs schnell und beanspruchte die Getreideüberschüsse Ägyptens und der Krim für sich. Rom mußte sich in Zukunft mit den Erträgen Nordafrikas und Siziliens begnügen, während die wichtigsten Städte Norditaliens von den Bauern in der Poebene versorgt wurden.

In der östlichen Reichshälfte wußten die Städte sich ziemlich gut zu behaupten, und es entstand hier aus den alten Stadteliten, den Heeresoffizieren und dem höheren Personal der kaiserlichen Ämter ein loyaler ‚Dienstadel'. In dieser Reichshälfte bildeten das Christentum und die kirchliche Hierarchie verbindende Elemente. Die asiatischen Reichsteile und Ägypten hatten im fünften Jahrhundert viel weniger unter Kriegsgewalt und Migrationen zu leiden als die westliche Reichshälfte und der Balkan. Die Perser wandten sich in diesem Jahrhundert vor allem den Feinden an ihrer Nordostgrenze zu, und die Germanen kamen nicht weiter als bis zum Balkan, weil ihnen hier das schwer befestigte Konstantinopel den Zugang nach Kleinasien versperrte.

Im Westen gerieten die meisten Städte in Verfall, während die germanischen Kommandanten und die großgrundbesitzende Oberschicht von hohen Beamten und Senatoren sich immer mehr der kaiserlichen Gewalt entzogen. Die Kaiser versuchten durch einen Strom von ständig wiederholten Edikten die Bauern und Handwerker an ihren Platz zu binden, jedoch vergeblich. Im fünften Jahrhundert sanken die Einnahmen der Zentralgewalt des Weströmischen Reiches immer weiter; diese war daher immer schlechter imstande, die Grenzen zu verteidigen, während der Druck der germanischen Stämme und der Hunnen sich verstärkte.

Die **curiales**, welche die Städte verwalteten, lebten unter schwerem Druck. Sie mußten aus eigenen Mitteln die städtischen Einrichtungen instandhalten und bürgten mit dem eigenen Vermögen für die Einnahmen der Steuern (S. 209).

Die reichsten und geschicktesten *curiales* vermochten, trotz der Edikte, in die Bürokratie, das Heer und die Kirche (als Bischof) zu entweichen. Immer mehr Bauern, die von den Stadtbehörden zu schwer besteuert wurden, begaben sich unter das Patronat mächtiger Großgrundbesitzer, die in der Umgebung Landgüter besaßen und hohe Funktionen im Heer oder der Reichsverwaltung bekleideten. Diese Mächtigen schenkten den *curiales* in den Städten immer weniger Beachtung.

Ihre Landgüter (**Villen**) wurden gleichsam ‚Inseln' in den Territorien der Stadtregierungen, wo die Großgrundbesitzer selbst regierten und die städtischen Verwaltungen nichts zu bestimmen hatten. Die Villen wurden immer größer und bekamen eigene Werkstätten, kleine Privatarmeen und eigene Geldumläufe. Sie wurden zu fast geschlossenen wirtschaftlichen Einheiten. Zahlreiche Bauern und Handwerker siedelten sich auf den Villengebieten an und suchten hier Schutz vor plündernden Feinden, Banditen und den Steuereintreibern der *curiales*. Mit der Zeit aber wurden die Bauern auf den Villen genauso unterdrückt wie die Bauern, die noch selbständig waren und von den *curiales* ausgebeutet wurden. Im fünften Jahrhundert wüteten in Gallien große Bauernaufstände, und überall verstärkten entlaufene Bauern die Reihen der Räuberbanden.

Zahlreiche Städte verfielen weitgehend. Ihre Märkte verloren wichtige Kundengruppen vom Lande, weil die Villen nahezu geschlossene Wirtschaftsbereiche bildeten und selber Werkstätten hatten, und auch weil die Verarmung auf dem Lande im fünften Jahrhundert noch weiter fortschritt (vgl. S. 207). Die Stadträte sahen ihre besten und reichsten Mitglieder austreten, nahmen immer weniger Steuern ein und konnten die städtischen Einrichtungen nicht mehr instandhalten. Manchmal mußten Großgrundbesitzer aus der Umgebung und/oder christliche Bischöfe sich der Reste einer Gemeinde und der Verwaltung annehmen.

In der westlichen Reichshälfte, namentlich in Gallien, Britannien, dem Rheinland und den Donauländern, führte dieser Prozeß viel weiter als in der östlichen Reichshälfte, Nordafrika und Teilen von Spanien und Italien.

Im Osten und in Nordafrika lebte eine größere Anzahl von Reichen weiterhin in den Städten und wußten die Städte ihre wirtschaftlichen Funktionen besser zu behaupten. Spanien und Italien nahmen eine Zwischenstellung ein. Am besten behaupteten sich die großen Residenzen der Kaiser (im Westen z.B. Trier und Mailand) und die übrigen Städte, die für die Reichsregierung von Bedeutung waren. In diesen Städten gab es Behörden des zentralen und provinzalen Verwaltungsapparats, Gerichtshöfe und kaiserliche Werkstätten. Solche Städte übten auf Menschen aus allen Ständen, die im kaiserlichen Dienst Karriere machen wollten, eine starke Anziehungskraft aus.

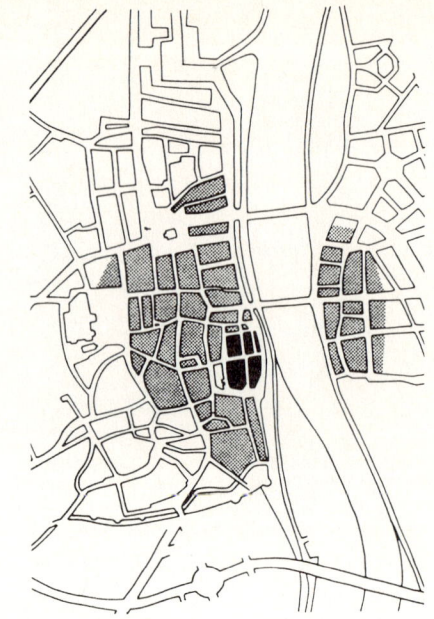

91b
Die Ausdehnung des römischen Maastricht zu seiner Blütezeit (grau) und, das Kastell, der Konsolidationspunkt im vierten Jahrhundert (schwarz), in dem die restliche Bevölkerung noch einige Generationen lang lebte.
Aus: Rottier. H.: *Stedelijke Structuren*, S. 84. Muiderberg: Coutinho 1980.

Das christliche Reich

Nach 312/3 bekehrten sich zahllose Menschen aus pragmatischen Motiven zum Christentum. Die Kirche wurde in der östlichen Reichshälfte und hier und da auch im Westen eine Volkskirche, die von einer hierarchisch gegliederten Geistlichkeit geleitet wurde. Die christlichen Gemeinden verloren ein wenig von ihrer Selbständigkeit und bildeten langsam regionale Gruppen,

92 (S. 217)
In der christlichen Kunst wurden im fünften Jahrhundert n.Chr. in Italien noch prachtvolle Resultate erzielt, wie etwa in S. Vitale zu Ravenna zu sehen ist. Ravenna war die wichtigste Residenz der letzten weströmischen Kaiser. Foto: Marburg, Fotoarchiv.

unter der Führung der Bischöfe von Rom (Italien und die übrigen westeuropäischen Reichsteile), Karthago (Nordafrika), Alexandrien (Ägypten), Konstantinopel (der Balkan und Kleinasien), Antiocheia (Syrien) und Jerusalem (Palästina). Die Christen im Perserreich wurden von den Bischöfen von Edessa und Seleukeia geführt.

Im Perserreich sind die Christen, ebenso wie die Juden, immer eine verachtete Minderheit geblieben. Wir werden uns weiterhin auf die Christenheit im Römischen Reich beschränken.

Im Gegensatz zur Geistlichkeit bestand die Masse der Gläubigen nicht mehr auf den alten strengen Vorschriften. Jetzt, da das Reich von christlichen Kaisern geführt wurde und es in zunehmendem Maße mit der Christenheit identifiziert wurde, durften die Laien (= Nichtgeistliche) Krieg führen und in der Verwaltung tätig sein. Die Bischöfe wurden wichtige Funktionsträger in den Städten und von Constantin mit einem Teil der Rechtsprechung betraut.

Die Kirche wurde schnell reicher. Viele hinterließen ihre Besitztümer den christlichen Gemeinden, und Constantin erließ den Kirchen und Bischöfen einige schwere Steuern und Dienste.

Nicht alle Christen waren begeistert. Abweichende Sekten lehnten nach wie vor das Reich als ein irdisches Übel ab. Andere Christen beharrten auf der alten christlichen Auffassung, daß die Kriege der Kaiser von geringerer Bedeutung seien als der geistige Kampf gegen den Teufel und seine bösen Mächte. Man sieht im vierten Jahrhundert das Aufkommen der Eremiten, Asketen und Mönche, die sich durch Enthaltsamkeit für das Gebet als Waffe in diesem geistigen Kampf von allem Irdischen befreiten. Sie hielten nicht viel vom klassischen Erbe (Kunst, Literatur). Andere Christen dagegen übernahmen immer mehr aus der antiken Philosophie und Wissenschaft und folgten in ihren Werken den alten griechischen und lateinischen Schriftstellern nach. Somit schufen sie eine christliche Variante der klassischen Kultur. Das vierte Jahrhundert und der erste Teil des fünften Jahrhunderts waren das Zeitalter der großen Kirchenväter. Ihre Werke haben bis tief in die moderne Zeit in den christlichen Kirchen Autorität gehabt. Der bekannteste von ihnen ist Augustin (354–429), Bischof von Hippo in Nordafrika, der die Bedeutung des Römischen Reiches relativierte. Für ihn kam der Staat Gottes, das Himmelreich, das einmal auf Erden kommen werde, an erster und die kämpfende Kirche auf Erden an zweiter Stelle. Diese kämpfende Kirche lebte in der bösen irdischen Welt und bot bereits einen Vorgeschmack und eine Abspiegelung von der triumphierenden Kirche im Himmel und auf der neuen Erde. Man sieht hier eine Kombination von Platons Ideenwelt (S. 95) und der christlichen Botschaft.

In der Spätantike wurde im Osten und in Nordafrika das Christentum die vorherrschende Religion, der Westen jedoch blieb vorwiegend heidnisch. Die nichtchristlichen Religionen florierten im Osten nur noch in entlegenen Gegenden auf dem Lande und unter griechischen Intellektuellen und Honoratioren in den Städten, welche die klassische literarische Kultur der Griechen als eine Alternativreligion hegten. Sie fühlten sich zu einer neuen Form des Platonismus, die Mitte des dritten Jahrhunderts im Kreise des in Rom wirkenden Philosophen **Plotin** entstanden war, hingezogen. Dieser Neoplatonismus war nicht auf das politische Leben gerichtet, sondern auf persönliche spirituelle Erfahrungen und hatte einen mystischen Einschlag (das nach einem langen Studium plötzliche Erkennen einer höheren Realität in einem Augenblick der ‚Erleuchtung').

Der einzige nichtchristliche Kaiser dieser Zeit, **Julian** (361–363), fühlte sich zu dieser Strömung hingezogen. Er versuchte noch einmal das Rad der Geschichte zurückzudrehen und den Sieg des Christentums rückgängig zu machen. Auch versuchte er zum Regierungssystem des zweiten Jahrhunderts n.Chr. zurückzukehren. Seine ‚nostalgische Reaktion' hatte keinen Erfolg, da er nur zwei Jahre regierte. Im Jahre 363 kam er bei einem großen Feldzug gegen die Perser ums Leben.

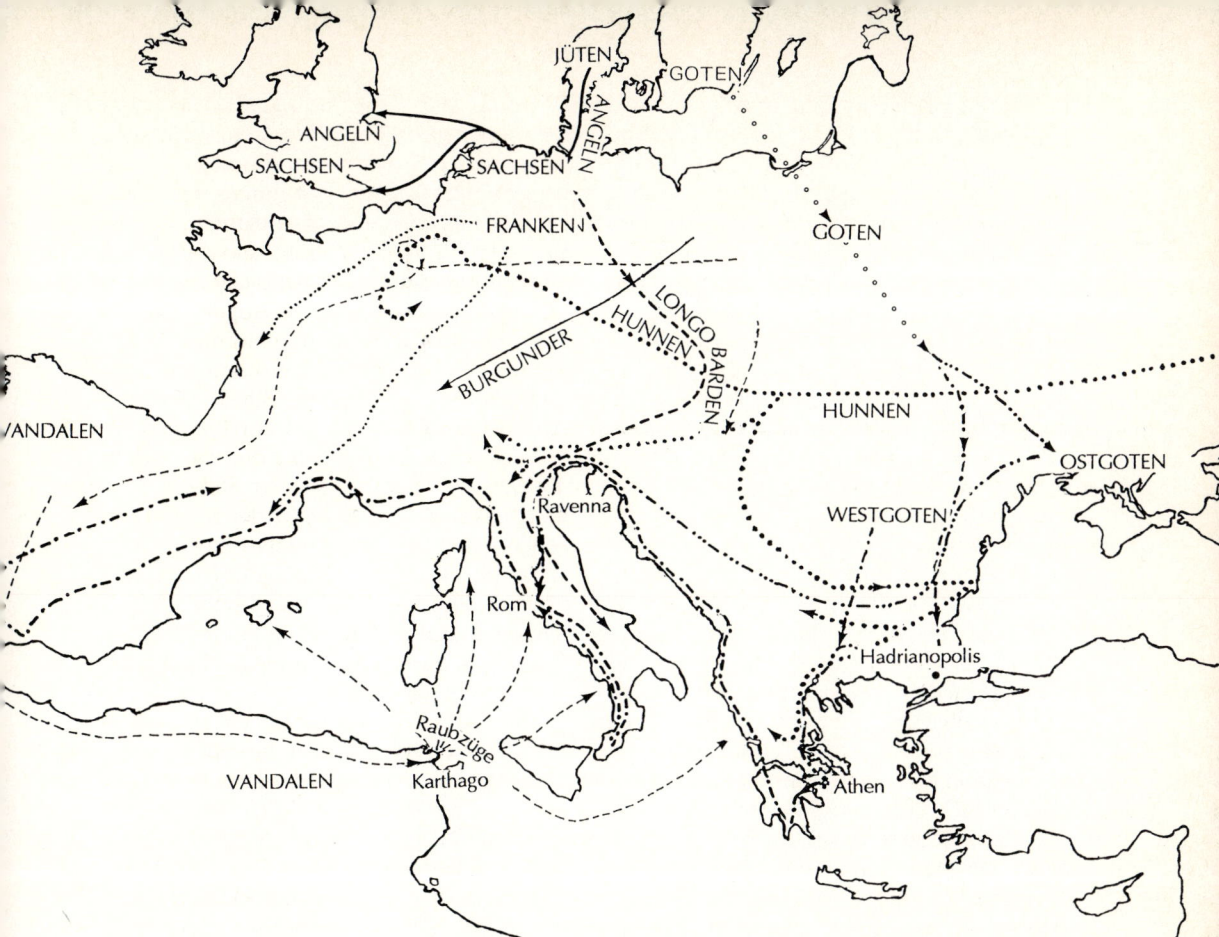

Karte 33
Die Völkerwanderungen und der Niedergang des Weströmischen Reiches im fünften Jahrhundert n.Chr.

——— Angeln, Sachsen, Jüten
– – – Vandalen
– – – Longobarden (ca. 600)
······· Hunnen
° ° ° Goten
—·—· Westgoten
—··—·· Ostgoten
———— Burgunder
············ Franken

380 machten Kaiser **Theodosius der Große** (379–395) und sein Mitkaiser Gratian (375-383, Kaiser im Westen) das **Christentum** zur **Staatsreligion**. Die nichtchristlichen Religionen wurden verboten.

Das Ende des Weströmischen Reiches

Im Jahre 378 errangen die **Westgoten** (S. 202) bei Hadrianopolis (Karte 33) einen großen Sieg über den oströmischen Kaiser Valens. Danach erzwangen sie, daß sie sich als Stamm, unter eigener Verwaltung, innerhalb der Grenzen des Römischen Reiches ansiedeln durften, und ließen sich auf dem Balkan, im heutigen Bulgarien, nieder.

Im Jahre 406 kamen die westlichen Germanenstämme scharenweise über den Rhein und erzwangen ähnliche Verträge. Ebenso wie die Westgoten, sollten auch sie Truppen stellen und Steuern zahlen.

Infolge von Konflikten mit den römischen Behörden über Steuern begannen die Westgoten wieder zu wandern. Sie zogen über den Balkan, fielen in Italien ein und plünderten im Jahre 410 Rom; ein Ereignis, das auf die ganze römische Welt einen tiefen Eindruck machte. Danach ließen sich die Westgoten in Südwestgallien und Nordspanien nieder. Nordgallien geriet in fränkische Hände, die Sachsen fielen in Britannien ein und die Vandalen eroberten Nordafrika. Letztere verhinderten die Nahrungszufuhr von Afrika nach Rom, so daß die Stadt in ernste Schwierigkeiten geriet. Im fünften Jahrhundert begann für die Stadt Rom eine lange Periode des Niedergangs und der Bevölkerungsabnahme. Das spätere mittelalterliche Rom war keine große Stadt. Die germanischen Stämme im Reich entzogen sich immer mehr der Gewalt der weströmischen Kaiser und gründeten selbständige Königreiche. Nach den ersten Jahren des fünften Jahrhunderts beherrschten die weströmischen Kaiser nur noch Italien und die umliegenden Inseln.

Die Bevölkerung in den westlichen Reichsteilen unterwarf sich ohne viel Widerstand den germanischen Herrschern. Diese neuen Herren verlangten weniger Steuern als die römischen Kaiser und übernahmen das Regierungssystem, das sie vorfanden. Auch sie waren bereits lange Zeit von der römischen Kultur beeinflußt worden. Manche germanischen Stämme waren bereits zu einer (nicht-orthodoxen) Form des Christentums übergetreten, bevor sie sich im Römischen Reich niederließen. Die Großgrundbesitzer begannen mit der germanischen Aristokratie zusammenzuarbeiten und auch dynastische Ehen mit ihr zu schließen, obwohl sie viel Land an die neuen Herren abzutreten hatten. Im Jahre 476 endete in Italien das Kaisertum. Ein germanischer General, Odoakar, übernahm die Führung und wurde König der Germanen in Italien. Das Oströmische (= Byzantinische) Reich konnte sich noch das ganze Mittelalter über behaupten. Im 6. Jahrhundert wußte der oströmische Kaiser **Justinian** (527–565) Italien, Nordafrika und Südspanien wiederzuerobern, aber zwischen 630 und 650 wurde durch den arabischen Sturmlauf das Oströmische Reich auf Kleinasien, Griechenland, Sizilien und die Küste Süditaliens reduziert. Italien fiel in den letzten Jahrzehnten des 6. Jahrhunderts den Langobarden, Germanen aus Mitteleuropa, in die Hände. Nach weiteren Gebietsverlusten im Westen (Italien) und Osten (an die Türken, die nach 1060 in Kleinasien vorrückten), hörte im Jahre 1453, als die Türken die Hauptstadt Konstantinopel einnahmen, das Oströmische Reich auf zu existieren.

Das Oströmische Reich war ein christlicher Staat, mit einer griechischsprachigen Elitekultur, einem römischen Gesetzbuch und Verwaltungssystem und der pompösen Hofhaltung der Spätantike. In diesem Reich ist die griechisch-orthodoxe Form des Christentums zur vollen Entwicklung gekommen, und von diesem Reich ist ein wichtiger kultureller Einfluß auf das spätmittelalterliche Italien, die arabischen und türkischen Staaten und die slavischen Völker in Ost- und Südosteuropa ausgegangen.

Appendizes

1 Griechische und römische Namen

Die Griechen hatten einen Vornamen und fügten ihm den Namen ihres Vaters hinzu. Im demokratischen Athen wurde der Vatername durch die Bezeichnung der *deme*, aus der der Bürger stammte, ersetzt. In der Praxis blieb daneben auch der Vatername gebräuchlich.

Die Römer hatten drei Namen: einen Vornamen, einen Familiennamen und einen Beinamen, zur Unterscheidung gleichnamiger Angehöriger der Familien. Der Vorname wurde in Schriftstücken oft abgekürzt: A. = Aulus, M. = Marcus, C. = Gaius, P. = Publius, Cn. = Gnaeus, T. = Titus, Tib. = Tiberius, S. = Sextus und Q. = Quintus. Caesar zum Beispiel hieß offiziell C. Iulius Caesar. Wenn jemand in eine Familie adoptiert wurde, erhielt er den Familiennamen und den Beinamen seiner neuen Familie. Er behielt seinen Vornamen und fügte hinter seinen vollständigen neuen Namen einen zusätzlichen Beinamen. Dieser Beiname war von seinem ursprünglichen Familiennamen abgeleitet. Als C. Octavius durch eine testamentarische Verfügung von Cäsar als Sohn angenommen wurde, hieß er von da an: Gaius Iulius Caesar Octavianus. Es folgen einige in diesem Buch behandelte Römer:

- P. Cornelius Scipio Africanus (ein zusätzlicher Beiname wegen seines Sieges über die Karthager in Nordafrika im Jahre 202 v.Chr.)
- M. Porcius Cato
- Tib. und C. Sempronius Gracchus
- C. Marius (in seinem Fall wurde kein Beiname gebraucht)
- L. Cornelius Sulla
- M. Licinius Crassus
- Cn. Pompeius (sein Vater führte den Namen Strabo, der jedoch bei Pompeius immer weggelassen wurde).

Der Kürze halber verwenden wir manchmal nur einen oder zwei der Namen (Caesar, Tib. Gracchus).

2 Griechisches und römisches Geld

Im klassischen Athen gab es folgende Münzeinheiten:
1 Talent = 6000 Drachmen (Silber)
1 Drachme = 6 Obolen
100 Drachmen = 1 Mine

Es gab Münzen von vier Drachmen (Silber). Zu Perikles' Zeiten betrug ein auskömmlicher Tageslohn eine Drachme; ein Bürger erhielt 2 Obolen, wenn er einer Sitzung des Rates der 500 oder einem Volksgericht beiwohnte. Talent und Mine waren Rechnungseinheiten.

Im Römischen Reich gab es die folgenden Münzeinheiten:
1 *aureus* = 25 Denare (der *aureus* war ein Goldstück, Denare waren aus Silber);
1 Denar = 4 Sesterzen
1 Sesterz = 4 Asse (= 2 *dupondii*) (Kupfergeld)

Ein Monatslohn, mit dem jemand ca. 60 n.Chr. im teuren Rom auskommen konnte, bestand aus fünf *modii* (45 Liter) Getreide und fünf Denaren. Ein Legionssoldat erhielt zu dieser Zeit 225 Denare im Jahr, worin sein Lebensunterhalt einbegriffen war. Legionäre wurden nicht übermäßig gut bezahlt, gehörten jedoch sicherlich nicht zu den Kleinstverdienern.

3 Römische Kaiser

Das iulisch-claudische Haus:
Augustus   27 v.Chr.–14 n.Chr.
Tiberius   14–37 n.Chr.
Caligula   37–41
Claudius   41–54
Nero   54–68

Iulisch – abstammend von C. Iulius Caesar Augustus, denn so hieß dieser seit 27 v.Chr. Augustus hatte selber nur eine Tochter, Iulia, von der wiederum Caligula und Nero abstammten. Augustus' letzte Frau (nicht die Mutter Iulias) hieß Livia und war bereits mit Tib. Claudius Nero (Claudius war sein Familienname, Nero sein Beiname) verheiratet gewesen. Sie hatte schon zwei Söhne, als sie Augustus heiratete: Tiberius und Drusus (Tib.

Das iulisch-claudische Haus
I = Iulii
C = Claudii

Agrippa: ein wichtiger General des Augustus, der von 44 bis 13 v.Chr. mit ihm zusammengearbeitet hat. Er starb im Jahre 12 v.Chr. Seine Söhne Gaius und Lucius wurden von Augustus als Söhne adoptiert, sind jedoch in den Jahren 4 und 2 n.Chr. in jungem Alter gestorben.

Germanicus: wichtiger General in den Germanenkriegen von 14-16 n.Chr. Sohn des Drusus, Adoptivsohn des Tiberius (und deshalb ein Iulius) und sein designierter Nachfolger. Er starb jung, im Jahre 19 n.Chr.

Nero wurde von Claudius adoptiert, obwohl Claudius einen eigenen Sohn hatte (Britannicus). Nero stammte jedoch in weiblicher Linie von Augustus ab und konnte also bessere Zeugnisse vorweisen.

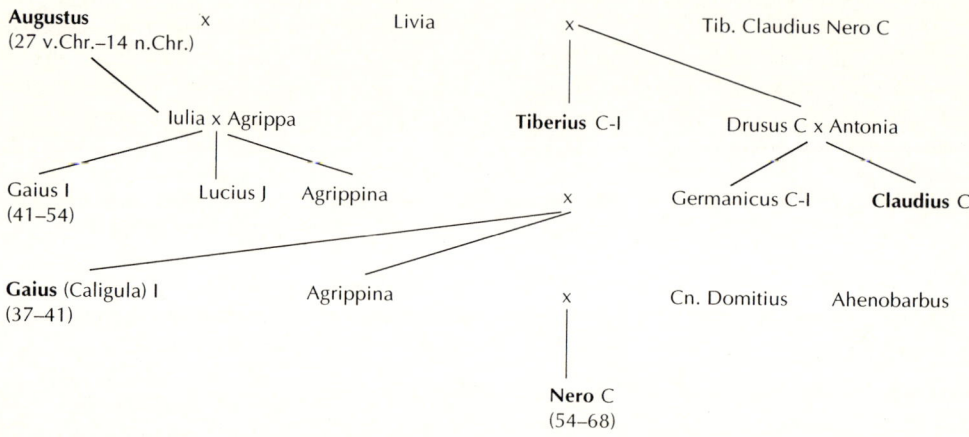

Claudius Nero und M. Claudius Nero Drusus. Drusus war der Beiname von Livias Vater, T. Livius Drusus). Kaiser Claudius stammte von diesem zweiten Sohn, Drusus, ab.

Tiberius (14-37) war in die iulische Familie adoptiert worden, Claudius jedoch nicht. Deshalb sprechen wir vom iulisch-claudischen Haus.

68-69 Vierkaiserjahr:
Galba
Otho
Vitellius
Vespasian (T. Flavius Vespasianus) 69-79
Mit Vespasian begann die Dynastie der Flavier. Nach ihm regierten seine beiden Söhne:
Titus   79-81
Domitian   81-96
Nach dem Mord an Domitian folgt die Periode der Adoptivkaiser:
Nerva   96-98
Traian   98-117

Hadrian   117-138
Antoninus Pius   138-161
Mark Aurel   161-180.
Mark Aurels Nachfolger war sein Sohn Commodus 180-192.
Nach diesem folgten Thronstreitigkeiten und eine zeitweilige Aufsplitterung der Macht; im Jahre 193 regieren nacheinander Pertinax und Didius Iulianus und dann gleichzeitig Pescennius Niger in Syrien, Clodius Albinus im Nordwesten und Septimius Severus in den übrigen Teilen des Reiches. Albinus konnte sich bis 197 neben Septimius Severus behaupten. Danach regierte Septimius Severus alleine bis 211.
Die Kaiser aus seiner Familie waren:
Caracalla   211-217; dessen Nachfolger war Macrinus, ein erfolgreicher Prätendent, von 217-218
Elagabal   218-222
Alexander Severus 222-235.

Die Soldatenkaiser der Krisenzeit im dritten Jahrhundert:

Maximinus Thrax	235–238
Gordian I. und II.	238
Gordian III.	238–244
Philippus Arabus	244–249
Decius	249–251
Trebonianus Gallus	251–253
Valerian	253–260
Gallienus (als Mitkaiser seines Vaters Valerian)	253–260
(als Alleinherrscher)	260–268
Claudius II. Gothicus	268–270
Aurelian	270–275
Tacitus	275–276
Probus	276–282.
Carus und seine beiden Söhne (Carinus und Numerian)	282–284.

In diese Übersicht wurden nur jene Kaiser aufgenommen, die noch einigermaßen als offizielle Kaiser des ganzen Reiches betrachtet werden können. Die zahlreichen Prätendenten wurden nicht erwähnt.

Die Spätantike: Diokletian, sein Mitkaiser Maximian (Mailand) und die Unterkaiser Galerius (Osten) und Constantius Chlorus (Trier) regieren von 284–305 (Diokletian selbst), 286–305 (Maximian), 293–306 (Constantius) und 293–311 (Galerius, ab 305 als wichtigster Kaiser im Osten).

Danach kam das Haus des Constantius Chlorus an die Macht:

sein Sohn Constantin der Große 306–337 (bis 312 in Trier, dann bis 324 nur in der westlichen Hälfte);

Constantius II.	337–361 (bis 350 zusammen mit Constans)
Iulian	361–363 (der letzte aus diesem Haus)

Valentinian I. (Westhälfte) 364–375 und Valens (im Osten) 364–378.

Gratian (Sohn des Valentinian I.) 375-383 (in der westlichen Reichshälfte) zusammen mit Theodosius I. (379–394 in der östlichen Reichshälfte und in seinem letzten Jahr, 394–395, über das ganze Reich). Im Osten wurde seine Nachfolge von Arcadius (395-408) und Theodosius II. (408–450) angetreten und im Westen von Honorius (395–423).

Weiterführende Literatur

1 Allgemein

Cambridge Ancient History I–IX[2]; X–XII.

Roebuck, C.: *The World of Ancient Times*, New York: 1965 oder spätere Auflage.

Starr, C.G.: *A History of the Ancient World*. Oxford/New York[2]: 1990.

Boardman, J. u.a.: *The Oxford History of the Classical World*. Oxford: 1986.

Meyer, E.: *Einführung in die antike Staatskunde*. Darmstadt: 1968 oder spätere Auflage.

Christ, K: *Neue Profile der Alten Geschichte*. Darmstadt: 1990.

Grant, M.: *A Guide to the Ancient World: A Dictionary of Classical Names*. New York: 1986.

Finley, M.I.: *Quellen und Modelle in der Alten Geschichte*. Frankfurt: 1987.

Bengtson, H.: *Einführung in die Alte Geschichte*. München[8]: 1993.

Brockmeyer, N.: *Sozialgeschichte der Antike*. Stuttgart[2]: 1974 oder spätere Auflage.

Kloft, H.: *Sozialmaßnahmen und Fürsorge. Zur Eigenart antiker Sozialpolitik*: 1988.

Kloft, H.: *Die Wirtschaft der griechisch-römischen Welt*. Darmstadt: 1992.

Pomeroy, S.B.: *Frauenleben im klassischen Altertum*. Stuttgart: 1985.

Pomeroy, S.B., Hrsg.: *Women's History and Ancient History*. Chapel Hill/London: 1991.

Cameron, A. & A. Kuhrt: *Images of Women in Antiquity*. London: 1983.

Pékary, Th.: *Die Wirtschaft der griechisch-römischen Antike*. Wiesbaden[2]: 1979.

Finley, M.I.: *Die antike Wirtschaft*. München[2]: 1980.

Kolb, F.: *Die Stadt im Altertum*. München: 1984.

Owens, E.J.: *The City in the Greek and Roman World*. London: 1991.

Rich, J. & A. Wallace-Hadrill, Hrsg.: *City and Country in the Ancient World*. London/New York: 1991.

Garnsey, P.D.A. & C.R. Whittaker: *Trade and Famine in Classical Antiquity*. Cambridge: 1983.

Casson, L.: *Reisen in der alten Welt*. München: 1976.

Rougé, J.: *Ships and Fleets of the Ancient Mediterranean*. New York: 1981.

Meijer, F.J.: *Greece, Rome and the Sea*. London: 1986.

White, K.D.: *Greek and Roman Technology*. New York: 1984.

Garnsey, P.D.A. u.a.: *Non-Slave Labour in the Greco-Roman World*. Cambridge: 1980.

Vogt, J.: *Sklaverei und Humanität*. Wiesbaden[2]: 1972.

Finley, M.I.: *Die Sklaverei in der Antike. Geschichte und Probleme*. Frankfurt: 1987.

Finley, M.I.: *Das politische Leben in der antiken Welt*. München: 1991.

Garlan, Y.: *War in the Ancient World. A Social History*. London: 1975.

Garnsey, P.D.A. & C.R. Whittaker, Hrsg.: *Imperialism in the Ancient World*. Cambridge: 1987.

Larsen, M.T., Hrsg.: *Power and Propaganda. A Symposium on Ancient Empires*. Kopenhagen: 1979.

Versnel, H.S.: *Faith, Hope and Worship. Aspects of Religious Mentality in the Ancient World*. Leiden: 1981.

Burkert, W.: *Ancient Mystery Cults*. London, 1987.

Long, Ch.R.: *The Twelve Gods of Greece and Rome*. Leiden: 1987.

Beard, M. & J. North, Hrsg.: *Pagan Priests. Religion and Power in the Ancient World*. New York/Ithaca: 1990.

Hare, R.M., J. Barnes & H. Chadwick: *Founders of Thought: Plato, Aristotle, Augustine*. Oxford: 1991.

Lloyd, G.E.R.: *The Revolutions of Wisdom. Studies in the Claims and Practice of Early Greek Science*. Berkeley/Oxford: 1988.

Phillips, E.D.: *Ancient Medicine*. London: 1972.

Grmek, M.D.: *Diseases in the Ancient World*. Baltimore: 1989.

Woodford, S.: *Cambridge Introduction to the History of Art, Greece and Rome*. Cambridge: 1982.

Easterling P.A. u.a.: *The Cambridge History of Classical Literature I: Greek Literature*. Cambridge: 1985.

Moxon, I.S., J.D. Smart & A.J. Woodman, Hrsg.: *Past Perspectives. Studies in Greek and Roman Historical Writing*. Cambridge: 1986.

Gentili, B.: *History and Biography in Ancient Thought*. Amsterdam: 1988.

Wiseman, T.P.: *Clio's Cosmetics. Three Studies in Greco-Roman Literature*, Leicester: 1979.

Woodman, A.J.: *Rhetoric in Classical Historiography*. London: 1988.

Seters, J. van: *In Search of History. Historiography in the Ancient World and the Origin of Biblical History*. New Haven/London: 1983.

Marrou, H.I.: *Geschichte der Erziehung im klassischen Altertum*. München: 1977.

Barrow, R.: *Greek and Roman Education*. London: 1976.

Harris, W.V.: *Ancient Literacy*. Cambridge, Mass.: 1989.

Reynolds, L.D. & N.G. Wilson: *Scribes and Scholars. A Guide to the Transmission of Greek and Latin Literature*. Oxford[3]: 1991.

2 Der alte Nahe Osten
Allgemein

Frankfort, H. u.a.: *Before Philosophy. The Intellectual Adventure of Ancient Man*. Harmondsworth: 1977.

Nissen, H.J.: *Grundzüge einer Geschichte der Frühzeit des Vorderen Orients*. Darmstadt: 1983.

Knapp, A.B.: *The History and Culture of Western Asia and Egypt*. Chicago: 1988.

Ägypten

Otto, E.: *Ägypten, Der Weg des Pharaonenreiches*. Stuttgart[5]: 1979 oder spätere Auflage.
James, T.G.H.: *An Introduction to Ancient Egypt*. London 1979.
Kemp, B.J.: *Ancient Egypt. Anatomy of a Civilization*. London: 1991.
David, A.R.: *The Ancient Egyptians*. London: 1982.
Brunner, H.: *Altägyptische Religion: Grundzüge*. Darmstadt: 1989.
Brunner-Traut, E.: *Frühformen des Erkennens am Beispiel Altägyptens*. Darmstadt: 1990.
Trigger, B.G., B.J. Kemp, D. O'Connor und A.B. Lloyd: *Ancient Egypt. A Social History*. Cambridge: 1983.
Bowman, A.K.: *Egypt after the Pharaohs, 332 B.C.– A.D. 624, from Alexander to the Arab Conquest*. London: 1986.
Goudriaan, K.: *Ethnicity in Ptolemaeic Egypt*. Amsterdam: 1988.

Vorderasien

Postgate, J.N.: *Early Mesopotamia. Society and Economy at the Dawn of History*. London: 1992.
Oppenheim, A.L.: *Ancient Mesopotamia. Portrait of a Dead Civilization*. Chicago[2]: 1977.
Kramer, S.N.: *The Sumerians*. Chicago: 1963 oder spätere Auflage.
Crawford, H.: *Sumer and the Sumerians*. Cambridge: 1991.
Oates, J.: *Babylon*. London: 1979.
Oates, D. & J.: *The Rise of Civilization*. Amsterdam: 1977.
Postgate, J.N.: *The First Empires*. Amsterdam: 1977.
Klengel, N.: *Hammurapi von Babylon und seine Zeit*. Berlin: 1977.
Gurney, O.R.: *The Hittites*. Harmondsworth: 1976 oder spätere Auflage.
Harden, D.B.: *The Phoenicians*. Harmondsworth: 1971 oder spätere Auflage.
Moscati, S.: *The World of the Phoenicians*, London: 1973.
Cogan, M.: *Imperialism and Religion: Assyria, Judah and Israel in the Eighth and Seventh Century b.C.E.* Missoula (Montana): 1974.
Sancisi-Weerdenburg, H. u.a., Hrsg.: *Achaemenid History I–VII*. Leiden: 1987–1992.
Jacobsen, Th.: *The Treasures of Darkness. A History of Mesopotamian Religion*. London/New Haven: 1976.
Hayes, J.H. & J.M. Miller, Hrsg.: *Israelite and Judaean History*. London: 1977.
Maier, J.: *Geschichte des Judentums im Altertum*. Darmstadt: 1989.
Hengel, M.: *Juden, Griechen und Barbaren. Aspekte des Judentums in vorchristlicher Zeit*. Stuttgart: 1976.
Feldman, H.: *Jew and Gentile in the Ancient World*. Princeton: 1993.
Silver, M.: *Economic Structures of the Ancient Near East*. London: 1986.

Schippmann, K.: *Grundzüge der parthischen Geschichte*. Darmstadt: 1980.
Schippmann, K.: *Grundzüge der Geschichte des Sasanidischen Reiches*. Darmstadt: 1990.
Huss, W.: *Geschichte der Karthager*. München: 1985.

3 Die Griechen

Allgemein

Bengtson, H.: *Griechische Geschichte. Von den Anfängen bis in die römische Kaiserzeit*. München[5]: 1977.
Welwei, K.W.: *Die griechische Polis. Verfassung und Gesellschaft in archaischer und klassischer Zeit*. Stuttgart: 1983.
Will, E., C. Mossé & P. Goukowsky: *Le monde grec et l'Orient I–II*. Paris: 1975 (Teil I reicht bis ins 5. Jahrhundert v.Chr., Teil II behandelt das 4. Jahrhundert v.Chr. und das hellenistische Zeitalter).
Ehrenberg, V.: *Der Staat der Griechen*. Zürich/Stuttgart: 1965 oder spätere Auflage.
Austin, M.M. & P. Vidal-Naquet: *Gesellschaft und Wirtshaft im alten Griechenland*. München: 1984.
Gschnitzer, F.: *Griechische Sozialgeschichte*. Stuttgart: 1982.
Croix, G.E.M. de Ste.: *The Class Struggle in the Ancient Greek World*. Ithaca/New York/London: 1981.
Hopper, R.J.: *Handel und Industrie im klassischen Griechenland*. München: 1982.
Dodds, E.R.: *Die Griechen und das Irrationale*. Darmstadt[2]: 1991.
Burkert, W.: *Griechische Religion der archaischen und klassischen Epoche*. Stuttgart: 1977.
Graf, F.: *Griechische Mythologie*. Zürich[2]: 1987.
Garland, R.: *The Greek Way of Death*. London: 1985.
Flacelière, R.: *Love in Ancient Greece*. Westport, Conn.: 1977.
Pleket, H.W.: Zur Soziologie des antiken Sports, in: *Mededelingen van het Nederlandse Instituut in Rome* 36, 1974, S. 57-87.

Das frühe Griechenland

Chadwick, J.: *The Mycenaean World*. Cambridge: 1976.
Murray, O.: *Das frühe Griechenland*. München: 1982.
Murray, O. & S.R.F. Price, Hrsg.: *The Greek City from Homer to Alexander*. Oxford: 1990.
Snodgrass, A.: *Archaic Greece. The Age of Experiment*. London: 1980.
Finley, M.I.: *Die frühe griechische Welt*. München: 1982.
Forrest, W.G.: *Wege zur hellenischen Demokratie. Staatsdenken und politische Wirklichkeit von 800–400 v.Chr.* München: 1966.
Littman, R.J.: *The Greek Experiment. Imperialism and Social Conflict 800–400 B.C.* London: 1974.
Andrewes, A.: *The Greek Tyrants*. London: 1974.
Boardman, J.: *Kolonien und Handel der Griechen*. München: 1981.
Link, S.: *Landverteilung und sozialer Frieden im archaischen Griechenland*. Stuttgart: 1991.

Berve, H.: *Die Tyrannis bei den Griechen I–II*. München: 1967.

Cartledge, P.: *Sparta and Lakonia. A Regional History, 1300–362 B.C*. London: 1979.

Clauss, M.: *Sparta. Eine Einführung in seine Geschichte und Zivilisation*. München: 1983.

Finley, M.I.: *Das antike Sizilien*. München: 1992.

Das klassische Zeitalter

Webster, T.B.L.: *Athenian Culture and Society*. London: 1973.

Boersma, J.S.: *Athenian Building Policy*. Groningen: 1970.

Jones, A.H.M.: *The Athenian Democracy*. Oxford^3: 1978.

Bleicken, J.: *Die athenische Demokratie*. Paderborn: 1986.

Stockton, D.: *The Classical Athenian Democracy*. Oxford: 1990.

Connor, W.R.: *The New Politicians of Fifth-Century Athens*. Princeton: 1971.

Connor, W.R. u.a.: *Aspects of Athenian Democracy*. Kopenhagen: 1990.

Ober, J.: *Mass and Elite in Democratic Athens*. Princeton: 1989.

Farrar, C.: *The Origins of Democratic Thinking. The Invention of Politics in Classical Athens*. Cambridge: 1988.

Fornara, C.W. & L.J. Samons II.: *Athens from Cleisthenes to Pericles*. Berkeley/Oxford: 1991.

Sinclair, R.K.: *Democracy and Participation in Athens*. Cambridge: 1988.

Hansen, M.H.: *Demography and Democracy. The Number of Athenian Citizens in the Fourth Century B.C*. Gjellerup: 1986.

Gardner, R.: *Law and Society in Classical Athens*. London: 1987.

Mikalson, J.D.: *Athenian Popular Religion*. Chapel Hill/London: 1983.

Meiggs, R.: *The Athenian Empire*. Oxford: 1972.

Lintott, A.W.: *Violence, Civil Strife and Revolution in the Classical City 750-330 B.C*. London: 1982.

Powell, A.: *Athens and Sparta: Constructing Greek Political and Social History from 478 B.C*. London: 1988.

Hornblower, S.: *Thucydides*, Baltimore: 1987.

Gehrke, H.J.: *Jenseits von Athen und Sparta. Das dritte Griechenland und seine Staatenwelt*. München: 1986.

Borza, E.N.: *In the Shadow of Olympus. The Emergence of Macedon*. Princeton: 1990.

Hansen, M.H.: *The Athenian Democracy in the Age of Demosthenes*. Oxford: 1991.

Mossé, C.: *Der Zerfall der athenischen Demokratie*. Zürich/München: 1979.

Der Hellenismus

Schneider, C.: *Kulturgeschichte des Hellenismus I–II*. München: 1967.

Walbank, F.W.: *Die hellenistische Welt*. München: 1983.

Will, E.: *Histoire politique du monde hellénistique 323-30 av. J.-C. I–II*. Nancy: 1966-1967.

Préaux, C.: *Le monde hellénistique. La Grèce et L'Orient 323–146 av. J.-C. I–II*. Paris: 1978.

Kuhrt, A. & A.N. Sherwin-White, Hrsg.: *Hellenism in the East*. London: 1987.

Tarn, W.W. & G.T. Griffith: *Hellenistic Civilization*. London: 1952^2 oder spätere Auflage.

Gehrke, H.-J.: *Geschichte des Hellenismus*. München: 1990.

Green, P.: *Alexander to Actium. The Hellenistic Age*. London: 1990.

Lane Fox, R.: *Alexander the Great*. London: 1973 oder spätere Auflage.

Lauffer, S.: *Alexander der Große*. Paderborn: 1979.

Will, W.: *Athen und Alexander*. München: 1983.

Bosworth, A.B.: *Conquest and Empire. The Reign of Alexander the Great*. Cambridge: 1988.

Gruen, E.S.: *The Hellenistic World and the Coming of Rome*. Berkeley: 1984.

4 Rom

Allgemein

Christ, K.: *Römische Geschichte. Einführung, Quellenkunde, Bibliographie*. Darmstadt^3: 1980.

Bengtson, H.: *Römische Geschichte*. München: 1967.

Boak, A.E.R. & W.G. Sinnigen: *A History of Rome to A.D. 565*. London: 1977.

Meyer, E.: *Römischer Staat und Staatsgedanke*. Zürich/Stuttgart: 1964 oder spätere Auflage.

Garnsey, P.D.A. & R.P. Saller: *Das römische Kaiserreich. Wirtschaft, Gesellschaft, Kultur*. Reinbek: 1989.

Wacher, J. u.a.: *The Roman World*. London: 1987.

Kunkel, W.: *Geschichte des römischen Rechts*. Köln/Graz: 1964.

Richardson, J.S.: *Roman Provincial Administration 227 B.C. – A.D. 117*. Basingstoke: 1976.

Stambaugh, J.E.: *The Ancient Roman City*. Baltimore/London: 1988.

Barton, I.M., Hrsg.: *Roman Public Buildings*. Exeter: 1989.

Robinson, O.F.: *Ancient Rome. City Planning and Administration*. London: 1992.

Alföldy, G.: *Römische Sozialgeschichte*. Stuttgart^3: 1984.

MacMullen, R.: *Changes in the Roman Empire. Essays in the Ordinary*. Princeton: 1990.

Keppie, L.: *The Making of the Roman Army. From Republic to Empire*. London: 1984.

Davies, R.W., Hrsg., D. Breeze & V.A. Maxfield: *Service in the Roman Army*. Edinburgh: 1989.

Künzl, E.: *Der römische Triumph. Siegesfeiern im antiken Rom*. München: 1988.

Veyne, P., Hrsg.: *From Pagan Rome to Byzantium. A History of Private Life*. Cambridge Mass.: 1987.

Martino, F. de: *Wirtschaftsgeschichte des alten Rom*. München: 1985.

Duncan-Jones, R.: *Structure and Scale in the Roman Economy*. Cambridge: 1990.

White, K.D.: *Roman Farming*. London: 1970.

Spurr, M.S.: *Arable Cultivation in Roman Italy, c. 200 B.C.–A.D. 100*. London 1986.

Flach, D.: *Römische Agrargeschichte*. München: 1990.

Neeve, P.W. de: *Colonus. Private Farm-tenancy in Roman Italy during the Republic and the Early Principate*. Amsterdam: 1984.

Rickman, G.: *The Corn-Supply of Ancient Rome*. Oxford: 1980.

Yavetz, Z.: *Slaves and Slavery in Ancient Rome*. Oxford: 1988.

Jongman, W.M.: *The Economy and Society of Pompeii*. Amsterdam: 1988.

Gardner, J.F.: *Women in Roman Law and Society*, London: 1987.

Rawson, B.: *The Family in Ancient Rome*. London: 1985. Und: *Marrriage, Divorce and Children in Ancient Rome*. Oxford: 1991.

Dixon, S.: *The Roman Mother*. London: 1988.

Bradley, K.R.: *Discovering the Roman Family. Studies in Roman Social History*. Oxford: 1991.

Bonner, S.F.: *Education in Ancient Rome*. London: 1977.

Wiedemann, Th.: *Adults and Children in the Roman Empire*. London: 1989.

Beard, M. u.a.: *Literacy in the Roman World*. Ann Arbor: 1991.

Flach, D.: *Einführung in die römische Geschichtsschreibung*. Bonn: 1985.

Ogilvie, R.M.: *The Romans and their Gods*. London: 1979.

Bremmer, J.N. & N.M. Horsfall: *Roman Myth and Mythography*. London: 1987.

Buchanan, D.: *Roman Sport and Entertainment*. London: 1976.

Jackson, R.: *Doctors and Diseases in the Roman Empire*. London: 1988.

Balsdon, J.P.V.D.: *Romans and Aliens*. London: 1980.

Wilson, R.J.A.: *Sicily under the Roman Empire. The Archaeology of a Roman Province, 36 B.C.–A.D. 535*. Warminster: 1990.

Keay, S.J.: *Roman Spain*. London: 1988.

Drinkwater, J.F.: *Roman Gaul. The Three Provinces 58 B.C.–A.D. 260*. London, 1983.

Es, W.A. van: *De Romeinen in Nederland*. Haarlem[3]: 1981.

Chadwick, N.: *The Celts*. London: 1984.

Rankin, H.D.: *Celts and the Classical World*. London: 1987.

Mildenberger, G.: *Sozial- und Kulturgeschichte der Germanen*. Stuttgart: 1970 oder spätere Auflage.

Heinen, H.: *Trier und das Trevererland in römischer Zeit*. Trier: 1985.

Lund, A.A.: *Zum Germanenbild der Römer. Eine Einführung in die antike Ethnographie*. Heidelberg: 1990.

Smallwood, E.M.: *The Jews under Roman Rule*. Leiden: 1976.

Lieu, J., J. North & T. Rajak: *The Jews among Pagans and Christians*. London: 1992.

Vermaseren, M.J.: *Die orientalischen Religionen im Römerreich*. Leiden: 1981.

Das frühe Rom und das Zeitalter der Republik

Alföldi, A.: *Das frühe Rom und die Latiner*. Darmstadt: 1977.

Raaflaub, K.A. u.a.: *Social Struggles in Archaic Rome: New Perspectives on the Conflict of the Orders*. Berkeley: 1986.

Ogilvie, R.M.: *Das frühe Rom und die Etrusker*. München: 1983.

MacNamara, E.: *The Etruscans*. London: 1990.

Hölkeskamp, K.-J.: *Die Entstehung der Nobilität. Studien zur sozialen und politischen Geschichte der römischen Republik*. Stuttgart: 1987.

Heurgon, J.: *Rome et la Méditerranée occidentale jusqu'aux guerres puniques*. Paris: 1969.

Scullard, H.H.: *A History of the Roman World 753–146 B.C.* London/New York[4]: 1991.

Brunt, P.A.: *Social Conflicts in the Roman Republic*. London: 1971 oder spätere Auflage.

Taylor, L.R.: *Roman Voting Assemblies*. Ann Arbor[2]: 1990.

Bleicken, J.: *Die Verfassung der römischen Republik*. Paderborn[2]: 1978.

Bleicken, J.: *Geschichte der römischen Republik*. München[3]: 1988.

Keaveney, A.: *Rome and the Unification of Italy*. London: 1987.

Gabba, E.: *Republican Rome. The Army and the Allies*. Oxford: 1976.

Harris, W.V.: *War and Imperialism in Republican Rome 327–70 B.C.* Oxford: 1979.

Dahlheim, W.: *Gewalt und Herrschaft. Das provinziale Herrschaftssystem der römischen Republik*. Berlin: 1977.

Crawford, M.H.: *Coinage and Money under the Roman Republic. Italy in the Second Century B.C.* Amsterdam: 1984.

Neeve, P.W. de: *Peasants in Peril. Location and Economy in Italy in the Second Century B.C.* Amsterdam: 1984.

Hopkins, K.: *Conquerors and Slaves*. Cambridge[2]: 1987.

Bradley, K.R.: *Slavery and Rebellion in the Roman World 140–70 B.C.* London: 1989.

Stockton, D.: *The Gracchi*. Oxford: 1980.

Beard, M. & M.H. Crawford: *Rome in the Late Republic*. London: 1985.

Badian, E.: *Römischer Imperialismus in der späten Republik*. Stuttgart: 1980.

Scullard, H.H.: *From the Gracchi to Nero. A History of Rome from 133 B.C. to A.D. 68*. London 1959 oder spätere Auflage.

Christ, K.: *Krise und Untergang der römischen Republik*. Darmstadt: 1979.

Blois, L. de: *The Roman Army and Politics in the First Century B.C.* Amsterdam: 1987.

Vanderbroeck, P.J.J.: *Popular Leadership and Collective Behavior in the Late Roman Republic (ca. 80–50 B.C.)*. Amsterdam: 1987.

Kühnert, B.: *Die plebs urbana der späten römischen Republik. Ihre ökonomische Situation und soziale Struktur*. Berlin: 1991.

Gelzer, M.: *Caesar. Der Politiker und Staatsmann*. München: 1960 oder spätere Auflagen.

Habicht, Chr.: *Cicero der Politiker*. München: 1990.

Wood, N.: *Cicero's Social and Political Thought*. Berkeley/Oxford: 1988.

Nippel, W.: *Aufruhr und Polizei in der römischen Republik*. Stuttgart: 1988.

Brunt, P.A.: *The Fall of the Roman Republic*. Oxford, 1988.

Kaiserzeit

Christ, K.: *Geschichte der römischen Kaiserzeit*. München: 1988.

Dahlheim, W.: *Geschichte der römischen Kaiserzeit*. München[2]: 1988.

Starr, C.G.: *The Roman Empire 27 B.C.-A.D. 476. A Study in Survival*. Oxford: 1982.

Millar, F.: *The Emperor in the Roman World*. London: [2]1991.

Hannestad, N.: *Roman Art and Imperial Policy*. Aarhus: 1986.

Halfmann, H.: *Itinera principum. Geschichte und Typologie der Kaiserreisen im römischen Reich*. Stuttgart: 1986.

Yavetz, Z.: *Plebs and Princeps*. London: 1969 oder spätere Auflage.

Bleicken, J.: *Verfassungs- und Sozialgeschichte des römischen Kaiserreiches I-II*. Paderborn: 1978/1980.

Vittinghoff, F., Hrsg.: *Europäische Wirtschafts- und Sozialgeschichte in der römischen Kaiserzeit*. Stuttgart: 1990.

Drexhage, H.J.: Handel, in: *Reallexikon für Antike und Christentum XIII*.

Campbell, J.B.: *The Emperor and the Roman Army, 31 B.C.-A.D. 235*. Oxford: 1984.

Webster, G.: *The Roman Imperial Army*. London: 1969 oder spätere Auflage.

Talbert, R.J.A.: *The Senate of Imperial Rome*. Princeton: 1984.

Saller, R.P.: *Personal Patronage under the Early Empire*. Cambridge: 1982.

Jones, A.H.M.: *Augustus*. London[2]: 1977.

Raaflaub, K.A., & M. Toher: *Between Republic and Empire. Interpretations of Augustus and his Principate*. Berkeley/Oxford: 1990.

Zanker, P.: *Augustus und die Macht der Bilder*. München: 1987.

Ramage, E.S.: *The Nature and Purpose of Augustus' Res Gestae*. Stuttgart: 1986.

Millar, F. & E. Segal, Hrsg.: *Caesar Augustus. Seven Aspects*. Oxford: 1984.

Seager, R.: *Tiberius*. London: 1972.

Levick, B.: *Claudius*. London: 1990.

Griffin M.T.: *Nero. The End of a Dynasty*. London: 1984.

Goodman, M.: *The Ruling Class of Iudaea. The Origins of the Jewish Revolt against Rome A.D. 66-70*. Cambridge: 1987.

Bengtson, H.: *Die Flavier*. München, 1979.

Price, S.R.F.: *Rituals and Power. The Roman Imperial Cult in Asia Minor*. Cambridge: 1984.

Jones, C.P.: *The Roman World of Dio Chrysostom*. Cambridge Mass.: 1978.

Jones, C.P.: *Culture and Society in Lucian*. London/Cambridge Mass.: 1986.

Lane Fox, R.: *Pagans and Christians in the Mediterranean World from the Second Century A.D. to the Conversion of Constantine*. London: 1986.

Birley, A.R.: *Mark Aurel. Kaiser und Philosoph*. München[2]: 1977.

Birley, A.R.: *Septimius Severus, the African Emperor*. London[2]: 1989.

Brauer, G.C.: *The Age of the Soldier Emperors*. Park Ridge: 1975.

Alföldy, G.: *Die Krise des römischen Reiches. Geschichte, Geschichtsschreibung und Geschichtsbetrachtung*. Stuttgart: 1989.

King, A. & M. Henig: *The Roman West in the Third Century*. Oxford: 1981.

Blois, L. de: *The Policy of the Emperor Gallienus*. Leiden: 1976.

Jones, A.H.M.: *The Decline of the Ancient World*. London/New York[3]: 1975.

Demandt, A.: *Die Spätantike. Römische Geschichte von Diocletian bis Justinian 284–565 n.Chr*. München: 1989.

Liebeschuetz, J.H.G.W.: *From Diocletian to the Arab Conquest: Change in the Late Roman Empire*. Aldershot: 1990.

Brown, P.: *Welten im Aufbruch. Die Zeit der Spätantike*. Bergisch Gladbach: 1980

Barnes, T.D.: *The New Empire of Diocletian and Constantine*. London: 1982.

MacMullen, R.: *Constantine*. London: 1987.

Vogt, J.: *Konstantin der Große und sein Jahrhundert*. München[2]: 1960.

Bowersock, G.W.: *Julian the Apostate*. London: 1980.

Thompson, E.A.: *Romans and Barbarians. The Decline of the Western Empire*. Madison: 1982.

Heather, P.: *Goths and Romans, A.D. 332–489*. Oxford: 1991.

Chadwick, H.: *Die Kirche in der antiken Welt*. Berlin: 1972.

Frend, W.H.C.: *Martyrdom and Persecution in the Early Church*. London: 1965 oder spätere Auflage.

Robert, L.: Une vision de Perpétue martyre à Carthage en 203 in: *Opera Minora Selecta V*, S. 791–839. Amsterdam: 1989.

Bartelink, G.J.M.: *Het vroege christendom en de antieke cultuur*. Muiderberg: 1986.

Blois, L. de & G.H. Kramer: *Kerk en vrede in de oudheid*. Kampen: 1986.

MacMullen, R.: *Christianizing the Roman Empire A.D. 100–400*. New Haven: 1984.

Brown, P.: *Die Keuschheit der Engel. Sexuelle Entsagung, Askese und Körperlichkeit am Anfang des Christentums*. München/Wien: 1991.

Hahn, J.: *Der Philosoph und die Gesellschaft*. Stuttgart: 1989.

Levine, L.J.: *The Synagogue in Late Antiquity*. Philadelphia: 1987.

Vogt, J.: *Der Niedergang Roms. Metamorphose der antiken Kultur*. Zürich: 1965.

Hahn, J.: *Gewalt und religiöser Konflikt. Studien zu den Auseinandersetzungen zwischen Christen, Heiden und Juden im Osten des Römischen Reiches in der Spätantike (ca. 312–451 n.Chr.)*. Heidelberg: 1992 (masch.).

Millar, F., *The Roman Near East, 31 B.C.–A.D. 337*. London/Cambridge, Mass.: 1994

Register

F hinter einer Zahl: siehe Unterschrift zu Karte oder Abbildung auf der angegebenen Seite.
F = Figur, (G) = Gottheit.

Abraham 34
Abusimbel 28
Achet-Aton 28, 31
Actium 162, 171 F
Adonis (G) 65
Ädil 125, 128
aerarium 165, 167, 174
aerarium militare 169
Äskulap, siehe Asklepios
Agamemnon 57
Agis IV. 102
Agrippa, M(arcus) Vipsanius 162, 166 F, 172, 174 F, 176 F, 221
Agrippina 174 F, 175 F, 176 F
Ahuramazda (G) 48
Aigospotamoi 83
Akademie 96, 110
Alamannen 203
Alexander der Große 43, 100–101, 104, 105, 108, 111, 113, 204
Alexandrien 60, 100, 105, 107, 111, 114, 162, 218
Alkibiades 83
Alkmeoniden 73
Al-Mina 59, 66
Amarna (= El-Amarna) 28, 31
Amenophis IV. 47
Amun (G, Amun-Re) 45, 47
Anahita (G) 48
Anat (G) 45
Anaxagoras 66
Antigonos Gonatas 101
Antigonos Monophthalmos 101, 109
Antiocheia 60, 105, 107, 110, 218
Antiochos III. 102, 106, 111
Antiochos IV. 103, 111
Antoninus Pius (Titus Aurelius Antoninus Pius) 173, 222
Antonius, M(arcus) 160–162
Aphrodite (G) 110
apoikia 60
Apollon (G) 66, 74 F
Ara Pacis 169 F
Arausio 149
Archimedes 111
Argos 68, 69, 76 F, 79 F, 84 F
Aristarch 111
Aristogeiton 73
Aristoteles 94, 96, 97
Asklepios (= Äskulap) (G) 197
Assur (G) 45, 112
Assurbanipal 38
Athena (G) 65, 72, 87 F, 93
Aton (G) 28, 47
Attaliden 103 F, 138
auctoritas 163
Augustin 218
Augustus (= Gaius Octavius = Gaius Julius Caesar Octavianus) 104, 160–162, 163–176, 221–222
Aurelian 207 F

auspicia 115, 196
auxilia 168

Ba'al (Schamem) (G) 45, 65, 109, 112
Babylon 23–26, 37–42, 100–101, 105, 112
Bacchus, siehe Dionysos
Bar Kochba 174
Bataver 173–174, 202
Belsazar 39
Beneventum 122
Berossos 108
Böotien 83
Brundisium 124 F
Brutus, L(ucius) Junius (Gründer der Republik) 119 F
Brutus, M(arcus) Junius (Mörder Cäsars) 160–161
Byblos 26, 28, 34
Byzantinisches Reich, Byzantion 43, 214, 220

Caesar, C(aius) Julius 154–160, 184
Caesar, Gaius und Lucius 166 F
Caligula, C(aius) Julius Caesar Germanicus 173, 176 F, 221–222
Campania (= Campanien) 15, 115, 118, 122, 124 F
Cannae 136, 141, 149
Caracalla, M(arcus) Aurelius Antoninus 206, 222
Cassius Longinus, C(aius) (Mörder Cäsars) 160–161
Catilina, L(ucius) Sergius 157, 162
Cato, M(arcus) Porcius 146
Chattusa 32
Chaironeia 86, 102
Chattusilis III. 32
Chefren 20 F
Cheops 20 F
Christus, siehe Jesus
Cicero, M(arcus) Tullius 157 F, 159, 160, 162
Claudius, T(iberius) Claudius Nero Germanicus 173, 174 F, 176, 178, 221–222
clientes/clientela 119, 132, 133, 145, 147, 174
Clodius, P(ublius) 158
collegia 191
comes 210
comitia centuriata 120–121, 125, 128, 131–133 F, 180
comitia curiata 119, 125, 131
comitia tributa 127, 128, 131, 132, 152, 180
Commodus, L(ucius) Aelius Aurelius 173, 175, 205, 222
concilium plebis 125–128, 131, 148, 151–153, 155, 158, 180
consilium 128, 166, 180
consilium principis 166
Constantin der Große, Flavius Valerius Constantinus 212–214, 223
Consul 12, 121, 127–132, 139, 150, 153, 155–158, 163, 165, 168
contio 131
Corpus iuris civilis 181
Crassus, M(arcus) Licinius 154–158
Cumae (siehe Kyme)

231

curia 119, 161
curiales (siehe decuriones) 168, 176, 205–209, 215–216
cursus honorum 129, 167

Damaskus 34, 36
Dareios I. 42, 51, 77
Dareios III. 100
David 35
Decius, C(aius) Messius 211 F, 212, 223
decuriones (siehe curiales) 152, 168, 176, 182, 205–209, 215–216
Dekeleia 82 F, 83
Delos 78, 80
Delphi 74 F
deme (demos) 73–74
Demeter (G) 65, 108, 198
Demetrios Poliorketes 109
Demokrit 66
Demosthenes 85 F, 86, 102
Diadochen 101
Digesta 181
Diözesen 210
Diokletian, C(aius) Aurelius Valerius 159 F, 204, 208–212, 214
Dionysios I. 98
Dionysios II. 96
Dionysos (G) 66, 72, 93, 197, 199 F
Dioskuren 197
Domitian, T(itus) Flavius 173, 175, 222
Drakon 70–71
Druiden 183
Drusus, Nero Claudius 172, 222
Dur-Scharrukin 41 F
dux 210
Dyrrhachion 158 F

Ebla 21
Echnaton 28, 32, 47
Edikt des Prätors 180
Edessa 218
Ekbatana 39
Eleusis 65, 108, 198
Enlil (G) 45
Epameinondas 85
Ephialtes 89
Epidauros 93 F
episkopoi 200
equites 120, 130–133, 145, 147–149, 168, 178 F, 205–208, 211
Eratosthenes 111
Etrurien, Etrusker 60, 62, 98, 115, 117 F, 118, 122
Eupatriden 70, 119

Faijum 23, 33
familia Caesaris 177, 178 F
fisci (Einzahl: fiscus) 165, 174
Flavius Josephus 108
Franken 202

Galater 103–104 F
Galen 187
Galerius 212, 223
Gallienus, P(ublius) Licinius Egnatius 208, 212
Gallier 103 F, 104 F, 107 F, 115, 122, 134–137, 181–183
Gaugamela 100
Geb (G) 44 F
Gelon 98

genos 59, 71
gens (Mehrzahl: gentes) 119
Germanen 149, 171, 202–204, 214, 219–220
Gilgamesch 38, 47
Goten 202, 219
Gracchus, C(aius) Sempronius 148, 150, 151
Gracchus, Tib(erius) Sempronius 147–148
Gratian 219, 223

Hades (G) 65
Hadrian, P(ublius) Aelius 173, 174, 176, 177 F, 180–181
Hadrianopolis 219
Halikarnassos 97
Hammurabi 24, 25 F, 54
Hannibal 135–137
Harmodios 73
Haran 39
Hatschepsut 27 F
Hektemoroi 71
Heliaia 71
Heloten 68–69, 78, 85, 102
Henotheismus 47
Hera (G) 65, 99 F
Herakles, siehe Herkules
Herkules (G) 66, 197, 211
Herodot 97
Hesiod 58, 62, 66
Hieroglyphenschrift 16, 19
Hieron I. 98
Hipparch 73
Hippias 73
Hippo 218
Hippokrates 111
Homer 57–58, 62, 64, 170
honestiores 181
Hopliten 61–62, 69, 77, 78, 81 F, 82, 83 F
Horaz, Q(uintus) Horatius Flaccus 170
Hortensius, Q(uintus) 127
Horus (G) 27 F, 45 F, 46, 47 F, 113 F
humiliores 181
Hunnen 214–215
Hyksos 23, 27, 35

ideographische Schrift 16
Ilias 57, 62
imperium (lat. Terminus) 119, 128, 131, 139, 163, 165, 196
Inschriften 11
Institutiones 181
Ischtar 40–41 F, 45, 110
Isis (G) 45 F, 109, 114 F, 197–198
Isokrates 86, 94
Issos 100
Ithaka 57
iudex (Mehrzahl: iudices) 180

Jahwe (Gott von Israel) 34, 48, 109, 198
Jakob 34
Jehu 55 F
Jericho 16
Jerusalem 33, 35–36, 111–112, 174, 218
Jesus 113 F, 199
Judas Makkabaios 112
Juden, Juda 36, 39, 41, 48, 111–112, 174, 198–199
Julia 166 F, 172, 174 F, 176 F, 221–222
Julian, Flavius Claudius (der Kaiser) 218
Julian, P(ublius) Salvius (der Jurist) 180
Juno (G) 195, 198 F

Jupiter (G) 110, 126 F, 129, 195, 198 F, 211
Justinian 113, 181, 220

Kadesch 32
Kambyses 42
Kanaan 34
Kapitol 129
Karkemisch 33
Karthago 34, 61 F, 98, 115–116, 122, 134–138, 148, 160, 218
Kelten, siehe Gallier und Galater
Kimbern 149–150
Kimon 78–80, 89
Kleisthenes 73–75, 127
Kleomenes III. 102
Kleon 90–91
Kleopatra 104, 160–162
Kleruchen, Kleruchie 78, 85, 123
Knossos 30–31
Konstantinopel 213–215, 218, 220
Korinth 60, 63, 64 F, 68, 70, 81, 107, 138, 160
Kreta 26, 30–31, 34, 57
Kroisos 41
Kroton 66, 99 F
Ktesiphon 112
Kültepe 51
Kybele 197
Kylon 70
Kyme 59, 196
Kypselos 68
Kyros 39–42, 58, 76, 204

Lakedaimon(ier) siehe Sparta
Lakonien 85, 88
Lares (G) 120
Latium, Latiner 116, 118, 120, 122–124, 133, 141, 144
Laureion 77, 80, 82 F, 83, 88
legati Augusti pro Praetore 163
Lenus-Mars (G) 196 F
Leonidas 77
Lepidus, M(arcus) Aemilius 160–161
Leuktra 85
Licinius 212
Linear A und B 30–31
Liturgien 81
Livia 166 F, 174 F, 221–222
Livius, T(itus) 170
Lydien 41, 51, 69, 76
Lykeion 97, 110
Lykurgos 68–69
Lysander 83

Maastricht 216 F
Ma'at (G) 47 F
Maecenas, C(aius) Cilnius 162, 170
Mailand 211, 214, 216
Manetho 19, 27, 108
Mantineia 85
Marathon 77
Marcus Aurelius Antoninus (Kaiser Mark Aurel) 173, 180, 202, 203 F, 222
Marduk (G) 39, 45–46, 66, 109–110
Mari 23–24
Marius, C(aius) 149–153, 184
Mars (G) 169 F, 195, 196 F, 197 F
Massilia 61 F, 182
Maximian 211
Mazdaismus 48, 204

Megara 61 F, 70, 81, 82 F
Memphis 19, 28, 105
Messenien 68, 78, 85, 88
Messina 134
Metella, Caecilia 156 F
Metellus Creticus, Q(uintus) Caecilius 156 F
Metöken 70, 74, 80, 86, 88
Miltiades 77
Minerva (G) 195, 198 F
Minos 30
Mithradates 153, 155
Mithra(s) (G) 48, 197
Monotheismus 47–48
mos maiorum 132, 180
Moses 35
municipium 123–124, 152
Musen (G) 66
Mykene 30, 33, 51, 57, 58
Mykerinos 20 F
Mysterien 65, 197
Mythologie 45–46, 66, 195

Nabonid 39, 41
Napata 33
Naukratis 38, 59–60, 105
Neapel 60
Nebukadnezar (II.) 39
Neolithikum 15
Nero, Claudius Caesar 173, 175, 176 F, 199, 221–222
Nerva, M(arcus) Cocceius 173, 222
Nikaia (Konzil von...) 213
Nikomedien 209 F, 211
Ninive 38
Nippur 45
nobiles 130–132, 145, 149, 151, 157–158
Nofretete 28 F
Nubien 23 F, 27, 33
numen (Mehrzahl: numina) 196
Numidien (G) 134 F, 137, 149
Nut 44 F

Octavian, C(aius) Julius Caesar (= Gaius Octavius = Augustus) siehe Augustus
Odoakar 220
Odyssee, Odysseus 57, 62
officium (Mehrzahl: officia) 176
Olymp 65
Olympia 12, 59
Olympische Spiele 12, 57, 59, 65
Omri 55 F
oppidum 181–184
Optimaten 149, 153, 157–159
Orphik 65
Osiris (G) 45, 47 F, 65, 113 F, 197
Ostgoten, siehe Goten
Ostrakismos 75
Oströmisches Reich, siehe Byzantinisches Reich

Paestum 60, 99 F
paideia 179
Panathenäen 63 F, 72
Papyri 11, 36 F, 39, 44 F
Parthenon 72 F, 87 F
Parther 43, 56, 103, 112, 158, 171, 184, 202, 204, 206
pater familias 119, 145
Patrizier 119, 121, 125–128, 158
patronus 119, 132, 151, 152, 174

pax deorum 196
Peisistratos 71–73
Penates 120
Pergamon 101, 103 F, 104 F, 107 F, 135 F, 138, 144
Perikles 79, 81–82, 89–90
Periöken 68, 78, 102
Persephone (G) 65
Persepolis 43, 100
Perser(reich) 33, 39–43, 48, 51, 56, 58, 60, 69, 76–86, 100, 204, 215, 218
Pertinax, P(ublius) Helvius 180
Phalanx 61–62, 120
Pharao 27–28, 32–33, 35, 45–47
Pharisäer 112
Pharsalos 158 F
Philipp II. 86, 100
Philipp V. 136
Philipp Arrhidaios 101
Philippi 161
Philister 33, 35
Phratrien 71
Phylen 73–74
piktographische Schrift 16
Piräus 80–81, 86
Plataä 78
Platon 65, 67, 94–96, 108, 159, 218
Plebejer 119–121, 125–128
plebiscita 127
Plotin 218
Pnyx 90
Polis 58–59, 64, 102, 104–105, 110, 184
Polybios 145–146
Polytheismus 44, 47–48
pomerium 127, 128
Pompejus, Cn(aeus) 154–159
Pompejus, S(extus) 160–161
Pontifex maximus, pontifices 121, 197
Popularen 149, 151, 153, 154, 156
Poros 100
Poseidon 109 (+F)
Poseidonia, siehe Paestum
praefectus Aegypti 163
praefectus praetorio 168, 181
praefectus urbi 168, 181
Presbyter 200
Proconsul 139, 163
Procurator 163, 165, 168
Proprätor 139, 163
Psammetich I. 38
Ptolemaios (Geograph) 187
Ptolemaios I. 101, 103
Ptolemaios II. 103
Ptolemaios IV. 106
Ptolemais 105
publicani 130, 139, 140, 146, 147, 153, 165
Pylos 30
Pyrrhos 122, 134
Pythagoras 65–67

quadriremis 138 F
Quästor 121, 128, 139, 163, 165

Ramses II. 28, 29 F, 32, 35
Raphia 106
Ravenna 214, 217–218 F
Re (G, siehe Amun-) 45, 46, 113 F
Redistributionswirtschaft 49–50
rex sacrorum 121, 126 F
Rhea Silvia (G) 118 F

Rhodos 107, 135 F
Rhoxane 100–101
Romulus 116, 118 F

Sabbat 195
Sadduzäer 112
Sais (saitische Dynastie) 38, 42
Salamis 70, 78
Sallust, C(aius) Sallustius Crispus 162
Salmanassar III. 55 F
Salomon 36
Sardes 41
Sargon von Akkad 21–22
Sargon II. (von Assyrien) 37, 41 F
Sassaniden 204
Satrapen, Satrapien 42, 76, 83, 100–101
Saul 35
Schamasch (G) 25 F
Schamschi-Adad I. 24
Schu (G) 44 F
Scipio Aemilianus, P(ublius) Cornelius 139, 147
Scipio, P(ublius) Cornelius 137
seisachtheia 71
Seleukeia 105, 112, 218
Seleukos I. 101
Septimius Severus, L(ucius) 205–206, 222
Septuaginta 111
Sertorius, Q(uintus) 154, 157
Servius Tullius 118, 120
Seth (G) 45 F
Sibylle, Sibyllinische Bücher 196
Sichem 23
Sidon 26, 34
Sin (G) 39
Sirmium 209 F, 211
Sokrates 94–95, 96 F
Solidus 213 F, 214
Solon 70–71, 120
Sonnengott 25 F, 44 F, 48
Spartacus 144, 154–155
Stoa, Stoiker 110
Sulla, L(ucius) Cornelius 153–154, 181, 221
Suppiluliumas 30, 32
Susa 25 F, 100, 105
Sybaris 99 F
Syrakus 60, 83, 96, 98–99, 122, 134, 136–137

Tacitus, ? Cornelius 170
Tammuz (G) 45
Tarent 60, 67, 99 F, 122
Tarquinius Priscus 118
Tarquinius Superbus 118, 120
Teschup (G) 30, 44, 66
Teutoburger Wald 171
Teutonen 149–150
Theben (in Ägypten) 23, 28, 32, 33, 105, 113 F
Theben (in Griechenland) 82 F, 83–86
Themistokles 77, 79, 80, 89
Theodosius I. (der Große) 219, 223
Thera 31
Thermen 212 FF
Thermopylen 77
Theten 70, 77–78, 90
Thot (G) 27 F
Thukydides 97
Thutmosis II. 27 F
Thutmosis III. 27 (+F)
Tiberius Claudius Nero (= Tib. Julius Cäsar Augustus,

der Kaiser) 166 F, 167, 168, 171–175, 178, 199, 221–222
Tiglatpilesar III. 37, 56
Tiryns 30, 32 F
Titus Flavius Vespasianus (Kaiser Titus) 173, 222
Tongern 215 F
Trajan, M(arcus) Ulpius Trajanus 173, 222
Transhumanz 18
tribuni militum (Offiziere) 130, 168
tribuni plebis (Volkstribunen) 125–128, 131, 132, 147–148, 151–155, 157–158, 168
Trier 196 F, 211–212 F, 213 F, 216, 223
Triere 77 F
Trittys 73–74
Troja 57
Tutanchamun 28
Tyros 26, 28, 34, 98, 100, 115

Ugarit 26, 28, 33
Ur 22, 24, 46, 49, 54, 55
Uruk 45, 47, 105

Valens 219, 223
Valerian, P(ublius) Licinius Valerianus 204, 208, 212
Vandalen 219
Veji 118, 122

Venus (G) 110
Vergil, P(ublius) Vergilius Maro 170
Vespasian, T(itus) Flavius Vespasianus 173–174, 222
Vesta (G) 126 F
Vetera 202
Via Appia 124 F
Via Sacra 126 F
vigiles 168
Villa 216

Westgoten, siehe Goten

Xanten 202
Xenophanes 66, 108
Xenophon 95
Xerxes 42, 77, 101

Zama 137
Zarathustra 43, 48
Zenon 110
Zensor 128, 165
Zenturio 130, 168
Zeugiten 70, 78
Zeus (G) 59, 65, 100, 109–110, 112, 195
Zikkurrat 22 F
Zoroastrismus, siehe Mazdaismus

Zeittafel

	ÄGYPTEN	SÜDMESOPOTAMIEN	NORDMESOPOTAMIEN	IRAN
3400	**I. Nagadekultur (Amratian)**	El Obed-Kultur (Chalkolithikum)		
3300				
3200	**II. Nagadekultur (Gerzean)**	URUK V-IV **,Uruk-Zeit'** älteste Tontafeln		
3100				
3000	FRÜHE BRONZEZEIT	**Djemdet Nasr-Zeit** (= Uruk III)		
2900	Dyn. 1 FRÜHDYNASTISCH – Menes (= Narmer?) – Aha	FRÜHDYNASTISCH I–II		**proto-elamitisch**
2800				
2700	Dyn. 2 – Peribsen	Mesilim Enmebaragesi } **Kisch** Agga Gilgamesch **Uruk**		**ELAM** (Susa)
2600	Dyn. 3 DAS ALTE REICH – Djoser (Stufenpyramiden) Dyn. 4 – Snofru – Cheops	Mes-kalam-dug: **Ur** (1.Dyn.) (reiche Königsgräber)	**Subaräer**	
2500				
2400	– Chefren **Memphis** – Mykerinos Dyn. 5 – Userkaf – Sahure – Unas Dyn. 6 – Pepi I.	Ur-Nanse Eannatum Entemena } **Lagasch** Urukagina Lugalzaggisi v. **Uruk** AKKAD: Sargon	**Assur** Tudija?	
2300	– Pepi II.	– Naram-Sin Einfall der Guti	**Churriter**	
2200	Dyn. 7 1. ZWISCHENZEIT	,Sumerische Renaissance' Utuhegal v. **Uruk** Gudea v. **Lagasch**		
2100		III. DYNASTIE v. UR – Urnammu – Schulgi – Ibbi-Sin		
2000	Dyn. 11 DAS MITTLERE REICH			

NORDVORDERASIEN	KLEINASIEN	SYRIEN	PALÄSTINA	KRETA	GRIECHENLAND	ITALIEN	
							3400
		Djebel Aruda (= Uruk IV)					3300
							3200
							3100
							3000
				Chalkolithikum			2900
							2800
				KRETA FRÜH-MINOISCH	GRIECHENLAND FRÜH-HELLADISCH **Lerna**		2700
	prähistorische Kulturen	**Byblos** Handel mit Ägypten			**Anfang Bronzezeit**		2600
Subaräer							2500
	(Kültepe = Kanisch)	**Ebla** (= Tell Mardich)					2400
	(Alaça Hüyük)						2300
Churriter							
		Ebla von Naramsin zerstört					2200
							2100
							2000

	ÄGYPTEN		SÜDMESOPOTAMIEN	NORDMESOPOTAMIEN	IRAN
1900	**mittlere Bronzezeit** Dyn. 12	Menuhotep I.-III. Amenemhet I.-IV.	DYNASTIEN v. ISIN & LARSA – Ischbi-Erra Naplanum – Lipit-Ischtar Gungunum Warad-Sin	DAS ALTASSYRISCHE REICH – Iluschuma – Sargon I.	
1800	Dyn. 13	Sesostris I.-III. 2. ZWISCHENZEIT	Rim-Sin DAS ALTBABYLON. REICH – Hammurabi	Amoriter – Schamschi-Adad I.	Kudur-Mabug
1700			– Samsuiluna – Ammisa-duqa – Samsuditana		
	Dyn. 15	} **Hyksos**			
1600	Dyn. 16 Dyn. 17	**Theben** DAS NEUE REICH	**BABYLONIEN** **(mittelbabylonisch)**	**ASSYRIEN** **(mittelassyrisch)**	
Spät-bronzezeit 1500	Dyn. 18	Amosis Thutmosis I. & II. Hatschepsut Thutmosis III. Amenophis II. Thutmosis IV.	**kassitische Dynastie**	Assyrien unter Oberhoheit von Mitanni	
1400		Amenophis III. Echnaton Tutanchamun Soldatenkönige	– Burnaburiasch II. – Kurigalzu II.	Assur-Ubalit I. assyrische Vorherrschaft	
1300	Dyn.19	Ramses I. Sethos I. Ramses II.(1279–1212) Merenptah Sethos II. SEEVÖLKER	– Kadaschman-Enlil Aufstieg Assyriens Invasion aus Elam	– Salmanassar I. – Tukulti-Ninurta I.	
1200	Dyn. 20	Ramses III.	**Chaldäer** (II. Dyn. von Isin) – Nebukadnezar I.	**Aramäer**	
EISEN-ZEIT 1100	Dyn. 21:	Ramses XI. 3.ZWISCHENZEIT (Dyn. des Meerlandes) Osorkon I.		– Tiglatpilesar I.	
1000					
900	Dyn. 22:	libysche Dyn. Schoschenq I. (= Sisak)	(babylonische Dynastien)	NEUASSYRISCHES REICH	
800	Dyn. 23:	libysche Dyn.	– Marduk-zakir-šum I.	– Assur-nsir-pal II. (884–859) – Salmanassar III. (859–824) – Schamschi-Adad V. (824–811) – Adadnirari III. (811–783) – Tiglatpilesar III. (745–727)	
700	Dyn. 24: Dyn. 25:	SPÄTZEIT nubische Dyn. Tirhaka	– Nabunasir (748-734) 729-722 ASSYR.VORHERRSCH. 730-722 Merodach-Baladan II. 722-627 ASSYR. VORHERRSCH.	– Salmanassar V. (727–722) – Sargon II. (722–705) – Sanherib (705–681) – Assurbanipal (669–627) 612 Fall von Ninive	MEDER PERSER Achaimenes
600	Dyn. 26:	**von Sais** Psammetich I. Necho II. Apries (= Hophra) Amasis (568-525)	DAS CHALDÄISCHE ODER NEUBABYLONISCHE REICH – Nabupolassar – Nebukadnezar – Nabonid und Belsazar – 539		Kyaxares Teispes Kyros I. Astyages Kambyses

NORDVORDERASIEN	KLEINASIEN	SYRIEN PALÄSTINA	KRETA	GRIECHENLAND	ITALIEN	
	Hethiter **Kanis** und assyrisches Handelsviertel	Anfang Blüte Ugarit	MITTEL-MINOISCH			1900
			Knossos	MITTEL-HELLADISCH		
	Anitta					1800
						1700
	DAS ALTHETHITISCHE REICH – Labarnas I. – Chattusilis I. – Mursilis I.	**Syrien** **(Aleppo)**			Terramare-Siedlungen	
						1600
	Telepinu		SPÄT-MINOISCH	SPÄT-HELLADISCH mykenisch		
						1500
			Vulkanexplosion Thera			
MITANNI Schaußšatar Artatama I. Tuschratta Schattiwazea, Vasall des	DAS NEUHETHI-TISCHE REICH Šuppiluliumas Mursilis II. Muwatallis	ägyptische u. hethitische Vorherrschaft Rib-Addi von Byblos Abdi-Hepa von Jerusalem	Griechen besetzen Knossos			1400
	Chattusilis III. Tuthalija IV.					1300
	Šuppiluliuma II. SEEVöLKER Kaschka	Ende Ugarit SEEVöLKER ISRAEL **Philister** ISRAEL: **Richterzeit**		SEEVöLKER Dorer DAS DUNKLE ZEITALTER		1200
	PHRYGIEN					1100
	ionische Einwanderung	Saul David Salomon				
		ARAM Damascus				1000
		JUDA ISRAEL Rehabeam Jerobeam			Eisenzeit Villanova-Kultur	
						900
URARTU Sardur I.		Josafat Omri Ahab Joram Jehu				
				ARCHAISCHE ZEITALTER		800
		Achaz Menahem Pekah Hosea	polis Kolonisation Hopliten	Homer	ETRURIEN ROM 754 Gründung	
Argisti I. Rusa I.	Midas v. Phrygien	Hiskia Manasse	ASS. PROV (Athen)	(Sparta) Lykurgos	KÖNIGSZEIT	700
Kimmerier **Skythen**	LYDIEN Gyges Alyattes	Josia Jojakim Jojachin Zedekia BABYLONISCHE PROVINZ	Kylon Drakon Solon Peisistratos Kleisthenes Kleomenes I.		Blüte Tarquinius Priscus Servius Tullius	600

	ÄGYPTEN	SÜDMESOPOTAMIEN	NORDMESOPOTAMIEN	IRAN
500	525: Kambyses	PERSERREICH der Achämeniden		Kyros II. (559–529) Kambyses (529–522) Dareios I. (521–486) Xerxes (486–465) Artaxerxes (464–424)
400	404: Dyn. 28 ÄGYPTEN Dyn. 29 selbständig Dyn. 30 Dyn. 31 341-332 **Perser**			Dareios II. (424–405) Artaxerxes II. (405–359) Artaxerxes III. (359–338) Dareios III. (336–331)
300	ALEXANDER (336–323) PTOLEMÄER Ptolemaios I. idem II. idem III.	ALEXANDER SELEUKIDENREICH Seleukos I. (305–281) Antiochos I. Soter (281–261) Antiochos II. Theos (261–246) Antiochos III. der Große (223–187)		ALEXANDER PARTHER Arsakes I. Artabanos I.
200		Seleukos IV. (187–175) Antiochos IV. Epiphanes (175–164)		Mithradates I.
100	idem XII. Kleopatra VII. 47-30 RÖMISCHE VORHERRSCHAFT	PARTHERREICH Mithradates II. (123–88) Gotarzes I. (91–81) Phraates IV. (37–2 v.Chr.)		Artabanos II.
1				
100		Vologaises I. (51–77) Pakoros II. (78–109) Chosroes (109–128) Vologaises III. (148–192) Vologaises IV. (191–207)		
200		Artabanos V. (213–224) DAS NEUPERSISCHE REICH DER SASSANIDEN Ardaschir I. (224–241) Schapur I. (241–272) Narses (293–302)		
300		Schapur II. (309–379)		
400				
500				
600		Chosroes I. (531–579)		
		Jazdegerd III. (633–651) ARABISCHE VORHERRSCHAFT		

NORDVORDERASIEN	KLEINASIEN	SYRIEN PALÄSTINA	GRIECHENLAND	ITALIEN	
				Tarquinius Superbus	
	Kroisos		KLASSISCHES		
PERSISCHE VORHERRSCHAFT		Rückkehr der	ZEITALTER	REPUBLIK	500
Satrapie ARMENIEN		Juden	490: Militiades		
		2. Tempel	Perserkriege Leonidas	450: Zwölftafelgesetz	
		Esra	480: Themistokles		
		Nehemia	Perikles		
			431–404: Pelop. Krieg		400
			Epameinondas v. Theben 371–362	396: Einnahme Veji	
			Philipp v. Makedonien 359–336	(Etrurien).	
			338: Schl. bei Chaironeia	367: leges Liciniae Sextiae	
	ALEXANDER	ALEXANDER		338:	
			ALEXANDER 336–323	Latium unter Rom	300
Armenien	PERGAMON Seleukiden	Ptolemäer in Palestina	Antigoniden	287: Lex Hortensia	
selbständig	Attaliden	(323–200)	Antigonos Gonatas	275: Pyrrhos von Epirus	
Galater		Antiocheia	(276–239) v. Makedonien	270: Italien unter Rom	
		Hauptstadt	4 Kriege	264–241: 1.Pun. Krieg	
Antiochos III.		der	Makedoniên-Rom:	218–201: 2.Pun.Krieg	200
Artaxias		Seleukiden	215–205;200–196;		
			192–189:KriegAntiochosIII.		
Armenien		Dynastie der	171–168; 149–148	149–146: 3. Pun. Krieg	
	– Attalos III.	Hasmonäer	RÖMISCHE BE-	133–121: Gracchen	
		Juda	SETZUNG: 146		
	röm. Provinz ASIA		88: Mithradates	100: Marius	100
Tigranes I. (95–55)			v. Pontus fällt in	82–81: Sulla Diktator	
	[Mithradates von Pontus]		Griechenland ein	60: 1. Triumvirat	
Artavasdes		64–63 v.Chr.	86: von Sulla besiegt	46–44: Cäsar Diktator	
Tigranes II.		RÖMISCHE BESETZUNG	Provinz ‚Achaia'	43: 2. Triumvirat	1
				27: KAISERZEIT: Augu-	
		Jesus Christus		stus. 27v.Chr.–68 n.Chr.	
Mithridates				julisch-claudische Haus	
		66-70: Jüdischer Aufstand		68–69: Vierkaiserjahr	
		70: Zerstörung Jerusalems		69–96: Haus der Flavier	
					100
		132-134: Jüdischer Aufstand unter		96–180: Adoptivkaiser	
		Anführung von Bar Kochba		98–117: Trajan	
				117–138: Hadrian	
				138–161: Antoninus Pius	
				161–180: MarkAurel	200
				193–235: Haus der Severer	
				235–284: Soldatenkaiser	
				284–305: Diokletian	
				‚Dominat'	
					300
			330: Konstantinopel	306–337: Constantin	
				361–363:Julian	
				379–395: Theodosius I.	
				der Große	
			395–408: Arcadius	393–423: Honorius	400
			408–450: Theodos.II.	410: Rom von Goten	
			474–491: Zenon da	geplündert	
			ca. 450: Hunnen (Attila)		
				475–476: Romulus Augustulus	
				476: Odoakar	500
			527-565: Justinian	Theoderich (Ostgote)	
			‚Byzantinisches Reich'		
				Longobarden	600
		ARABISCHE VORHERRSCHAFT			

241

Dankward Vollmer mit **Markus Merl / Markus Sehlmeyer / Uwe Walter:**

Alte Geschichte in Studium und Unterricht

Eine Einführung mit kommentiertem Literaturverzeichnis

1994. 205 Seiten. Kart.

Das Buch möchte demjenigen, der sich im Studium oder als Lehrer mit der Alten Geschichte beschäftigt, die wichtigsten Hilfsmittel (Darstellungen, Handbücher, Lexika, Atlanten u.ä.) vorstellen. Nach einer kurzen Einführung in ein Kapitel werden die einzelnen Bücher kurz charakterisiert, oder es wird auf eine Rezension in den einschlägigen Zeitschriften, die der Studierende auf diese Weise ebenfalls kennenlernt, hingewiesen. Ebenso werden die verschiedenen Quellengattungen und ihre Erschließungsmöglichkeiten vorgestellt. Der dritte Teil behandelt mögliche Ausgangspunkte für das tiefere Eindringen in die Probleme und Fragestellungen der Alten Geschichte. Zum ersten Mal wurde in einer althistorischen Einführung auch der Vermittlungsproblematik ein eigenständiges Kapitel gewidmet.

Gerold Walser:

Römische Inschrift-Kunst

Römische Inschriften für den akademischen Unterricht und als Einführung in die lateinische Epigraphik

2., verbesserte Auflage 1993. 296 Seiten mit 134 Abbildungen. Kart.

"The book not only lends itself to academic teaching but can also provide the school philologist and historian with a great deal of valuable knowledge." *German Studies*

„Ein Arbeits- und Studienbuch, das in keiner Fachschaft Latein fehlen sollte. Walsers Einführung in die lateinische Epigraphik läßt es nicht mehr zu, daß man im Lateinunterricht einen Bogen um diese Quellengattung macht." *Kultus und Unterricht*

Zum 40. Deutschen Historikertag in Leipzig 1994 und zum 100jährigen Jubiläum des Verbandes der Historiker Deutschlands

Vademekum der Geschichtswissenschaften 1994/1995

Verbände, Organisationen, Gesellschaften, Bibliotheken, Vereine, Institute, Lehrstühle, Archive, Museen, Dienststellen und Ämter der Bundesrepublik Deutschland, Österreichs und der Schweiz sowie Adressen der in Forschung und Lehre an den Hochschulen tätigen Historiker

In Zusammenarbeit mit dem Verband der Historiker Deutschlands, dem Verband Österreichischer Historiker und Geschichtsvereine, der Allgemeinen Geschichtsforschenden Gesellschaft der Schweiz und mit einem Geleitwort von **Lothar Gall**

1994. 510 Seiten. Kart.
(Erscheint alle 2 Jahre)

Parallel zu dem bereits in mehr als vier Jahrzehnten und 22 Ausgaben bewährten **Geographischen Taschenbuch** ein Adreßbuch und Nachschlagewerk, eben ein **Vademekum**, das für das Fach Geschichte eine Koordinierung vielfältiger Informationen und damit eine wesentliche Arbeitserleichterung bezweckt. Bewußt wird im Titel von Geschichtswissenschaften in der Mehrzahl gesprochen, werden doch neben der „allgemeinen" (der politischen) Geschichte alle übrigen Interessenrichtungen berücksichtigt wie:

Vor- und Frühgeschichte — Alte, Mittlere und Neuere Geschichte sowie Osteuropa- und Zeitgeschichte — Kultur-, Verfassungs- und Kirchengeschichte — Militär-, Sozial- und Wirtschaftsgeschichte — Unternehmens- und Technikgeschichte — Agrar-, Siedlungs- und Stadtgeschichte — Kolonial-, Missions- und Überseegeschichte — Didaktik der Geschichte — Archäologie des Mittelalters — Historische Hilfswissenschaften sowie Geschichtliche Landeskunde

Franz Steiner Verlag Stuttgart

Postfach 10 10 61 — D-70009 Stuttgart